전율통보 이전 호전

일러두기

1. 이 책의 번역 대본은 서울대학교 규장각한국학연구원 소장 《전율통보(典律通補)》(奎貴1377)를 저본(底本)으로 한 《교감표점(校勘標點) 전율통보(典律通補)》(한국고전번역원, 2022)이다.
2. 이 책에서 조문(條文)을 구분한 조, 항, 호, ❶, ❷, ❸…, ①, ②, ③… 등은 대본에는 없다. 대본에서는 별행 혹은 권점(○), 글자 크기 등으로 구분된 조문을 이해를 돕기 위하여 현대 법조문의 체계를 참고하여 표기하였다.
3. 대본의 대문(大文)은 색이 있는 대자(大字)로, 소주(小註)는 대문보다 작은 글자로 표기하고 ❶, ❷, ❸ 등으로 구분하며, 그보다 더 작은 소소주(小小註)는 소주보다 더 작은 글자로 표기하고 ①, ②, ③ 등으로 구분하였다.
4. 모든 간주(間註) 및 각주는 역주(譯註)이다.
5. 각 조문이 속한 조(條)가 그 출전에서와 다를 경우 각주로 밝혔다.
   예: 《전율통보》에는 〈이전〉의 〈천거(薦擧)〉 조에 있지만 《속대전》에는 〈이전〉의 〈제수(除授)〉 조에 있는 경우 "《속대전》 〈이전 제수(除授)〉에 있다."라고 각주에 적었다.
6. 각주 내용에 대한 출전은 《 》 안에 표기하였다.

典律通補

전율통보

이전 호전

구윤명 엮음
이강욱 김옥경 소진희 정영미 옮김

한국고전번역원

차례

이전

전율통보 제1권

호전

전율통보 제2권

대전(大典)과 《대명률(大明律)》을 한 책으로 편집하다

소진희(한국고전번역원 책임연구원)

1. 《전율통보》의 편찬 배경

현재까지 전해 오는 조선시대 법전 가운데 이전(吏典), 호전(戶典), 예전(禮典), 병전(兵典), 형전(刑典), 공전(工典)의 육전(六典) 체재를 갖춘 가장 오래된 법전은 1485년(성종16) 반포된 《경국대전(經國大典)》이다.[1] 《경국대전》이 시행된 뒤에도 사안(事案)에 따른 법령이 필요해 수교(受敎)를 내리게 되는데, 이러한 수교를 모아 《경국대전》의 육전 체제로 분류하거나 관서별로 나누어 속록(續錄), 집록(輯錄), 통고(通考) 등의 서책을 편찬하였다.[2] 1746년(영조22) 이 가운데 《대전속록(大典續錄)》, 《대전후속록(大典後續錄)》, 《수교집록(受敎輯錄)》 등 삼록(三錄)을 편집하여

1 1397년(태조6) 12월 26일 영의정 조준(趙浚)의 책임하에 조선 최초 법전인 《경제육전(經濟六典)》이 편찬 반포되었고, 태종조에 《경제육전속전(經濟六典續典)》, 세종조에 《신속육전(新續六典)》과 《신찬경제속육전(新撰經濟續六典)》이 편찬되었으나 오늘날 모두 전하지 않는다.

2 《대전속록(大典續錄)》(1492, 성종23), 《대전후속록(大典後續錄)》(1543, 중종38), 《수교집록(受敎輯錄)》(1698, 숙종24), 《전록통고(典錄通考)》(1706, 숙종32), 《증보전록통고(增補典錄通考)》(1740년경), 《신보수교집록(新補受敎輯錄)》(1743, 영조19) 등이다.

《속대전(續大典)》을 간행하였다. 영조는 《속대전》을 만든 취지에 대해 일시적인 칙령이 수교가 되어 율문(律文)의 적용이 수시로 변동되는 것으로 인하여 관리가 행하기에 어지럽고 일반 백성이 어찌할 줄 모르게 되어서라고 설명하고, 이후에는 《대명률(大明律)》 및 《경국대전》, 《속대전》과 대조하여 살펴보고 거기에 근거할 수 없는 경우에만 법률로 정하도록 한정하였다.[3]

《경국대전》 이후 《속대전》이 편찬되어 법전이라는 측면에서는 더 이상 부족한 부분이 없게 되었으나 실생활에서 활용하기에는 두 법전이 별도의 책으로 되어 있어 조리가 일관되지 않고 법전을 살펴 근거를 댈 적에 어려운 점이 있었다. 그리고 용률(用律)의 경우 두 법전에 없는 것은 《대명률》을 사용하는데, 《대명률》은 조목(條目)이 번잡하고 뜻이 분명하지 않아서 사대부들이 평상시에는 연구하지 않다가 실무에 적용할 일이 생기고 나서야 조문을 살피곤 하는데, 조문의 내용을 제대로 이해하지 못하여 잘못 적용하는 경우가 많았다. 이 때문에 《속대전》 편찬에 참여한 구택규(具宅奎)가 사용하기 편리하도록 《경국대전》, 《속대전》, 《대명률》 등에서 현재 행하여지고 있는 법률을 하나로 통합하여 《백헌총요(百憲摠要)》[4]를 편찬하

3 《속대전》 〈어제 속대전소지 부어칙군공(御製續大典小識復御勅群工)〉 참조.

4 현전하는 《백헌총요》는 필사본 2책(冊) 혹은 3권(卷)의 형태로 여러 판본이 있으며, 편찬 시기는 《속대전》이 간행된 1746년(영조22) 이후에서 구택규(具宅奎)가 사망한 해인 1754년(영조30) 사이로 추정된다. 육조(六曹)와 관련한 법령을 다루고 있는데 판본에 따라 전체 항목수가 171개, 173개, 178개 등으로 차이가 있으며 예조와 형조 항목이 전체 항목의 절반 이상을 차지하고 있다.

였다. 이후 좌의정 홍봉한(洪鳳漢)[5]이 전장(典章)에 뛰어난 능력을 발휘하여 《백헌총요》를 증보하였는데 완성하지 못하게 되자 구윤명이 마무리하여 《전율통보》를 편찬하게 되었다.[6]

2. 편찬 과정

《전율통보》의 편찬 과정을 서술하기에 앞서 《백헌총요》 편찬자 구택규와 《전율통보》 편찬자 구윤명 부자의 이력을 간략하게 소개하면 다음과 같다. 구택규(1693~1754)의 초명(初名)은 명규(命奎), 자는 성오(性五), 호는 존재(存齋)이다. 1714년(숙종40) 증광 문과에 급제하였고 검열이 된 뒤 삼사(三司)의 요직을 두루 역임하였다. 1721년(경종1) 노론의 실각과 함께 외직으로 물러났다가 이후 장례원 판결사(掌隷院判決事), 승지, 공조 참판, 형조 참판, 한성부 판윤 등을 역임하였다. 《속대전》의 편찬 때에 찬집 당상(纂輯堂上)과 교정 당상으로 참여하였으며, 영조의 명으로 《무원록(無寃錄)》을 훈석(訓釋)하여 중간(重刊)하는 일을 주관하였다. 구윤명(1711~1797)의 자는 사정(士貞), 호는 겸산(兼山)이다. 1743년(영조19) 정시 문과에 급제하였고 지평(持平), 장령(掌令), 승지, 판의금부사, 공조·형조·예조·병조·호

5 1713~1778. 자는 익여(翼汝), 호는 익익재(翼翼齋), 본관은 풍산(豐山)이다. 사도세자(思悼世子)의 장인이며, 정조(正祖)의 외할아버지이다. 1744년(영조20)에 정시문과에 급제하였고 예조참판, 평안도관찰사, 우의정, 좌의정, 영의정 등을 역임하였다. 저서로는 정조가 친히 편찬한 《어정홍익정공주고(御定洪翼靖公奏藁)》, 《정사휘감(正史彙鑑)》, 《익익재만록(翼翼齋漫錄)》 등이 있다. 시호는 익정(翼靖)이다.

6 《전율통보》(奎4306) 서문(序文) 참조.

조 판서 등을 역임하였다. 특히 승정원 승지를 1749년 이후 14년 동안 역임하여 제도(制度)에 매우 밝았다. 1744년 승정원의 화재로 소실된 《승정원일기》의 개수 작업에 참여한 것을 비롯하여 《육상궁소령원식례(毓祥宮昭寧園式例)》, 《증수무원록언해(增修無冤錄諺解)》, 《어제고금연대귀감(御製古今年代龜鑑)》, 《영종어제속편(英宗御製續編)》 등 많은 서적의 편집과 교정을 담당하였다. 이렇듯 구택규와 구윤명은 제도와 형률에 밝은 직임을 두루 역임하고 서책의 편찬에도 관심이 많았는데 이것이 《백헌총요》나 《전율통보》의 편찬에도 영향을 준 것으로 보인다.

《전율통보》의 편찬 과정은 초고본과 수정증보본(修訂增補本)으로 나누어 볼 수 있다.

(1) 초고본

구윤명은 《백헌총요》의 내용에 추가로 조문을 수집하고 법조문을 상고하기에 편리하도록 만든 홍봉한의 미완성 원고를 넘겨받은 다음 당시 시행되고 있는 《경국대전》과 《속대전》의 조문을 합치고 《속대전》에 수록되지 않은 수교 등의 조문을 보충하는 한편 《대명률》을 통합하여 '전율통보'라 이름하였다. 그리고 육전(六典)에 포함시킬 필요는 없지만 육전의 참고가 될 만한 명물(名物)과 도수(度數) 등을 정리하여 《전율통보》 〈별편(別編)〉으로 만들었다.[7] 이것이 1761년(영조37) 구윤명이 쓴 서문(序文)이 수록된 《전율통보》 초고본이다. 이는 《대전통편》이

7 《전율통보》(奎4306) 서문(序文)과 범례(凡例) 참조.

간행되기 전에 구윤명이 개인적으로 편집한 책으로 현재 규장각(奎4306)에 필사본으로 소장되어 있다.

(2) 수정증보본

《경국대전》과 《속대전》 및 《속대전》 이후의 수교 등 법조문을 통합한 《대전통편》이 1785년(정조9) 목판본으로 간행되었다. 이 《대전통편》을 임금에게 올리는 자리에서 정조가 처음으로 《전율통보》 편찬에 대해 언급하였다. 정조는 "《대전통편》이 완성되어 유사(有司)가 법을 적용하는 데에 있어서 일정한 규범이 있게 되었고 법을 잘못 적용할 단서도 없어졌으니, 《대전통편》을 간행한 계기로 《전율통보》를 완성한다면 우리나라의 전율(典律)은 다른 것을 볼 필요가 없을 것이다."라고 하며 《대전통편》 간행의 총재 대신(摠裁大臣)을 맡았던 김치인(金致仁)에게 《전율통보》를 완성하도록 명하였다. 이에 김치인이 《전율통보》를 처음 편찬한 사람이 이미 책을 수정했다는 말을 들었다고 보고하여 구윤명을 입시하게 하였다.[8] 정조는 구윤명을 소견(召見)한 자리에서 구윤명에게 《전율통보》를 편찬한 적이 있는지, 계속 편집하여 책을 완성할 수 있는지를 묻고서 책을 편찬하는 도감(都監)을 설치하지 말고 필요한 물력(物力)과 종이는 해당 관사에서 가져다 사용해서 책을 편찬하도록 명하였다.[9] 정조의 이러한 조치로 구윤명 개인의 주도하에 《전율통

8 《승정원일기》 정조 9년 9월 12일 기사 참조.

9 《일성록》 정조 9년 9월 16일 기사 참조.

보》가 수정 증보되어 1787년 완성되었고, 정조는 《전율통보》 교정 과정에도 관심을 가져 교정 상황이 어느 정도인지를 묻기도 하고 구윤명에게 직접 책의 교정본을 가져오게 해서 첨삭에 대한 의견을 제시하기도 하였다.[10] 《전율통보》 수정증보본의 발문(跋文)이 지어진 시기는 1786년 8월이고 교정과 관련된 기사는 1787년 3월 21일까지 나오는 것으로 보아 1787년 3월 이후에 수정증보본의 편찬이 마무리된 것으로 보인다. 그러나 수정증보하여 별편을 포함한 6권의 필사본은 현재 규장각(奎貴 1377)에 소장되어 있다. 책의 간행에 대한 기사는 정조 9년 11월 22일 기사 이후에는 보이지 않으므로 어떤 이유로 책이 간행되지 않았는지는 알 수 없다.

3. 이본 현황과 번역 대본의 선정

현재 남아 있는 《전율통보》는 필사본 11여 종으로 크게 초고본과 수정증보본 계통으로 나눌 수 있다. 초고본 계통은 1761년(영조37) 서문이 있는 규장D본과 〈별편〉만 남아 있는 국중D본이다. 규장D본과 국중D본은 모두 〈별편〉 '공신명호(功臣名號)' 조문에서 영조를 '당저(當宁)'라 표현하였다. 이 두 본의 별편을 비교해 보면 목록이나 내용상 차이는 다소 보이지만 규장D본이 기본이 되는 동일 계통으로 추정된다.

10 구윤명이 책을 교정하는 과정에서 정조와 논의한 기사가 《일성록》에 여러 차례 보이는데, 조문(條文)을 《전율통보》에 수록하라는 내용은 정조 11년 3월 21일까지 보인다. 《일성록》 정조 9년 11월 20일·22일, 정조 9년 12월 8일, 정조 10년 1월 16일, 정조 11년 2월 24일, 정조 11년 3월 21일 기사 참조.

수정증보본 계통은 〈별편〉과 1786년(정조10) 발문이 있는 저본[번역 대본]·규장A·규장B·규장C·국중B·국중C·장서A본과 〈별편〉과 발문이 없는 국중A·존경A본 등 9종이다. 수정증보본의 편찬 시기는 〈별편〉 '국조기년(國朝紀年)'과 '청기년(淸紀年)' 조문을 통해 추정해볼 수 있다. 저본·규장A·규장B·국중B·장서A본은 '국조기년' 조문에 나오는 주상 전하(主上殿下)가 정조를 지칭하고 있어 편찬 시기가 정조 때로 파악된다. 국중C본은 '국조기년' 조문의 마지막 내용이 정조 즉위년(1776)에 추숭(追崇)된 '진종대왕(眞宗大王), 왕후 조씨(王后趙氏)'이므로 편찬 시기가 정조 때인 듯하다. 규장C본은 '국조기년' 조문에 나오는 주상 전하가 순조를 지칭하고 있어 편찬 시기가 순조 때로 파악된다. 국중A본과 존경A본은 〈별편〉과 발문이 없으나 《전율통보》 원편의 목록이 저본과 동일하므로 저본과 동일 계통으로 추정된다.

이상을 표로 정리해 보면 다음과 같다.

표1 전율통보 이본 현황

구분	서명	약호	소장처	도서번호	권책수	간종	비고
초고본	전율통보	규장D	규장각	奎4306	6권 4책 (별편 포함)	필사본 (영조조)	서문(1761년) 있음
	전율통보 별편	국중D	국립중앙도서관	古朝31-203	2권 2책	필사본 (영조조)	奎4306과 같은 계열

수정증보본	**전율통보**	底本	**규장각**	**奎貴1377**	**6권 4책 (별편 포함)**	**필사본 (1786년 이후)**	발문 있음
	전율통보	규장 A	규장각	奎4456	6권 5책 (별편 포함)	필사본 (1786년 이후)	발문 있음
	전율통보	규장 B	규장각	古5120-26	6권 4책 (별편 포함)	필사본 (1786년 이후)	발문 있음
	전율통보	규장 C	규장각	奎4774	6권 3책+별편 (총 4책)	필사본 (순조조)	발문 있음
	전율통보	국중 A	국립중앙도서관	古6020-2	6권 3책	필사본 (1786년 이후)	별편 없음
	전율통보	국중 B	국립중앙도서관	古6022-11	6권 5책 (별편 포함)	필사본 (1786년 이후)	발문 있음
	전율통보	국중 C	국립중앙도서관	古朝30-8-2	6권 5책 (별편 포함)	필사본 (1786년 이후)	발문 있음
	전율통보	장서 A	장서각	K2-3449	6권 5책+별편 (총 6책)	필사본 (1786년 이후)	발문 있음
	전율통보	존경 A	존경각	B13B-0012	6권 5책	필사본 (1786년 이후)	별편 없음

표1에서 제시한 여러 이본 중 내용의 누락이나 착간이 없고 동일 표본에서 오자가 비교적 적은 선본(善本)을 저본(底本)으로 삼았다. 11종 이본의 특징을 간략하게 정리하면 다음과 같다. 규장D는 서문(1761년)만 있고 발문이 없는 초고본 계통으

로 발문이 있는 7종의 수정증보본과는 목록에 수록된 항목의 이름과 전거 표시만으로도 그 차이가 선명히 드러난다. 국중D는 〈별편〉만 있고, 국중A와 존경A는 〈별편〉이 없어 모두 체재면에서 완전하지 못하다. 규장B와 존경A는 동일한 부분에서 〈병전〉에 착간, 〈형전〉에 누락과 착간이 보이는 바 동일 계통으로 보인다. 장서각A는 범례와 〈이전〉에 누락, 〈호전〉에 착각, 〈형전〉에 착간과 내용 중복이 보인다. 이상에서 제시한 불완전한 판본 6종을 제외한 나머지 5종에 대해 육전(六典)에서 동일한 부분을 추려 대조한 결과 오자가 가장 적은 '奎貴1377'을 저본으로 하여 교감 표점(校勘標點)하고 번역하였다.[11]

4. 체재와 내용

저본인 수정증보본(奎貴1377)은 원편(原編)과 〈별편(別編)〉을 합쳐 6권 4책으로 되어 있다. 원편은 〈범례(凡例)〉, 권1 〈이전(吏典)〉 15개 항목, 권2 〈호전(戶典)〉 17개 항목, 권3 〈예전(禮典)〉 16개 항목, 권4 〈병전(兵典)〉 26개 항목, 권5 〈형전(刑典)〉 33개 항목, 권6 〈공전(工典)〉 7개 항목이고, 〈별편〉은 108개 항목과 발문(跋文)으로 되어 있다.

먼저 《대전통편》 및 《전율통보》 초고본과 저본의 육전(六典) 항목 수를 비교하면 다음과 같다.

11 자세한 내용은 《정영미, 전율통보(典律通補) 편찬과 번역, 한국고전번역원 2017년 제4회 연구집담회, 2017》 참조.

12 62개 항목 가운데 28개 항목인 '오복(五服), 경외관영송(京外官迎送), 경외관상견(京外官相見), 경외관회좌(京外官會坐), 청대(請臺), 용문자식(用

표2 《대전통편》, 《전율통보》 초고본, 《전율통보》 수정증보본 각 전(典)의 항목 수

	대전통편		초고본(규장D)		수정증보본(저본)	
	항목 수	비율(%)	항목 수	비율(%)	항목 수	비율(%)
이전	31	100	15	48.3	15	48.3
호전	29	100	17	58.6	17	58.6
예전	62[34+28*][11]	100	18	29.0[52.9]	16	25.8[47.0]
병전	53	100	28	52.8	26	49.0
형전	40	100	34	85.0	33	82.5
공전	14	100	8	57.1	7	50.0
별편			87	[310.7*]	108	[385.7*]

표2의 내용을 살펴보면 이전, 호전, 예전, 병전, 공전은 《전율통보》의 항목 수가 《대전통편》의 항목 수를 기준으로 대략 47퍼센트에서 58퍼센트 사이의 비율을 보인 반면 형전은 82퍼센트이고 별편은 385퍼센트로 크게 증가되었다.[13] 〈형전〉의

文字式), 문무관4품이상고신식(文武官四品以上告身式), 문무관5품이하고신식(文武官五品以下告身式), 당상관처고신식(堂上官妻告身式), 3품이하처고신식(三品以下妻告身式), 홍패식(紅牌式), 백패식(白牌式), 잡과백패식(雜科白牌式), 녹패식(祿牌式), 추증식(追贈式), 향리면역사패식(鄕吏免役賜牌式), 노비토전사패식(奴婢土田賜牌式), 계본식(啓本式), 계목식(啓目式), 평관식(平關式), 첩정식(牒呈式), 첩식(帖式), 해유이관식(解由移關式), 해유첩정식(解由牒呈式), 입안식(立案式), 감합식(勘合式), 호구식(戶口式), 준호구식(準戶口式)'은 《전율통보》 〈별편〉에 수록되었다. 〈별편〉에 수록된 항목 수를 제외하고 《대전통편》과 《전율통보》 〈예전〉의 비율을 따져보면 초고본은 52.9퍼센트, 수정증보본은 47퍼센트로 다른 전(典)과 유사하다. 표4 참조.

13 《대전통편》에는 〈별편〉이 없으므로 단순하게 항목의 비교를 위해 《대

항목 수 비율이 다른 전보다 높은 것에서 대전과 《대명률》을 통합하고자 한 《전율통보》의 편찬 의도가 드러난다. 그리고 〈별편〉의 항목 수가 3배 이상 증가된 것은 관리들의 실무에 필요하거나 도움이 되는 항목을 수록해서이다. 이는 《대전통편》 간행 이전에 구윤명이 사적으로 편집한 초고본과 《대전통편》 간행 이후에 정조의 명을 받아 편찬한 수정증보본의 〈별편〉의 항목 수를 비교해 보아도 알 수 있다. 초고본과는 수정증보본의 〈별편〉의 항목수는 육전에 비해 더 많은 차이를 보이는데, 이는 정조의 명을 받아 편집하면서 〈예전〉 '사대문자식(事大文字式)'의 주본(奏本)을 세분화하여 고부주본(告訃奏本), 주청주본(奏請奏本), 방물주본(方物奏本) 등으로 나누고 관리의 실제 업무에 필요한 곡총(穀摠), 구역마총(廐驛馬摠), 각도전선(各道戰船), 양전법(量田法), 성궐(城闕), 각도성첩(各道城堞), 중원노정(中原路程), 일본노정(日本路程), 공장명색(工匠名色), 제척도(諸尺圖) 등을 추가했기 때문이다.

다음으로 《전율통보》 모든 조문에 주석으로 달아 놓은 출처(出處)[14]의 통계를 통해 《전율통보》의 육전 내용을 분석해 보고자 한다. 《전율통보》 수정증보본 육전의 출처 현황은 표3과 같다.

전통편》 〈예전〉의 '용문자식(用文字式)' 등의 서식 항목수를 가지고 와서 《전율통보》 〈별편〉 항목과 비교하였다.

14 표3 출처의 통계가 조문의 수와 일치하지는 않는다. 출처를 달 때 한 조문 안에 출처가 뒤섞여 있는 것은 모두 출처를 달고, 동일한 출처가 나올 경우에는 마지막 조문에 출처를 달았기 때문이다. 《典律通補 凡例》

표3 《전율통보》 수정증보본 육전의 출처(出處) 현황

	이전	호전	예전	병전	형전	공전	별편
《경국대전》:《經》	362	58	174	197	144	21	61
《속대전》·〈속대전보(續大典補)〉:《續》	290	238	257	433	286	35	7
《대전통편》:《增》	277	126	144	277	74	31	11
《대명률》·《대명률강해(大明律講解)》·《대명률부례(大明律附例)》:《律》	5	17	17	24	126	9	0
《흠휼전칙(欽恤典則)》:《欽恤》	0	0	0	1	4	0	0
수교(受教)·등록(謄錄) 등:《補》	240	201	294	348	122	20	84
《오례의(五禮儀)》:《五禮》	0	3	77	5	0	0	52
《속오례의(續五禮儀)》:《續禮》	0	1	16	7	0	0	17
《상례보편(喪禮補編)》:《補編》	0	0	23	0	1	0	0
《통문관지(通文館志)》:《館志》	0	0	51	0	0	0	0
《경국대전주해(經國大典註解)》:《解》	2	1	1	1	8	0	0
《무원록(無冤錄)》:《無冤》	0	0	0	0	1	0	0
《결송유취(決訟類聚)》:《決訟》	0	0	0	0	1	0	0
총계	1176	645	1054	1293	767	116	232

표3에서 〈별편〉을 제외하고 모든 전(典)에서 《경국대전》, 《속대전》, 《대전통편》의 출처 수가 많은 것은 《전율통보》의 편찬 방식에서 그 이유를 알 수 있다. 《전율통보》는 《경국대전》, 《속대전》, 《대전통편》, 《대명률》을 위주로 편찬하였다. 《경국대전》은 지금 시행되고 있는 것만 기록하되 전례대로 조항을 둔 채 시행하지 않는 조문도 기록하고, 《속대전》은 혁파되거나 폐지된 것이 아니면 거의 다 기록하고, 《전율통보》와 편찬 시기가 가장 가까운 《대전통편》은 《대전통편》을 편찬할 때 추가된 조문은 모두 기록했다.

《대명률》의 출처가 형전에 유독 많은 것은 《경국대전》 간행 당시에 형률에 관한 것을 《대명률》을 따른다는 방침을 정해 놓고 《경국대전》에서 형률 조문을 생략한 것을 《속대전》, 《대전통편》에서도 준용하였기 때문이다. 《전율통보》는 처벌에 해당하는 형률을 적용할 때마다 《대명률》을 찾아보아야 하는 불편함을 없애기 위해 대전에 없는 조문을 모두 수록하여 한 권으로 볼 수 있도록 편찬하였다. 수교나 등록(謄錄)의 조문이 추가된 《보(補)》의 출처가 많은 것은 대전에서 빠진 조문이지만 각 관사에서 전례대로 시행되어 법제화되어야 할 조문을 수록했기 때문이다. 또 의식이나 교린(交隣) 등 대전 〈예전〉에서 미비한 조문은 《오례의》, 《속오례의》, 《상례보편》, 《통문관지》의 내용을 가져와 설명했다. 법의학서인 《무원록》의 출처는 〈형전〉 살상(殺傷) 조에서 태아 낙태와 관련된 《대명률》 조문을 보충 설명한 조문이다. 민사소송을 다룬 《결송유취》의 출처는 〈형전〉 분재(分財) 조에 실린 사손도(使孫圖) 그림이다. 한편 〈별편〉의 출처 수가 육전에 비해 상대적으로 적은 것은《경국대전》,《속대전》,《대전통편》,《국조오례의(國朝五禮儀)》만 출처를 밝혔기 때문이다.

5.《전율통보》의 번역 의의와 자료적 가치

《전율통보》는 법제처(法制處)에서 규장B(古5120-26)를 번역 대본으로 삼아《전율통보》상권, 하권 2책으로 간행하였는데, 이때 〈원편(原編)〉인 육전(六典)만 번역하고 〈별편〉은 번역하지 않았다.[15] 이 책은 상단에는 번역문을, 하단에는 원문을 수록하는 방식으로 조판하였는데 이때 원문은 띄어쓰기만 하고 표점(標點) 부호는 사용하지 않았으며 표나 도판 형식의 원문도 수록하지 않았다. 기사 구분은 번역문과 원문 모두 대본대로 '○'를 사용하였으며, 출전은 번역문에서만 표시하고 원문에서는 띄어쓰기로 대신하였다. 번역문과 원문 모두 대문(大文)과 글자 크기가 동일한데 소주(小註)는 ( )로, 소소주(小小註)는 〈 〉로 처리하였다. 주석은 항목별로 미주를 달았는데 대부분 제도(制度)에 관련된 용어나 관직명 등에 대한 설명이고 원문에 대한 교감주는 달지 않았다. 원문을 교감하지 않다보니 번역문의 정확도가 떨어지고 주석의 대상도 대부분 용어에 국한되어 조문에 대한 전반적인 설명이 부족한 데다 〈별편〉을 번역하지 않아 완전한 번역이 되지 않았다.

15 《전율통보》상권은 법제자료 제47집(법제처, 1971), 하권은 법제자료 제54집(법제처, 1972)에 있다.

이번에 번역한 《전율통보》는 11종의 이본 가운데 체제와 내용면에서 오류가 적은 선본(善本)을 저본으로 삼아 교감 표점(校勘標點)하고 이를 토대로 번역하였다. 그리하여 《전율통보》 〈원편〉과 〈별편〉을 교감표점서 1책과 번역서 4책, 총 5책으로 완간하였다. 이 책은 다음과 같이 조판하였다. 교감표점서는, 항목은 저본대로 하고 항목에 속한 기사 구분은 일련번호 [001]를 사용하였다. 대문은 진한 글자로, 소자는 '❶'로, 소소자는 '❶'로 구분하면서 글자 크기를 달리하고 출전 표시를 하였다. 번역서는, 항목은 '제1장', 항목에 속한 기사 구분은 '제1조', 대문·소자·소소자의 형태와 출전 표시는 교감표점서와 동일하게 하였다. 주석은 교감표점서의 경우 이본과 대조한 내용을 교감주와 참조주로 달았다. 번역서의 경우, 첫째 해당 항목과 원자료의 항목의 출전이 다르면 원자료의 전거를 주석에서 밝혔다. 둘째 《표준국어대사전》 등 일반 사전에 등재된 제도 용어나 관직명 등은 주석을 달지 않았다. 대신 해당 조문이 등장하게 된 배경 등을 주석에서 밝히고자 하였다.

《전율통보》의 번역 성과는, 첫째 〈원편〉과 더불어 기존에 번역되지 않은 〈별편〉까지 완역(完譯)한 것이고, 둘째 기존 번역서에서 다루지 않은 원문 교감에 집중하고 원문에 대한 이해도를 높이고자 12종의 표점부호를 사용한 교감표점서를 별도로 간행한 것이다.

《전율통보》의 자료적 가치는 〈별편〉에 수록된 자료를 통해 짐작할 수 있다. 《대전통편》 〈예전〉과 《전율통보》 수정증보본의 〈별편〉을 비교해 보면, 《대전통편》 〈예전〉에 수록되어 있는 경외관영송(京外官迎送), 경외관상견(京外官相見), 경외관회좌(京外官會坐), 청대(請臺), 본조문자식(本朝文字式) 등을 제외하고는 대부분 《경국대전》과 《대전통편》 등에 수록되어 있지 않은 내용이다. 황조기년(皇朝紀年)과 청기년(淸紀年)은 사대문서(事大文書)와 관련되고 국조기년(國朝紀年)은 본조문서와 관련되어 담당 실무진에게는 꼭 필요한 자료들로 채워져 있다. 이 밖에도 《오례의》와 《속오례의》 출처인 단묘(壇廟)와 제찬도설(祭饌圖說), 《통문관지(通文館志)》 출처인 사대문자식(事大文字式)·교린문자식(交隣文字式)·중원노정(中原路程)·일본노정(日本路程), 여지승람(輿地勝覽) 출처인 팔도정도(八道程途) 등 다양한 서책에 수록된 자료를 〈별편〉에 담아 담당 관원들이 이 한 책만 가지고도 쉽고 편리하게 업무에 참고할 수 있게 하였다.

이제 《전율통보》가 완역됨으로써 조선시대 법률과 제반 규정에 관한 보다 사실에 가까운 연구와 인식 전환이 이루어지기를 기대한다.

표4 **(부록) 《대전통편》, 《전율통보》 초고본, 《전율통보》 수정증보본 항목 비교**

	대전통편(大典通編)	전율통보(典律通補) 초고본(奎4306)	전율통보 수정 증보본(奎貴1377)
이전(吏典)	內命婦, 外命婦, 京官職, 奉朝賀, 內侍府, 雜職, 外官職, 土官職, 京衙前, 取才, 薦擧, 諸科, 除授, 限品敍用, 告身, 署經《續》[15], 正案, 解由, 褒貶, 考課, 祿牌, 差定, 遞兒, 老人職, 追贈, 贈諡, 給假, 改名, 相避, 鄕吏, 雜令《續》 **(31항목)**	爵品, 京官職, 京官格式, 外官職, 外官格式, 薦擧, 科階, 除授, 署經, 考課, 褒貶, 老職, 追贈[贈諡附], 給暇, 相避 **(15항목)**	官階《補》, 京官職, 京官格式《補》, 外官職, 外官格式《補》, 薦擧, 科階《經》《補》, 署經《續》, 考課, 褒貶, 老職, 追贈[贈諡附], 給假, 相避, 雜令《續》 **(15항목)**
호전(戶典)	經費, 戶籍, 量田, 藉田, 祿科, 諸田, 田宅, 給造家地, 務農, 蠶室, 倉庫《續》, 會計, 支供, 解由, 兵船載粮, 魚鹽, 外官供給, 收稅, 漕轉, 稅貢, 雜稅, 國幣, 奬勸, 備荒, 買賣限, 徵債, 進獻, 徭賦, 雜令 **(29항목)**	戶籍(號牌附), 量田[堤堰附], 年分, 田稅, 大同[詳定土貢附], 均役, 漕轉[大同均役上納], 雜稅[身貢附], 徭役[復戶附], 倉庫[支供附], 糶糴, 備荒, 諸田, 祿科, 外官供給, 解由[越等附], 雜令 **(17항목)**	戶籍[號牌附《補》], 量田[堤堰附《補》], 年分《補》, 田稅《經》《補》, 大同《補》[土貢《經》《補》 ○詳定附《補》], 均役《補》, 漕轉[大同均役上納附《補》], 雜稅[身貢附《補》], 徭役《經》《補》[復戶附《補》], 倉庫《續》[支供], 糶糴《補》, 備荒, 諸田, 祿科, 外官供給, 解由, 雜令 **(17항목)**
예전(禮典)	諸科, 儀章, 生徒, 五服, 儀註, 宴享, 朝儀, 事大, 待使客, 祭禮, 奉審, 致祭, 陳弊, 奉祀, 給假, 立後, 婚嫁, 喪葬, 取才, 璽寶《增》, 用印, 依牒, 藏文書, 奬勸, 頒氷, 惠恤, 雅俗樂, 選上, 度僧, 寺社, 參謁, 京外官迎送, 京外官相見, 京外官會坐, 請臺, 雜令, 用文字式, 文武官四品以上告身式, 文武官五品以下告身式, 堂上官妻告身式, 三品以下妻告身式, 紅牌式, 白牌式, 雜科白牌式, 祿牌式, 追贈式, 鄕吏免役賜牌式, 奴婢土田賜牌式, 啓本式, 啓目式, 平關式, 牒呈式, 帖式, 立法出依牒式, 起復出依牒式, 解由移關式, 解由牒呈式, 度牒式, 立案式, 勘合式, 戶口式, 準戶口式 **(62항목)**	國恤, 上下服制, 奉審[園陵附], 祀典, 儀章, 寶印, 朝儀, 事大, 交隣, 開市, 諸科, 奬勸, 惠恤, 婚嫁, 喪制, 服制, 立後, 雜令 **(18항목)**	喪禮《補》, 陵廟《補》[殿壇胎室歷代諸陵附《補》], 祭禮, 朝儀, 儀章, 璽寶《增》[用印附], 事大, 交隣《補》, 開市《補》, 諸科, 奬勸, 惠恤, 婚嫁, 喪祭, 立後, 雜令 **(16항목)**

병전(兵典)	京官職, 雜職, 外官職, 土官職, 京衙前, 伴倘, 外衙前, 軍官, 驛馬, 草料, 試取, 番次都目, 軍士給仕, 諸道兵船, 武科, 告身, 褒貶, 入直, 擲奸, 行巡, 啓省記, 門開閉, 侍衛, 疊鼓, 疊鐘, 符信, 教閱, 屬衙, 名簿, 番上, 留防, 給保, 成籍, 軍士還屬, 復戶, 免役, 給假, 救恤, 城堡, 軍器, 兵船, 烽燧, 廏牧, 積芻, 護船, 迎送, 路引, 驛路《續》, 改火, 禁火, 雜類, 用刑, 雜令《續》 **(53항목)**	爵品, 京官職, 京官格式, 外官職, 外官格式, 諸科, 試取, 軍簿, 屬衛, 免役, 教閱, 軍律, 番上, 留防, 符信, 入直[省記附], 門開閉, 行巡, 城堡, 烽燧, 軍器, 論賞, 兵船, 廐牧, 驛馬[草料附《補》], 驛路, 禁火, 雜令 **(28항목)**	官階《補》, 京官職, 京官格式《補》, 外官職, 外官格式《補》, 諸科, 試取, 名簿, 屬衛, 教閱, 番上, 留防, 符信, 入直, 門開閉, 行巡, 侍衛, 城堡, 烽燧, 軍器, 兵船, 廐牧, 驛馬[官馬附《補》], 驛路《續》, 禁火, 雜令《續》 **(26항목)**
형전(刑典)	用律, 決獄日限, 囚禁, 推斷, 禁刑日, 濫刑, 僞造, 恤囚, 逃亡, 才白丁團聚, 捕盜, 贓盜, 元惡鄕吏, 銀錢代用, 罪犯準計, 告尊長, 禁制, 訴冤, 停訟, 賤妾, 賤妻妾子女, 公賤, 私賤, 賤娶婢產, 闕內各差備, 根隨, 諸司差備奴根隨奴定額, 外奴婢, 殺獄《續》, 檢驗《續》, 姦犯《續》, 赦令《續》, 贖良《續》, 補充隊《續》, 聽理《續》, 文記《續》, 雜令《續》, 笞杖徒流贖木《續》, 決訟該用紙《續》, 奴婢決訟定限[16] **(40항목)**	五刑圖, 獄具圖, 推斷, 續法, 用刑, 囚禁, 逃亡, 赦令, 逆獄, 綱常, 賊盜, 受贓, 殺傷, 附辜限, 附私和, 附復讐, 附檢驗, 罵詈, 姦犯, 文書, 詐僞, 發塚, 失火, 聽理, 山訟, 訴冤, 徵債, 公賤[私賤], 私賤, 文記, 分財[使孫圖附], 贖良, 禁制, 雜令 **(34항목)**	獄具圖《律》, 五刑圖《律》, 推斷[發配附《補》], 囚禁, 用刑《補》, 收贖《補》, 逃亡, 赦令《續》, 逆獄《補》, 綱常《補》, 賊盜《律》, 受贓《經》《補》, 姦犯《續》, 罵詈《律》, 殺傷《續》《補》, 附辜限《補》, 附私和《補》, 附復讐《補》, 附檢驗《續》, 發塚《補》, 失火《補》, 詐僞《律》, 訴告《經》《補》, 聽理《續》[山訟附《補》], 徵債, 公賤[私賤], 私賤, 分財《補》, 贖良《續》, 禁制, 雜令《續》, 律名《補》, 名例《律》 **(33항목)**
공전(工典)	橋路, 營繕, 度量衡, 院宇, 舟車, 栽植, 鐵場, 柴場, 寶物, 京役吏, 雜令, 工匠, 京工匠, 外工匠 **(14항목)**	橋路, 營繕, 度量衡, 舟車, 栽植, 柴場, 雜令, 工匠 **(8항목)**	橋路, 營繕, 度量衡, 舟車, 栽植, 工匠, 雜令 **(7항목)**

별편 (別編)	皇朝年紀, 附清年紀, 本朝紀年, 誕日, 園墓, 壇廟, 功臣名號, 祭饌圖說, 五服圖, 使臣外官正至誕日遙儀, 使臣外官拜箋儀, 使臣外官迎敎書儀, 使臣外官受諭書儀, 使臣外官迎內香儀, 迎觀察使儀, 京外官迎送, 京外官相見, 京外官會坐, 請臺, 節度使以下見觀察使儀, 事大表箋式[正朝賀表, 方物表, 方物狀, 正朝賀箋, 方物箋, 謝恩表, 陳慰表, 奏本, 方物奏本, 方物單本, 咨文], 交隣文書式[國書, 書契], 諭書式, 四品以上告身式, 五品以下告身式, 追贈式, 差帖式, 紅牌式, 白牌式, 雜科白牌式, 祿牌式, 鄕吏免役賜牌式, 奴婢田土賜牌式, 京司啓本式, 啓目式, 草記式, 外方進箋式, 外方啓本式, 狀啓式, 上疏式, 箚子式, 上書式, 上言式, 呈辭式, 下直單子式, 謝恩單子式, 守令薦單子式, 申文, 箚文, 呈文, 牒呈式, 書目式, 平關式, 帖式, 解由移關式, 解由牒呈式, 推考發緘式, 京官緘答式, 立案式, 勘合式, 戶口單子式, 戶口式, 署經單子式, 敦寧單子式, 璿源單子式, 功臣子孫世系單子式, 六行單子式, 參謁六行單子式, 吏文, 軍摠, 民摠, 田摠[田稅大同均役摠數附], 算法, 八道程途, 五部坊名, 雜式 **(87항목)**	皇朝紀年, 清紀年, 國朝紀年, 宮園, 壇廟, 祭饌圖說, 五服圖,功臣名號, 使臣外官賀拜迎受儀[正至遙賀, 拜箋, 迎敎書, 受諭書, 受宣勞, 迎內香], 京外官相接儀[迎觀察使, 京外官迎送, 京外官相見, 京外官會坐, 請臺], 事大文字式[賀表, 方物表, 賀箋, 方物箋, 方物狀, 年貢奏本, 禮物摠單, 謝恩表, 進賀表, 陳慰表, 進香祭文, 祭物單子, 起居表, 告訃表, 告訃奏本, 奏請奏本, 方物奏本, 方物啓本, 方物單本, 咨文, 方物咨文, 申文, 呈文], 交隣文字式[國書, 別幅, 書契, 別幅], 本朝文字式[諭書, 告身(四品以上告身式, 五品以下告身式), 追贈, 差帖, 紅牌, 白牌, 雜科白牌, 祿牌, 鄕吏免役賜牌, 奴婢田土賜牌, 進箋, 京司啓本, 京司啓目, 草記, 外方啓本, 外方狀啓, 上疏, 箚子, 上書, 上言, 呈辭, 下直單子, 謝恩單子, 六行單子, 問安單子, 祇受單子, 守令薦單子, 牒呈, 書目, 平關, 帖, 解由移關, 解由牒呈, 外官推考發緘, 外官緘答, 京官緘答, 立案, 勘合, 戶口單子, 準戶口, 署經單子, 璿源錄世系單子, 敦寧單子, 功臣子孫世系單子, 參謁六行單子, 科擧秘封], 吏文, 民摠, 軍摠, 田摠[田稅大同均役摠數附], 穀摠, 廐驛馬摠, 各道戰船, 量田法, 城闕, 五部坊名, 各道城堞, 八道程途, 中原路程, 日本路程, 工匠名色, 籌法, 諸尺圖 **(108항목)**

참고문헌

김백철, 조선후기 정조대 법제 정비와 《대전통편》 체제의 구현, 대동문화연구 제64집, 2008

김현영, 官府文書 연구의 현황과 과제, 영남학 제10호, 2006

남지대, 경국대전 해제, 속대전, 서울대학교규장각, 1997

심재우, 전율통보 해제, 전율통보, 서울대학교규장각, 1998

염정섭, 대전통편 해제, 대전통편, 서울대학교규장각, 1998

정긍식, 대전회통 해제, 대전회통, 서울대학교규장각, 1999

정영미, 《전율통보(典律通補)》 편찬과 번역, 한국고전번역원 2017년 제4회 연구집담회, 2017

홍순민, 조선후기 법전 편찬의 추이와 정치운영의 변동, 한국문화 21, 서울대학교 한국문화연구소, 1998

홍순민, 속대전 해제, 속대전, 서울대학교규장각, 1998

16 항목 뒤에 있는 서명 표시는 해당 법전의 약칭이다. 항목 뒤에 서명 표시가 없는 것은 《경국대전》, 《續》은 《속대전》, 《增》은 《대전통편》, 《補》는 《전율통보》에서 추가된 부분, 《律》은 《대명률》을 가리킨다.

17 노비결송정한(奴婢決訟定限)은 《경국대전》 권5와 권6 사이에 〈형전〉 부록으로 실린 항목으로 《대전통편》은 《경국대전》의 체재를 따라 그대로 수록하였다. 조선 시대에 간행된 대전류(大典類) 가운데 마지막 법전인 《대전회통(大典會通)》은 〈형전〉 부록에서 노비결송정한 항목을 삭제하였다. 이는 노비결송정한에 수록된 조문(條文)이 《속대전》과 《대전통편》 〈형전〉의 해당 항목에 포함되어 있어서인 듯하다. 이 부분 이외에 《대전회통》은 《대전통편》과 동일한 체재를 유지하였다.

典律通補

전율통보 범례

제1항 **이 책은《경국대전(經國大典)》,《속대전(續大典)》,《대전통편(大典通編)》,《대명률(大明律)》을 위주로 편찬하였다. 그중《대전통편》은 추가된 조항을 모두 기록하였다.** ❶ 긴요하지 않은 몇 조항만 생략하였다.《**속대전》도 혁파되거나 폐지된 것**[1]**이 아니면 거의 다 기록하였다.** ❷ 혁파되거나 폐지된 것 이외에 긴요하지 않거나 내용이 중첩되는 몇몇 조항도 생략하였다.《**경국대전》은 지금 시행되고 있는 것만 기록하였다.** ❸ 간혹 뜻이 의심스럽거나 모호하여 본래 취지를 잘못 이해하기 쉬운 것은《경국대전주해(經國大典註解)》로 의미를 밝혔다. **단, 전례대로 조항은 그대로 두고서 시행하지는 않는 경우이면 현재 시행되고 있지 않더라도 아울러 수록하였다.** ❹《속대전》및《대전통편》에 "지금은 폐지되었다.[今廢]"라고 곧바로 주석을 단 것은 생략하였고, 그 외에는 폐지된 것이나 마찬가지인 조항이라 하더라도 그 근원을 거슬러 올라가 법의 취지를 알 수 있는 것이면 이를 주석에 보여 주되 "《경국대전》에는 '……'라고 하였다."라고 기록하거나, "'……'라는 내용이《경국대전》에 있다."라고 기록하여 표시하였다. ❺《경국대전》,《속대전》,

1 혁파되거나 폐지된 것 :《대전통편》과《대전회통》의 범례를 참고하고 각 조항에 달린 주석을 살펴보면, 주로 관사나 관직이 혁파된 경우에는 "이제는 혁파되었다.[今革]"라는 주석이 달려 있고, 법규나 제도가 폐지된 경우에는 "이제는 폐지되었다.[今廢]"라는 주석이 달려 있다.《大典通編 凡例》《大典會通 凡例》

《대전통편》에 실린 것 가운데 사실과 관계가 있으나 지나치게 소략한 것, 법의 취지와 관계가 없는데 쓸데없이 내용만 산만한 것, 그리고 한 조항 안에 간혹 변천된 사항이 있는 것은 연석의 하교에 따라 본문에서 삭제하거나 내용을 보충하였다.[2] 상(上 정조)의 수교 가운데 현재 준용하고 있지만 미처 《대전통편》에 포함하지 못한 것은 연석에서 여쭌 다음 삼가 수록하였다. **《대명률》은 참조하여 적용할 만한 법례인데도 《경국대전》과 《속대전》에 해당 율문이 없는 것을 모두 수록하여 《경국대전》, 《속대전》, 《대전통편》과 《대명률》이 하나로 통합되도록 하였다. 《경국대전》, 《속대전》, 《대전통편》과 《대명률》 이외에도 참고하여 근거로 삼을 만한 것은 두루 수집해서 분야별로 덧붙여 보충하였다. 그리고 육전(六典)에 포함할 필요는 없지만 육전의 참고가 될 만한 명물(名物)과 도수(度數)[3]를 취하여 〈별편〉으로 만들었다.**

제2항 **모든 조항에 반드시 그 출처에 대한 주석을 달았는데 ❶** 〈경〉(經)은 《경국대전》을 가리킨다. 〈속〉(續)은 《속대전》을 가리키는데, 〈속대전보(續大典補)〉[4]도 〈속〉이라고 하였다. 〈증〉(增)은

2 연석의……보충하였다 : 《전율통보》를 편찬할 때 구윤명(具允明)이 입시하여 정조의 의견을 물어 결정한 사항을 가리킨다. 《承政院日記 正祖 9年 12月 8日, 11年 2月 20日》

3 명물(名物)과 도수(度數) : 명물은 사물의 명칭이나 특징이고, 도수는 일정한 단위로 계산하여 얻은 수목(數目)이다.

4 속대전보(續大典補) : 현재 남아 있는 《속대전》 중에는 왕세손의 책봉에 따른 원자보양관(元子輔養官), 원손보양관(元孫輔養官), 사부(師傅), 강서원

《대전통편》을 가리킨다. 〈율〉(律)은 《대명률》을 가리키는데, 출전이 《대명률강해(大明律講解)》[5]와 《대명률부례(大明律附例)》[6]인 것도 모두 〈율〉이라고 하였다. 〈흠휼〉(欽恤)은 《흠휼전칙(欽恤典則)》을 가리킨다. 〈보〉(補)는 출전이 수교나 등록(謄錄)인 것을 가리킨다. 〈오례〉(五禮)는 《오례의(五禮儀)》를 가리킨다. 〈속례〉(續禮)는 《속오례의(續五禮儀)》를 가리킨다. 〈보편〉(補編)은 《상례보편(喪禮補編)》을 가리킨다. 〈관지〉(館志)는 《통문관지(通文館志)》를 가리킨다. 〈해〉(解)는 《경국대전주해(經國大典註解)》를 가리킨다. 〈무원〉(無冤)은 《무원록(無冤錄)》[7]을 가리킨다. 〈결송〉(決訟)

(講書院), 세손위종사(世孫衛從司) 등에 관한 규정을 〈이전보(吏典補)〉와 〈병전보(兵典補)〉로 나누어 실어 놓은 본이 있는데, 이를 가리킨다. 《규장각한국학연구원 해제자료 https://kyu.snu.ac.kr/ 검색일: 2019. 10. 30.》

5 대명률강해(大明律講解) : 《대명률》에 대한 편찬자 미상의 해설서이다. 현존하는 활자본으로는 조선 광무 7년(1903)에 법부(法部)에서 간행된 것만이 규장각에 남아 있고 중국이나 일본에는 없다. 《세종실록》 25년(1443) 10월 16일에 '강해율(講解律)'이라는 책명이 거론되고 중국에서 반강(頒降)된 책이 아니라는 말이 나오며, 《성종실록》 5년(1474) 10월 19일에 '대명률강해'가 거론된 것으로 보아 조선 초기에 국내에서 편찬하여 활용한 책으로 추측된다. 《규장각한국학연구원 해제자료 https://kyu.snu.ac.kr/ 검색일: 2019. 10. 30.》

6 대명률부례(大明律附例) : 명나라의 서화(舒化) 등이 황제의 명에 따라 편찬한 책으로, 《대명률》의 법조문에 대한 상세한 주석과 조례(條例) 모음집이다. 《대명률강해》에 비해 대단히 상세한 내용을 기술하고 있다는 점에서 《대명률》에 대한 본격적인 해설서라 할 수 있다. 《규장각한국학연구원 해제자료 https://kyu.snu.ac.kr/ 검색일: 2019. 10. 30.》

7 무원록(無冤錄) : 원나라 왕여(王與)가 송나라의 형사 사건 지침서들을 바탕으로 편찬한 법의학서이다. 조선 세종이 최치운(崔致雲)에게 주해하도록 하여 1440년(세종22) 《신주무원록(新註無冤錄)》을 간행하고 실제 검시 등에 이용하게 하였다. 원서 자체에 이해하기 힘들거나 조선 실정에 맞지 않

은 《결송유취(決訟類聚)》[8]를 가리킨다. **한 조항 안에 여러 출처의 내용이 뒤섞여 있는 것은 모든 출처에 대해 주석을 달았다.** **2** 본문에서 삭제하거나 보충하고 나누거나 합칠 때에 간간이 적절한 자구로 문세를 가다듬었으나, 의미가 본문과 달라지지 않은 것은 그대로 본문에 대한 주석을 달았다. 감역(監役)이 참군(參軍)으로 바뀐 것이나 결장(決杖)이 나문(拿問)으로 대치된 것과 같은 것은 중요한 자구 변화이기 때문에 〈속〉과 〈증〉으로 함께 주석을 달았다. 그러나 여진(女眞)이 청(淸)으로 바뀐 것과 같은 경우는 이루 다 주석을 달 수 없기 때문에 여진학(女眞學)이 청학(淸學)으로 바뀐 부분은 〈경〉과 〈속〉으로 함께 주석을 달지 않고, 그대로 〈경〉으로만 주석을 달았다. **3** 〈별편〉은 〈경〉, 〈속〉, 〈증〉, 〈오례〉로만 주석을 달고, 이 밖의 출처에 대해서

는 점이 많았기 때문에 영조가 구택규(具宅奎)에게 명하여 옛 주해본의 잘못된 곳을 바로잡고 빠진 곳을 보충하게 하였으나 완성하지 못하다가, 그 아들인 구윤명(具允明)이 이어받아 완성하였다. 정조는 그것을 검토한 후 형조판서 서유린(徐有隣)으로 하여금 율학 별제(律學別提) 한종호(韓宗祜) 등 당시의 법률 전문가들과 함께 내용을 더욱 보완하고 번역하게 하였다. 1792년(정조16) 교서관에서 3권 2책의 《증수무원록언해(增修無冤錄諺解)》가 간행되었으며, 구윤명이 보완한 책도 1796년 교서관에서 1책의 《증수무원록대전(增修無冤錄大全)》으로 간행되었다. 《규장각한국학연구원 해제자료 https://kyu.snu.ac.kr/ 검색일: 2019. 10. 30.》

8 결송유취(決訟類聚) : 조선 후기 민사 소송의 처리에 대한 실무 지침서로, 김백간(金伯幹)이 편찬하고 그 아들 김태정(金泰廷)이 1585년(선조18) 전주에서 간행한 《사송유취(詞訟類聚)》를 조금 수정, 보완하여 간행한 것이다. 1649년(효종 즉위년) 경상도 영천(永川)에서 간행되었다. 《사송유취》와 제목은 다르나 같은 책으로 통용되었다. 《규장각한국학연구원 해제자료 https://kyu.snu.ac.kr/ 검색일: 2019. 10. 30.》

는 주석을 달지 않았다. ㊋로 표시한 조항 가운데 간혹 《경국대전》, 《속대전》, 《대전통편》, 《오례의》를 뒤섞어 기록한 것도 구별하기가 어려우므로 모두 주석을 달되 원편(原編)처럼 단락마다 모두 주석을 달지는 않았다.

제3항 **목록은 《경국대전》과 《속대전》 및 《대전통편》의 목록을 쓰면서도 삭제하거나 보충한 부분이 있으니, 이는 너무 복잡하거나 간략하여 참고하는 데에 혼란스럽지 않게 하려는 것이다.** ❶ 《경국대전》 이외의 목록에도 그 출처에 대한 주석을 달았다. ❷ 〈별편〉에도 간혹 《경국대전》의 목록이 있으나 주석을 달지는 않았다.

제4항 **육전 가운데 "모 율(律)에 따른다."거나 "모 율로 논한다."라고 하는 것들은 감률 내용을 살펴보려고 하면 여기저기 흩어져 있어 찾기가 어렵다. 그래서 이번에는 〈형전〉의 말미에 전부 열거하고 율명(律名)이라고 명명하여** ❶ 예컨대 "전량(田糧)을 속이거나 숨겼을 경우의 처벌은 태 40에서 장 100까지이다.", "천거한 사람이 적임자가 아닌 경우의 처벌에 대해서는 〈이전〉의 〈천거(薦擧)〉 조에 보인다." 따위이다. **찾기 편하도록 하였다. 명례(名例)는 율문을 적용하는 통례이므로 이것도 〈율명〉 아래에 수록하였다.**

典律通補

전율통보

제1권

이전

이전 목록(吏典目錄)

이전(吏典)

❶ 속아문(屬衙門)[1]은 내시부(內侍府), 상서원(尙瑞院), 종부시(宗簿寺), 사옹원(司饔院), 내수사(內需司), 액정서(掖庭署)이다.[2] 〈경〉

제 1 조 관계(官階)[3]

❶ 동반(東班)은 정1품부터 종4품까지 대부(大夫)라고 칭하고, 정5품부터 종9품까지 랑(郞)이라고 칭한다. 잡직(雜職)과 토관직(土官職)도 랑이라고 칭한다.

❷ 외명부(外命婦)의 봉작은 지아비의 직급을 따른다. 재가(再嫁)한 자는

1 속아문(屬衙門) : 육조(六曹)에 배속하여 감독하게 한 중앙 각 관사 아문을 말한다.

2 속아문(屬衙門)은……액정서(掖庭署)이다 : 《경국대전》에는 충익부(忠翊府)도 이전의 속아문에 포함되어 있다. 그러나 충익부는 1726년(영조2) 오상사(五上司) 중 하나인 충훈부(忠勳府)에 합속되었으므로 《대전통편》에서는 혁파되었다고 기술하였고, 《전율통보》에서는 충익부를 기술하지 않았다. 이는 이미 폐지되거나 혁파된 사실에 대한 조항은 수록하지 않는다는 범례의 내용을 따른 것이다.

3 관계(官階) : 관원 품계라는 뜻이다. 구윤명(具允明)의 《전율통보》 초고본(初稿本)에는 '작품(爵品)'이라고 되어 있다. 《경국대전초해(經國大典抄解)》에 "계(階)는 사다리이다. 벼슬에 등급이 있는 것이 사다리에 계단이 있는 것과 같으니 정종(正從)의 품계가 바로 이것이다."라고 하였다. 여기서는 문무관(文武官), 종친(宗親), 의빈(儀賓), 내명부(內命婦), 외명부(外命婦)의 품계를 기술하였다.

봉작하지 못하고 개가(改嫁)한 자는 추탈한다.[4]

3 왕비의 모친, 세자의 딸, 종친 2품 이상의 처는 읍호(邑號)를 쓴다.[5]

4 문무관과 종친의 처로서 당상 이상은 부인(夫人)이라 칭하고, 당하 3품 이하는 인(人)이라 칭한다.

5 잡직 정6품은 공직랑(供職郎)과 여직랑(勵職郎)이고, 종6품은 근임랑(謹任郎)과 효임랑(效任郎)이며, 정7품은 봉무랑(奉務郎)이고, 종7품은 승무랑(承務郎)이며, 정8품은 면공랑(勉功郎)이고, 종8품은 부공랑(赴功郎)이며, 정9품은 복근랑(服勤郎)이고, 종9품은 전근랑(展勤郎)이다. 〈경〉 –1 교서관(校書館)과 액정서(掖庭署)의 잡직, 마의(馬醫), 화원(畫員)의 품계는 정직(正職)과 같다.[6] 〈경〉〈보〉 – 토관직 정5품은 통의랑(通議郎)이고, 종5품은 봉의랑(奉議郎)이며, 정6품은 선직랑(宣職郎)이고, 종6품은 봉

4 재가(再嫁)한……추탈한다 : '재가'와 '개가(改嫁)'는 결혼한 여자가 남편이 죽었거나 이혼한 다음 다른 남자와 다시 결혼하는 일을 말한다. 사료에 나타난 사례로 볼 때 재가와 개가는 혼용해서 사용된 듯하다. 본문은 다시 결혼한 여자는 새 남편의 직급으로 봉작을 받을 수 없고, 전남편의 직급으로 받은 봉작은 추탈된다는 뜻이다.

5 왕비의……쓴다 : 본인의 관향(貫鄕)을 작위 앞에 붙여서 '모모 부부인(府夫人)', '모모 군부인(郡夫人)' 등으로 썼다. 예를 들면 정순왕후(貞純王后)의 어머니는 원주 원씨(原州元氏)인데 관향인 원주에서 한 글자만 바꾸어 '원풍부부인(原豐府夫人)'이라고 하였고, 숙종의 후궁 명빈(榠嬪) 박씨(朴氏) 소생 연령군(延齡君)의 부인은 상산 김씨(常山金氏)인데 관향인 상산을 써서 '상산군부인(常山郡夫人)'이라고 하였다.

6 교서관(校書館)과……같다 : 《경국대전》〈이전 잡직(雜職)〉에는 "마의(馬醫)와 도류(道流), 화원(畫員)에게 잡직 품계가 아닌 동반(東班)의 정직(正職) 품계를 준다."라고 하였으나, 《속대전》〈이전 잡직〉에 "소격서(昭格署)의 도류는 지금 혁파되었다."라는 내용이 있기 때문에 《전율통보》에서는 '도류'를 언급하지 않았다. 교서관과 액정서의 잡직에게 정직 품계를 준다는 내용은 《경국대전》〈이전 경관직(京官職)〉 장악원 원주(原註)에 보인다.

직랑(奉職郞)이며, 정7품은 희공랑(熙功郞)이고, 종7품은 주공랑(注功郞)이며, 정8품은 공무랑(供務郞)이고, 종8품은 직무랑(直務郞)이며, 정9품은 계사랑(啓仕郞)이고, 종9품은 시사랑(試仕郞)이다.〈경〉

제 1 항

	문무관(文武官)[7] 〈보〉	종친(宗親) 〈경〉	의빈(儀賓) 〈경〉
정1품	대광보국숭록대부(大匡輔國崇祿大夫)[8] - 의정(議政)이다. -	현록대부(顯祿大夫)	수록대부(綏祿大夫)
	보국숭록대부(輔國崇祿大夫)	흥록대부(興祿大夫)	성록대부(成祿大夫)
종1품	숭록대부(崇祿大夫)	의덕대부(宜德大夫)[9]	정덕대부(靖德大夫)[10]
	숭정대부(崇政大夫)	가덕대부(嘉德大夫)	명덕대부(明德大夫)[11]
정2품	정헌대부(正憲大夫)	숭헌대부(崇憲大夫)	봉헌대부(奉憲大夫)
	자헌대부(資憲大夫)	승헌대부(承憲大夫)	통헌대부(通憲大夫)
종2품	가의대부(嘉義大夫)[12]	중의대부(中義大夫)	자의대부(資義大夫)
	가선대부(嘉善大夫)	소의대부(昭義大夫)[13]	순의대부(順義大夫)
정3품	통정대부(通政大夫) - 이상은 당상관(堂上官)이다. -	명선대부(明善大夫) - 이상은 당상관이다. -	봉순대부(奉順大夫) - 이상은 당상관이다. -
	통훈대부(通訓大夫)	창선대부(彰善大夫)	정순대부(正順大夫)
종3품	중직대부(中直大夫)	보신대부(保信大夫)	명신대부(明信大夫)
	중훈대부(中訓大夫)	자신대부(資信大夫)	돈신대부(敦信大夫) 〈경〉〈속〉

정4품	봉정대부(奉正大夫)	선휘대부(宣徽大夫)	
	봉렬대부(奉列大夫)	광휘대부(廣徽大夫)	
종4품	조산대부(朝散大夫)	봉성대부(奉成大夫)	
	조봉대부(朝奉大夫)	광성대부(光成大夫)	
정5품	통덕랑(通德郎)	통직랑(通直郎)	
	통선랑(通善郎)	병직랑(秉直郎)	
종5품	봉직랑(奉直郎)	근절랑(謹節郎)	
	봉훈랑(奉訓郎)	신절랑(愼節郎)	
정6품	승의랑(承議郎)	집순랑(執順郎)	
	승훈랑(承訓郎)	종순랑(從順郎) 〈경〉〈속〉〈증〉	
종6품	선교랑(宣敎郎)		
	선무랑(宣務郎)		
정7품	무공랑(務功郎)		
종7품	계공랑(啓功郎)		
정8품	통사랑(通仕郎)		
종8품	승사랑(承仕郎)		
정9품	종사랑(從仕郎)		
종9품	장사랑(將仕郎) 〈경〉〈속〉		

7 문무관(文武官) : 《경국대전》과 《대전통편》에서는 〈이전〉 맨 앞에 내명부와 외명부를 설명한 다음 경관직에 들어가 동반 관계(東班官階) 항목을 두고 문무관, 종친, 의빈의 품계를 각각 기록하였는데, 《전율통보》에서는 내명부와 외명부에 앞서 문무관, 종친, 의빈의 품계를 기록하였다. 〈이전〉에서 무관까지 언급해서 문무관이라고 한 것은 종2품 이상 무관부터는 문관의 품계와 같이 '모모 대부(大夫)'라고 하기 때문이다.

8 대광보국숭록대부(大匡輔國崇祿大夫) : 조선 시대 품계는 9품계로 각 품계 내에 정(正)과 종(從)을 두어 모두 18품계인데, 정1품부터 종6품까지는 정과 종을 또 상계(上階)와 하계(下階)로 나누어 위계(位階)에 층차를 두었다. 대광보국숭록대부는 정1품에서도 상계에 해당하며 의정이 되면서 받는 품계이다.

9 의덕대부(宜德大夫) : 《경국대전》에는 '소덕대부(昭德大夫)'로 되어 있다. 예종의 비 장순왕후(章順王后)의 휘호와 겹친다는 이유로 '수덕(綏德)'으로 개정되어 《속대전》에 실렸고, 사도세자인 경모궁(景慕宮)의 추상존호 '수덕돈경(綏德敦慶)'과 또 겹친다 하여 다시 '의덕(宜德)'으로 개정되어 《대전통편》에 실렸다. 《肅宗實錄 37年 7月 15日》《日省錄 正祖 7年 4月 8日》

10 정덕대부(靖德大夫) : 《경국대전》에는 '광덕대부(光德大夫)'로 되어 있다. 1683년(숙종9) 태조의 추상존호 '정의광덕(正義光德)'과 겹친다는 이유로 '정덕(靖德)'으로 개정되어 《속대전》에 실렸다. 《承政院日記 肅宗 9年 6月 12日, 7月 24日》

11 명덕대부(明德大夫) : 《경국대전》에는 '숭덕대부(崇德大夫)'로 되어 있고, 《속대전》에 '명덕대부'로 개정되어 실렸다.

12 가의대부(嘉義大夫) : 《경국대전》에는 '가정대부(嘉靖大夫)'로 되어 있다. 1522년(중종17) 명나라 세종의 연호와 같다는 이유로 '가의(嘉義)'로 개정되어 《속대전》에 실렸다. 《中宗實錄 17年 1月 11日》

13 소의대부(昭義大夫) : 《경국대전》에는 '정의대부(正義大夫)'로 되어 있다. 1683년(숙종9) 태조의 추상존호 '정의광덕(正義光德)'과 겹친다는 이유로 '명의(明義)'로 개정되었고, 1740년(영조16) 효종의 가상존호 '명의정덕(明義正德)'과 또 겹친다 하여 다시 '소의(昭義)'로 개정되어 《속대전》에 실렸다. 《承政院日記 肅宗 9年 6月 12日·7月 24日, 英祖 16年 5月 29日》

제 2 항

	내명부(內命婦) 〈경〉 상궁(尙宮)과 수규(守閨) 이하는 궁인직(宮人職)이다.14 〈증〉	외명부(外命婦) 〈경〉		
			문무관 처 (文武官妻)	종친 처 (宗親妻)
		공주(公主) 왕의 적녀(嫡女)이다. 품계가 없다.15		
		옹주(翁主) 왕의 서녀(庶女)이다. 품계가 없다.16 〈경〉〈보〉		
정1품	빈(嬪)	**부부인(府夫人)** 왕비 모이다.	정경부인 (貞敬夫人)	부부인 –대군 처 (大君妻)이다.– 군부인 (郡夫人) –왕자군 처 (王子君妻)이다.–
종1품	귀인(貴人)	**봉보부인** **(奉保夫人)17** 대전 유모이다.	정경부인	군부인
정2품	소의(昭儀)	**군주(郡主)** 세자의 적녀이다.	정부인(貞夫人)	현부인(縣夫人)
종2품	숙의(淑儀) 세자궁(世子宮): 양제(良娣)		정부인	현부인
정3품	소용(昭容)	**현주(縣主)** 세자의 서녀이다. 〈경〉	숙부인(淑夫人) 숙인(淑人)	신부인(愼夫人) 신인(愼人)
종3품	숙용(淑容) 세자궁: 양원(良媛)		숙인	신인
정4품	소원(昭媛)		영인(令人)	혜인(惠人)
종4품	숙원(淑媛) 세자궁: 승휘(承徽)		영인	혜인
정5품	상궁(尙宮), 상의(尙儀)		공인(恭人)	온인(溫人)
종5품	상복(尙服), 상식(尙食) 세자궁: 소훈(昭訓)		공인	온인
정6품	상침(尙寢), 상공(尙功)		의인(宜人)	순인(順人) 〈경〉
종6품	상정(尙正), 상기(尙記) 세자궁: 수규(守閨), 수칙(守則)		의인	

정7품	전빈(典賓), 전의(典衣), 전선(典膳)		안인(安人)	
종7품	전설(典設), 전제(典製), 전언(典言)		안인	
	세자궁: 장찬(掌饌), 장정(掌正)			
정8품	전찬(典贊), 전식(典飾), 전악(典樂)		단인(端人)	
종8품	전등(典燈), 전채(典彩), 전정(典正)		단인	
	세자궁: 장서(掌書), 장봉(掌縫)			
정9품	주궁(奏宮), 주상(奏商), 주각(奏角)		유인(孺人)	
종9품	주변치(奏變徵), 주치(奏徵), 주우(奏羽), 주변궁(奏變宮)		유인 〈경〉	
	세자궁: 장장(掌藏), 장식(掌食), 장의(掌醫) 〈경〉			

14 내명부(內命婦)……궁인직(宮人職)이다 : 내명부의 정1품 빈부터 종4품 숙원까지와 세자궁의 종2품 양제부터 종5품 소훈까지는 후궁의 품계이고, 내명부의 정5품 상궁부터와 세자궁의 종6품 수규, 수칙부터 그 이하는 궁인직이다.

15 공주(公主)……없다 : 공주는 품계가 없기 때문에 외명부의 정1품 정경부인 앞에 실려 있다. 《경국대전》에는 '왕의 적녀[王女嫡]'에 대한 내용만 있다. '품계가 없다[無階]'는 내용은 《전율통보》에서 추가한 것이다.

16 옹주(翁主)……없다 : 옹주는 품계가 없기 때문에 외명부의 정1품 정경부인 앞에 실려 있다. 《경국대전》에는 '왕의 서녀[王女庶]'에 대한 내용만 있다. '품계가 없다[無階]'는 내용은 《전율통보》에서 추가한 것이다.

17 봉보부인(奉保夫人) : 세종은 유모(乳母) 이씨(李氏)에 대해 그 봉작을 '봉보부인'이라 하고 종2품 품질(品秩)에 준하는 녹봉을 지급하여 예우하였는데, 이는 중국에서 제왕의 유모를 봉작하는 전례를 본받은 것이다. 이후 예종이 봉보부인의 녹봉과 의전(衣纏), 선반(宣飯)을 정1품 빈이나 종1품 귀인의 예에 맞추게 하였으며, 이 전례가 제도로 자리를 잡아 《경국대전》에 '봉보부인'이 외명부 종1품으로 실리게 된 듯하다. 《世宗實錄 17年 6月 15日》《睿宗實錄 卽位年 12月 6日》

제 2 조 경관직(京官職)[18]

제 1 항 **기로소**(耆老所)[19] ❶ 문관(文官)으로 정2품 실직 중에 나이 70세 이상인 자는 들어가는 것을 허락한다.〈속〉 ❷ 정2품 실직 중에 나이 70세 이상인 자가 없으면 종2품 1, 2인을 구례(舊例)를 원용해서 계품하여 들어가는 것을 허락한다.[20] ❸ 승문원과 성균

18 경관직(京官職) : 서울에 있는 관사의 벼슬자리를 가리키는데 줄여서 경직(京職) 또는 경관(京官)이라고도 했다. 조선 시대 관직 체계는 크게 동반직과 서반직으로 분류되고 각각 경관직, 외관직(外官職), 잡직(雜織), 토관직(土官職)으로 더 세분화되었다. 여기서 다루는 경관직은 그중 동반 경관직이다. 각 관사는 그 관사를 맡는 책임자의 품계에 따라 그 품계가 정해졌는데, 《전율통보》에서는 품계가 없는 기로소(耆老所)부터 종6품 아문인 사학(四學)까지 기술하였다. 옛 도읍지나 임금이 임시로 시어(侍御)한 곳을 유수부(留守府)라 하여 경관직에 포함하였는데 개성부는 고려의 도읍지여서, 강화부는 정묘호란 때 인조가 몽진(蒙塵)했기 때문에 유수부가 되었다.

19 기로소(耆老所) : 이칭이 기사(耆社)이고 품계가 없는 아문이다. 전함재추소(前銜宰樞所)를 1428년(세종10) '치사기로소(致仕耆老所)'라고 개칭하고 이후로는 기로소로 불렀다. 이곳은 기로들이 모이는 곳이기 때문에 국초부터 직명(職名)을 두지 않고 입사(入社)한 사람들을 모두 당상(堂上)이라고 하였다. 연로한 문신들을 예우하기 위해 설치한 기구로 기신(耆臣)은 임금의 탄일, 정조(正朝), 동지, 나라의 경사, 왕의 행차 때 모여서 하례를 행하고, 중요한 국사(國事)의 논의에 참여하여 왕의 자문에 응하는 일을 하였다. 《世宗實錄 10年 2月 10日》《耆社志》

20 정2품 실직 중에 나이 70세 이상인 자가……허락한다 : 1788년(정조12) 영의정 김치인(金致仁)이 아뢰기를 기로소의 구례는 정2품 정경(正卿) 가운데 나이 70세가 된 자가 없으면 종2품 아경(亞卿)을 임시로 뽑아서 넣되 승품(陞品)은 허락하지 않았으니 조종조(祖宗朝)에서 관작을 삼가고 아낀 것을 알 수 있다고 하였다. 이를 통해 볼 때 구례는 《대전통편》에서 추가한 듯하다. 《日省錄 正祖 12年 1月 5日》

관의 참외관 각 1원을 수직관(守直官)으로 차출한다.[21] 〈증〉 4 의원(醫員) 1원을 둔다.[22] 〈속〉

○ **태조조(太祖朝), 숙종조(肅宗朝), 영종조(英宗朝)가 기로소에 들어갔다.**[23] 〈속〉〈증〉

제2항 **종친부(宗親府)**[24] 1 정1품 아문이다. 2 종실의 제군(諸君)을 위한 관부이다. 3 종친의 자리는 정해진 인원수가 없다. 4 양첩(良妾)이 낳은 경우에는 1등급을 내리고, 천첩(賤妾)이 낳은 경우에는 1등급을 또 내린다. 5 친진(親盡)[25]하면 문무관 자손들

21 승문원과……차출한다 : 1765년(영조41) 기로소에 있는 영수각(靈壽閣)은 어첩을 보관하는 중요한 곳이라 하여 승문원과 성균관의 참하관 1원씩을 수직관으로 차출하도록 하였다.《承政院日記 英祖 41年 3月 11日》

22 의원(醫員) 1원을 둔다 : 기로소 의원은《속대전》〈병전〉에 정3품 아문인 오위의 종8품 군직(軍職) 부사맹(副司猛) 중 1원으로 기록되어 있다. 이는 의원의 급료가 오위에서 지급되었기 때문이다.

23 태조조(太祖朝)……들어갔다 : 태조는 1394년(태조3) 60세에 기로소에 들어갔다. 숙종은 1719년(숙종45) 59세에 이집(李楫)과 이이명(李頤命) 등이 태조가 60세에 기로소에 들어갔다는 몇몇 기록을 근거로 기로소에 들어갈 것을 요청하여 들어갔다. 영조는 1744년(영조20) 7월 종신(宗臣) 여은군(礪恩君) 이매(李梅)가 상소하여 숙종이 태조처럼 육순이 아니라 그보다 이른 59세에 입사(入社)하였으니 영조가 51세에 입사하는 것도 망륙(望六)이기는 마찬가지라 한 뒤, 같은 해 9월에 51세로 기로소에 들어갔다.《耆社志》《承政院日記 肅宗 45年 1月 12日, 27日》《肅宗實錄 45年 1月 22日, 6月 24日》《英祖實錄 19年 1月 11日, 20年 7月 29日》

24 종친부(宗親府) : 1430년(세종12) 이조의 계사로 인하여 중앙에 있는 제군부(諸君府)를 종친부로 이름을 고치고 전첨사(典籤司)를 속사(屬司)로 두었다.《世宗實錄 12年 11月 29日》

25 친진(親盡) :《경국대전주해(經國大典註解)》에서는 "왕자의 자손이 증손 밖으로 벗어나는 것을 말한다."라고 하였다. 일반적으로는 제사 지내는 대

의 예에 따라 입사(入仕)한다. 6 전첨(典籤)과 전부(典簿)는 조정의 관원으로 제수한다.〈경〉

○**대군**(大君) 7 왕자 중에 적자(嫡子)이다. 품계가 없다.

○**군**(君) 8 왕자 중에 서자(庶子)이다. 품계가 없다.[26]〈경〉〈보〉

○**군**(君) 9 정1품에서 종2품까지이다. 10 대군을 승습한 적장자에게는 처음에 종1품을 준다. 세자의 중자(衆子), 대군을 승습한 적장손, 왕자군을 승습한 적장자에게는 처음에 정2품을 준다. 세자의 중손(衆孫), 대군의 중자를 승습한 적장증손, 왕자군을 승습한 적장손에게는 처음에 종2품을 준다.

○**도정**(都正) 11 정3품이다.

○**정**(正) 12 당하 정3품이다. 13 세자의 중증손(衆曾孫), 대군의 중손, 왕자군의 중자를 승습한 적장증손에게 처음에 준다.

○**부정**(副正) 14 종3품이다. 15 대군의 중증손, 왕자군의 중손에게 처음에 준다.

○**수**(守) 16 정4품이다. 17 왕자군의 중증손에게 처음에 준다.

○**부수**(副守) 18 종4품이다.

○**영**(令) 19 정5품이다.

○**부령**(副令) 20 종5품이다.

○**감**(監) 21 정6품이다.

○**전첨**(典籤) 22 정4품이다.〈경〉 23 대군이 있을 때만 차출한다.〈보〉

수(代數)가 다했다는 뜻으로 본인을 포함해서 4대가 넘어가는 것을 말한다.

26 대군(大君)……없다 : 《경국대전》에서는 정1품 군(君) 앞에 싣고 "대군은 왕의 적자이고 군은 왕의 서자이다."라고 하였다. 《전율통보》에서 이들은 품계가 없다는 설명을 추가하였다.

○**전부**(典簿) 24 정5품이다.㉢

25 의원(醫員) 1원을 둔다.[27] ㉢ ㉥

제 3 항 의정부(議政府)[28] 1 정1품 아문이다. 2 백관을 총괄하고 각종 정무(政務)를 공평하게 처리하며 음양의 기를 잘 어울리도록 다스리고 나라를 경영한다.[29] 3 당하관은 모두 문관을 임용한다. 4 사인에 결원이 생기면 검상을 근무 일수를 계산하지 않고 품계를 올려 차하(差下)한다.㉢ 5 검상 이하는 자벽(自辟)하는데 4품을 지낸 사람이면 검상에 차출한 뒤에 사인에 단부(單付)한다. 만약 일찍이 사인을 지낸 사람을 함께 의망하면 곧장 사인으로 자벽한다.㉥

○**영의정**(領議政) 6 정1품이다.

○**좌의정**(左議政)·**우의정**(右議政) 7 정1품이다.

○**좌찬성**(左贊成)·**우찬성**(右贊成) 8 종1품이다.

27 의원(醫員) 1원을 둔다 : 종친부 의원은 《속대전》 병전에 정3품 아문인 오위(五衛)의 종8품 군직(軍職) 부사맹(副司猛) 중 1원으로 기록되어 있다. 이는 의원의 급료가 오위에서 지급되었기 때문이다.

28 의정부(議政府) : 《문헌비고(文獻備考)》에 의하면 1392년(태조1) 고려의 제도를 이어받아 도평의사사(都評議使司)가 설치되었는데 1400년(정종2) 혁파되고 의정부가 되었다. 《宮闕志 都城志》

29 백관을……경영한다 : 《서경》 〈주관(周官)〉에서 내사(太師), 태부(太傅), 태보(太保) 등 삼공(三公)을 세워 "도를 논하고 나라를 경륜하며 음양을 섭리하게 한다.[論道經邦, 燮理陰陽.]"라고 한 데서 의정부의 유래를 찾아볼 수 있다. 삼공은 의정부의 삼정승에 해당하고, 음양의 변화 등 정(正)과 반(反)의 양 측면을 조화롭게 하여 임금을 도와 나라를 다스리는 것이 의정부의 직무였다.

○**좌참찬**(左參贊)·**우참찬**(右參贊) 9 정2품이다.

○**사인**(舍人) 10 2원이며, 정4품이다.

○**검상**(檢詳) 11 정5품이다.〈경〉

○**사록**(司錄)[30] 12 정8품이다.〈경〉〈증〉

13 이방 녹사(吏房錄事)와 장무 녹사(掌務錄事)가 각 1원이다.[31] 〈속〉〈증〉 14 녹사(錄事)는 의정부와 중추부에 분속된다.[32] 육조에는 의정부의 녹사를 차출하고 종친부, 충훈부, 의빈부, 돈녕부, 기로소, 도총부에는 중추부의 녹사를 차출한다. 본부(本府)는 의정, 찬성, 참찬에게 각 1명을 둔다. 육조는 이조, 호조, 예조, 공조에 각 1명을 두고 병조와 형조에 각 2명을 둔다. 중추부는 영중추부사와 원임(原任) 의정, 판중추부사와 보국숭록대부인

30 사록(司錄) : 《경국대전》에는 2원이었는데 《대전통편》에서 1원을 감했다 하였다.

31 이방……1원이다 : 《속대전》 〈이전 경아전(京衙前)〉에 이방 녹사는 45삭의 사일(仕日)이 차면 동반직에 조용(調用)한다고 하였고, 《대전통편》 〈이전 경아전〉에 의정부에 이방 녹사와 장무 녹사 각 1원을 두었다는 규정이 있다. 《태종실록》 12년(1412) 기사에 따르면 임금이 정사(政事)에 대한 비목(批目)을 의정부에 내리면 사인(舍人) 이하가 비목을 정청(政廳)으로 맞아들여 전사(傳寫)하는데 그것을 가지고 당상관의 사제(私第)에 가서 보이는 일을 하는 사람을 이방 녹사라고 설명하고 있다. 《太宗實錄 12年 10月 24日》

32 녹사(錄事)는……분속된다 : 녹사는 경아전의 한 부류로 2품 이상의 관아나 대신(大臣)에게 배정되어 분속된 곳의 사무를 관장한 구실아치였다. 《경국대전》에 의하면 녹사는 경아전으로 동반 각 아문에는 의정부가, 서반 각 아문에는 중추부가 나누어 보냈고, 원래 관계(官階)가 있는 자는 경아전으로 입속(入屬)하는 것을 허용하지 않았다. 《속대전》에서 오위장(五衛將), 내금위장(內禁衛將), 좌우 순장(左右巡將), 겸사복장(兼司僕將)에게 두던 녹사는 폐지되었다 하였다.

지사(知事)에게 각 1명을 둔다. 종친부에 1명, 대군과 왕자에게 각 1명을 둔다. 돈녕부는 부(府)에 1명, 영돈녕부사에게 1명을 둔다. 충훈부, 의빈부, 기로소에 각 1명을 둔다. 도총부는 도총관에게 1명, 부총관에게 1명을 둔다.〈경〉〈증〉 15 의원(醫員) 2원을 둔다.[33]〈경〉〈보〉

제 4 항 **충훈부**(忠勳府) 1 정1품 아문이다. 2 모든 공신을 위한 관부이다. 3 당상은 정해진 인원수가 없다.〈경〉 4 유사 당상(有司堂上)은 3원인데, 친공신(親功臣)이 없으면 승습군으로 차임한다.[34] 5 도사는 공신의 자손 중에서 차임한다.〈증〉 6 대신(大臣)과 당상이 있으면 도사는 자벽(自辟)한다.〈보〉 7 충익부는 원종공신을 위한 관부이다. 지금은 본부(本府)에 소속되었다.[35]〈경〉〈증〉

○**군**(君) 8 정1품에서 종2품까지이다. 9 정1품 친공신과 왕비

33 의원(醫員) 2원을 둔다 : 의정부 의원은 《속대전》 병전에 정3품 아문인 오위(五衛)의 종8품 군직(軍職) 부사맹(副司猛) 중 1원으로 기록되어 있다. 이는 의원의 급료가 오위에서 지급되었기 때문이다.

34 친공신(親功臣)이……차임한다 : 친공신은 직접 공로를 세워 군(君)이나 부원(府院)의 작위를 받은 사람을 가리키는 말로, 공신의 자손으로 조상의 군호(君號)를 이어받은 승습군(承襲君)과 구별된다. 《승정원일기》에 친공신은 정1품이면 부원군(府院君)이 되지만 그 자손으로서 승습한 경우는 벼슬이 비록 정1품에 이른다 하더라도 단지 군(君)에만 봉해진다는 내용이 보인다. 《承政院日記 高宗 11年 2月 5日》

35 충익부는……소속되었다 : 《경국대전》에 의하면 충익부는 종2품 아문이고, 원종공신은 정공신(正功臣) 이외에 작은 공을 세운 사람에게 주던 공신 칭호이다. 《육전조례》 〈이전 충훈부(忠勳府)〉에 충익부는 1726년(영조2) 정1품 아문인 충훈부에 합속되었다는 기록이 있다.

의 아버지에게는 부원(府院) 두 글자를 더 붙인다.

○**도사(都事)** ❿ 종5품이다.〈경〉 ⓫ 의원(醫員) 1원을 둔다.〈경〉〈보〉

제5항 **의빈부(儀賓府)** ❶ 정1품 아문이다. ❷ 공주와 옹주에게 장가든 자들을 위한 관부이다. ❸ 첨위 이상은 정해진 인원수가 없다.〈경〉 ❹ 도사는 조정의 관원으로 제수한다.〈보〉

○**위(尉)** ❺ 정1품에서 종2품까지이다. ❻ 공주에게 장가든 자에게는 처음에 종1품을 주고,[36] 옹주에게 장가든 자에게는 처음에 종2품을 준다.

○**부위(副尉)** ❼ 정3품이다. ❽ 군주(郡主)에게 장가든 자에게는 처음에 준다.

○**첨위(僉尉)** ❾ 정3품이나 종3품이다. ❿ 현주(縣主)에게 장가든 자에게는 처음에 종3품을 준다.

○**도사(都事)** ⓫ 종5품이다.〈경〉

제6항 **돈녕부(敦寧府)**[37] ❶ 정1품 아문이다. ❷ 왕의 친척과 외척을 위한 관부이다. ❸ 왕의 동성 구촌과 이성 육촌, 왕비의 동성 팔

36 공주에게……주고 : 공주의 부마에게 종1품 '명덕대부(明德大夫)' 품계를 가자(加資)하고 '위(衛)'를 봉작한 사례는 1679년(숙종5) 오태주(吳泰周)를 현종의 셋째 딸 명안공주(明安公主)의 남편으로 삼은 후 해창위(海昌尉)에 봉작하고 의빈(儀賓) 종1품 하계(下階)인 명덕대부에 가자한 데서 찾아볼 수 있다.《三淵集 卷29 海昌尉吳公墓碣銘》

37 돈녕부(敦寧府) : 1414년(태종14) 처음으로 설치하여 종친 중 태조의 자손이 아니어서 봉군(封君)되지 못한 자와 외척(外戚), 인아(姻婭), 왕실의 외손(外孫)을 처우하였다.《太宗實錄 14年 1月 28日》

촌과 이성 오촌, 세자빈의 동성 육촌과 이성 삼촌 이상의 친척을 제수한다. 이 촌수 안에 드는 고모(姑母)·자매·질녀·손녀의 남편도 제수한다. 선대(先代)의 왕과 선대의 왕후[先后] 친척도 같다.〈경〉 – 1 촌수는 대수(代數)로 계산한다. – 4 도정에서 지사까지 관직을 더 늘려 대원군을 봉사(奉祀)할 사람으로 제수한다. 아래 〈경관격식(京官格式)〉 조에 보인다.〈보〉

○**영사(領事)** 5 정1품이다.

○**판사(判事)** 6 종1품이다.

○**지사(知事)** 7 정2품이다.

○**동지사(同知事)** 8 종2품이다.

○**도정(都正)**[38] 9 정3품이다.〈경〉

○**판관(判官)** 10 종5품이다.

○**주부(主簿)**[39] 11 종6품이다.〈경〉〈속〉

○**직장(直長)**[40] 12 종7품이다.〈경〉〈증〉

○**참봉(參奉)**[41] 13 종9품이다.〈경〉〈속〉

38 도정(都正) : 정3품 정(正) 1원을 두었는데 《대전통편》에 와서 감하했다고 하였고, 종3품 부정(副正) 1원과 종4품 첨정(僉正) 1원도 《속대전》에 와서 감하했다고 하였다.

39 주부(主簿) : 《경국대전》에는 2원인데 《속대전》에 와서 1원을 감하했다고 하였다.

40 직장(直長) : 《경국대전》에는 2원인데 《속대전》에 와서 감하했다고 하였다가 《대전통편》에 와서 1원을 다시 두었다고 하였다.

41 참봉(參奉) : 《경국대전》에는 2원인데 《속대전》에 와서 1원을 감하했다고 하였다.

제 7 항 **비변사**(備邊司)[42] ❶ 정1품 아문이다. ❷ 나라 안팎의 군국 기무를 총괄한다.〈속〉

○**도제조**(都提調) ❸ 정1품이다. ❹ 시원임(時原任) 의정이 맡는다.

○**제조**(提調) ❺ 정해진 인원수는 없고 종2품 이상이 맡는다.[43] ❻ 그중 4원을 유사 당상(有司堂上)이라 칭한다. –❶ 부제조가 있으면 겸임한다. – 〈속〉 8원은 팔도의 구관 당상(句管堂上)을 겸임하고, 2원은 공시 당상(貢市堂上)을 겸임한다.[44]〈속〉〈보〉 ❼ 이조 판서, 호조 판서, 예조 판서, 병조 판서, 형조 판서, 삼군문(三軍門)의 대장, 수어사, 총융사, 대제학, 양도(兩都)의 유수는 제조를 겸임한다.[45]〈속〉〈증〉

42 비변사(備邊司) : 《속대전》에 와서 정1품 아문으로 승격했다고 하였다. 《속대전》과 《대전통편》의 기록에 의하면 1555년(명종10) 창설되었다고 하는데, 이는 1554년 후반부터 잦아진 외침과 이듬해 을묘왜변으로 인해 독립된 합의 기관으로 발전한 것을 말한다. 《중종실록》 5년(1510) 8월 7일 원주(原主)에 "아조(我朝)에서는 비변사를 두고, 문무 재상 중에서 변방의 일을 잘 아는 이를 임명하여 변방에 대한 주책(籌策)을 맡겼다."라는 기록이 보이는데, 이는 임시 기구로서의 비변사에 대한 설명이다.

43 종2품 이상이 맡는다 : 제조는 재신(宰臣)으로 변경의 사정에 능통한 자를 겸임하게 하였다. 《萬機要覽 軍政編1 備邊司 總例》

44 8원은……겸임한다 : 비변사 제조에게 팔도의 구관 당상을 겸임하게 한 규정에 대해서는 1734년(영조10) 비변사 당상을 팔도의 구관 당상으로 나누어 차출하여 맡은 도(道) 안의 풍흉과 폐단을 살피고 방백(方伯)과 미리 강구하여 일을 처리하게 한 기록을 통해 알 수 있다. 제조 중 2원이 공시 당상을 겸임하게 한 규정이 〈보〉의 내용이다. 《英祖實錄 10年 1月 14日》

45 이조……겸임한다 : 《속대전》에는 이조 판서, 호조 판서, 예조 판서, 병조 판서, 형조 판서, 훈련대장, 어영대장, 개성 유수, 강화 유수, 대제학으로 10원을 계청하여 차출한 다음 예겸하게 한다 했는데, 《대전통편》에 와서는

○**부제조**(副提調) 8 정3품이다.

○**낭청**(郎廳) 9 12원이며, 종6품이다. 10 겸직이다. 11 문낭청(文郎廳)은 4원인데 3원은 시종이 겸임하며, 1원은 병조 무비사(武備司)의 낭관이 겸임한다. 무낭청(武郎廳)은 8원인데 참외가 겸임하는 경우도 있다.[46] 〈속〉

제8항 **선혜청**(宣惠廳) 1 정1품 아문이다. 2 경기청(京畿廳), 강원청(江原廳), 호서청(湖西廳), 호남청(湖南廳), 영남청(嶺南廳), 상평청(常平廳), 진휼청(賑恤廳)이 있다.[47] 3 대동미(大同米), 대동포(大同布), 대동전(大同錢)의 출납을 관장한다. 〈속〉 4 균역청(均役廳)을 선혜청에 합설(合設)하여 어세(漁稅), 염세(鹽稅), 선세(船稅), 결전(結錢)을 관장하게 한다.[48] 〈증〉 〈보〉

금위대장, 수어사, 총융사까지 예겸하게 한다 하였다.

46 문낭청(文郎廳)은……있다 : 문낭청 4원의 구성에 대해서는 《숙종실록》 43년(1717) 1월 26일 기사에 실린 "비변사 문낭청은 모두 네 자리인데 한 자리는 병조 무비사의 정랑(正郎)이 예겸하고 나머지는 사헌부와 사간원의 대간(臺諫)인 시종신으로 차하한다."라는 기록을 통해 숙종 때 이 규정이 만들어진 것을 알 수 있다. 무낭청(武郎廳)에 대해서는 《대전통편》에 참외(參外)가 무낭청을 겸할 경우 정해진 15개월의 사일(仕日)이 차면 6품으로 올려 준다는 기록이 있다.

47 경기청(京畿廳)……있다 : 《속대전》에 경기청은 선조조 무신년(1608, 선조41)에, 강원청은 인조조 갑자년(1624, 인조2)에, 호서청(湖西廳)은 효종조 임진년(1652, 효종3)에, 호남청은 효종조 정유년(1657)에, 영남청은 숙종조 정사년(1677, 숙종3)에 창설하였고, 상평청은 국초에 창설하였으며 진휼청은 처음에는 비변사에서 구관(句管)하다가 병인년(1746, 영조22)에 선혜청에 이속하였다는 기록이 실려 있다.

48 균역청(均役廳)을……한다 : 《대전통편》에 의하면 1750년(영조26) 균

○**도제조(都提調)** 5 3원이며, 정1품이다. 6 의정이 맡는다.

○**제조(提調)** 7 3원이며, 종2품 이상이다. 8 1원은 호조 판서이다.〈속〉

○**낭청(郎廳)** 9 5원이며,[49] 종6품이다.〈속〉〈증〉 10 4원은 음관으로 일찍이 4품 이상을 역임한 자를 임용하고 1원은 문관을 차출하는 경우도 있다.〈속〉 11 1원은 영남청과 경기청을 겸하여 살피고, 1원은 호남청과 강원청을 겸하여 살피며, 1원은 호서청와 해서청 -1 상정법(詳定法)이다.- 을 겸하여 살핀다. 2원은 균역청을 담당하면서 상평청과 진휼청을 겸하여 살핀다.[50]〈속〉〈증〉〈보〉

제9항 **제언사(堤堰司)** 1 정1품 아문이다. 2 각 도(道)의 제방과 수리 시설을 관리하고 보수한다.〈속〉 3 관사명은 있지만 아문은 없다.[51]〈증〉

역청을 설치하고 낭관 1원을 더 두어 상평청과 진휼청까지 겸하여 관장하게 하였다. 균역법 시행에 따른 재정 결손을 보충하기 위해 어세, 염세, 선세, 결전을 새로 책정하여 균역청에서 이를 징수·관리하면서 각 관청에 급대(給代)하도록 하였다가 1753년 균역청을 선혜청에 합속시켰다. 균역청을 선혜청에 합설한 것까지가 《대전통편》의 내용이다. 《英祖實錄 29年 2月 21日》

49 5원이며 : 《속대전》에는 4원인데 《대전통편》에 와서 1원을 더 두었다 하였다.

50 2원은……살핀다 : 상평청과 진휼청을 선혜청 낭청 1원이 겸하여 살폈는데, 1750년 균역청을 설치하고 낭청 1원을 늘려 2원이 균역청을 담당하면서 상평청과 진휼청을 겸하여 살피도록 개정되었다.

51 관사명은……없다 : 의정 3원이 도제조를 맡아서 관리하는 의정부의 속사(屬司)로 별도의 관청이 없다. 《대전회통》과 《육전조례》에는 의정부 항목

○**도제조(都提調)** 4 3원이며, 정1품이다. 5 의정이 맡는다.

○**제조(提調)** 6 2원이며, 종2품 이상이다. 7 비변사 당상이 맡는다.

○**낭청(郎廳)** 8 종6품이다. 9 비변사 낭청이 겸임한다.〈속〉

제10항 **준천사(濬川司)**[52] 1 정1품 아문이다. 2 도성 안에 있는 개천 바닥을 파서 쳐내는 일을 관장한다.

○**도제조(都提調)** 3 3원이며, 정1품이다. 4 의정이 맡는다.

○**제조(提調)** 5 6원이며, 종2품 이상이다. 6 5원은 병조 판서, 판윤, 삼군문(三軍門)의 대장이 맡는다.[53] 1원은 비변사 당상이 맡는데 유사 당상(有司堂上)이라 칭한다.

○**도청(都廳)** 7 정3품이다. 8 어영청의 천총(千摠)이 겸임한다.

○**낭청(郎廳)** 9 3원이며, 정7품이다. 10 동도(東道), 서도(西道), 남도(南道)의 참군이 겸임한다.[54]〈증〉

에 함께 설명되어 있다.

52 준천사(濬川司) : 《대전통편》에 와서 처음 실린 아문이다. 1760년(영조36) 막힌 개천 바닥을 쳐내는 공사를 마친 다음 수표교(水標橋) 북쪽 냇가에 준천사를 설치하였다. 《新增東國輿地勝覽 卷3 漢城府》

53 5원은……맡는다 : 1760년(영조36) 경외(京外)의 백성에게 개천을 준설해야만 하는 배경을 유시(諭示)하고 공사 과정 전반을 기록한 《준천사실(濬川事實)》을 간행하게 하였다. 또 계속해서 신칙하는 방도가 없으면 들인 노력이 아깝게 되니, 제언사의 사례대로 병조 판서, 한성 판윤, 삼군문(三軍門) 대장이 준천사를 예겸(例兼)하고 삼군문의 참군이 준천사 낭청을 예겸하게 하라고 하였다. 《英祖實錄 36年 3月 16日》

54 동도(東道)……겸임한다 : 도성 안 동서남북에 있는 사산(四山)의 소나무 벌목 금지 등을 담당하는 동도의 어영청 참군, 서도의 훈련도감 참군, 남

제11항 **의금부**(義禁府) ❶ 종1품 아문이다. ❷ 전교를 받아 추국하는 일을 관장한다.〈경〉 ❸ 동지의금부사와 지의금부사는 품계에 따라 올리고 내려 3원을 갖춘다.[55]〈증〉〈보〉 ❹ 도사는 참상인데 1원은 무관이다.[56]〈증〉

○**판사**(判事) ❺ 종1품이다. ❻ 겸직이다.

○**지사**(知事) ❼ 정2품이다. ❽ 겸직이다.

○**동지사**(同知事) ❾ 종2품이다. ❿ 겸직이다.〈경〉

○**도사**(都事) ⓫ 10원이다. 참상 종6품과 참하 종8품이 각 5원이다.[57]〈경〉〈속〉〈보〉

도의 금위영 참군만 춘천사 낭청을 예겸하고, 북부(北部)를 맡은 총융청 참군은 예겸하지 않는다.

55 동지의금부사와……갖춘다 : 《대전통편》에는 당상관인 판사(判事), 지사(知事), 동지사(同知事)의 인원이 통틀어 4원인데 혹 1원을 두거나 2원을 두어서 4원을 갖춘다고 하였다. 따라서 품계에 따라 지의금부사로 올리거나 동지의금부사로 내린다는 것이 〈보〉의 내용으로 보인다.

56 도사는……무관이다 : 《경국대전》에는 종4품 경력과 종5품 도사를 합쳐서 10원으로 하고 품계에 따라 경력으로 올리거나 도사로 내린다 하였는데, 《속대전》에 와서 경력은 혁파했고 10원을 종6품 참상 도사와 종9품 참하 도사 각각 5원으로 하고 참하 도사는 900일의 사일(仕日)이 차면 6품으로 올려 준다고 하였다. 《대전통편》에 와서는 참상 도사 1원은 무관이 맡는 자리로 하고 참하 도사는 생원이나 진사 출신이 아니면 차출할 수 없다는 규정을 두었다.

57 도사(都事)……5원이다 : 《경국대전》에는 종5품 도사만 있었는데 《속대전》에 와서 품계를 낮추어 종6품 도사 5원과 종9품 도사 5원을 둔다 하였다. 《대전통편》에서도 그대로였으므로 참하 도사의 품계를 종8품으로 올린다는 것이 〈보〉의 내용으로 보인다.

제12항 **육조**(六曹) ❶ 정2품 아문이다. ㉢ ❷ 이조는 문관 선발, 훈봉, 고과에 관한 정사를 관장한다. 문선사(文選司),[58] 고훈사(考勳司),[59] 고공사(考功司)[60]가 있다. 호조는 호구, 공부(貢賦), 전량(田糧), 식화(食貨)에 관한 정사를 관장한다. 판적사(版籍司),[61] 회계사(會計司),[62] 별례방(別例房),[63] 전례방(前例房),[64] 판별방

58 문선사(文選司) : 《경국대전》에 의하면 종친(宗親), 문관(文官), 잡직(雜職), 증직(贈職), 제수(除授), 고신(告身), 녹패(祿牌), 문과(文科)와 생원진사과의 사패(賜牌), 차정(差定), 취재(取才), 개명(改名), 장오인(贓汚人)과 패상인(敗常人)의 녹안(錄案) 등의 일을 담당한다.

59 고훈사(考勳司) : 《경국대전》에 의하면 종재(宗宰)·공신(功臣)의 봉작(封爵)과 증직(贈職), 시호(諡號), 향관(享官), 노직(老職), 명부(命婦)의 작첩(爵帖), 향리(鄕吏)에 대한 급첩(給帖) 등의 일을 담당한다.

60 고공사(考功司) : 《경국대전》에 의하면 문관의 공과(功過)와 근태, 휴가, 각 관사 아전(衙前)의 근무 일수, 향리 자손(鄕吏子孫)의 변리(辨理) 등의 일을 담당한다.

61 판적사(版籍司) : 《경국대전》에 의하면 호구, 토전(土田), 조세(租稅), 부역(賦役), 공헌(貢獻), 권과(勸課), 농상(農桑), 풍흉의 조사, 진대(賑貸), 염산(斂散) 등의 일을 담당한다.

62 회계사(會計司) : 《경국대전》에 의하면 서울과 지방의 비축에 대한 1년 회계와 해유(解由)의 흠축 등의 일을 담당한다.

63 별례방(別例房) : 《경국대전》에는 경비사(經費司)로 되어 있는데 《대전통편》에 와서 별례방으로 칭하였다. 경비사에서는 서울 각 관아의 지출과 조달 및 왜관에 머무는 왜인이나 왜사(倭使)의 식량으로 지급하는 곡물 지급 등의 일을 담당했다.

64 전례방(前例房) : 《대전통편》에 의하면 제향, 공상, 사행의 방물, 예장(禮葬) 등의 일을 담당한다.

(版別房),[65] 별영색(別營色),[66] 별고색(別庫色),[67] 세폐색(歲幣色),[68] 응판색(應辦色),[69] 은색(銀色)[70]이 있다. 예조는 예악, 제사, 연향, 조빙, 학교, 과거에 관한 정사를 관장한다. 계제사(稽制司),[71] 전향사(典享司),[72] 전객사(典客司)[73]가 있다. 병조는 무관 선발, 군무, 의위(儀衛), 우역(郵驛), 병갑, 기장(器仗), 문호(門戶), 관약(管鑰)에 관한 정사를 관장한다. 무비사(武備司),[74]

65 판별방(版別房) : 《대전통편》에 의하면 무시로 발생하는 원공(元貢)의 부족분을 별무(別貿)하는 일을 담당한다.

66 별영색(別營色) : 《대전통편》에 의하면 훈련도감 군병의 급료를 지급하는 일을 담당한다.

67 별고색(別庫色) : 《대전통편》에 의하면 공물(貢物)을 지급하는 일을 담당한다.

68 세폐색(歲幣色) : 《대전통편》에 의하면 절사(節使)가 중국에 가지고 가는 세폐에 관한 일을 담당한다.

69 응판색(應辦色) : 《대전통편》에 의하면 칙사(勅使)에게 소요되는 물자를 담당한다.

70 은색(銀色) : 《대전통편》에 의하면 금은에 관한 일을 담당한다.

71 계제사(稽制司) : 《경국대전》에 의하면 의식 제도, 조회, 경연, 사관, 학교, 과거, 인신(印信), 표전(表箋), 책명(策命), 천문, 누각(漏刻), 국기(國忌), 묘휘(廟諱), 상장(喪葬) 등의 일을 담당한다.

72 전향사(典享司) : 《경국대전》에 의하면 연향, 제사, 희생과 제기, 음식, 의약 등의 일을 담당한다.

73 전객사(典客司) : 《경국대전》에 의하면 사신과 왜인의 영접, 외방(外方)의 조공, 연회 설행, 사여(賜與) 등의 일을 담당한다. 《대전통편》에 와서 왜인에 대한 영접은 폐지되었다.

74 무비사(武備司) : 《경국대전》에 의하면 군적(軍籍), 병기와 전선의 점열, 군사 훈련, 숙위(宿衛), 순찰, 성보(城堡)의 진수(鎭戍), 방어, 토벌, 군관이나 군인을 차출하여 보내는 것, 번을 서고 쉬는 것, 급보(給保), 급가(給暇), 시정(侍丁), 복호(復戶), 화포(火砲), 봉수(烽燧), 금화(禁火), 부신(符信)과 경첨(更籤) 등의 일을 담당한다.

정색(政色),[75] 마색(馬色),[76] 일군색(一軍色),[77] 이군색(二軍色),[78] 유청색(有廳色),[79] 도안색(都案色),[80] 결속색(結束色)[81]이 있다. 형조는 법률, 상언, 사송, 노예에 관한 정사를 관장한다. 상복사(詳覆司),[82] 고율사(考律司),[83] 장금사(掌禁司),[84] 장례사(掌隸司)[85]가 있다. 공조는 산택, 공장(工匠), 영선(營繕), 도야(陶冶)

75 정색(政色) : 《경국대전》의 무선사(武選司)가 《대전통편》에 와서는 정색으로 명칭이 바뀌었다. 무선사는 무관, 군사, 잡직을 제수하고, 고신(告身), 녹패(祿牌), 부과(附過), 급가(給暇) 및 무과(武科)에 관한 정사를 담당했다.

76 마색(馬色) : 《경국대전》에 의하면 노부(鹵簿), 여련(輿輦), 구목(廏牧), 정역(程驛), 보충대, 조례(皁隷), 나장(羅將), 반상(伴倘)에 관한 정사를 담당한 관사는 승여사(乘輿司)이다. 《대전통편》에 와서는 마색으로 명칭이 바뀌었고 입마(立馬), 노문(路文), 초료(草料)에 관한 일까지 담당한다고 하였다.

77 일군색(一軍色) : 《대전통편》에 의하면 용호영(龍虎營)과 호련대(扈輦隊)의 보포(保布)를 거두어들이는 일을 담당한다.

78 이군색(二軍色) : 《대전통편》에 의하면 기병과 보병의 보포, 궐내외 각 관사의 고립(雇立)에 관한 일을 담당한다.

79 유청색(有廳色) : 《대전통편》에 의하면 충순위(忠順衛), 충찬위(忠贊衛), 충장위(忠壯衛)에 대한 첨병(簽兵)과 여정(餘丁)의 번포(番布)에 관한 일을 담당한다.

80 도안색(都案色) : 《대전통편》에 의하면 별기병(別騎兵)의 보포에 관한 일을 담당한다.

81 결속색(結束色) : 《대전통편》에 의하면 궐 안 및 동가(動駕) 때 금훤(禁喧)하는 일을 담당한다.

82 상복사(詳覆司) : 《경국대전》에 의하면 사형 죄를 상복하는 일을 담당한다.

83 고율사(考律司) : 《경국대전》에 의하면 법령과 안핵(按覈)하는 일을 담당한다.

84 장금사(掌禁司) : 《경국대전》에 의하면 형옥과 금령(禁令)에 관한 일을 담당한다.

85 장례사(掌隸司) : 《경국대전》에 의하면 노비 대장 및 포로 등에 관한 일

에 관한 정사를 관장한다. 영조사(營造司),[86] 공야사(攻冶司),[87] 산택사(山澤司)[88]가 있다. 〈경〉 〈증〉 ❸ 이조, 예조, 병조의 당하관은 문관을 임용하고, 호조, 형조, 공조의 당하관은 문관, 무관, 음관을 임용한다.[89] 〈경〉 〈보〉 ❹ 호조 낭관 2원과 병조 정랑 2원은 자벽(自辟)하며 구임(久任)이다. 〈증〉 ❺ 사섬시(司贍寺)[90]는 저화(楮貨) 제조, 외거 노비(外居奴婢), 공포(貢布) 등의 일을 관장하였고 사축서(司畜署)[91]는 온갖 가축을 기르는 일을 관장하였는데, 모두 혁파되어 호조에 귀속되었다. 장례원(掌隷院)[92]은 노

을 담당한다.

86 영조사(營造司) : 《경국대전》에 의하면 궁실, 성지, 공해(公廨), 옥우(屋宇), 토목 공사, 피혁, 모직물 등에 관한 일을 담당한다.

87 공야사(攻冶司) : 《경국대전》에 의하면 각종 장인들의 제작(制作), 금·은·주옥·동·납·철의 주조, 도(陶), 와(瓦), 권형(權衡) 등에 관한 일을 담당한다.

88 산택사(山澤司) : 《경국대전》에 의하면 산택(山澤), 진량(津梁), 원유(苑囿), 식수(植樹), 탄목(炭木)과 탄석(炭石), 주거(舟車), 필묵(筆墨), 수철(水鐵), 칠기(漆器) 등에 관한 일을 담당한다.

89 이조……임용한다 : 이조, 예조, 병조의 당하관은 모두 문관을 임용한다는 것이 《경국대전》의 내용이므로 그 이하가 〈보〉의 내용으로 보인다.

90 사섬시(司贍寺) : 《경국대전》에 의하면 정3품 아문으로 제조가 1원이며, 주부 이상 1원은 구임(久任) 자리이고, 정3품의 정 1원, 종3품의 부정 1원, 종4품의 첨정 1원, 종6품의 주부 1원, 종7품의 직장 1원을 두었는데 《대전통편》에 와서 혁파되었다고 하였다.

91 사축서(司畜署) : 《경국대전》에 의하면 종6품 아문으로 제조가 1원인데 《속대전》에 와서 호조 판서가 제조를 예겸한다고 하였고, 《대전통편》에 와서는 혁파되고 호조에 귀속되었다고 하였다. 《경국대전》에는 사축서에 종6품 사축 1원과 별제 2원이 있었는데 《속대전》에 와서는 사축을 감하하고 별제 2원만 두었다고 하였다.

92 장례원(掌隷院) : 《경국대전》에 의하면 정3품 아문으로 정3품 판결사

비 대장과 송사를 결정하는 일을 관장하였는데, 혁파되어 형조에 귀속되었다.〈경〉〈증〉〈보〉

○**판서**(判書) ❻ 각 1원이며, 정2품이다.

○**참판**(參判) ❼ 각 1원이며, 종2품이다.

○**참의**(參議) ❽ 각 1원이며, 정3품이다. ❾ 병조는 참지(參知)를 더 임용한다.〈경〉

○**정랑**(正郞) ❿ 이조는 2원, 병조는 4원, 호조·예조·형조·공조는 각 3원이며, 정5품이다.

○**좌랑**(佐郞) ⓫ 정랑과 인원수가 같고[93] 정6품이다.〈경〉〈속〉〈증〉

⓬ 호조: 주원(籌員)[94]으로 현재 관직에 있는 60원 중에 주학교수(籌學敎授)와 별제는 종6품, 주사(籌士)는 종7품, 계사(計士)는 종8품, 주학훈도(籌學訓導)는 정9품, 회사(會士)는 종9품이다.[95] 〈경〉〈속〉〈보〉 ⓭ 형조: 율학교수(律學敎授)와 겸교수(兼敎授)는 각

(判決事) 1원, 정5품 사의(司議) 3원, 정6품 사평(司評) 4원을 두었는데 《속대전》에 와서 사의와 사평 모두 2원을 감하했다고 하였고, 《대전통편》에 와서는 혁파되고 형조에 귀속되었다고 하였다.

93 좌랑(佐郞)……같고 : 형조 정랑과 좌랑은 각각 4원이었는데 《속대전》에 와서 1원씩 감하했다고 하였다.

94 주원(籌員) : 당저(當宁)인 정조의 이름 '산(祘)'을 휘(諱)하여 같은 뜻의 한자 '주(籌)'를 쓴 것이다. 이하 주학교수(籌學敎授), 주사(籌士), 주학훈도(籌學訓導) 등도 동일하다.

95 호조……종9품이다 : 호조 주원은 체아직으로 1년에 두 차례 도목(都目)을 진행하며 출근 일수가 514일이 차면 품계를 올려 주고 종6품에서 거관(去官)하게 하였다. 이 조항에서 현재 관직에 있는 사람이 60원이라고 하였는데 《경국대전》에서는 30원이라고 하였고, 《대전통편》에서는 30원이 지금은 56원이 되었다고 하였다. 따라서 60원이라고 한 것이 〈보〉의 내용으로 보인다.

각 1원, 별제(別提)는 2원이고 모두 종6품이며, 명률(明律)은 종7품이며, 심률(審律)은 종8품이며, 율학훈도(律學訓導)는 정9품이며, 검률(檢律)은 종9품이다. 모두 본학 출신이다.[96] 겸교수는 의금부의 조율(照律)을 관장한다.〈경〉〈속〉〈증〉〈보〉 **14** 예조는 의원(醫員) 1원을 둔다.[97]〈경〉〈보〉

제13항 **한성부(漢城府)**[98] **1** 정2품 아문이다. **2** 서울의 구장(口帳),[99] 시전(市廛), 가사(家舍), 전토, 사산(四山), 도로, 교량, 구거(溝渠 개천), 포흠(逋欠), 부채(負債), 투구(鬪毆),[100] 주순(晝巡),[101] 검시

96 형조……출신이다 : 형조 겸교수는 《대전통편》에 와서 증치했다고 하였고 의금부의 조율을 겸하여 관장하게 하였다. 율학 별제는 《경국대전》에는 2원이었는데 《속대전》에 와서 1원을 감하했다고 하였다가 《대전통편》에 와서 다시 2원이 되었다고 하였고, 심률과 검률은 《경국대전》 때는 2원이었는데 《속대전》에 와서 1원을 감하했다고 하였다.

97 예조는……둔다 : 《경국대전》 〈병전 번차도목(番次都目)〉에 의하면 의원은 "의정부, 육조에 각각 3원, 종친부, 충훈부, 도총부에 각각 2원을 둔다."라고 하였다. 예조에 두던 의원 3원이 1원으로 줄어든 것이 〈보〉의 내용으로 보인다.

98 한성부(漢城府) : 1394년(태조3) 고려 때 한양부(漢陽府)를 도읍으로 정하면서 한성부로 이름을 고쳤다.《太祖實錄 4年 6月 6日》

99 구장(口帳) : 호구 장적(戶口帳籍)을 이르는 말로, 식년마다 호적을 개정하여 한성부 및 본도와 본읍에 보관하였다.《典律通補 戶典 戶籍》

100 투구(鬪毆) : 서로 싸우는 것을 '투(鬪)'라고 하고 서로 때리는 것을 '구(毆)'라고 한다.《經國大典註解 後集 吏典 漢城府》

101 주순(晝巡) : 주간 순찰을 뜻한다. 조선 초기에는 의금부가 맡아서 하던 일이었으나 1425년(세종7) 사헌부가 의금부는 부속(府屬)만 많고 실속도 없는 폐해가 있다고 아뢰고, 왕도(王都)를 엄숙하게 하고 청결하게 하는 일을 맡은 한성부가 주순을 담당한다면 의금부에서 굳이 주순하며 금란(禁亂)할 필요가 없다고 부계를 올려 주순하는 관사가 바뀌었다.《世宗實錄 7年 9

(檢屍), 거량(車輛), 고실(故失)한 우마(牛馬), 낙계(烙契)[102] 등의 일을 관장한다.

○**판윤**(判尹) ❸ 정2품이다.

○**좌윤**(左尹)·**우윤**(右尹) ❹ 종2품이다.

○**서윤**(庶尹) ❺ 종4품이다.〈경〉

○**판관**(判官)[103] ❻ 종5품이다.〈경〉〈속〉

○**주부**(主簿) ❼ 2원이며,[104] 종6품이다.〈속〉〈증〉

제14항 **규장각**(奎章閣) ❶ 종2품 아문이다. ❷ 열조(列朝)의 어제(御題), 어필(御筆), 선보(璿譜),[105] 세보(世譜),[106] 고명(顧命) 및 당저(當宁)의 어진, 어제, 어필을 봉안하는 일을 관장한다. ❸ 제학은 문형(文衡)과 양관(兩館) 제학에 통망된 사람을, 직제학은 양관 부제학에 통망된 사람을 의망하여 제수하고, 비록 외임(外任)에 있더라도 또한 겸임한다. 직각은 일찍이 옥당을 거친 사람

月 17日》

102 낙계(烙契) : 서울 안에 거주하는 16세 이상 남정(男丁) 호패(號牌)에 낙인(烙印)을 찍는 일을 맡아서 하는 계(契)인데, 이 계를 한성부가 관리하였다.《典律通補 戶典 戶籍》

103 판관(判官) : 《경국대전》에서는 2원이었는데 《속대전》에 와서 1원을 감하했다고 하였다.

104 2원이며 : 《속대전》에서 처음으로 주부 1원을 증치했다고 하였고 《대전통편》에 와서 1원을 더 두었다고 하였다.

105 선보(璿譜) : 열성조의 세계(世系)와 열성조의 내외 자손을 모아 편집한 왕실의 족보를 말한다.《肅宗實錄 5年 2月 15日》

106 세보(世譜) : 종부시에서 간행하는 열성왕비(列聖王妃)의 세보(世譜)로 왕비의 부모부터 조부모, 증조부모와 시조 등 직계를 수록하였다.

을 제수하고, 대교는 한림(翰林)의 후보를 뽑는 권점(圈點)에 든 사람, 주서(注書)에 천망된 사람, 설서(說書)에 통망된 사람 중에서 본각(本閣)이 권점한 사람을 의망하여 제수한다. 실직이 있으면 겸직이 되고, 실직이 없으면 실직이 된다. 제학 이하에 결원이 있으면 원임 중에서 검교(檢校)로 차임하여 임시로 겸하여 살피게 한다.〈증〉 4 대제학은 일찍이 문형을 거친 사람 및 문형의 권점을 받은 사람을 차임하고, 본각의 제학에서 의정에 제수되면 대제학으로 올려 부직(付職)한다. 5 규장각 대교를 거친 자는 다시 직각에 권점하지 말도록 하고, 홍문관 박사 이하는 직각의 자리가 나는 대로 곧바로 의망한다. 6 직각을 거친 자는 의정부의 사인(舍人), 전조(銓曹)의 낭관에 자리가 나는 대로 곧바로 의망한다.[107] 〈보〉 7 각감(閣監)은 어진을 봉안한 곳을 수직한다. 사권(司卷)은 전명(傳命)과 품계(稟啓) 등의 일을 담당한다. 검서관(檢書官)은 각신을 도와 글을 교정하고 글을 베끼는 일을 한다. 영첨(領籤)은 어제를 베끼거나 교정하고 어제를 봉안하는 등의 일을 담당한다. 감서(監書)는 계하 문서와 응제 문자를 나누어 맡아 검사한다.〈증〉

○ **대제학(大提學)** 8 정2품에서 정1품까지이다. 9 겸직이다.[108]

107 규장각(奎章閣)……의망한다 : 1792년(정조16) 내각(內閣)의 관제를 새롭게 정하는 전교가 내렸는데, 이 규정이 〈보〉의 내용으로 실렸다.

108 대제학(大提學)……겸직이다 : 규장각은 제학이 장관(長官)인 종2품 아문이고, 《대전통편》이나 《규장각지(奎章閣志)》 직제를 보면 정2품 대제학이 없다. 그런데 1792년(정조16) 내각의 관제를 새롭게 정하면서 "고(故) 대제학 양성지(梁誠之)가 규장각 설치를 건의할 때 본각에 대제학을 두도록 청하여 세조께서 옳게 여기셨다. 그런데 내각을 설치하고도 지금까지 대

〈보〉

○**제학**(提學) 10 2원이며, 종2품에서 종1품까지이다. 11 겸직이다.

○**직제학**(直提學) 12 2원이며, 정3품에서 종2품까지이다. 13 겸직이다.

○**직각**(直閣) 14 종6품에서 당하 정3품까지이다.

○**대교**(待教) 15 정9품에서 정7품까지이다.

16 각감(閣監)은 2원이고 품계에 따라 군직에 붙이며, 사권(司卷)은 2원이고 5품이며, 검서관(檢書官)은 4원이고 모두 5품인데 참외관일 경우는 품계에 따라 군함에 붙이며, 영첨(領籤)은 2원이고 5품이며, 감서(監書)는 6원이다.〈증〉

제학을 두지 못하였으니 일의 체모로 보아 매우 구차하다. 내각의 대제학 한 자리도 고사(故事)에 따라 설치하라. 그리고 차출하라는 명이 있으면 전에 문형(文衡)을 지냈거나 권점(圈點)을 받은 사람을 의망하여 차출하며, 본각의 제학으로 있다가 의정에 제수되면 자연히 대제학으로 올려 부직하여야 할 것이다."라는 전교가 내렸다. 이로 인해 구윤명(具允明)이 이 내용을 《전율통보》에 반영한 것이다. 그러나 이후 《일성록》과 《내각일력(內閣日曆)》 등에도 규장각 대제학을 제수하는 기사가 없고 추증(追贈)하는 기사만 1, 2건 있을 뿐이며, 《전율통보》 이후에 나온 《대전회통》이나 《육전조례》 규장각 조에도 대제학의 직제가 없다. 규장각 대제학이 으레 맡는 겸직이었기 때문인지 혹은 규정은 두었으나 실제로 직임을 제수하지 않았기 때문인지 등의 자세한 이유는 알 수 없다. 《日省錄 正祖 16年 3月 24日》

제15항 **외각**(外閣)[109] ❶ 붙임.[110] 〈증〉 ❷ 교서관은 경적을 인출하여 반포하고 향축(香祝), 인전(印篆 도장 글씨체)을 관장한다. ❸ 문관을 임용한다.[111] 〈경〉 ❹ 제조는 2원이며 내각 제학(內閣提學)이 겸임한다. 부제조는 2원이며 내각 직제학이 겸임한다.[112] 겸교리는 내각 직각이 겸임한다. 참외관은 1원이며 내각 대교가 품계에 따라 겸임한다. 〈경〉 〈증〉 ❺ 교리는 교서관에서 자벽(自辟)한다. 〈증〉 ❻ 박사 이하는 봉상시 직장 이하 1원으로 겸임하게 한다.

109 외각(外閣) : 교서관(校書館)의 이칭이다. 1392년(태조1) 설치한 교서감(校書監)을 1401년(태종1) 교서관으로 개칭하고, 1466년(세조12) 전교서(典校署)로 고쳤다가, 1484년(성종15) 다시 교서관이라 하였다. 1777년(정조1) 규장각 절목(節目)을 만들 때 내각 제학 서명응(徐命膺)이 차자를 올려 "예부터 장서(藏書)하는 장소에는 반드시 비각(秘閣)과 비부(秘府)를 두어 안과 밖을 서로 보완하였습니다. 그래서 한(漢)나라 때는 안에 기린각(麒麟閣)과 천록각(天祿閣)이 있고 또 밖에는 석거(石渠)와 석실(石室)이 있어서 안과 밖이 보완이 되었습니다. 그러니 규장각은 교서관을 외각으로 삼은 후에라야 체용(體用)이 겸비되었다고 할 수 있습니다."라고 하여 교서관을 규장각의 외각으로 삼았다. 《太宗實錄 1年 7月 13日》《世祖實錄 12年 1月 15日》《成宗實錄 15年 1月 21日》《正祖實錄 1年 12月 21日》

110 붙임 : 외각은 《경국대전》에서는 정3품 아문 '교서관'으로 개별 기술되었고, 《대전통편》과 《전율통보》에서는 종2품 아문 '규장각' 뒤에 기술되었다. 《전율통보》 이후에 나온 《대전회통》도 《대전통편》과 기술 방식이 동일하다. 원문에서는 내각(內閣)인 규장각 항목 뒤에 붙여 '외각'으로 기술하였지만 독립된 관사이므로 별도의 조항으로 처리하였다.

111 문관을 임용한다 : 《경국대전》에 의하면 모두 문관을 임용하는데 전서체(篆書體)에 정통한 사람 3인을 품계에 따라 겸임시켜서 직무를 보게 하였다.

112 제조는……겸임한다 : 《속대전》에는 제조 2원 중 1원은 대제학이 예겸한다고 하였는데 《대전통편》에 와서 제조 2원 모두 내각의 제조가 예겸하고, 증치한 부제조 2원은 내각 직제학이 예겸한다고 하였다.

○**판교**(判校) 7 정3품이다.

○**교리**(校理) 8 종5품이다.〈경〉

○**겸교리**(兼校理)[113] 9 종5품이다.〈속〉〈증〉

○**박사**(博士) 10 2원이며, 정7품이다.

○**저작**(著作) 11 2원이며, 정8품이다.

○**정자**(正字) 12 2원이며, 정9품이다.

○**부정자**(副正字) 13 2원이며, 종9품이다.〈경〉 14 근무 일수 60일이 차면 차례로 승진하여 박사까지 이른다.〈보〉

15 잡직(雜職): 사준(司準) – 1 창준(唱準)이다. – 은 10원이며, 종8품이다. 사감(司勘) – 2 보자관(補字官)이다. – 은 종9품이다.[114] 〈경〉〈속〉〈증〉 16 향실은 교서관의 참외관이 돌아가면서 입직하고, 본관(本館)에 참외관이 없으면 성균관 참외관이 대신 입직한다. 축문 서사관(祝文書寫官)은 충의위 3원을 예방 승지(禮房承旨)가 초계(抄啓)해서 교대로 입직하게 하며, 근무 일수 900일이 차면 천전(遷轉)시킨다.〈증〉

제16항 사헌부(司憲府) 1 종2품 아문이다. 2 시정(時政)을 논평하고, 모든 관원을 규찰하며, 풍속을 바로잡고, 억울함을 풀어 주며,

113 겸교리(兼校理) : 《속대전》에 와서 3원을 증치했다고 하였는데 《대전통편》에 와서 2원을 감하하여 1원만 두었다고 하였다.

114 잡직(雜職)……종9품이다 : 《경국대전》 〈이전 잡직(雜職)〉에는 사준과 사감이 모두 1인이었는데, 《속대전》에서는 사준이 8인인데 창준이라고 하고 사감이 1인인데 보자관이라고 하며 모두 체직이라고 하였다. 《대전통편》에는 사준이 10원으로 늘었다.

남사스러운 행위와 속임수를 금하는 등의 일을 관장한다.

○**대사헌**(大司憲) ❸ 종2품이다.

○**집의**(執義) ❹ 종3품이다.

○**장령**(掌令) ❺ 2원이며, 정4품이다.

○**지평**(持平) ❻ 2원이며, 정5품이다.〈경〉

○**감찰**(監察) ❼ 13원이며,[115] 정6품이다.〈경〉〈속〉 ❽ 문관이 3원이고 무관과 음관이 각 5원이다.〈속〉

제17항 **개성부**(開城府)[116] ❶ 종2품 아문이다. ❷ 전 왕조 고려의 도읍지를 다스리는 일을 담당한다.〈경〉 ❸ 교수는 개성부의 문관 중에서 자벽(自辟)한다.[117]〈증〉 ❹ 분교관은 개성부의 생원이나 진사 중에서 유수가 자벽한다. 근무 일수 60개월이 차면 경참봉(京

115 13원이며 : 《경국대전》에는 24원인데 《속대전》에 와서 11원을 감하했다고 하였다.

116 개성부(開城府) : 태조는 즉위한 지 3년 만에 도읍을 한양으로 옮기고 개성부를 개성유후사(開城留後司)로 고친 다음 유후(留後), 부유후(副留後), 단사관(斷事官), 경력(經歷), 도사(都事)를 1원씩 두었다. 1438년(세종20) 유후를 유수(留守)로 고쳤으며, 1466년(세조12)에는 경기에 예속시켜 유수, 단사관, 경력, 도사를 파하고, 단지 윤(尹)과 판관(判官)을 1원씩 두었다. 1469년(예종1) 다시 유수, 경력, 도사를 1원씩 두었다. 정5품 도사는 《속대전》에 와서 감하했다고 하였다. 《太祖實錄 4年 6月 13日》《新增東國輿地勝覽 卷4 開城府上》

117 교수는……자벽(自辟)한다 : 《대전통편》에 의하면 유수가 교수를 자벽하고 계청하여 차출하였다.

參奉)[118]으로 직위를 올려 차하한다.[119]〈증〉〈보〉

○**유수**(留守) **5** 2원이며, 종2품이다. **6** 1원은 경기 관찰사가 겸임한다.

○**경력**(經歷) **7** 종4품이다.

○**교수**(敎授) **8** 종6품이다.〈경〉

○**분교관**(分敎官) **9** 종9품이다.

10 검률(檢律)은 종9품이다.〈증〉

제18항 **강화부**(江華府)[120] **1** 종2품 아문이다. **2** 강화도를 다스리는 일을 관장한다.〈속〉 **3** 분교관은 강화부의 생원이나 진사 또는 유학(幼學) 중에서 자벽(自辟)한다. 근무 일수 60개월이 차면 경

118 경참봉(京參奉) : 참봉은 경각사(京各司)의 일부 관사나 각 능(陵), 각 원(園), 각 전(殿), 혼전(魂殿), 각 궁(宮), 혼궁(魂宮) 등에 있는 가장 낮은 직급의 관원인데, 직무를 보는 곳에 따라서 서울이면 경참봉, 지방이면 외참봉으로 구분되었다.

119 분교관은……차하한다 : 1732년(영조8) 개성 유수 박사익(朴師益)이 송도의 문무과에 입격한 사람과 사인(士人)들도 통청(通淸)해서 수용해야 한다는 장계를 올리자 송도 교수를 혁파하고 분교관 1원을 설치하되 만 60삭(朔)이 된 뒤 능관(陵官)으로 올려 천전시키라는 명이 내렸다. 그러나 당시에는 교수가 혁파되지 않았으며 《대전통편》에서 분교관을 증치하고 분교관에서 60삭의 사일이 차면 실직(實職)으로 천전한다고 하였다. 모두 종9품이지만 분교관을 거쳐야 경참봉이 되는 것은 경참봉이 분교관보다 직위가 높고 실직이기 때문이다. 《英祖實錄 8年 12月 8日》

120 강화부(江華府) : 《속대전》에 의하면 강화는 원래 도호부(都護府)였다가 1618년(광해군10) 부윤(府尹)을 두는 것으로 승격되고 1627년(인조5) 유수부가 되었다. 《新增東國輿地勝覽 卷12 江華都護府》

참봉(京參奉)으로 직위를 올려 차하한다.[121] ㉿속 ㉿증 ㉿보

○**유수(留守)** ❹ 2원이며, 종2품이다. ❺ 1원은 경기 관찰사가 겸임한다.

○**경력(經歷)** ❻ 종4품이다.

○**분교관(分教官)** ❼ 종9품이다.〈속〉

❽ 검률(檢律)은 종9품이다.〈증〉

제19항 **승정원(承政院)** ❶ 정3품 아문이다. ❷ 왕명의 출납을 관장한다. ❸ 당하관은 문관을 임용한다.〈경〉 ❹ 육승지방(六承旨房)-❶ 이방·호방·예방·병방·형방·공방이다.-을 배정하기 위한 단자에 직명을 써서 들여 임금이 담당 승지 이름을 기입하여 내리면 분방(分房)한다.〈증〉

○**도승지(都承旨)** ❺ 정3품이다.

○**좌승지(左承旨)·우승지(右承旨)** ❻ 정3품이다.

○**좌부승지(左副承旨)·우부승지(右副承旨)** ❼ 정3품이다.

○**동부승지(同副承旨)** ❽ 정3품이다.

○**주서(注書)** ❾ 2원이며, 정7품이다.〈경〉 ❿ 주서에게 사정이 있어 업무를 볼 수 없으면 가주서(假注書)를 차출한다.〈속〉 ⓫ 문신정시(文臣庭試)와 중시(重試)를 보는 날에는 음관을 가주서로

121 분교관은……차하한다 : 분교관을 두는 규정은 개성부와 같은데, 자벽의 범위에 유학이 더 들어갔다. 고종 때는 지벌(地閥)이 있는 사람을 강화부에서 단망(單望)으로 차출하여 보내왔고, 분교관에서 사일(仕日) 60개월이 찬 다음에야 재랑(齋郞)에 의망하는 것으로 규정이 바뀌었다.《兩銓便攷 東銓 初仕》

차출한다.[122] 〈보〉

○**사변가주서(事變假注書)**[123] ⓬ 정7품이다. 〈속〉

제20항 **사간원(司諫院)** ❶ 정3품 아문이다. ❷ 임금에게 간쟁하고 정사의 잘못을 논박하는 직무를 담당한다. ❸ 문관을 임용한다.

○**대사간(大司諫)** ❹ 정3품이다.

○**사간(司諫)** ❺ 종3품이다.

○**헌납(獻納)** ❻ 정5품이다.

○**정언(正言)** ❼ 2원이며, 정6품이다. 〈경〉

제21항 **경연(經筵)** ❶ 정3품 아문이다. ❷ 임금에게 경서(經書)를 강독하며 학문에 관하여 임금과 토론하는 일을 관장한다. ❸ 영사와 참찬관 이외에는 문관을 임용한다. 〈경〉 ❹ 참찬관은 승지와 부제학이 겸임한다. 시강관 이하는 홍문관 직제학 이하가 품계에 따라 겸임한다.[124] 〈경〉 〈증〉

○**영사(領事)** ❺ 3원이며, 정1품이다. ❻ 의정이 겸임한다.

122 문신……차출한다 : 문신들이 보는 중시(重試)에 주서(注書)가 모두 응시하면 음관 중에서 가주서를 차출하여 주서의 직임을 살피게 한 전례가 인조와 영조 때부터 있었는데 구윤명(具允明)이 《전율통보》를 만들면서 규정에 넣은 것으로 보인다. 《承政院日記 仁祖 6年 2月 21日》《英祖實錄 13年 3月 17日》

123 사변가주서(事變假注書) : 군무(軍務), 칙사(勅使), 국안(鞫案) 등과 관련된 문서를 전담하였고, 주서 2명이 모두 사정이 생겨 근무할 수 없을 경우에는 대신 입시하거나 입직하였다. 《銀臺條例 注書》

124 참찬관은……겸임한다 : 시강관 이하가 《대전통편》의 내용이다.

○**지사**(知事) **7** 3원이며, 정2품이다. **8** 이하는 겸직이다.

○**동지사**(同知事) **9** 3원이며, 종2품이다.

○**참찬관**(參贊官) **10** 7원이며, 정3품이다.〈경〉

○**시강관**(侍講官) **11** 당하관 정3품부터 종4품까지이다.[125]

○**시독관**(侍讀官) **12** 정5품, 종5품이다.[126]

○**검토관**(檢討官) **13** 정6품, 종6품이다.〈경〉〈보〉

○**사경**(司經) **14** 정7품이다.

○**설경**(說經) **15** 정8품이다.

○**전경**(典經) **16** 정9품이다.〈경〉

제22항 **홍문관**(弘文館) **1** 정3품 아문이다. **2** 궁중에 소장된 경적(經籍)[127]을 관리하고, 문장을 짓고, 임금의 자문에 대비한다.〈경〉 **3** 대제학 이하는 문관을 임용한다.[128]〈경〉〈보〉 **4** 부제학부터 부수찬까지는 지제교(知製敎)를 겸임한다.〈경〉 **5** 지제교 중에 부제학 이하의 홍문관 관원으로서 겸직하는 자는 내지제교(內知製敎)라고 칭하고, 별도로 선발해서 임금에게 아뢴 다음 임용한

125 당하관 정3품부터 종4품까지이다 : 시강관은 《경국대전》에 정4품이 맡는 자리지만 《대전통편》에 "시강관 이하는 홍문관 직제학 이하가 품계에 따라 예겸한다."라고 한 규정대로 정3품 당하관인 직제학 이하 종3품 전한, 정4품 응교, 종4품 부응교가 예겸하였다.

126 정5품, 종5품이다 : 시독관은 《경국대전》에 정5품이 맡는 자리지만 실제로는 정5품 교리와 종5품 부교리가 예겸하였다.

127 경적(經籍) : 《경국대전주해》에 "경전(經典), 경전에 대한 주석을 단 전(傳), 제자서(諸子書), 사서(史書)이다."라고 하였다.

128 대제학……임용한다 : 《경국대전》의 '모두 문관을 임용한다'는 규정이 《전율통보》에서 '대제학 이하'로 개정되었다.

자는 외지제교(外知製敎)라고 칭한다. 통정대부에 이르기까지 외지제교를 겸임한다. 규장각 직제학 이하의 관원은 시임(時任)과 원임(原任) 모두 지제교를 겸임한다.〈증〉

○**영사**(領事) 6 정1품이다.〈경〉 7 영상(領相)이 겸임한다.[129]〈경〉〈증〉

○**대제학**(大提學) 8 정2품이다. 9 겸직이다.

○**제학**(提學) 10 종2품이다. 11 겸직이다.

○**부제학**(副提學)[130] 12 정3품이다.

○**직제학**(直提學) 13 당하관 정3품이다.

○**전한**(典翰) 14 종3품이다.

○**응교**(應敎) 15 정4품이다.

○**부응교**(副應敎) 16 종4품이다.

○**교리**(校理) 17 2원이며, 정5품이다.

○**부교리**(副校理) 18 2원이며, 종5품이다.

○**수찬**(修撰) 19 2원이며, 정6품이다.

○**부수찬**(副修撰) 20 2원이며, 종6품이다.

○**박사**(博士) 21 정7품이다.

○**저작**(著作) 22 정8품이다.

○**정자**(正字) 23 2원이며, 정9품이다.〈경〉

129 영상(領相)이 겸임한다 : 의정 중 1원이 맡던 것이 《대전통편》에 와서 영의정이 겸임하는 것으로 개정되었다.

130 부제학(副提學) : 홍문관의 실직 장관(長官)으로서 홍문관의 공적인 일을 주관한다.

제23항 **예문관**(藝文館) ❶ 정3품 아문이다. ❷ 사명(辭命)을 제술(製述)하는 일을 관장한다.〈경〉 ❸ 대제학 이하는 문관을 임용한다.[131]〈경〉〈보〉

○**영사**(領事) ❹ 정1품이다.〈경〉 ❺ 영상이 겸임한다.[132]〈경〉〈증〉

○**대제학**(大提學) ❻ 정2품이다. ❼ 겸직이다.[133]

○**제학**(提學) ❽ 종2품이다. ❾ 겸직이다.

○**직제학**(直提學) ❿ 당하관 정3품이다. ⓫ 도승지가 겸임한다.

○**응교**(應教) ⓬ 정4품이다. ⓭ 홍문관의 직제학부터 교리까지의 인원 가운데에서 골라서 겸임시킨다.

○**봉교**(奉教) ⓮ 2원이며, 정7품이다.

○**대교**(待教) ⓯ 2원이며, 정8품이다.

○**검열**(檢閱) ⓰ 4원이며, 정9품이다.〈경〉 ⓱ 근무 일수 60일이 차면 차례대로 승진하여 봉교까지 이른다.〈보〉

제24항 **세자시강원**(世子侍講院)[134] ❶ 정3품 아문이다.〈경〉〈증〉 ❷ 세자를 모시고서 경전(經典)과 사서(史書)를 강독하고 도의(道義)를 바르게 실천하도록 계도(啓導)하는 일을 관장한다.〈경〉 ❸ 보덕, 겸

131 대제학……임용한다 : 《경국대전》의 '모두 문관을 임용한다'는 규정이 《전율통보》에서 '대제학 이하'로 개정되었다.

132 영상이 겸임한다 : 의정 중 1원이 맡던 것이 《대전통편》에 와서 영의정이 겸임하는 것으로 개정되었다.

133 겸직이다 : 홍문관 대제학이 예문관 대제학을 예겸하였다.

134 세자시강원(世子侍講院) : 《경국대전》에는 종3품 보덕(輔德)이 장관(長官)인 종3품 아문이었는데, 1784년(정조8) 종3품 보덕을 당상 정3품관으로 올리면서 정3품 아문이 되었다. 《大典通編 吏典 京官職》

보덕, 필선에서 겸설서까지는 문관을 임용한다.〈경〉〈보〉 ❹ 찬선과 진선은 학문과 덕행을 갖추어 사림의 명망이 있는 자를 차임하여 임용한다. 자의는 별천(別薦)으로 임용한다.[135] 〈속〉 ❺ 찬선과 진선은 실직이 있으면 겸직이 되고 실직이 없으면 실직이 된다.〈증〉

○**사**(師) ❻ 정1품이다. ❼ 영상이 겸임한다.

○**부**(傅) ❽ 정1품이다.〈경〉 ❾ 좌상이나 우상이 겸임한다.[136] 〈경〉〈보〉

○**이사**(貳師) ❿ 종1품이다. ⓫ 찬성이 겸임한다.

○**좌빈객**(左賓客)·**우빈객**(右賓客) ⓬ 정2품이다. ⓭ 겸직이다.

○**좌부빈객**(左副賓客)· **우부빈객**(右副賓客) ⓮ 종2품이다. ⓯ 겸직이다.〈경〉

○**찬선**(贊善) ⓰ 정3품부터 종1품까지이다.[137] 〈속〉〈증〉

○**보덕**(輔德) ⓱ 정3품이다.[138] 〈경〉〈증〉

○**겸보덕**(兼輔德) ⓲ 정3품이다.[139] 〈속〉〈증〉

135 자의는 별천(別薦)으로 임용한다 : 《속대전》에 의하면 정7품관인 자의(諮議)는 증치한 자리로 별천으로 임용하였으나 합당한 사람이 없으면 묘당에 문의하며 유학(幼學)이라도 구애하지 않고 차출하였다고 한다.

136 좌상이나 우상이 겸임한다 : 《경국대전》에서는 의정이 부(傅)를 겸임한다고 했는데 《전율통보》에 와서 좌상이나 우상이 맡는다고 하였다.

137 찬선(贊善) 정3품부터 종1품까지이다 : 정3품 찬선은 《속대전》 때 증치되었고 종1품까지 맡을 수 있다는 규정은 《대전통편》에 와서 개정된 것이다.

138 보덕(輔德) 정3품이다 : 보덕이 《경국대전》에는 종3품관이었는데 《대전통편》에서는 정3품관의 자리로 올라갔다.

139 겸보덕(兼輔德) 정3품이다 : 겸보덕이 《속대전》에는 종3품관이었는데 《대전통편》에서는 정3품관의 자리로 올라갔다.

○**진선**(進善) 19 정4품이다.〈속〉

○**필선**(弼善) 20 정4품이다.〈경〉

○**겸필선**(兼弼善) 21 정4품이다.〈속〉

○**문학**(文學) 22 정5품이다.〈경〉

○**겸문학**(兼文學) 23 정5품이다.〈속〉

○**사서**(司書) 24 정6품이다.〈경〉

○**겸사서**(兼司書) 25 정6품이다.〈속〉

○**설서**(說書) 26 정7품이다.〈경〉

○**겸설서**(兼說書) 27 정7품이다.

○**자의**(諮議) 28 정7품이다.〈속〉

제25항 **세손강서원**(世孫講書院)[140] 1 정3품 아문이다.〈속〉〈증〉 2 세손을 모시고 강독하는 일을 관장한다.〈속〉 3 유선, 익선, 찬독은 문관을 임용한다.〈보〉 4 우익선과 우찬독은 홍문관 관원이 겸임한다.[141]〈속〉〈증〉 5 권독(勸讀)은 학문과 덕행을 갖추어 사림의 명망이 있는 자를 차임한다. 6 유선, 권독은 실직이 있으면 겸직이 되고 실직이 없으면 실직이 된다.〈증〉

○**사**(師) 7 종1품이다.〈속〉 8 겸직이다.〈증〉

140 세손강서원(世孫講書院) : 《속대전》 〈속대전보 이전보〉에는 좌익선과 우익선이 장관(長官)인 종4품 아문이었는데 《대전통편》에 와서 좌우 유선(諭善)을 두면서 정3품 아문으로 승격되었다고 하였다.

141 우익선과……겸임한다 : 《속대전》 〈속대전보 이전보〉에 의하면 세손강서원의 관원은 종4품 좌익선, 우익선과 종6품 좌찬독, 우찬독으로 4원이고 나머지는 모두 홍문관 관원이 겸임하게 하였는데 《대전통편》에 와서 우익선과 우찬독만 홍문관 관원이 겸임하게 한다고 하였다.

○**부**(傅) ❾ 종1품이다.〈속〉 ❿ 겸직이다.

○**좌유선**(左諭善)·**우유선**(右諭善) ⓫ 당하관 3품에서 종2품까지로 품계에 따라 임명한다.〈증〉

○**좌익선**(左翊善)·**우익선**(右翊善) ⓬ 종4품이다.〈속〉

○**좌권독**(左勸讀)·**우권독**(右勸讀) ⓭ 종5품이다.〈증〉

○**좌찬독**(左贊讀)·**우찬독**(右贊讀) ⓮ 종6품이다.〈속〉

제26항 **성균관**(成均館) ❶ 정3품 아문이다. ❷ 유학(儒學) 교육을 관장한다.〈경〉 ❸ 좨주[142]와 사업 이외에는 문관을 임용한다.[143]〈경〉〈보〉 ❹ 좨주와 사업은 학문과 덕행을 갖추어 선비들의 신망을 얻은 자를 차임한다.[144]〈속〉 ❺ 좨주와 사업은 실직이 있으면 겸직이 되고 실직이 없으면 실직이 된다.〈증〉 ❻ 사성은 삼사(三司)의 관원을 합쳐서 의망한다. 직강과 전적 각 1원은 삼사의 관원 중에서 국자장(國子長 대사성)이 자벽(自辟)하며, 구임(久任)이다.[145]〈보〉 ❼ 박사 이하는 봉상시 직장 이하 2원이 겸임한

142 좨주 : 《여유당전서》에 "좨주(祭酒)는 국학(國學)의 노사(老師)를 일컫는 것으로, 음주례(飮酒禮)에서 노사가 제선(祭先)하는 것을 말한다."라고 하였다.《與猶堂全書 雅言覺非 祭酒》

143 좨주와……임용한다 : 《경국대전》에서는 성균관 관원은 모두 문관을 임용한다고 하였는데 《전율통보》에서는 좨주와 사업은 문관이 아니어도 임용한다고 표현을 달리하였다.

144 좨주와……차임한다 : 《속대전》〈이전 경관직〉 성균관 조에는 좨주와 사업을 임용할 때 단부(單付) 형식으로도 한다는 내용이 더 있다.

145 사성은……구임(久任)이다 : 《일성록》을 보면 1790년(정조14) 성균관이 공해(公廨)의 서적을 관리하는 절목을 올렸는데 그중에 "사성 한 자리는 판부(判付)한 대로 이조로 하여금 삼사의 관원 전원을 대상으로 가려 차임

다.[146]

○**지사**(知事) 8 정2품이다.〈경〉 9 대제학이 겸임한다.〈증〉

○**동지사**(同知事) 10 2원이며, 종2품이다. 11 겸직이다.

○**대사성**(大司成) 12 정3품이다.〈경〉

○**좨주**(祭酒) 13 정3품에서 정1품까지이다.〈속〉〈증〉

○**사성**(司成) 14 종3품이다.

○**사예**(司藝) 15 2원이며,[147] 정4품이다.〈경〉〈속〉

○**사업**(司業) 16 정4품이다.〈속〉

○**직강**(直講) 17 4원이며, 정5품이다.

○**전적**(典籍) 18 13원이며, 정6품이다.

○**박사**(博士) 19 3원이며, 정7품이다.

○**학정**(學正) 20 3원이며, 정8품이다.

○**학록**(學錄) 21 3원이며, 정9품이다.

○**학유**(學諭) 22 3원이며, 종9품이다.〈경〉 23 근무 일수 60일이 차면 차례로 승진하여 박사까지 이른다.[148]〈보〉

하게 한다. 직강과 전적 각 한 자리도 연석에서 아뢴 대로 본관(本館)이 양사(兩司) 중에서 자벽하여 가려 차임하고 모두 구임하게 한다. 이들에게 사무와 서적을 나누어 맡아 전심으로 살피고 신칙하게 한다."라는 내용이 있다. 이를 《전율통보》에 반영한 것이다. 《日省錄 正祖 14年 3月 23日》

146 박사……겸임한다 : 성균관의 참외관인 박사 이하 2원은 봉상시의 봉사와 부봉사가 겸임하였다. 《典律通補 吏典 奉常寺》

147 2원이며 : 《경국대전》에는 3원인데 《속대전》에 와서 1원을 감하했다고 하였다.

148 근무……이른다 : 박사 이하 학정, 학록, 학유가 박사까지 부직(付職)되는 규정을 기술한 것으로, 《양전편고》를 보면 "삼관(三館)의 참하(參下)에 처음 부직되고 나서 60일이 지나면 우직(右職)으로 올려 부직하고, 차례로

제27항 **상서원**(尙瑞院) ❶ 정3품 아문이다. ❷ 새보(璽寶),[149] 부패(符牌),[150] 절월(節鉞)[151]을 담당한다.

○**정**(正) ❸ 당하관 정3품이다. ❹ 도승지가 겸임한다.

○**직장**(直長) ❺ 종7품이다.〈경〉

○**부직장**(副直長)[152] ❻ 정8품이다.〈경〉〈속〉

제28항 **춘추관**(春秋館) ❶ 정3품 아문이다. ❷ 시정(時政)을 기록하는 일을 관장한다.〈경〉 ❸ 지사 이하는 문관을 임용한다.[153]〈경〉〈보〉 ❹ 수찬관 이하는 승정원,〈경〉 -❶ 무관과 음관은 해당하지 않는다.[154] 〈보〉 - 홍문관 부제학 이하, 의정부의 사인과 검상, 예문관 봉교 이하, 규장각 직제학 이하가 품계에 따라 겸임한다.[155] 시강원

60일을 지나 박사까지 올라간다. 박사에 올라서 만 90일이 지난 뒤에는 성균관과 승문원은 6월 도목 정사 때는 2원을, 12월 도목 정사 때는 1원을 6품직에 올려 부직하고 교서관은 6월과 12월 도목 정사 때 각각 1원을 6품직에 올려 부직한다."라고 되어 있다.《兩銓便攷 東銓 序陞》

149 새보(璽寶) : 국새(國璽)나 어보(御寶)와 같은 말이다. 새보의 종류와 용도에 대해서는《전율통보》〈예전 새보〉에 자세히 보인다.

150 부패(符牌) : 병부(兵符), 순패(巡牌), 마패(馬牌)를 합해서 부르는 말이다.

151 절월(節鉞) : 절부월(節斧鉞)의 준말이다.

152 부직장(副直長) :《경국대전》에는 2원이었는데《속대전》에 와서 1원을 감하했다고 하였다.

153 지사……임용한다 :《경국대전》에서는 모두 문관을 임용한다고 하였는데《전율통보》에 와서 지사 이하에 문관을 임용한다고 개정되었다.

154 무관과……않는다 : 승지에 임명되면 경연 참찬관과 춘추관 수찬관을 당연직으로 겸하지만, 음관과 무관으로서 승지에 임명된 사람은 춘추관 수찬관을 겸직하지 못한다는 뜻이다.《銀臺便攷 吏房攷 承旨》

155 수찬관……겸임한다 :《경국대전》에 의하면 수찬관은 정3품, 편수관

의 당하관 2원과 사헌부 집의 이하,〈경〉 – 2 감찰은 해당하지 않는다.[156] 〈보〉 – 사간원 사간 이하, 승문원·종부시·육조의 당하관 모두 각 1원이 역시 겸임한다.〈경〉〈증〉〈보〉 5 대리청정할 때에는 세자시강원의 실관(實官)과 겸관(兼官)이 모두 춘추관의 직함을 겸한다.[157] 〈증〉 6 외방(外方)의 겸춘추(兼春秋)는 4원이다.[158] 7 일이 있는데 – 3 회권(會圈)하는 일 같은 것이다. – 시임(時任) 한림(翰林)이 인원을 채우지 못하면 일찍이 한림을 지낸

은 정3품부터 종4품까지, 기주관은 정5품부터 종5품까지, 기사관은 정6품부터 정9품까지가 예겸하였다. 수찬관 이하를 규장각 직제학 이하가 품계에 따라 예겸하는 규정은 《대전통편》부터 실려 있다.

156 감찰은 해당하지 않는다 : 기사관의 직임은 정6품부터 정9품까지가 예겸하는 자리인데 정6품 사헌부 감찰은 예겸하지 못한다는 뜻이다. 《은대편고》에 사헌부는 종3품 집의부터 정5품 지평 중에서 1원이 기사관을 겸한다고 한 규정이 있다. 이런 규정 때문에 감찰은 기사관이 될 수 없었다. 《銀臺便攷 禮房攷 藝文館》

157 대리청정할……겸한다 : 1753년(영조29) 세자시강원의 관원은 겸춘추(兼春秋)를 으레 겸하는지를 묻는 영조의 물음에 홍양한(洪良漢)이 대리청정 후에는 기사관의 직함을 예겸한다고 대답한 기록이 있다. 당시 사도세자가 대리청정을 하였기 때문에 이런 규정이 만들어졌고 《대전통편》에 기록된 것으로 보인다. 《承政院日記 英祖 29年 11月 18日》

158 외방(外方)의 겸춘추(兼春秋)는 4원이다 : 외방의 겸춘추는 외사(外史)로 각 도의 도사 또는 수령 중에서 뽑아 그 지방의 중요한 사실들을 기록하여 춘추관으로 올려보내게 하였다. 이 경우 품계로 볼 때 기주관 또는 기사관에 해당한다. 《전율통보》〈예전 잡령(雜令)〉에 "충청도, 전라도, 경상도의 좌도(左道)와 평안도 청천강(淸川江) 이남 지방은 문관 수령 중에서 겸춘추를 차임하고 일기를 정리하여 본관으로 올려보내게 한다."라는 내용이 있는 것으로 보아 이 지역 수령 중 4원을 차출하여 외사 겸춘추를 겸임하게 한 것을 알 수 있다.

사람을 별겸춘추(別兼春秋)로 삼는다.[159] 〈보〉

○**영사**(領事) **8** 정1품이다. **9** 영상이 겸임한다.

○**감사**(監事) **10** 2원이며, 정1품이다. **11** 좌상과 우상이 겸임한다.

○**지사**(知事) **12** 2원이며, 정2품이다. **13** 이하는 겸직이다.

○**동지사**(同知事) **14** 2원이며, 종2품이다.

○**수찬관**(修撰官) **15** 정3품이다.

○**편수관**(編修官) **16** 당하관 정3품에서 종4품까지이다.

○**기주관**(記注官) **17** 정5품, 종5품이다.

○**기사관**(記事官) **18** 정6품에서 정9품까지이다. 〈경〉

제29항 **승문원**(承文院) **1** 정3품 아문이다. **2** 사대(事大)와 교린(交隣)의 문서를 관장한다. 〈경〉 **3** 판교 이하는 문관을 임용한다.[160] 〈경〉 〈보〉 **4** 도제조는 3원이며 의정이 맡는다. 제조와 부제조는 정해진 인원수가 없다.[161] **5** 박사 이하는 봉상시 직장 이하 1원을

159 일이……삼는다 : 《은대편고》에 의하면 한림 권점을 행하라고 명을 내릴 경우 시임 한림이 일제히 예문관에 모여 권점(圈點)을 하는데 3원이 갖추어지지 않으면 한림을 지낸 사람을 별겸춘추로 계하받아 거행한다. 여기서 말하는 별겸춘추는 한림을 역임한 6품 명관(名官) 중에서 차출되어 한림 권점을 행하고 한림의 역할도 수행하도록 임명된 관원을 말한다. 《銀臺便攷 禮房攷 翰圈》

160 판교……임용한다 : 《경국대전》의 '모두 문관을 임용한다'는 규정이 《전율통보》에 와서는 '판교 이하 문관을 임용한다'는 것으로 개정되었다.

161 도제조는……없다 : 《경국대전》에서는 "정1품은 도제조라 하고, 2품 이상은 제조라 하고, 통정대부 당상 정3품은 부제조라고 한다."라고 하여 품계에 따른 명칭까지 설명하였다.

겸임하게 한다.[162]

○**판교**(判校) 6 당하관 정3품이다.〈경〉

○**교검**(校檢)[163] 7 정6품이다.〈경〉〈속〉

○**박사**(博士) 8 2원이며, 정7품이다.

○**저작**(著作) 9 2원이며, 정8품이다.

○**정자**(正字) 10 2원이며, 정9품이다.

○**부정자**(副正字) 11 2원이며, 종9품이다.〈경〉 12 근무 일수 60일이 차면 차례로 승진하여 박사까지 이른다.[164]〈보〉

13 제술관(製述官)은 2원인데 문관과 음관이 각 1원이다.[165] 14 이문학관(吏文學官)은 3원인데 음관이다.〈속〉 15 사자관(寫字官)은 실관(實官)으로 40원인데 그중에 훈장(訓長)이 1원이

162 박사……한다 : 봉상시 직장을 승문원 참외가 맡는다는 내용이 본조 31항 봉상시에 있다.

163 교검(校檢) : 《경국대전》에는 2원이었는데 《속대전》에 와서 1원을 감하했다고 하였다.

164 근무……이른다 : 부정자에서 박사까지 올라가는 규정을 설명한 것으로, 《양전편고》에는 삼관(三館)의 참하는 처음 부직(付職)되고 나서 60일이 지나면 우직(右職)으로 올려 부직하여 박사까지 이른다는 내용이 있고, 《육전조례》에는 "권지 부정자 중에 실관(實官)을 원하는 사람은 부정자에 붙이고 60일이 되면 정자로 올려 부직하고 또 60일이 되면 박사에 올려 부직하고 90일이 되면 도목 정사 때 사일(仕日)이 찬 것으로 보고하여 6품으로 올려 준다."라는 내용이 있다. 《전율통보》의 이 조문이 후대의 법전에 반영된 것으로 보인다. 《兩銓便攷 東銓 序陞》《六典條例 禮典 承文院 總例》

165 제술관(製述官)은……1원이다 : 《속대전》 〈병전 번차도목(番次都目)〉에 의하면 제술관, 이문학관, 사자관은 모두 체아직으로 장번(長番)이고 1년에 4차례 도목 정사를 한다고 하였다.

다.[166]〈속〉〈보〉

제30항 **통례원(通禮院)** ❶ 정3품 아문이다. ❷ 예절(禮節)과 의식(儀式)을 관장한다.〈경〉 ❸ 봉례 이상은 문관을 임용한다.〈보〉 ❹ 참하 인의는 중인이나 서얼 중에서 노창(臚唱)하는 자를 차임한다. 참상 인의 중 2인은 인의를 지낸 호창(呼唱)을 잘하는 자를 차임하여 어전창(御前唱)에 대비한다. 전의와 장의도 중인이나 서얼이다.[167]〈경〉〈증〉〈보〉 -❶ 세자를 책봉할 때에는 장의를 둔다.- 찬의도 마찬가지로 중인이나 서얼이다.〈보〉

○**좌통례(左通禮)**·**우통례(右通禮)** ❺ 당하관 정3품이다. ❻ 좌통례가 자급이 오르면 우통례는 근무 일수를 따지지 않고 좌통례로 승진한다.

166 사자관(寫字官)은……1원이다 : 《연려실기술》에 의하면 국초에는 사자관이 따로 없고 문신 중에서 글씨 잘 쓰는 자에게 사자하게 하였는데 선조조부터 사(士)·서인(庶人)을 막론하고 글씨 잘 쓰는 자에게 군직(軍職)의 직함을 주어 관대(冠帶)를 하고 매일 근무하게 하였다고 한다. 이들은 사대교린 문서와 표문(表文), 자문(咨文) 및 어첩(御牒), 어제(御製), 어람(御覽)을 쓰는 일을 맡아서 하였다. 《육전조례》 〈예전 승문원〉 사자관 조를 보면 "모든 사대교린 문서와 표문, 자문, 어첩, 어제, 어람을 쓰는 일은 실관 40원이 전담하여 거행한다. 훈장이 1원인데 정해진 사일(仕日)이 45개월이다."라고 규정하고 있다. 《燃藜室記述 別集 卷7 官職典故 承文院》

167 참하……서얼이다 : 《경국대전》에서는 노창 잘하는 사람을 취재를 통해 선발하여 품계에 따라 채워 차임한다고 하였는데, 《대전통편》에 와서는 참상 인의 6원 중 2원을 일찍이 겸인의(兼引儀)를 지낸 사람 중 노창 잘하는 사람을 의망하여 차출해서 어전창에 대비하게 한다고 하여 참하 인의와 참상 인의의 직임을 구분하였다. 전의와 장의도 인의에 해당하는 직임을 맡기 때문에 중인이나 서얼 중에서 선발하였다. 전의와 장의는 84쪽 주172 참조.

○**상례**(相禮)[168] 7 종3품이다.〈경〉 8 세자를 책봉하게 되면 차출한다.〈보〉

○**익례**(翊禮)[169] 9 종3품이다.〈속〉 10 세손을 책봉하게 되면 차출한다.〈보〉

○**봉례**(奉禮)[170] 11 정4품이다.〈경〉 12 대군이 있을 때 차출한다.〈보〉

○**찬의**(贊儀) 13 정5품이다.〈경〉

○**인의**(引儀) 14 6원이며,[171] 종6품이다.〈경〉〈속〉 15 어떤 경우는 전의(典儀)라고 칭하고, 어떤 경우는 장의(掌儀)라고 칭한다.[172]〈보〉

○**겸인의**(兼引儀) 16 6원이며, 종9품이다.

168 상례(相禮) : 동궁의 전도(前導)와 예를 행할 때의 찬청(贊請)을 맡는 자리로, 세자를 책봉하여 시강원 관원을 차출할 때 함께 차출했다. 세자의 자리가 비면 감하하였다. 《六典條例 吏典 文官》《兩銓便攷 東銓 官規》

169 익례(翊禮) : 왕세손의 전도와 예를 행할 때의 찬청을 맡는데 《속대전》에 와서 1원을 증치했다 하였다. 세손의 자리가 비면 감하하였다. 《續大典 吏典補》《六典條例 吏典 文官》《兩銓便攷 東銓 官規》

170 봉례(奉禮) : 대군의 전도와 예를 행할 때의 찬청을 맡았다. 대군의 자리가 비면 감하하였다. 《六典條例 吏典 文官》《兩銓便攷 東銓 官規》

171 6원이며 : 《경국대전》에는 8원인데 《속대전》에 와서 2원을 감하했다고 하였다.

172 어떤 경우는 전의(典儀)라고……칭한다 : 《연려실기술》에 의하면 1753년(영조29) 전교가 내려 찬의는 대전(大殿)의 조의(朝儀) 때는 '전의(典儀)'라 하고, 인의는 세자가 예를 거행할 때는 '장의(掌儀)', 세손이 예를 거행할 때는 '사의(司儀)', 백관이 예를 거행할 때는 '도의(導儀)'라 일컫게 했다고 한다. 《燃藜室記述 別集 卷7 官職典故 諸司》

○**가인의**(假引儀) ⓱ 6원이며, 종9품이다.[173] ⓲ 제수한 차례에 따라 근무 일수를 따지지 않고 겸인의로 승진한다.[174]〈속〉

제31항 **봉상시**(奉常寺) ❶ 정3품 아문이다. ❷ 제사(祭祀)와 시호(諡號)를 의정하는 일을 관장한다.[175] ❸ 정(正) 이하는 문관을 임용한다.〈경〉 ❹ 판관은 자벽(自辟)하며 구임(久任)이다.〈증〉 ❺ 도제조와 제조는 각 1원이다.

○**정**(正) ❻ 당하관 정3품이다.〈경〉

○**첨정**(僉正) ❼ 종4품이다.

○**판관**(判官)[176] ❽ 종5품이다.〈경〉〈속〉

○**주부**(主簿) ❾ 2원이며, 종6품이다.

○**직장**(直長) ❿ 종7품이다.〈경〉 ⓫ 승문원 참외관을 겸한다.[177]〈증〉

○**봉사**(奉事) ⓬ 종8품이다.〈경〉 ⓭ 성균관 참외관을 겸한다.〈증〉

173 겸인의(兼引儀)……종9품이다 : 겸인의와 가인의는 《속대전》에 와서 증치했다고 한 관직이다.

174 제수한……승진한다 : 《속대전》에 의하면 이렇게 해서 겸인의로 승진시킨 다음 30삭(朔)의 임기가 끝나면 6품으로 올려준다고 한다. 《전율통보》〈이전 고과〉에도 이 내용이 나오는데 승진시킨 다음 900일이 지나면 6품으로 올려준다고 하였다.

175 제사(祭祀)와……관장한다 : 1392년(태조1) 문무백관의 관제를 정할 때 봉상시는 종묘에 제향을 올리는 일을 관장하는 관사였다. 《太祖實錄 1年 7月 28日》

176 판관(判官) : 《경국대전》에는 2원이었는데 《속대전》에 와서 1원을 감하했다고 하였다.

177 승문원 참외관을 겸한다 : 승문원 박사 이하 1원을 봉상시 직장이 겸하였다. 《典律通補 吏典 京官職 承文院》

○**부봉사**(副奉事) 14 정9품이다.〈경〉 15 성균관 참외관을 겸한다.[178]〈증〉

○**참봉**(參奉) 16 종9품이다.〈경〉 17 교서관 참외관을 겸한다.[179]〈증〉

제32항 **종부시**(宗簿寺) 1 정3품 아문이다. 2 《선원보첩(璿源譜牒)》을 찬록(撰錄)하고 종실의 허물과 잘못을 규찰하는 일을 관장한다.[180]〈경〉 3 주부는 문관을 임용하되 별천(別薦)된 사람은 이에 구애되지 않는다.〈증〉〈보〉 4 도제조는 2원인데 대군이나 왕자 이외에는 제수하지 않는다. 제조는 2원인데 도제조가 차임되지 않았을 때에는 1원을 종반(宗班)으로 차임한다.[181]〈경〉〈증〉

○**정**(正) 5 당하 정3품이다.

○**주부**(主簿) 6 종6품이다.

○**직장**(直長)[182] 7 종7품이다.〈경〉

178 봉사(奉事)……겸한다 : 성균관의 박사 이하 2원을 봉상시의 봉사와 부봉사가 겸하였다.《典律通補 吏典 京官職 成均館》

179 교서관 참외관을 겸한다 : 교서관의 박사 이하 1원을 봉상시 참봉이 겸하였다.《典律通補 吏典 京官職 外閣》

180 선원보첩(璿源譜牒)을……관장한다 : 1392년(태조1) 전중시(殿中寺)를 설치하여 친속(親屬)의 보첩(譜牒)과 전내(殿內)의 급사(給事) 등의 일을 관장하게 하였는데 뒤에 종부시로 이름을 바꾸고 《선원보첩》을 찬록하고 종실의 허물과 잘못을 규찰하는 일을 관장하게 하였다.《東典考 宗簿寺》《增補文獻備考 職官考9 諸司1》

181 도제조는……차임한다 : 《경국대전》에는 도제조 2원을 임금의 존속인 종친 중에서 차출한다고 하였는데 《대전통편》에 와서 대군이나 왕자라고 더 구체화되었고 도제조가 없을 때 제조는 종반으로 의망하여 차출한다는 내용이 새로 추가되었다.

182 직장(直長) : 《대전통편》에 종부시 직장은 생원이나 진사 출신이 아니

제33항 **사옹원**(司饔院) ❶ 정3품 아문이다. ❷ 어선(御膳)을 바치는 일과 궐내에 음식물을 공급하는 등의 일을 관장한다. ❸ 제거와 제검은 합쳐서 4원이다.〈경〉 ❹ 도제조는 1원이다. 제조는 4원이다. 부제조는 5원인데 1원은 승지가 겸임하며, 4원은 세자를 책봉할 때 차출한다.[183]〈경〉〈보〉

○**정**(正) ❺ 당하관 정3품이다.〈경〉 ❻ 가례(嘉禮) 때 차출한다.[184]〈속〉

○**제거**(提擧) ❼ 정3품, 종3품이다.〈경〉 ❽ 객사(客使)에게 연향(宴享)을 베풀 때에는 실직(實職) 음관을 겸관(兼官)으로 차임한다. 제검도 마찬가지이다.[185]〈속〉〈보〉

○**제검**(提檢) ❾ 정4품, 종4품이다.

○**첨정**(僉正) ❿ 종4품이다.〈경〉

○**주부**(主簿) ⓫ 2원이며,[186] 종6품이다.〈경〉〈속〉

면 차출할 수 없고 타사(他司)에서 순서에 따라 승진한 경우에는 생원이나 진사 출신으로 바꾸어 차임한다고 하였다. 종부시 직장은 종학(宗學)의 직임을 겸하기 때문에 반드시 생원이나 진사 출신으로 차출하는 것이다. 이런 내용이 현종조부터 보이는데 이를 《대전통편》에 와서 반영한 듯하다. 《承政院日記 顯宗 卽位年 12月 27日》

183 부제조는……차출한다 : 《육전조례》 〈이전 경관직(京官職)〉 사옹원 조에 "부제조 4원은 세자 책례 후에 차출하는데 한 자리는 종반(宗班)을, 세 자리는 승지 중 2원과 당상인 춘방(春坊) 중 1원을 낙점받아 예겸시키고 종반에 임명할 만한 사람이 없으면 승지가 또 겸임한다."라고 하였다.

184 가례(嘉禮) 때 차출한다 : 1744년(영조20) 1월, 관례(冠禮) 때 상의원 정을 차출하는 예에 의거하여 가례 때 사옹원 정을 차출하는 것을 정식으로 삼았다. 《承政院日記 英祖 20年 1月 11日》

185 제거(提擧)……마찬가지이다 : 제거와 제검은 객사에게 연향을 베풀 때 차출한다는 것이 《속대전》 내용이다.

186 2원이며 : 《경국대전》에는 1원인데 《속대전》에 와서 1원을 더 두었다

○**직장**(直長) ⓬ 2원이며, 종7품이다.〈경〉

○**봉사**(奉事) ⓭ 4원이며,[187] 종8품이다.〈경〉〈속〉

제34항 **내의원**(內醫院) ❶ 정3품 아문이다. ❷ 어약(御藥)을 조제하는 일을 관장한다.〈경〉 ❸ 정(正) 이하는 본청(本廳)의 의원을 임용한다.〈보〉 ❹ 도제조와 제조는 각 1원이다. 부제조는 1원이고 승지가 겸임한다.

○**정**(正) ❺ 당하관 정3품이다.

○**첨정**(僉正) ❻ 종4품이다.

○**판관**(判官) ❼ 종5품이다.

○**주부**(主簿) ❽ 종6품이다.〈경〉

○**직장**(直長)[188] ❾ 종7품이다.〈경〉〈속〉

○**봉사**(奉事) ❿ 2원이며, 종8품이다.

○**부봉사**(副奉事) ⓫ 2원이며, 정9품이다.

○**참봉**(參奉) ⓬ 종9품이다.〈경〉

⓭ 본청은 의과(醫科) 출신자를 임용한다. 당상 이상은 어의(御醫)라고 칭하고 정해진 인원수가 없으며, 당하관은 내의(內醫)라고 칭하고 12원인데 그 가운데에서 어의를 뽑는다. 의약청(議藥廳)의 의약동참(議藥同參)은 12원이고, 침의청(鍼醫廳)의

고 하였다.

187 4원이며 : 《경국대전》에는 3원인데 《속대전》에 와서 1원을 더 두었다고 하였다.

188 직장(直長) : 《경국대전》에는 3원인데 《속대전》에 와서 2원을 감하했다고 하였다.

침의는 12원인데 당상과 당하를 막론하고 모두 어의라고 칭한다.[189] 〈보〉

제35항 **상의원**(尙衣院) ❶ 정3품 아문이다. ❷ 의대(衣襨)의 공어(供御)와 내부(內府)의 재화(財貨), 금보(金寶) 등의 물품을 관장한다. ❸ 제조는 2원이다. 부제조는 1원이고 승지가 맡는다.

○**정**(正) ❹ 당하관 정3품이다.〈경〉 ❺ 관례(冠禮) 때에 차출한다.〈속〉

○**첨정**(僉正) ❻ 종4품이다.

○**주부**(主簿) ❼ 종6품이다.〈경〉

○**별제**(別提) ❽ 종6품이다.

○**직장**(直長)[190] ❾ 종7품이다.〈경〉〈속〉

제36항 **사복시**(司僕寺) ❶ 정3품 아문이다. ❷ 여(輿 가마), 마(馬 말), 구(廏 마구간), 목(牧 목장)을 관장한다.〈경〉 ❸ 첨정과 판관은 자벽(自辟)하며 구임(久任)이다.[191] 〈보〉 ❹ 제조는 2원인데 1원은 시

189 본청은……칭한다 : 이 조항은 산원(散員) 의원에 대한 설명이다. 《육전조례》에 의하면 내의원에 산원인 의관으로는 당상과 당하 12원, 위직 2원, 침의 12원, 의약동참 12원이고, 어의는 어의청(御醫廳), 침의청, 의약청의 원래 정원 수 외에 도로 소속된 인원 및 더 둔 인원이 있을 때에는 정원 수에 구애하지 않는다고 하였다. 《六典條例 吏典 內醫院》

190 직장(直長) : 《경국대전》에는 2원인데 《속대전》에 와서 1원을 감하했다고 하였다.

191 첨정과……구임(久任)이다 : 《경국대전》에 판관 이상은 2원이며 구임이라고 하였다. 그 이후 변화 과정은 찾을 수 없으나 1759년(영조35) 영의정 김상로(金尙魯)가 "사복시는 매우 중요한 일을 하는 곳이기 때문에 첨정과 판관을 자벽하고 구임시킵니다."라고 한 기사가 보인다. 사복시의 마정

원임(時原任) 의정이 겸임한다.[192] 〈경〉〈속〉〈보〉

○**정**(正) 5 당하관 정3품이다.

○**첨정**(僉正) 6 종4품이다.

○**판관**(判官) 7 종5품이다.

○**주부**(主簿) 8 2원이며, 종6품이다. 〈경〉

9 잡직: 이마(理馬)는 4원이며, 6품·8품·9품이다. 마의(馬醫)는 3원이며, 정7품이다.[193] 〈경〉〈속〉〈증〉

제37항 **군기시**(軍器寺) 1 정3품 아문이다. 2 병기의 제조를 관장한다. 〈경〉 3 첨정과 판관은 자벽(自辟)하며 구임(久任)이다.[194] 〈보〉 4 도제조는 1원이다. 제조는 2원인데 1원은 병조 판서와 병조 참판 중에서 의망하고, 1원은 무장(武將)을 차임한다.[195] 〈경〉〈속〉

○**정**(正) 5 당하관 정3품이다.

(馬政)은 전문 지식과 소양이 필요하여 생무지에게는 맡길 수 없으므로 《전율통보》 이전부터 이 규정을 시행하고 있었던 듯하다.

192 제조는……겸임한다 : 제조 2원 중에 1원을 의정이 겸한다는 《속대전》 규정이 《전율통보》에 와서 시원임 의정이 겸하는 것으로 바뀌었다.

193 이마(理馬)는……정7품이다 : 《경국대전》에는 사복시 잡직에 이마 대신 종6품 안기(安驥), 종7품 조기(調驥), 종8품 이기(理驥), 종9품 보기(保驥)와 마의가 10명 있었는데, 《속대전》에서는 정6품 이마 4명, 정7품 마의 3명으로 바뀌고, 《대전통편》에 와서 정6품 이마 4명이 6품 1명, 8품 2명, 9품 1명으로 바뀌었다.

194 첨정과……구임(久任)이다 : 《경국대전》에 주부 이상 2원은 구임이라는 규정이 있고 그 이후 변화 과정은 찾을 수 없다. 군기시의 군정(軍政)도 사복시의 마정(馬政)처럼 전문 지식과 소양이 필요하여 생무지에게는 맡길 수 없으므로 《전율통보》 이전부터 이 규정을 시행하고 있었던 듯하다.

195 제조는……차임한다 : 제조 2원의 구성에 대한 것이 《속대전》 내용이다.

○**첨정**(僉正) [6] 2원이며, 종4품이다.

○**판관**(判官) [7] 2원이며, 종5품이다.

○**주부**(主簿) [8] 2원이며, 종6품이다.

○**직장**(直長) [9] 종7품이다.

○**봉사**(奉事) [10] 종8품이다.

○**부봉사**(副奉事) [11] 정9품이다.

○**참봉**(參奉) [12] 종9품이다.〈경〉

제38항 **내자시**(內資寺) [1] 정3품 아문이다. [2] 궐내에 공급하는 미(米), 면(麪), 주(酒), 장(醬), 유(油), 밀(蜜), 소(蔬), 과(果) 등의 물품을 관장한다. [3] 제조는 1원이다.〈경〉 [4] 본시(本寺)는 예전에 정(正)이 있었으므로 정3품 아문이다. 지금은 정이 임시로 감하되었으나 아문의 관품은 예전 그대로이다.[196] 무릇 아문이 관품의 고하와 같지 않은 것은 이 사례를 따른다.〈보〉

○**주부**(主簿) [5] 종6품이다.

○**직장**(直長) [6] 종7품이다.

○**봉사**(奉事) [7] 종8품이다.〈경〉

제39항 **내섬시**(內贍寺)[197] [1] 정3품 아문이다.〈경〉 [2] 각 전(殿)과 각 궁

196 본시(本寺)는……그대로이다 : 《경국대전》에 의하면 주부 이상 4원은 구임(久任)하는 자리이고 정3품 정(正), 종3품 부정, 종4품 첨정 2원, 정5품 판관 2원이 있었는데 《속대전》에 와서 이들을 모두 감하했다고 하였다.

197 내섬시(內贍寺) : 당하 정3품인 정(正)이 있었기 때문에 정3품 아문이다. 《대전통편》에 와서 정3품 정의 자리는 혁파했다고 하였으나 아문의 관

(宮)에 기름, 식초 및 소선(素膳) 등의 물품을 공상하는 일을 관장한다.[198] 〈경〉〈증〉 ❸ 제조는 1원이다.

○**주부**(主簿)[199] ❹ 종6품이다.

○**직장**(直長) ❺ 종7품이다.

○**봉사**(奉事) ❻ 종8품이다.〈경〉

제40항 **사도시**(司䆃寺)[200] ❶ 정3품 아문이다. ❷ 어름(御廩)[201]의 미곡과 궐내에 공급하는 장(醬) 등의 물품을 관장한다. ❸ 제조는 1원이다.

○**첨정**(僉正)[202] ❹ 종4품이다.

○**주부**(主簿) ❺ 종6품이다.

품은 그대로 유지되었다.

198 각 전(殿)과……관장한다 : 《대전통편》에 와서 2품 이상 관원들에게 주는 술 및 왜인과 야인들을 접대하는 음식과 직물 등은 폐지되고 유(油), 초(醋) 및 소찬(素饌) 등의 물품을 공상하는 일만을 관장하게 되었다.

199 주부(主簿) : 《대전통편》에 와서 종6품 주부 1원은 그대로 유지되고 종3품 부정, 종4품 첨정은 감하했다고 하였다.

200 사도시(司䆃寺) : 당하 정3품인 정(正)이 있었기 때문에 정3품 아문이다. 《속대전》에 와서 정3품 정의 자리는 혁파했다고 하였으나 아문의 관품은 그대로 유지되었다.

201 어름(御廩) : 《경국대전주해》에는 "쌀을 저장하는 곳을 '늠'이라고 한다.[米藏曰廩]"라고 하였고, 《춘추(春秋)》 두예(杜預) 주(注)에는 "공(公)이 친경(親耕)하여 수확한 곡식을 보관하여 향사에 쓰도록 저장하는 창고가 어름이다."라고 하였다. 여기서는 궁중에 설치한 곡물 저장 창고를 말하는 듯하다.

202 첨정(僉正) : 첨정 위에 종3품 부정 1원이 있었는데 《속대전》에 와서 감하했다고 하였다.

○**직장**(直長) 6 종7품이다.〈경〉

제41항 **예빈시**(禮賓寺)[203] 1 정3품 아문이다. 2 빈객의 연향(燕享)과 종재(宗宰)의 공궤(供饋) 등의 일을 관장한다.〈경〉 3 제조는 호조 판서와 호조 참판 중에서 의망한다.[204]〈경〉〈속〉〈증〉

○**주부**(主簿) 4 종6품이다.

○**직장**(直長) 5 종7품이다.

○**봉사**(奉事) 6 종8품이다.〈경〉

○**참봉**(參奉)[205] 7 2원이며, 종9품이다.〈경〉〈속〉

제42항 **군자감**(軍資監)[206] 1 정3품 아문이다. 2 군수품 비축에 관한 일을 관장한다.〈경〉 3 도제조는 1원이다. 제조는 1원인데 호조 판서가 겸임한다.〈경〉〈속〉

○**정**(正) 4 당하관 정3품이다.〈경〉

203 예빈시(禮賓寺) : 당하 정3품인 정(正)이 있었기 때문에 정3품 아문이다.《속대전》에 와서 정3품 정의 자리는 혁파했다고 하였으나 아문의 관품은 그대로 유지되었다.

204 제조는……의망한다 :《경국대전》에서 예빈시 제조는 1원이라고 하였는데《속대전》에서는 제조 1원을 호조 판서가 예겸하게 한다 하였고《대전통편》에 와서 호조 판서나 호조 참판 중에서 의망하여 차출한다고 개정되었다.

205 참봉(參奉) :《경국대전》에는 1원인데《속대전》에 와서 1원을 더 두었다고 하였다.

206 군자감(軍資監) : 경감(京監), 분감(分監), 강감(江監)으로 3감(監)이 있었는데《속대전》에 와서 경감과 분감은 혁파되고 강감만 남았다.《大典通編 戶典 倉庫》

○**판관**(判官) ❺ 종5품이다.

○**주부**(主簿) ❻ 종6품이다.[207] 〈경〉 〈속〉

○**직장**(直長) ❼ 종7품이다.

○**봉사**(奉事) ❽ 종8품이다.〈경〉

제43항 **제용감**(濟用監)[208] ❶ 정3품 아문이다. ❷ 진헌하는 포물(布物)과 하사하는 의복 및 채색(綵色)과 염색 등에 관한 일을 관장한다. ❸ 제조는 1원이다.

○**판관**(判官) ❹ 종5품이다.

○**주부**(主簿) ❺ 종6품이다.

○**직장**(直長) ❻ 종7품이다.

○**봉사**(奉事) ❼ 종8품이다.

○**부봉사**(副奉事) ❽ 정9품이다.〈경〉

제44항 **선공감**(繕工監) ❶ 정3품 아문이다. ❷ 토목과 영선을 관장한다. 〈경〉 ❸ 제조는 2원인데 1원은 호조 판서가 겸임한다.[209] 〈경〉 〈증〉 ❹ 전연사(典涓司)는 궁궐의 유지 보수를 관장하였는데 혁파하여 선공감에 소속시켰다. 직장, 봉사, 참봉은 녹사(錄事)의 체

207 판관(判官)…종6품이다 : 《경국대전》에는 판관과 주부가 각각 3원이었는데 《속대전》에 와서 각각 2원을 감하했다고 하였다.

208 제용감(濟用監) : 당하관 정3품인 정(正)이 있었기 때문에 정3품 아문이다. 《속대전》에 와서 정3품 정의 자리는 혁파했다고 하였으나 아문의 관품은 그대로 유지되었다.

209 제조는…겸임한다 : 《경국대전》에서는 제조가 2원이라고 하였는데 《대전통편》에 와서 제조 1원은 호조 판서가 예겸한다고 하였다.

아직이 되었다. 귀후서(歸厚署)는 관곽을 만들어 값을 받고 매매하며 예장에 쓸 것을 공급하는 등의 여러 가지 일을 관장하였는데 혁파하여 선공감에 소속시켰다.[210] 〈경〉〈속〉〈증〉〈보〉

○**부정**(副正) 5 종3품이다.

○**주부**(主簿) 6 종6품이다.〈경〉

○**봉사**(奉事)[211] 7 2원이며, 종8품이다.〈경〉〈속〉

○**부봉사**(副奉事) 8 정9품이다.〈경〉

○**감역관**(監役官) 9 3원이며, 종9품이다.

○**가감역관**(假監役官) 10 3원이며, 종9품이다.[212] 11 제수한 순서를 따라 근무 일수를 계산하지 않고 실관(實官)으로 올려 준다.[213] 〈속〉

제45항 **사재감**(司宰監)[214] 1 정3품 아문이다. 2 생선, 고기, 소금, 연료,

210 전연사(典涓司)는…소속시켰다 : 종4품 아문 전연사가 《경국대전》에는 독립 아문으로 실려 있는데 《속대전》에 "지금은 폐지되었다."라고 기록되어 있다. 종6품 아문 귀후서도 《경국대전》에는 독립 아문으로 실려 있는데 1777(정조1) 9월 "귀후서가 조정에는 실용성이 없고 공인(貢人)에게는 고질적인 폐단이 된다."라고 하여 혁파되었고, 《대전통편》에 "지금은 혁파되어 호조에 소속되었다."라고 실렸다. 그 이후 선공감에 소속된 것으로 보인다. 《正祖實錄 1年 9月 19日》

211 봉사(奉事) : 《경국대전》에는 1원인데 《속대전》에 와서 1원을 더 두었다고 하였다.

212 감역관(監役官)……종9품이다 : 《속대전》에 와서 《경국대전》에 있던 종9품 참봉을 감하하고 그 자리에 감역관과 가감역관을 증치했다고 하였다.

213 제수한……준다 : 《속대전》에 실관으로 올려 차하하고 나서 900일의 사일이 차면 6품으로 올려 준다는 내용이 실려 있다.

214 사재감(司宰監) : 《속대전》에 와서 정, 부정, 참봉을 감하하고 봉사 1원

횃불 등에 관한 일을 관장한다. ❸ 제조는 1원이다.

○**첨정**(僉正) ❹ 종4품이다.

○**주부**(主簿) ❺ 종6품이다.

○**직장**(直長) ❻ 종7품이다.〈경〉

○**봉사**(奉事) ❼ 종8품이다.〈속〉

제46항 **장악원**(掌樂院) ❶ 정3품 아문이다. ❷ 오음(五音)과 육률(六律)을 교육하고 검열하는 일을 관장한다. ❸ 아악(雅樂)은 좌방(左坊)에 속하고 속악(俗樂)은 우방(右坊)에 속한다. ❹ 제조는 2원이다.

○**정**(正) ❺ 당하관 정3품이다.

○**첨정**(僉正) ❻ 종4품이다.〈경〉

○**주부**(主簿)[215] ❼ 2원이며, 종6품이다.〈경〉〈속〉

❽ 잡직: 전악(典樂)은 2원이며 정6품이다. 부전악(副典樂)은 종6품이다.[216] 전율(典律)은 2원이며 정7품이다. 부전율(副典律)은 2원이며 종7품이다. 전음(典音)은 2원이며 정8품이다. 부전음(副典音)은 4원이며 종8품이다. 전성(典聲)은 10원이며 정9품이다. 부전성(副典聲)은 23원이며 종9품이다.〈경〉〈증〉 ❾ 좌방은 악사(樂師)가 2인이며 악생(樂生)이 195인이다. 우방은 악사가

을 더 두었다고 하였다.

215 주부(主簿) : 《경국대전》에는 1원인데 《속대전》에 와서 1원을 더 두었다고 하였다.

216 전악(典樂)은……종6품이다 : 《경국대전》에는 전악 1원, 부전악 2원인데 《대전통편》에 와서 전악 2원, 부전악 1원으로 개정되었다.

5인이며 악공(樂工)이 441인이다.[217] 〈경〉 〈속〉

제47항 **관상감**(**觀象監**) ❶ 정3품 아문이다. ❷ 천문(天文), 지리(地理), 역수(曆數), 점주(占籌), 측후(測候), 각루(刻漏) 등의 일을 관장한다. 〈경〉 ❸ 정(正) 이하는 본학(本學) 전공자를 임용하고 겸교수 이상은 본업(本業) 출신을 제수한다.[218] 〈경〉 〈보〉 ❹ 제조는 2원이다.

○**영사**(**領事**) ❺ 정1품이다. ❻ 영상이 겸임한다.

○**정**(**正**) ❼ 당하관 정3품이다.

○**첨정**(**僉正**) ❽ 종4품이다. 〈경〉

○**판관**(**判官**) ❾ 종5품이다.

○**주부**(**主簿**) ❿ 종6품이다.[219] 〈경〉 〈속〉

○**교수**(**敎授**) ⓫ 천문학·지리학 각 1원이며, 종6품이다. 〈경〉

○**겸교수**(**兼敎授**) ⓬ 천문학 3원이며, 종6품이다.[220] ⓭ 참외관을 임용하기도 한다. 〈속〉 ⓮ 한 자리는 그대로 천문학에서 천전

217 좌방은……441인이다 : 《경국대전》 〈예전 아속악(雅俗樂)〉에 아악(雅樂)은 좌방에 속하는데 악사는 2인, 악생은 287인이고, 속악(俗樂)은 우방에 속하는데 악사는 2인, 악공은 519인이라고 하였다. 《속대전》 〈예전 아속악〉에 와서 좌방은 악생이 《경국대전》에 비해 102인이 준 195인이며, 우방은 악사가 《경국대전》에 비해 3인이 늘어난 5인이고 악공이 《경국대전》에 비해 77인이 준 441인이라고 하였다.

218 정(正)……제수한다 : 《경국대전》에는 주부 이상은 모두 출신자로 제수한다고 하였다. 여기에서 본학은 천문학이다.

219 판관(判官)……종6품이다 : 《경국대전》에는 판관과 주부가 각각 2원인데 《속대전》에 와서 1원씩 감하했다고 하였다.

220 천문학 3원이며, 종6품이다 : 《속대전》에 의하면 겸교수에서 정해진 45개월의 사일(仕日)이 차면 천전하였다.

하는 자리로 두고, 한 자리는 천문학·지리학·명과학(命課學) 3학(學)에서, 한 자리는 금루관(禁漏官)과 화원(畫員) 중에서 교대로 천전한다.[221] 〈증〉

○**직장**(直長) ⓯ 2원이며, 종7품이다.

○**봉사**(奉事) ⓰ 2원이며, 종8품이다.〈경〉

○**부봉사**(副奉事)[222] ⓱ 정9품이다.

○**훈도**(訓導) ⓲ 천문학·지리학·명과학 각 1원이며, 정9품이다.[223]

○**참봉**(參奉) ⓳ 2원이며, 종9품이다.〈경〉〈속〉

⓴ 금루관은 20원이다.[224] 〈경〉〈보〉

제48항 **전의감**(典醫監) ❶ 정3품 아문이다. ❷ 의약의 궐내 공급과 하사에 관한 일을 관장한다.〈경〉 ❸ 정(正) 이하는 본학(本學) 전공자를 쓰고, 교수 이상은 본업(本業) 출신을 제수한다. 〈경〉〈보〉 ❹ 제조는 2원이다.

○**정**(正) ❺ 당하관 정3품이다.

221 한 자리는 그대로……천전한다 : 《경국대전》에서는 천문학 전공자를 겸교수에 제수한다 하였는데 《대전통편》에 와서 천문학 외에 지리학이나 명과학, 금루관이나 화원 중에서도 천전한다고 하였다.

222 부봉사(副奉事) : 《경국대전》에는 3원인데 《속대전》에 와서 2원을 감하했다고 하였다.

223 천문학……정9품이다 : 《경국대전》에는 2원인데 《속대전》에 와서 1원을 감하했다고 하였다.

224 금루관은 20원이다 : 금루관이 《경국대전》에 30원, 《전율통보》에는 20원인데 《육전조례》에는 15원으로 기록되어 있다. 《전율통보》 이후 인원수의 조정이 있었던 것으로 보인다.

○**첨정**(僉正) 6 종4품이다.

○**판관**(判官) 7 종5품이다.

○**주부**(主簿) 8 종6품이다.〈경〉

○**의학교수**(醫學敎授)[225] 9 종6품이다.〈경〉〈속〉 10 치종청(治腫廳) 교수는 1원이며 종6품이다. 전의감 의관, 내의원 침의, 혜민서 의관을 돌아가며 차임한다.[226]〈보〉

○**직장**(直長) 11 2원이며, 종7품이다.〈경〉

○**봉사**(奉事)[227] 12 종8품이다.

○**부봉사**(副奉事)[228] 13 2원이며, 정9품이다.〈경〉〈속〉

○**의학훈도**(醫學訓導) 14 정9품이다.〈경〉

○**참봉**(參奉)[229] 15 2원이며, 종9품이다.〈경〉〈속〉

제49항 **사역원**(司譯院) 1 정3품 아문이다. 2 여러 나라 언어의 통역을 관장한다.〈경〉 3 정(正) 이하는 본학(本學) 전공자를 임용하고, 교

225 의학교수(醫學敎授) : 《경국대전》에서 2원이던 의학교수가 《속대전》에 와서 1원이 줄었다.

226 치종청(治腫廳) ……차임한다 : 치종청은 1604년(선조37)에 설치되어 종기 치료를 담당하다가 전의감에 합쳐졌다. 산원인 치종교수 자리에는 전의감이나 혜민서의 침의가 돌아가며 차출되었다. 《燃藜室記述 別集 卷7 官職典故 諸司》《承政院日記 英祖 36年 4月 6日》

227 봉사(奉事) : 《경국대전》에는 2원인데 《속대전》에 와서 1원을 감하했다고 하였다.

228 부봉사(副奉事) : 《경국대전》에는 4원인데 《속대전》에 와서 2원을 감하했다고 하였다.

229 참봉(參奉) : 《경국대전》에는 5원인데 《속대전》에 와서 3원을 감하했다고 하였다.

수 이상은 본업(本業) 출신을 제수한다.〈속〉〈보〉 ❹ 도제조는 1원이고, 제조는 2원이다.

○**정**(正) ❺ 당하관 정3품이다.

○**첨정**(僉正) ❻ 종4품이다.〈경〉

○**판관**(判官)[230] ❼ 종5품이다.〈경〉〈속〉

○**주부**(主簿) ❽ 종6품이다.

○**한학교수**(漢學敎授) ❾ 4원이며, 종6품이다. ❿ 2원은 문관이 겸임한다.〈경〉

○**직장**(直長) ⓫ 종7품이다.

○**봉사**(奉事)[231] ⓬ 2원이며, 종8품이다.〈경〉〈속〉

○**부봉사**(副奉事) ⓭ 2원이며, 정9품이다.

○**훈도**(訓導) ⓮ 한학(漢學)은 4원이고 청학(淸學)·몽학(蒙學)·왜학(倭學)은 각 2원이며, 정9품이다.

○**참봉**(參奉) ⓯ 2원이며, 종9품이다.〈경〉

⓰ 당상 역관은 정해진 인원수가 없다. 당하 역관은 등제(等第)[232]대로 하는데 한학 93원, 청학 40원, 몽학 20원, 왜학 25원이다.〈보〉

230 판관(判官) : 《경국대전》에는 2원인데 《속대전》에 와서 1원을 감하했다고 하였다.

231 봉사(奉事) : 《경국대전》에는 3원인데 《속대전》에 와서 1원을 감하했다고 하였다.

232 등제(等第) : 역관의 취재(取才)에서 우등자를 선발하여 관직에 나갈 서열을 정해 놓은 것이다.

제50항 **전설사**(典設司)[233] ❶ 정4품 아문이다. ❷ 장막(帳幕)을 공급하는 일을 관장한다. ❸ 제조는 1원이다.〈경〉

○**별제**(別提) ❹ 2원이며, 종6품이다.[234]〈경〉〈증〉

○**별검**(別檢) ❺ 종8품이다.〈속〉

제51항 **광흥창**(廣興倉) ❶ 정4품 아문이다. ❷ 백관의 녹봉을 관장한다.

○**수**(守) ❸ 정4품이다.

○**주부**(主簿) ❹ 종6품이다.

○**봉사**(奉事) ❺ 종8품이다.

○**부봉사**(副奉事) ❻ 정9품이다.〈경〉

제52항 **내수사**(內需司) ❶ 정5품 아문이다. ❷ 대궐에서 소용되는 쌀, 옷감 및 잡물과 노비에 관한 일을 관장한다. ❸ 전수(典需)는 정5품이다. 별좌(別坐)는 정5품, 종5품이다. 별제(別提)는 정6품, 종6품이다. 부전수(副典需)는 종6품이다. 전회(典會)는 종7품이다. 전곡(典穀)은 종8품이다. 전화(典貨)는 2원이며 종9품이다.〈경〉 ❹ 별좌와 별제는 합쳐서 4원이다. 전수와 부전수는 교대로

233 전설사(典設司) : 정4품인 수(守)가 있었기 때문에 정4품 아문이다. 《속대전》에 와서 수의 자리는 감하했다고 하였으나 아문의 관품은 그대로 유지되었다.

234 별제(別提) 2원이며, 종6품이다 : 정(正)·종(從) 6품 2원이 《대전통편》에 와서 종6품 2원으로 바뀌었다.

임용한다.[235] 서제(書題)는 10원이다.[236] 전회 이하는 교대로 임용한다.㉢㉥

제53항 **종묘서**(宗廟署) ❶ 종5품 아문이다. ❷ 침묘(寢廟)[237]를 경비(警備)하는 일을 관장한다.㉢ ❸ 영(令) 1원은 문관을 차임한다.㉧ ❹ 도제조와 제조는 각 1원이다.㉢

○**영**(令) ❺ 2원이며, 종5품이다.[238]㉢㉧

○**직장**(直長) ❻ 종7품이다.

○**부봉사**(副奉事)[239] ❼ 정9품이다.㉢

제54항 **사직서**(社稷署) ❶ 종5품 아문이다. ❷ 단유(壇壝)[240]의 청소를 관장한다.㉢ ❸ 영(令) 1원은 문관을 차임한다.㉧ ❹ 도제조와 제조는 각 1원이다.㉢

235 별좌와……임용한다 : 《경국대전》에는 전수와 부전수뿐만 아니라 별좌와 별제도 번갈아 가면서 제수한다는 규정이 있다.

236 서제(書題)는 10원이다 : 서제 인원이 《대전회통》에 《경국대전》 당시의 20원 그대로 실린 것으로 보아 《전율통보》 편찬 당시에만 10원이 감하되었던 듯하다.《大典會通 吏典 京官職 內需司》

237 침묘(寢廟) : 종묘와 같은 말이다. 종묘의 정전(正殿)을 묘(廟)라 하고 후전(後殿)을 침(寢)이라고 한다.

238 영(令) 2원이며, 종5품이다 : 《속대전》에 와서 영 1원을 더 두었고 문관에서 차출한다고 하였다.

239 부봉사(副奉事) : 《경국대전》에 있던 봉사는 《속대전》에 와서 감하했다고 하였다.

240 단유(壇壝) : 제단(祭壇) 주위에 나지막하게 둘러쌓은 담을 말한다. 사직단(社稷壇) 주위에는 4개의 문이 있는데 이 문은 하나의 유(壝)를 같이하여 담으로 이어져 있다.《社稷署儀軌 壇壝圖說》

○**영**(令) 5 2원이며, 종5품이다.[241] ⟨경⟩ ⟨속⟩

○**직장**(直長)[242] 6 종7품이다. ⟨속⟩

제55항 **경모궁**(景慕宮)[243] 1 종5품 아문이다. 2 경모궁을 경비(警備)하는 일을 관장한다. 3 영(令)은 문관을 임용한다. 4 도제조와 제조는 각 1원이다.

○**영**(令) 5 종5품이다.

○**직장**(直長) 6 종7품이다.

○**봉사**(奉事) 7 종8품이다. ⟨증⟩

제56항 **평시서**(平市署) 1 종5품 아문이다. 2 시전을 단속하고 두(斗), 곡(斛), 장(丈), 척(尺) 등의 도량형기를 통일하며 물가를 조절하는 등의 일을 관장한다. 3 제조는 1원이다.

○**영**(令) 4 종5품이다. ⟨경⟩

241 영(令) 2원이며, 종5품이다 : 《경국대전》에는 영이 1원인데 《속대전》에 와서 1원을 더 두었고 문관에서 차출한다고 하였다.

242 직장(直長) : 《경국대전》에는 참봉 2원이 있었는데 《속대전》에 와서 참봉을 감하했고 직장 1원을 증치했다고 하였다.

243 경모궁(景慕宮) : 사도세자(思悼世子)를 향사(享祀)하는 사당으로 1764년(영조40) 북부 순화방(順化坊)에 세웠고 처음 이름은 사도묘(思悼廟)였는데 곧바로 수은묘(垂恩廟)로 고쳤다. 정조가 즉위하면서 선친에게 시호를 '장헌(莊獻)'으로 올리고 궁(宮)은 '경모(景慕)', 원(園)은 '영우(永祐)'로 하여 예조 판서에게 모든 의식을 그에 맞게 정하게 하였다. 그리하여 북부 순화방에 있던 수은묘가 동부 숭교방(崇敎坊)으로 옮겨 세워지면서 경모궁이 되었다. 향사는 중사(中祀)인데 친향(親享)하는 경우에는 대사(大祀)로 거행하였다. 《景慕宮儀軌》《宮園儀》《新增東國輿地勝覽 卷2 京都》

○**주부**(主簿)[244] ❺ 종6품이다.〈증〉

○**직장**(直長) ❻ 종7품이다.〈경〉

제57항 **오부**(五部)[245] ❶ 종5품 아문이다. ❷ 중부(中部), 동부(東部), 남부(南部), 서부(西部), 북부(北部)이다. ❸ 한성부 관내(管內)의 각 동리에 거주하는 사람의 범법(犯法) 사건과 교량(橋梁), 도로(道路), 불씨를 나누어 주는 일, 금화(禁火),[246] 이문(里門)의 경계와 수비, 집터의 측량, 검시(檢屍) 등의 일을 관장한다.〈경〉

○**영**(令) ❹ 각 1원이며, 종5품이다.

○**도사**(都事)[247] ❺ 각 1원이며, 종9품이다.〈속〉〈보〉

제58항 **의영고**(義盈庫)[248] ❶ 종5품 아문이다. ❷ 기름, 꿀, 밀랍, 소물(素

244 주부(主簿) : 《대전통편》에 와서 주부 1원을 증치했다고 하였다.

245 오부(五部) : 《경국대전》에는 주부가 주재(主宰)하는 종6품 아문이었는데, 1781년(정조5) 종6품인 참상 도사를 '영(令)'으로 개정한 다음부터 종5품 아문으로 옮겨 기록되었다. 《大典會通 吏典 五部》

246 금화(禁火) : 화재를 방지하기 위하여 불의 사용을 단속하는 것을 말한다. 국초에는 수성금화사(修城禁火司)에서 공해(公廨)와 방리(坊里)의 각 호(戶)에 대해 불을 끄는 등의 일을 담당하게 하였는데, 이후에는 폐지하고 이 일을 한성부(漢城府)와 오부에 소속시켰고 밤에는 순청(巡廳)으로 하여금 주관하게 하였다. 《世宗實錄 8年 3月 3日》《增補文獻備考 卷132 刑考》

247 도사(都事) : 《경국대전》에는 각 부에 주부 1원이 있었는데 《속대전》에 와서 감하했고 각 부에 도사를 1원씩 증치했다고 하였다.

248 의영고(義盈庫) : 《경국대전》에는 종5품 영(令)이 주재하는 아문이었는데 《속대전》에 와서 영을 감하했다고 하였다. 아문의 관품은 그대로 유지되었다.

物),[249] 후추 등의 물품을 관장한다.

○**주부**(主簿) ❸ 종6품이다.

○**직장**(直長) ❹ 종7품이다.

○**봉사**(奉事) ❺ 종8품이다.〈경〉

제59항 **장흥고**(長興庫)[250] ❶ 종5품 아문이다. ❷ 돗자리, 유둔지(油芚紙) 등의 물품을 관장한다.〈경〉 ❸ 제조는 1원이다.[251]〈속〉 ❹ 풍저창(豐儲倉)[252]은 쌀, 콩, 초둔지(草芚紙) 등의 물품을 관장했는데 혁파하여 장흥고에 소속시켰다.〈경〉〈속〉

○**주부**(主簿) ❺ 종6품이다.

○**직장**(直長) ❻ 종7품이다.

○**봉사**(奉事) ❼ 종8품이다.〈경〉

제60항 **빙고**(氷庫)[253] ❶ 종5품 아문이다.〈경〉 ❷ 동빙고(東氷庫)와 서빙

249 소물(素物) : 소찬(素饌)의 재료가 되는 야채, 해조, 곡물류이다. 소찬은 소물만으로 만든 어류나 육류를 사용하지 않은 음식물을 말한다.

250 장흥고(長興庫) : 《경국대전》에는 종5품 영(令)이 주재하는 아문이었는데 《속대전》에 와서 영을 감하했다고 하였다. 아문의 관품은 그대로 유지되었다.

251 제조는 1원이다 : 《경국대전》에는 제조가 없는 아문이었는데 《속대전》에 와서 제조 1원을 증치했다고 하였다.

252 풍저창(豐儲倉) : 《경국대전》에는 정4품 수(守)가 주재하는 정4품 아문으로 쌀, 콩, 초둔지(草芚紙) 등의 물종을 담당하였는데 《속대전》에 와서 장흥고에 소속되었다고 하였다.

253 빙고(氷庫) : 《경국대전》에는 종5품 별좌가 주재하는 아문이었는데 《속대전》에 와서 별좌를 감하했다고 하였다. 아문의 관품은 그대로 유지되

고(西氷庫)이다.[254] 〈증〉 3 얼음을 저장하는 일을 관장한다.[255]

4 제조는 1원이다.〈경〉

○**별제**(別提) 5 각 1원이며, 종6품이다.[256]

○**별검**(別檢) 6 각 1원이며, 종8품이다.[257] 〈경〉〈증〉

제61항 **장원서**(掌苑署)[258] 1 정6품 아문이다. 2 원유(苑囿)와 화과(花果)를 관장한다. 3 제조는 1원이다.〈경〉

○**별제**(別提) 4 2원이며, 종6품이다.[259] 〈경〉〈증〉

○**봉사**(奉事) 5 종8품이다.〈속〉

었다.

254 동빙고(東氷庫)와 서빙고(西氷庫)이다 : 고려의 제도를 인습하여 동빙고와 서빙고를 강상(江上)에 설치하였다. 두모포(豆毛浦)에 있는 것이 동빙고이며 한강(漢江)에 있는 것이 서빙고인데, 동빙고 얼음은 제사에 공납하고 서빙고 얼음은 수라간에 공납하며 백관에게 반사(頒賜)하였다.《萬機要覽 財用編5 藏氷》

255 얼음을……관장한다 : 매년 12월에 얼음을 저장하고 이듬해 춘분이 지나면 빙고를 연다. 빙고를 열 때와 얼음을 저장할 때에 모두 현명씨(玄冥氏)에게 제향하는데 제사 이름은 사한제(司寒祭)이다.《萬機要覽 財用編5 藏氷》

256 별제(別提)……종6품이다 :《대전통편》에 와서 동빙고와 서빙고에 각각 1원을 두었다고 하였다.

257 별검(別檢)……종8품이다 :《경국대전》에는 정8품 별검과 종8품 별검이 각각 있었는데《대전통편》에 와서 종8품 별검을 동빙고와 서빙고에 각각 1원을 두었다고 하였다.

258 장원서(掌苑署) :《경국대전》에는 정6품 장원이 주재하는 아문이었는데《속대전》에 와서 장원을 감하했다고 하였다. 아문의 관품은 그대로 유지되었다.

259 별제(別提) 2원이며, 종6품이다 :《경국대전》에는 정6품 별제와 종6품 별제가 각각 있었는데《대전통편》에 와서 종6품 별제 2원을 두었다고 하였다.

第62항 **사포서**(司圃署)[260] ❶ 정6품 아문이다. ❷ 원포(園圃)와 채소(菜蔬)를 관장한다. ❸ 제조는 1원이다.〈경〉

○**별제**(別提) ❹ 2원이며, 종6품이다.[261]〈경〉〈증〉

○**직장**(直長) ❺ 종7품이다.〈속〉

第63항 **양현고**(養賢庫) ❶ 종6품 아문이다. ❷ 성균관 유생에게 지급하는 쌀, 콩 등의 물품을 관장한다.

○**주부**(主簿)[262] ❸ 종6품이다. ❹ 성균관 전적이 겸임한다.

○**직장**(直長) ❺ 종7품이다. ❻ 성균관 박사가 겸임한다.

○**봉사**(奉事) ❼ 종8품이다. ❽ 성균관 학정이 겸임한다.〈경〉

第64항 **전생서**(典牲署)[263] ❶ 종6품 아문이다. ❷ 희생(犧牲)을 기르는 일을 관장한다. ❸ 제조는 1원이다.

○**주부**(主簿) ❹ 종6품이다.

○**직장**(直長) ❺ 종7품이다.

○**봉사**(奉事) ❻ 종8품이다.〈경〉

260 사포서(司圃署) : 《경국대전》에는 정6품 사포가 주재하는 아문이었는데 《속대전》에 와서 사포를 감하했다고 하였다. 아문의 관품은 그대로 유지되었다.

261 별제(別提) 2원이며, 종6품이다 : 《경국대전》에는 정6품 별제와 종6품 별제가 각각 있었는데 《대전통편》에 와서 종6품 별제만 2원을 두었다고 하였다.

262 주부(主簿) : 《경국대전》에 의하면 구임(久任) 자리이다.

263 전생서(典牲署) : 《경국대전》에는 종9품 참봉이 2원 있었는데 《속대전》에 와서 모두 감하했다고 하였다.

제65항 **조지서**(造紙署) ❶ 종6품 아문이다. ❷ 표문(表文), 전문(箋文), 자문(咨文) 등에 사용할 종이 및 여러 가지 종이의 제조를 관장한다.〈경〉 ❸ 제조는 2원인데 1원은 총융사가 겸임한다.[264]〈경〉〈증〉

○**별제**(別提) ❹ 2원이며, 종6품이다.[265]〈경〉〈속〉

제66항 **혜민서**(惠民署)[266] ❶ 종6품 아문이다. ❷ 의약과 서민들의 질병을 치료하는 일을 관장한다.〈경〉 ❸ 주부 이하는 혜민서의 전임자를 임용한다.〈보〉 ❹ 제조는 2원이다.[267]

○**주부**(主簿) ❺ 종6품이다.〈경〉

○**의학교수**(醫學教授) ❻ 종6품이다.〈경〉〈속〉

○**직장**(直長) ❼ 종7품이다.

○**봉사**(奉事) ❽ 종8품이다.

○**의학훈도**(醫學訓導) ❾ 정9품이다.

○**참봉**(參奉) ❿ 4원이며, 종9품이다.〈경〉

264 제조는……겸임한다 : 《경국대전》에는 제조가 2원 있었는데 《속대전》에 와서 1원을 감하했다고 하였다가 《대전통편》에 와서 1원을 다시 두고 총융사가 겸하게 했다고 하였다.

265 별제(別提) 2원이며, 종6품이다 : 《경국대전》에는 종6품 사지(司紙)가 1원, 별제가 4원 있었는데 《속대전》에 와서 사지는 감하하여 없앴고 별제는 2원을 감하했다고 하였다.

266 혜민서(惠民署) : 《경국대전》에는 취재에서 분수(分數)를 많이 취득한 사람과 직장 이상 중에서 1명은 구임(久任)하고 그 외 관원은 체아직이며, 1년에 두 차례 도목 정사를 하며 취재에서 차등을 차지한 자는 외임(外任)에 제수한다는 내용이 더 있다.

267 제조는 2원이다 : 《경국대전》에서 제조가 2원인데 《속대전》에 와서 1원을 감하했다고 하였다가 《대전통편》에 와서 다시 복원되었다고 하였다.

제67항 **도화서**(圖畫署) ❶ 종6품 아문이다. ❷ 그림에 관한 일을 관장한다.〈경〉 ❸ 제조는 예조 판서가 겸임한다.[268] ❹ 화원(畫員)은 실관으로 30원인데 그중에 전자관(篆字官)이 2원이다.[269]〈경〉〈증〉 ❺ 잡직: 선화(善畫)는 종6품이다. 선회(善繪)는 종7품이다. 화사(畫史)는 종8품이다. 회사(繪史)는 2원이며, 종9품이다.〈경〉

제68항 **전옥서**(典獄署) ❶ 종6품 아문이다. ❷ 옥에 수감된 죄수를 관장한다.〈경〉 ❸ 부제조는 형방 승지(刑房承旨)가 겸임한다.[270]〈경〉〈보〉

○**주부**(主簿) ❹ 종6품이다.〈경〉

○**참봉**(參奉) ❺ 2원이며, 종9품이다.[271]〈경〉〈속〉

제69항 **활인서**(活人署) ❶ 종6품 아문이다. ❷ 도성 내의 병든 사람을 치료하는 일을 관장한다. ❸ 제조는 1원이다.〈경〉

○**별제**(別提) ❹ 2원이며,[272] 종6품이다.〈경〉〈속〉

○**참봉**(參奉) ❺ 2원이며, 종9품이다.[273]〈경〉 ❻ 혜민서 참봉이 겸

268 제조는……겸임한다 : 《대전통편》에 와서 예조 판서가 도화서 제조를 겸한다고 하였고 종6품 별제 2원은 감하했다고 하였다.

269 전자관(篆字官)이 2원이다 : 《대전통편》에 와서 전자관 2원을 증치했다고 하였다.

270 부제조는……겸임한다 : 전옥서 부제조는 1원으로 승지가 맡았는데 《전율통보》에서 담당 승지를 형방 승지라고 명시하였다.

271 참봉(參奉) 2원이며, 종9품이다 : 《경국대전》에는 종8품 봉사 1원이 있었는데 《속대전》에 와서 봉사는 감하하고 참봉 1원을 증치했다고 하였다.

272 2원이며 : 《경국대전》에는 4원인데 《속대전》에 와서 2원을 감하했다고 하였다.

273 참봉(參奉) 2원이며, 종9품이다 : 《경국대전》에는 참봉과 의원은 체아

임한다.〈보〉

제70항 **와서**(瓦署) ❶ 종6품 아문이다. ❷ 기와, 벽돌 만드는 일을 관장한다. ❸ 제조는 1원이다.〈경〉

○**별제**(別提) ❹ 2원이며,[274] 종6품이다.〈경〉〈속〉

제71항 **사학**(四學) ❶ 종6품 아문이다. ❷ 중학(中學), 동학(東學), 남학(南學), 서학(西學)이다. ❸ 관내(管內) 유생을 가르치는 일을 관장한다.〈경〉 ❹ 훈도는 성균관에 분관(分館)[275]된 사람을 임용한다.〈보〉

○**교수**(教授) ❺ 각 1원이며,[276] 종6품이다.〈경〉〈속〉 ❻ 시종신(侍從臣)이 겸임한다.〈속〉

○**훈도**(訓導) ❼ 각 1원이며,[277] 정9품이다.〈경〉〈속〉

제72항 **각 전**(殿)〈경〉 ❶ 장생전(長生殿)[278]에서는 왕실용 관곽을 보관한

직이고 1년에 두 차례 도목 정사를 한다는 내용이 더 있다.

274 2원이며 : 《경국대전》에는 3원인데 《속대전》에 와서 1원을 감하했다고 하였다.

275 분관(分館) : 문과에 급제한 사람을 승문원, 성균관, 교서관에 나누어 소속시키는 것을 가리킨다.

276 각 1원이며 : 각 2원이던 교수를 《속대전》에 와서 1원씩 감하했다 하였다.

277 각 1원이며 : 각 2원이던 훈도를 《속대전》에 와서 1원씩 감하했다 하였다.

278 장생전(長生殿) : 국초에는 국휼(國恤)에 쓸 재궁(梓宮)을 국상(國喪)이 났을 때 마련하였는데, 1432년(세종14) 사인(舍人) 정척(鄭陟)이 재궁을

다. 도제조는 1원인데 영의정이 겸임한다. 제조는 3원인데 호조 판서, 예조 판서, 공조 판서가 겸임한다. 낭청(郎廳)은 3원인데 호조 낭청, 예조 낭청, 공조 낭청이 겸임한다.〈증〉 **2** 만녕전(萬寧殿)은 장녕전(長寧殿)과 통합되었다.[279]〈속〉〈증〉 **3** 별검은 문관을 임용한다. 조경묘(肇慶廟)[280]도 같다.〈보〉 **4** 역대의 능전(陵殿): 숭령전(崇靈殿)[281]은 참봉이 2원이고 종9품인데, 평안도 관찰사가 본도(本道) 사람을 추천하여 아뢴다. 숭인전(崇仁殿)[282]은 영(令)이 종5품이고 감(監)이 종6품인데, 선우씨(鮮于氏)가

미리 만들기를 청한 데 따라 장생전을 세우고 황장목(黃腸木)을 널리 채취하여 재궁을 만들게 하였다.《增補文獻備考 禮考6》

279 만녕전(萬寧殿)은 장녕전(長寧殿)과 통합되었다 : 장녕전에는 숙종의 어진을, 만녕전에는 영조의 어진을 봉안하였는데 모두 강화부에 있었고 각각 별검 1원과 참봉 1원을 두었다. 1776년(정조 즉위년) 5월에 영조의 유의(遺意)를 따라 만녕전의 영조 어진을 장녕전으로 옮겨 봉안하고 통합하였다.《日省錄 正祖 卽位年 5月 1日》《增補文獻備考 禮考6》

280 조경묘(肇慶廟) : 1771년(영조47) 7개 도(道)의 생원과 유생 이득리(李得履) 등이 상소하여 국조(國朝)의 시조인 사공(司空)의 사당을 세울 것을 청하자 전주의 경기전 북쪽에 세운 사당이다. 세손에게 명하여 사판(祠版)을 쓰게 한 다음 선공(先公)이라 칭하고, 제례와 묘관은 한결같이 경기전의 예를 따랐다. 처음에 참봉 2원을 두었는데 1776년(정조 즉위년) 참봉 1원을 별검으로 올려 문신을 임명하였다가 1788년에 음관을 임명하였다.《承政院日記 英祖 47年 10月 6日》《增補文獻備考 禮考8》

281 숭령전(崇靈殿) : 평양부 성 밖에 있다. 단군과 고구려 동명왕을 모시는데 춘추(春秋)에 향과 축을 내려서 중사(中祀)로 제사하였다. 1725년(영조1) 숭령전이라고 사액(賜額)하고 1729년에 전참봉(殿參奉) 2원을 두었으며 1749년에는 승지를 보내어 치제하게 하였다.《增補文獻備考 禮考11》

282 숭인전(崇仁殿) : 평양부 성 밖에 있고 기자(箕子)를 모신다. 1612년(광해4) 숭인전에 사액(賜額)하고 선우식(鮮于寔)을 전감(殿監)으로 삼아 세습하게 하였는데 그 뒤에 전감을 참봉으로 고쳤다.《增補文獻備考 禮考11》

세습한다. 숭덕전(崇德殿)[283]은 참봉이 종9품인데, 본도에서 박씨(朴氏)로 차임한다. 숭의전(崇義殿)[284]은 영이 종5품이고 감이 종6품인데, 왕씨(王氏)가 세습한다. 고려 왕릉은 참봉이 종9품인데, 개성 유수가 왕씨로 차임한다.〈경〉〈속〉〈증〉〈보〉 5 감이 근무 일수를 채우면 영으로 오른다. 영이 있을 때는 감을 두지 않고 감이 있을 때는 영을 두지 않는다.〈보〉

○**영**(令) 6 종5품, 종6품이다. 7 조경묘는 1원이며, 경기전(慶基殿)은 1원이며, 종5품이다. 준원전(濬源殿)은 2원이며, 종6품이다. 영희전(永禧殿)은 1원이며, 종5품이다.〈속〉〈증〉

○**별검**(別檢) 8 종8품이다.〈속〉 9 조경묘는 1원이며, 장녕전은 2원이다.〈속〉〈증〉〈보〉

○**참봉**(參奉) 10 종9품이다.〈경〉 11 경기전과 영희전은 각 1원이다.[285]〈속〉

283 숭덕전(崇德殿) : 경주부(慶州府) 남쪽 월남리(月南里)에 있는데 신라의 시조를 모신다. 《속오례의》에는 "경순왕을 배향한다."라고 하였다. 1723년(경종3) 사액하고 참봉을 박씨(朴氏)와 김씨(金氏)로 1원씩 두었는데 《대전통편》에 와서 참봉 1원을 본도에서 박씨로 아뢰어 차출한다고 하였다. 《增補文獻備考 禮考11》

284 숭의전(崇義殿) : 경기의 마전군(麻田郡) 서쪽 5리에 있다. 1392년(태조1) 고려 태조묘를 세우고 백성에게 공이 있는 고려의 현종, 문종, 원종을 부묘(祔廟)하게 한 다음 제사하였다. 《增補文獻備考 禮考11》

285 경기전과……1원이다 : 《속대전》에는 경기전 참봉은 2원이고 360일의 근무 일수를 채우면 경참봉(京參奉)과 서로 바꾸어 준다 하였는데, 《대전통편》에 와서 영희전과 같이 1원을 두고 근무 일수를 계산하여 천전(遷轉)한다고 하였다.

제73항 **각 능**(陵)〈경〉 1 별검은 문관을 임용한다.〈보〉 2 참봉은 각 2원인데 한 자리는 별검이나 직장, 영을 때에 따라 변통하여 문관이나 음관으로 차임한다.〈속〉 3 북도(北道)에 있는 여러 능의 참봉은 이조에서 함경도 사람으로 차임한다.[286]〈속〉〈증〉 4 북도의 능 참봉은 차례대로 봉사와 직장으로 올리고, 그 근무 일수를 통틀어 계산해서 60개월이 차면 영(令) – 1 준원전 영이다. – 으로 승진시켜 서용한다. 영은 근무 일수 30개월을 채우면 도목 정사를 기다렸다가 경직에 차임한다.〈증〉 5 능이나 전의 참봉에게 사정이 있으면 예조에서 부록 충의(付祿忠義)로 가관(假官)에 차임하고 부록 충의가 없으면 수위관을 지낸 사람으로 차출한다. 제릉(齊陵), 후릉(厚陵), 영릉(英陵), 장릉(莊陵), 장릉(章陵), 장릉(長陵), 영릉(寧陵)은 본(本) 고을에 있는 충의로 차임한다.[287]〈속〉〈보〉

○**영**(令) 6 종5품이다.〈속〉 7 건원릉(健元陵 태조), 제릉(齊陵 신의왕후), 정릉(貞陵 신덕왕후), 헌릉(獻陵 태종), 영릉(英陵 세종), 현릉(顯陵 문종), 사릉(思陵 정순왕후), 광릉(光陵 세조), 경릉(敬陵 덕종), 창릉(昌陵 예종), 공릉(恭陵 장순왕후), 온릉(溫陵 단경왕후), 장

286 참봉은 각……차임한다 : 북도에 있는 능은 덕릉(德陵), 안릉(安陵), 지릉(智陵), 숙릉(淑陵), 의릉(義陵), 순릉(純陵), 정릉(定陵), 화릉(和陵) 8개인데 덕릉과 안릉, 정릉과 화릉은 동원(同原)으로 능호는 다르나 능역이 같으므로 한 능이다. 그러므로 실상 6개 능이기 때문에 참봉이 총 12원인데 참봉 7원, 봉사 3원, 직상 1원, 별검 1원으로 구성되었다.

287 능이나……차임한다 : 《속대전》에는 제릉, 후릉, 영릉(寧陵)과 영릉(英陵)만 조항에 포함되어 있었다. 《전율통보》에 와서 장릉(莊陵), 장릉(章陵), 장릉(長陵)까지 추가된 듯하다.

릉(章陵 원종), 장릉(長陵 인조), 영릉(寧陵 효종), 익릉(翼陵 인경왕후), 의릉(懿陵 경종), 홍릉(弘陵 정성왕후), 영릉(永陵 진종)에 각 1원이다.[288] 〈속〉〈증〉

○**직장(直長)** 8 종7품이다.〈속〉 9 덕릉(德陵 목조), 지릉(智陵 익조), 정릉(靖陵 중종), 태릉(泰陵 문정왕후)에 각 1원이다.[289] 〈속〉〈증〉

○**별검(別檢)** 10 종8품이다.〈속〉 11 후릉(厚陵 정종), 장릉(莊陵 단종), 선릉(宣陵 성종), 순릉(純陵 공혜왕후), 희릉(禧陵 장경왕후), 효릉(孝陵 인종), 강릉(康陵 명종), 목릉(穆陵 선조), 휘릉(徽陵 장렬왕후), 숭릉(崇陵 현종), 명릉(明陵 숙종), 혜릉(惠陵 단의왕후), 원릉(元陵 영조)에 각 1원이다.〈속〉〈증〉

○**봉사(奉事)** 12 종8품이다. 13 숙릉(淑陵), 의릉(義陵), 순릉(純陵)에 각 1원이다.〈증〉

○**참봉(參奉)** 14 종9품이다.〈경〉 15 안릉(安陵), 지릉(智陵), 숙릉(淑陵), 의릉(義陵), 순릉(純陵), 정릉(定陵), 화릉(和陵), 건원릉(健元陵), 제릉(齊陵), 정릉(貞陵), 후릉(厚陵), 헌릉(獻陵), 영릉(英陵), 현릉(顯陵), 장릉(莊陵), 사릉(思陵), 광릉(光陵), 경릉(敬陵), 창릉(昌陵), 공릉(恭陵), 선릉(宣陵), 순릉(順陵), 정릉(靖陵), 온릉(溫陵), 희릉(禧陵), 태릉(泰陵), 효릉(孝陵), 강릉(康陵), 목릉(穆

288 건원릉(健元陵)……1원이다 : 《대전통편》에 와서 제릉, 사릉, 경릉, 온릉, 장릉(章陵), 장릉(長陵), 영릉(寧陵), 익릉, 의릉, 홍릉에도 영(令) 1원을 두었다고 하였다.

289 덕릉(德陵)……1원이다 : 선릉(宣陵), 순릉(順陵), 정릉(靖陵), 희릉(禧陵), 태릉에는 1735년(영조11)과 1741년에, 덕릉에는 1769년에, 지릉에는 1788년(정조12)에 직장을 두었다. 《增補文獻備考 職官考11》

陵), 장릉(章陵), 장릉(長陵), 휘릉(徽陵), 영릉(寧陵), 숭릉(崇陵), 명릉(明陵), 익릉(翼陵), 의릉(懿陵), 혜릉(惠陵), 원릉(元陵), 홍릉(弘陵), 영릉(永陵)에 각 1원이다.〈속〉〈증〉

제74항 **각 원(園)**[290]〈증〉 ❶ 별검은 문관을 임용한다. ❷ 수봉관은 1원인데 문관이다.〈보〉

○**별검(別檢)** ❸ 종8품이다. ❹ 현륭원(顯隆園)[291]에 둔다.

○**참봉(參奉)** ❺ 종9품이다. ❻ 현륭원에 둔다.

○**수봉관(守奉官)** ❼ 종9품이다. ❽ 순강원(順康園), 소령원(昭寧園)에 각 2원이다. 수길원(綏吉園)은 소령원의 관원이 겸하여 살핀다.〈증〉

제75항 **각 묘(墓)**[292] ❶ 수위관은 충훈부에서 적장(嫡長)인 충의로 자벽한다.[293]

290 각 원(園) : 《대전통편》에서는 원(園)과 각 원(園) 조항을 별개로 기록하여 원에서는 사도세자의 묘소인 영우원(永祐園)을, 각 원에서는 후궁들의 묘소인 순강원(順康園), 소령원(昭寧園), 수길원(綏吉園), 인명원(仁明園)을 기록하였다. 《전율통보》 〈별편 궁원(宮園)〉 참조.

291 현륭원(顯隆園) : 《대전통편》에는 영우원(永祐園)으로 기록되어 있다. 1776년(정조 즉위년) 사도세자의 묘소를 영우원으로 봉하고 수봉관 2원을 두었으며, 1779년에는 고쳐서 별검과 참봉을 두었다. 1789년 양주 배봉산에 있던 이 영우원을 화산(花山)으로 천장한 후 현륭원으로 이름을 바꾸고 영(令)을 두었다. 《전율통보》는 천장 후의 기록이므로 현륭원이라 되어 있다. 《增補文獻備考 職官考11》

292 각 묘(墓) : 《전율통보》 〈별편 궁원(宮園)〉 참조.

293 수위관……자벽한다 : 충훈부에서 자벽한 충의를 이조에서 의망해서

○**수위관**(守衛官) 2 순회묘(順懷墓), 소현묘(昭顯墓), 민회묘(愍懷墓), 의소묘(懿昭墓), 효창묘(孝昌墓)에 각 2원이다.[294] 〈증〉〈보〉

제76항 **권설직**(權設職)[295] 〈속〉 1 원손사부(元孫師傅) 이상은 다른 직임이 겸임한다.〈보〉

○**원자보양관**(元子輔養官) 2 3원이며, 종2품부터 정1품까지이다.[296] 〈속〉

○**원자사부**(元子師傅) 3 정2품이다.〈증〉

○**원손보양관**(元孫輔養官)[297] 4 2원이며, 당상관 정3품부터 종2품까지이다.〈속〉

차출하고 30개월이 차면 체차했다.

294 순회묘(順懷墓)……2원이다 : 《전율통보》에 와서 각 묘에 효창묘가 포함되어 기록되었다.

295 권설직(權設職) : 모두 사과(司果) 이하의 체아록을 받고 근무 일수 900일을 채우면 6품으로 올려 주었다.

296 원자보양관(元子輔養官)……정1품까지이다 : 원자보양관을 설치한 내용은 《속대전》 〈속대전보 이전보 경관직(京官職)〉에 실려 있다. 보양관을 차출할 때는 이조에서 대신(大臣)에게 문의하여 계하를 받았다. 원자보양관은 중종조부터 비롯되어 이후 조종조(祖宗朝)의 고사가 되어 계속 차출하였는데 영조대 《속대전》이 만들어지면서 법제화된 것이다. 1782년(정조6) 문효세자(文孝世子)가 태어나고 그다음 해 원자보양관이 아직 차출되지 않았을 때, 정경(正卿)에서 차출하는 구규(舊規)가 있지만 보양관에 합당한 사람이라면 여기에 구애될 것이 없다는 정조의 하교가 있어 이후 모두 대신(大臣)을 차출하였다. 《中宗實錄 13年 11月 5日》《仁祖實錄 1年 5月 7日》《承政院日記 肅宗 15年 7月 18日》《日省錄 正祖 7年 8月 27日》《增補文獻備考 職官考12》

297 원손보양관(元孫輔養官) : 원손보양관을 설치한 내용은 《속대전》 〈속대전보 이전보 경관직(京官職)〉에 실려 있는데, 보양관을 차출할 때는 이조에서 대신(大臣)에게 문의하여 계하를 받았다.

○**원손사부**(元孫師傅) ❺ 종2품이다.⟨증⟩

○**대군사부**(大君師傅) ❻ 종9품이다.

○**왕자사부**(王子師傅) ❼ 종9품이다.

○**왕손교부**(王孫教傅) ❽ 종9품이다.⟨증⟩ ❾ 왕손이 취학(就學)하면 차임한다.⟨보⟩

○**동몽교관**(童蒙教官)[298] ❿ 4원이며, 종9품이다.⟨속⟩

제77항 **봉조하**(奉朝賀)⟨경⟩ ❶ 정해진 인원수가 없다. ❷ 치사한 뒤에 녹과(祿窠)에 붙인다.[299]⟨증⟩ ❸ 치사할 때에 동반직은 이조에서, 서반직과 군함(軍銜)은 병조에서 고신(告身)을 준다.[300]⟨경⟩⟨보⟩

298 동몽교관(童蒙教官) : 매달 10일, 20일, 30일 세 차례 가르친 생도를 예조 당상관과 한자리에 모여 고강한 다음 그 결과를 기록해 두고, 예조에서 동몽교관에 대한 전최(殿最)를 할 때 생도가 읽은 책의 다소와 근만(勤慢) 여부를 반영했다.《續大典 禮典 獎勵》

299 정해진……붙인다 :《경국대전》에는 봉조하가 15원인데 공신이 봉조하가 되면 '모 군(君) 봉조하'라고 칭하고, 그 이외의 사람이 봉조하가 되면 '모 관(官) 모 직(職) 봉조하'라고 칭한다고 하였다. 봉조하는 당상 정3품 통정대부 이상을 지낸 사람이 산관(散官)이 된 경우 종신토록 녹봉을 주기 위한 자리였는데《대전통편》에 와서는 치사를 한 다음에야 비로소 봉조하에 제수하고 정해진 인원수가 없다고 하였다. 봉조하를 이자함(二字銜)이라고도 하는데 이들은 조하(朝賀)나 나라의 의식이 있을 때 대궐에 나와서 참석하게 되어 있었다. 본서 〈이전 경관격식(京官格式)〉 1항 소주 ❼ 참조.

300 치사할……준다 :《경국대전》에서는 "이조와 병조에서 나누어서 제수한다."라고 하였는데《전율통보》에서는 "치사할 때 문관은 이조에서, 무관이나 군함은 병조에서 고신을 준다."라고 더 상세히 기록하였다.

제78항 **내시부**(內侍府)[301] ❶ 대내의 감선(監膳), 왕명을 전달하는 일, 문을 지키는 일, 청소를 관장한다. ❷ 상선(尙膳)은 2원이며 종2품이다. 상온(尙醞)은 당상 정3품이다. 상다(尙茶)는 정3품이다. 상약(尙藥)은 2원이며, 종3품이다. 상전(尙傳)은 2원이며, 정4품이다. 상책(尙冊)은 3원이며, 종4품이다. 상호(尙弧)는 4원이며, 정5품이다. 상탕(尙帑)은 4원이며, 종5품이다. 상세(尙洗)는 4원이며, 정6품이다. 상촉(尙燭)은 4원이며, 종6품이다. 상훤(尙烜)은 4원이며, 정7품이다.[302] 상설(尙設)은 6원이며, 종7품이다.

301 내시부(內侍府) : 내시들을 위한 관부로 내반원(內班院)이라고도 하였다. 1392년(태조1) 문무백관의 관제를 정비하면서 "문무 유품(流品) 외에 별도로 내시부를 설치하여 환관직(宦官職)으로 삼고, 액정서를 설치하여 내수직(內豎職)으로 삼고, 전악서와 아악서를 설치하여 악공직(樂工職)으로 삼게 하니, 모두 그 산관(散官) 직사(職事)의 칭호를 다르게 하여 유품에 섞이지 않게 한 것이다."라고 하여 내시부 등을 설치한 이유를 밝혔다. 《경국대전》에 의하면 내시는 모두 140원이고, 이들은 1년에 네 차례의 도목 정사를 거치며, 4품 이하는 문무관의 출근 일수의 규례대로 품계를 올려 주고 3품 이상은 특지(特旨)가 있어야 올려 주었다. 《太祖實錄 1年 7月 28日》《增補文獻備考 職官考13》

302 상책(尙冊)은……정7품이다 : 《경국대전》에 의하면 상책 1원은 응방(鷹坊)의 체아직이고, 2원은 대전의 설리(薛里), 주방(廚房), 대객 당상(待客堂上) 및 왕비전의 승전색 설리(承傳色薛里)의 업무를 맡는데 체아직이며 종4품에서 더는 올라가지 못한다. 상호는 대전의 응방과 궁방(弓房), 왕비전의 주방, 문소전(文昭殿)의 설리 및 세자궁의 장번(長番) 내시의 업무를 맡는데 체아직이며 정5품에서 더는 올라가지 못한다. 상탕은 대전의 상고(廂庫), 등촉방(燈燭房), 다인(多人), 설리, 감농(監農)과 세자궁의 설리의 업무를 맡는데 체아직이며 정5품에서 더는 올라가지 못한다. 상세는 대전의 장기(掌器), 장무(掌務), 화약방(火藥房), 사약방(司鑰房), 장내원(掌內苑)과 왕비전의 등촉방, 문소전의 진지(進止), 세자궁의 주방 및 빈궁의 설리와 주방 등의 업무를 맡는데 체아직이며 정6품에서 더는 올라가지 못한다. 상촉은 대전의 문

상제(尙除)는 6원이며, 정8품이다. 상문(尙門)은 5원이며, 종8품이다. 상경(尙更)은 6원이며, 정9품이다. 상원(尙苑)은 5원이며, 종9품이다.〈경〉 3 대전과 세자궁의 장번(長番)은 정해진 인원수가 없다. -1 세자궁은 대전의 장번이 겸임한다.- 대전과 왕비전, 세자궁, 빈궁의 출입번(出入番)과 각처에 상직하는 소환(小宦)은 모두 정해진 인원수가 있는데 그 내용이 《대전통편》에 실려 있다.[303]〈보〉

제79항 **액정서(掖庭署)**[304] 1 왕명을 전하거나 알현하는 일, 임금에게 필연(筆硯)을 올리는 일, 궐문의 자물쇠를 맡는 일, 궁궐 뜰에 설비하는 일을 관장한다.〈경〉 2 사알(司謁)은 정6품이다. 사약(司鑰)은 2원이며, 정6품이다. 부사약(副司鑰)은 3원이며, 종6품이다. 사안(司案)은 2원이며, 정7품이다. 부사안(副司案)은 종7품이다.[305]〈경〉〈증〉

차비(門差備), 왕비전의 문차비와 장무, 세자궁의 등촉방 등의 업무를 맡는데 체아직이며 종6품에서 더는 올라가지 못한다. 상훤는 세자궁의 문차비, 각 궁의 설리와 문차비 등의 업무를 맡는데 체아직이며 정7품에서 더는 올라가지 못한다.

303 대전과 왕비전……있다 : 《대전통편》에 의하면 출입번(出入番)은 대전이 42인, 왕비전이 12인, 세자궁이 12인, 빈궁이 8인이며, 각처에 상직하는 소환(小宦)은 90인이다.

304 액정서(掖庭署) : 1392년(태조1) 설치하였다. 동반 잡직이 맡는 관서로 이곳의 관원은 잡직 품계를 받고 모두 체아직이다. 잡직은 동반과 서반의 정직(正職)에 대비하여 쓰이는 말로 동반의 각종 기술직과 서반의 군관(軍官) 일부를 지칭한다.

305 사알(司謁)은……종7품이다 : 대전에는 전명 사알(傳命司謁) 2원, 배설

제 3 조 경관격식(京官格式)[306]

제 1 항 **직함(職銜)은 먼저 품계(品階)를 쓰고 다음에 관사(官司)를 쓰고** ❶ 종친부, 충훈부, 의빈부의 당상관은 관사를 칭하지 않는다. **그다음에 관직(官職)을 쓴다.** ❷ 영사(領事)와 같은 부류는 '영(領)' 자를 관사 앞에 쓴다.[307] **품계가 높고 관직이 낮으면 행(行)이라 칭하고 품계가 낮고 관직이 높으면 수(守)라 칭한다.** ❸ '행'과 '수' 자는 관사 앞에 쓴다. ❹ 외관(外官)도 같다. ❺ 7품 이하는 두 품계를 뛰어넘어 수직(守職)에 제수할 수 없고, 〈경〉 –❶ 지금은 구애되지 않는다. 〈보〉 – 6품 이상은 세 품계를 뛰어넘어 수직에 제수할 수 없다. ❻ 병조도 같다. 〈경〉 ❼ 봉조하는 치사 때의 관직으로 '모(某) 관직 –❷ 군(君)으로 봉해진 사람은 '모 관

사약(排設司鑰) 3원, 서방색(書房色) 2원을, 왕비전에는 배설 사약 2원을, 세자궁에는 배설 사약 2원을 배정하였다. 종7품 부사안(副司案)은 3원인데 1원은 대전 서방색이나 왕비전 사약을 맡는다. 사알과 사약, 서방색은 하루에 두 개 번으로 나누고 근무 일수 600일이 차면 품계를 올려 주는데 정6품에서 더는 올라가지 못한다. 《六典條例 吏典 掖庭署》

306 경관격식(京官格式) : 《경국대전》, 《속대전》, 《대전통편》에는 없는 항목이다. 주로 《경국대전》, 《속대전》, 《대전통편》의 〈이전 경관직(京官職)〉에 수록된 내용 가운데서 격식으로 분류할 수 있는 것을 모아 놓았으며, 이외에도 내명부, 외명부, 봉조하, 천거, 제수 등에서 격식으로 볼 수 있는 내용을 포함하였다. 경관격식의 출전이 《경국대전》, 《속대전》, 《대전통편》의 〈이전 경관직〉일 경우에는 역자주에서 출전을 별도로 밝히지 않았다.

307 영사(領事)와……쓴다 : 《경국대전》 〈이전 경관직(京官職)〉에서 영사가 있는 관사는 돈녕부, 경연, 홍문관, 예문관, 춘추관, 관상감이다. 이러한 규정에 따라 예컨대 돈녕부 영사는 '영돈녕부사(領敦寧府事)'로 표기하였다.

직 모 군(君)'이다. - **치사봉조하(致仕奉朝賀)'라 칭한다.**[308] 〈경〉〈보〉

제2항 **정1품은 도제조(都提調)라 칭하고, 2품 이상은 제조(提調)라 칭하고, 통정대부는 부제조(副提調)라 칭한다.** 〈경〉 **1** 모두 겸직이다.[309] 〈보〉

제3항 **재상(宰相)이 군무(軍務)로 왕명을 받든 경우에는 품계에 따라 칭호한다.** **1** 의정이면 도체찰사(都體察使), 1품 이하이면 도순찰사(都巡察使), 종2품이면 순찰사(巡察使), 3품이면 찰리사(察理使)라 한다.[310] 〈속〉

308 봉조하는……칭한다 : 본서 〈이전 경관직(京官職)〉 77항 봉조하(奉朝賀) 참조. 봉조하를 치사 때의 관직으로 '모 관직 치사봉조하'라고 칭하기 시작한 시기에 대해서는 정확한 근거 자료를 찾을 수 없지만 《승정원일기》 숙종 9년(1683) 3월 25일에 "치사봉조하 송시열이 사은하였다.[謝恩: 致仕奉朝賀宋時烈.]"라는 내용이 나오는 것으로 보아 숙종 9년 이전부터 사용한 듯하다. 《대전통편》 〈진대전통편전(進大典通編箋)〉에 "건륭 50년(1785, 정조9) 월 일 대광보국숭록대부 영중추부사 치사봉조하 신 김치인 등이 삼가 전을 올립니다.[乾隆五十年月日, 大匡輔國崇祿大夫、領中樞府事、致仕奉朝賀臣金致仁等謹上箋.]"라고 한 것을 보면 이때는 이미 정식으로 쓰인 것을 알 수 있다.

309 모두 겸직이다 : 예컨대 사옹원 도제조는 대군(大君)·왕자군(王子君)·시임 대신(大臣) 중에서 의망하고, 부제조는 정원이 5원인데 이 가운데 1원은 승지가 겸임한다. 내의원 도제조는 시임 대신이나 원임 대신(大臣)이 겸임하고, 부제조는 승지가 겸임한다. 승문원은 도제조가 3원인데 의정이 겸임한다. 비변사 도제조는 시임 의정이나 원임 의정이 겸임하고, 제조는 정해진 인원수 없이 계청하여 차출하는데 이조 판서, 호조 판서, 예조 판서, 병조 판서, 형조 판서, 훈련대장, 어영대장, 강화 유수, 개성 유수, 대제학 중에서 예겸(例兼)한다.

310 재상(宰相)이……한다 : 1488년(성종19) 이조의 건의로 왕명을 받들

제4항 **군(君)으로 봉해진 사람** 1 왕비의 아버지 및 2품 이상의 종친, 공신, 공신을 승습(承襲)한 자 등이다. 2 공신이라고만 말할 때는 원종공신(原從功臣)은 포함되지 않는다. **및 3품 이하의 종친은 읍호(邑號)를 쓴다.** 3 의빈(儀賓)도 같다.

제5항 **승습(承襲)하는 자에게는 아버지가 죽고 나서 봉작을 준다.**[311] 〈경〉 1 아버지가 살아 있으면 그 아들은 적장(嫡長)으로 논할 수 없다.[312] 〈속〉

고 사신으로 나간 재상은 정1품이면 도체찰사, 종1품이면 체찰사, 정2품이면 도순찰사, 종2품이면 순찰사로 직질(職秩)의 고하에 따라 칭호를 달리하였다. 이것이 1493년(성종24) 반포한 《대전속록(大典續錄)》〈이전 관직(官職)〉에 "왕명을 받든 재상은 정1품이면 도체찰사, 종1품이면 체찰사, 정2품이면 도순찰사, 종2품이면 순찰사, 3품이면 찰리사로 품계에 따라 칭호한다."라는 내용으로 들어갔다. 또한 1735년(영조11) 윤4월 7일 심택현(沈宅賢)에게 내린 교서에 "숭정대부 판돈녕부사 겸 경기관찰사 병마수군절도사 도순찰사 개성부유수 강화부유수 심택현"이라고 하였는데, 종1품인 숭정대부에게 '도순찰사'라고 한 것을 보면 종1품은 체찰사, 정2품은 도순찰사로 차등을 두어 칭호하던 것이 1735년 이전에 도순찰사로 통합된 듯하다. 《大典續錄》《成宗實錄 19年 9月 5日》《承政院日記 英祖 11年 閏4月 7日》

311 승습(承襲)하는……준다 : 1470년(성종1) 대사헌 한치형(韓致亨) 등이, 승습이라는 것은 아버지가 죽고 나서 아들이 받는 것이라며 아버지가 살아 있을 적에 공신의 자손에게 승습을 허락하지 말아 봉작을 높이고 헛된 비용을 줄이자고 건의하여 시행되었다. 《成宗實錄 1年 5月 8日》

312 아버지가……없다 : 《속대전》〈이전 제수(除授)〉에 있다. 1740년(영조16) 아버지가 살아 있을 때에는 봉사(奉祀) 자손을 '적장'으로 현록(懸錄)하지 않는 것을 정식으로 삼았다. 《承政院日記 英祖 16年 閏6月 25日》

제6항 **왕비의 아버지는 영돈녕부사에 제수한다.**[313] 〈경〉 **1** 관직이 낮거나 출사하지 않았으면 먼저 도정(都正)에 제수한 뒤에 제수한다.[314] 〈증〉

제7항 **대원군의 봉사인(奉祀人)은 3대 뒤에 돈녕부 도정에 제수한다.**[315] 〈속〉 **1** 도정을 더 두어 세습하게 한다. 나이가 어리면 종신을 처음 봉할 때의 규례에 따라 나이가 찰 때까지 기다려 제수한다. 동지돈녕부사 이상은 자급에 따라 규례대로 제수한다.

313 왕비의……제수한다 : 《경국대전》〈이전 경관직(京官職)〉 돈녕부(敦寧府) 조에 있다. 돈녕부에 대해서는 본서 〈이전 경관직〉 6항 돈녕부 참조. 《경국대전》이 반포된 전후 실록 기사를 살펴보면 영돈녕부사가 반드시 왕비의 아버지에 국한되지는 않았고 공신 등에게도 제수되었다. 왕비의 아버지로서 영돈녕부사에 처음 제수된 사람은 정현왕후(貞顯王后)의 아버지인 윤호(尹壕)로, 딸이 1480년(성종11) 왕비로 책봉되고 1488년에 영돈녕부사에 제수되었다. 《成宗實錄 11年 11月 8日, 19年 11月 15日》

314 관직이……제수한다 : 《대전통편》〈이전 경관직(京官職)〉 돈녕부(敦寧府) 조에 있다. 관직이 낮은 경우로는 1569년(선조2) 종5품인 현령(縣令) 박응순(朴應順)의 딸을 왕비로 삼은 다음 박응순을 처음에는 정3품인 돈녕부 도정에 제수하고 이어서 정1품인 영돈녕부사에 제수한 사례가 있다. 출사하지 않은 경우로는 1759년(영조35) 유학(幼學) 김한구(金漢耈)의 딸을 왕비로 정한 다음 김한구를 돈녕부 도정에 제수하고 이어서 영돈녕부사에 제수한 사례가 있다. 《宣祖修正實錄 2年 11月 1日》《英祖實錄 35年 6月 9日, 11日》

315 대원군의……제수한다 : 《속대전》〈이전 제수(除授)〉에 있다. 1577년(선조10)에, 송 영종(宋英宗)의 생부인 복왕(濮王)의 후손에게 대대로 관작을 세습하게 한 전례에 따라 대원군의 봉사손(奉祀孫)에 대한 관작을 헤아려 정하라는 전교가 있었다. 이로 인하여 조정의 2품 이상 관원이 논의하여 대원군의 봉사손인 경우 4대 뒤에는 돈녕부 도정에 제수하도록 결정하였고, 이것이 《속대전》에 3대로 조정되어 반영되었다. 《宣祖實錄 10年 3月 24日》

문무관은 이 규례에 구애되지 않는다.[316] 〈속〉〈증〉

제8항 **세자빈의 아버지는 6품관에, 세손빈의 아버지는 7품에,** ❶ 모두 처음에 관직에 붙인 뒤에 바로 제수한다. **대군과 왕자 부인의 아버지는 9품에 제수한다.**[317] 〈속〉

제9항 **대군의 사위, 공주의 아들은 종7품에,** ❶ 돈녕부이다. **공주와 왕자군의 사위, 옹주의 아들은 종8품에 제수한다.**[318] ❷ 대군과

316 도정을……않는다 : 《속대전》 〈이전 제수(除授)〉, 《대전통편》 〈이전 경관직(京官職)〉 돈녕부 조에 있다. 1627년(인조5) 이조의 건의로 덕흥대원군(德興大院君)의 봉작(封爵)을 승습하는 일에 대해서는 특별히 돈녕부 도정을 설치하여 봉사손 이정한(李挺漢)을 제수하고 이 일을 대대로 승습하는 바탕으로 삼도록 하였다. 1743년(영조19)에 종실(宗室)은 4대 뒤에 봉사인(奉祀人)을 돈녕부 도정의 예(例)대로 곧바로 돈녕부 정에 임명하며, 도정의 경우는 하교가 있고 나서 제수하되 자급을 올릴 때에는 동지돈녕부사 이상은 곧바로 규례대로 제수하도록 하였다. 《承政院日記 仁祖 5年 7月 11日, 英祖 19年 6月 13日》

317 세자빈의……제수한다 : 세자빈의 아버지, 대군과 왕자 부인의 아버지에 대한 규정은 《속대전》 〈이전 제수〉에 있다. 1744년(영조20) 《속대전》을 편찬할 때에 세자빈의 아버지, 대군과 왕자 부인의 아버지를 곧바로 관직에 제수하는 것을 정례로 삼아 기록하여 실으라는 전교가 있었다. 세손빈의 아버지에 대한 규정은 《속대전》 〈속대전보 이전보 제수〉에 있다. 《속대전》이 편찬된 이후인 1785년(정조9)에 대전통편감인청(大典通編監印廳)에서, 세자빈의 아버지는 처음 관직에 붙이는 즉시 6품관에 제수하는 것이 《속대전》에 보이므로 세손빈의 아버지에게 처음 7품관을 제수하는 것이 격례(格例)상 옳을 듯하다는 계사를 올렸다. 이 내용이 〈속대전보〉에 들어간 것으로 보인다. 《承政院日記 英祖 20年 9月 7日, 正祖 9年 6月 19日》

318 대군의……제수한다 : 《경국대전》 〈이전 경관직(京官職)〉 돈녕부 조에 있다.

왕자의 양첩(良妾)의 사위는 각각 1등급을 낮추고, 천첩(賤妾)의 사위는 또 1등급을 낮춘다.[319] 〈경〉 ❸ 돈녕부에는 예전에 봉사 직임인 종8품이 있었는데 지금은 감하되었다. 그러므로 종8품에 제수할 사람은 다른 관사에 차임한다.[320] 〈보〉

제10항 **대가(代加)하는 경우는 통덕랑으로 제한한다.**[321] 〈속〉 ❶ 반사(頒赦) 때의 백관에게 가자(加資)하는 데 대해 하비(下批)하면 자궁(資窮)인 자는 아들, 사위, 아우, 조카 중에서 대가한다.[322] 〈보〉 ❷ 장사랑(將仕郎) 이상의 14품계를 차례대로 대가하되 품계를 뛰어넘어 가자할 수 없다.[323] 〈증〉 ❸ 삼의사(三醫司)의 3품관의

319 대군과……낮춘다 : 처음 제수할 적에 대군의 사위는 종7품을 주고 왕자군의 사위는 종8품을 주었다. 1472년(성종3) 이조의 건의로 대군과 왕자군의 사위에 대해 종친들에게 관직을 제수하는 규례에 따라 양첩(良妾)의 사위는 1등급을 낮추고 천첩(賤妾)의 사위는 또 1등급을 낮추는 것으로 차등을 삼도록 하였다.《成宗實錄 3年 7月 24日》

320 돈녕부에는……차임한다 : 법전에 기록된 돈녕부 봉사 직임에 대해 살펴보면 《경국대전》에서는 종8품직으로 2원이고, 《증보전록통고》에서는 종8품직으로 1원이고, 《속대전》에서는 봉사 직임이 감하되었다고 하였다.

321 대가(代加)하는……제한한다 : 《속대전》 〈이전 제수(除授)〉에 있다. 1623년(인조1) 이조의 건의에 따라 무신년(광해군 즉위년, 1608) 이후에 직명이 없는 자로 대가된 자는 모두 통덕랑으로 제한하여 조봉대부(朝奉大夫) 이상의 자급은 모두 삭거(削去)하고, 이후로 대가하는 법은 이것을 법식으로 삼도록 하였다.《仁祖實錄 1年 9月 21日》

322 반사(頒赦)……대가한다 : 1475년(성종6) 1월 29일 반사할 때에 내린 교서에서 관직에 있는 자는 각각 한 자급을 더하되, 자궁인 자는 아들, 사위, 아우, 조카 중에서 대가하게 하라고 하였다.《成宗實錄 6年 1月 29日》

323 장사랑(將仕郎)……없다 : 《대전통편》 〈이전 제수(除授)〉에 있다. 1761년(영조37) 대가는 일절 곧바로 통덕랑에 붙이지 말고 먼저 장사랑에

자손은 승음(承蔭)을 허락하지 않는다.[324]

제11항 생원과 진사는 보거(保擧)가 없더라도 재능에 따라 주의(注擬)한다.[325] 〈속〉

제12항 능참봉(陵參奉), 전참봉(殿參奉), 오부 도사(五部都事), 교부(敎傅), 교관(敎官), 세마는 생원, 진사 중에서 30세 이상인 자로 차출한다.[326] 〈증〉〈보〉 **1** 종향(從享)하는 선현(先賢)과 공신, 유현

붙인 다음 차례대로 규례에 따라 관직에 붙이는 것을 정식으로 삼았다. 그 뒤 1768년 한익모(韓翼謩)의 건의에 따라 대가는 반드시 장사랑부터 시작하여 등급을 건너뛰어 관직에 붙이는 폐단이 없도록 하라는 거조를 내었다.《承政院日記 英祖 37年 9月 26日, 44年 3月 11日》

324 삼의사(三醫司)의……않는다 : 《속대전》〈이전 제수(除授)〉에 있다. 1578년(선조11) 받든 전교이다.《受敎輯錄 吏典 官職》

325 생원과……주의(注擬)한다 : 《속대전》〈이전 제수(除授)〉에 있다. 유음자제(有蔭子弟)는 보거가 없더라도 주의하여 서용(敍用)하는데 생원과 진사는 보거가 없으면 서용할 수 없으므로, 1477년(성종8) 이조의 건의에 따라 이후로는 생원과 진사도 보거가 없더라도 서용하도록 하였다.《成宗實錄 8年 8月 14日》

326 능참봉(陵參奉)……차출한다 : 《대전통편》〈이전 경관직(京官職)〉에 오부 도사는 종6품직, 각 능(陵) 참봉과 각 전(殿)의 참봉은 종9품직, 세자익위사(世子翊衛司)의 세마는 정9품직, 개성부와 강화부의 분교관은 종9품직으로 되어 있고, 〈이전 권설직〉에 왕손교부와 동몽교관은 종9품직으로 되어 있다. 〈이전 천거(薦擧)〉에 "각 도의 전함(前銜)과 생원, 진사, 유학으로서 재능과 행실이 현저한 자를 식년마다 연초에 한 고을에 사는 사람들이 보증하여 수령에게 천거하면 수령은 관찰사에게 보고하고 관찰사는 다시 뽑아 추천한다. 생원과 진사는 30세 이상, 유학은 40세 이상, 전함은 나이에 구애되지 않는다."라고 하였다. 《대전통편》의 이러한 규정을 《전율통보》에서 편집하여 〈증〉〈보〉라 한 듯하다.

(儒賢), 전장에서 죽은 자, 원통하게 죽은 자, 청백리의 적장손(嫡長孫)은 여기에 구애되지 않는다.[327] 〈속〉 2 참하인 도사를 제외하고는 생원, 진사가 아니라도 전함(前銜)이 있으면 여기에 구애되지 않는다.[328] 〈보〉

제13항 가감역관은 학생으로서 40세인 자, 돈녕부 참봉과 수봉관은 학생으로서 30세 이상인 자로 차출한다.[329]

327 종향(從享)하는……않는다 : 《속대전》 〈이전 제수(除授)〉에 "종향하는 선현과 공신, 유현, 전장에서 죽은 자, 원통하게 죽은 자, 청백리의 적장손 이외에는 초사(初仕) 자리에 함부로 의망하지 못한다. 아버지가 살아 있으면 그 아들은 적장으로 논할 수 없다."라고 하였다. 이 조문의 '초사 자리'가 바로 대문(大文)에서 언급한 능참봉 등의 관직이다.

328 참하인……않는다 : 1712년(숙종38) 좌참찬 조태채(趙泰采)의 건의를 따라 시행된 것이다. 《肅宗實錄 38年 5月 20日》

329 가감역관은……차출한다 : 《대전통편》 〈이전 제수(除授)〉에 "감역관은 학생으로서 나이가 40세, 수봉관은 학생으로서 나이 30세 이상인 자를 의망하여 차출한다."라고 하였다. 돈녕부 참봉에 대한 규정은 《전율통보》에서 추가된 사항이다. 감역관은 예전부터 관례적으로 반드시 40세가 되어야 의망하였는데 승전(承傳)을 통해 나이를 따지지 않고 직임에 제수하기 때문에 나이가 겨우 20세인데도 벼슬길에 나오게 되고 또 나이가 어려 업무 처리 경험이 부족한데도 수령의 직임까지 맡게 되는 폐단이 발생하였다. 이로 인하여 1770년(영조46) 특진관 조명정(趙明鼎)이 승전을 받은 경우에는 생원이나 진사의 규례대로 반드시 30세를 한정으로 삼아 재주와 기량이 노성해지기를 기다려 직임에 제수할 것을 건의하여 영조가 이후로 감역관은 예전부터 내려온 관례를 지키라고 하였다. 이러한 내용이 《대전통편》에 반영된 듯하다. 또한 수봉관에 대해서는 1754년 일의 체모가 수위관과 차이가 있으므로 충의(忠義)로 하지 않으며, 올려 차임하는 것은 참봉의 전례대로 하되 30세가 된 유학(幼學)으로 의망하여 차임하게 하였다. 《承政院日記 英祖 30年 1月 11日, 46年 5月 20日》

제14항 예빈시 참봉의 한 자리와 순강원(順康園) 수봉관(守奉官)은 음관의 자리로 삼아 충훈부에서 공신의 적장(嫡長)인 충의로 자벽(自辟)한다.[330] 〈증〉〈보〉

제15항 이문학관(吏文學官), 천문학교수 같은 부류는 생원, 진사, 유학(幼學)을 막론하고 30세 이상인 자로 차출하고, ■ 능마아청(能麽兒廳)의 낭청도 같다. **노창(臚唱)하는 인의(引儀)는 20세 이상인 자로 차출한다.**[331] 〈속〉

330 예빈시……자벽(自辟)한다 : 예빈시 참봉에 관한 조문은《대전통편》〈이전 제수(除授)〉에 있으며, 순강원 수봉관에 관한 조문은《전율통보》에서 추가되었다. 예빈시 참봉 가운데 한 자리는 충훈부가 자벽하는 자리로 만들어 적장자로 가려 차출하는 것이 관례였다. 그런데 1766년(영조42) 6월 도목 정사 때 충훈부가 자벽하여 이조에 보냈는데도 이조가 등용하지 않는 일이 발생하였다. 같은 해 10월에 도승지 이경호(李景祜)가 자벽하는 법이 폐기되는 것과 충의(忠義)의 실망을 언급하고서 이후로 충훈부의 자벽을 등용하지 않는다면 충훈부에서 직접 초기하여 개차하게 한 뒤에 자벽한 사람을 차출할 것을 건의하여 시행되었다. 순강원 수봉관 자리를 음관 자리로 수용(收用)하는 것은 1788년(정조12) 내린 전교의 내용이다.《承政院日記 英祖 42年 10月 21日, 正祖 12年 5月 12日》

331 이문학관(吏文學官)……차출한다 :《속대전》〈이전 제수(除授)〉에 있다. 1709년(숙종35) 7월 23일에 정언(正言) 서명연(徐命淵)이, 삭수(朔數)를 계산하여 조천(調遷)하는 인의(引儀), 능마아청의 낭청, 이문학관 등 각기(各岐) 부류로 처음 직임을 받는 자들은 나이가 찬 뒤 차출하여 제수할 것을 건의하니, 숙종이 해당 조(曹)에서 물어 처리하라고 하였다. 이 일과 관련하여 같은 해 7월 23일에 이조의 건의로, 이문학관은 생원 진사일 경우에는 30세로, 유학은 40세로 제한하며, 가인의(假引儀)의 경우는 노창(臚唱)하는 직임이니 연소(年少)한 사람으로 가려 차임하되 30세로 제한하고, 제술관(製述官) 및 관상감의 삼학 겸교수(三學兼敎授)도 이문학관의 예대로 정식을 삼아 시행하였다. 이후 1713년 능마아청의 낭청, 학관, 교수와 같은 잡기(雜技) 부

제16항 **20세가 되지 않은 자는 동반직에 제수할 수 없다.** ■ 제과(諸科) 출신자는 그렇지 않다.〈경〉

제17항 **삼조(三曹)의 낭관은 생원이나 진사인 사람으로 의망한다.**[332]

■ 학문과 덕행이 있으면 생원이나 진사에 구애하지 않는다.

제18항 **종부시 직장은 생원이나 진사가 아니면 차임할 수 없다.**[333]

류는 생원, 진사, 유학을 막론하고 모두 나이 30세로 제한하고, 노창 인의는 나이 20세로 제한하여 의망하여 차임하라는 수교(手敎)가 내렸다.《承政院日記 肅宗 35年 7月 23日, 25日》《受敎新報 吏典 京官職》

332 삼조(三曹)의……의망한다 :《대전통편》〈이전 제수(除授)〉에 있다. 공조, 호조, 형조 삼조의 낭관에 의망하는 대상은 왕대(王代)마다 일정하지 않았다. 1546년(명종1)에는 삼조의 낭관이 음관 출신으로 과반이 차임되었다. 반면 인조 대에는 삼조의 낭청 자리에 효행이 드러난 사람이 아니면 반드시 생원이나 진사를 제수하는 전례를 들어 생원이나 진사가 아닌 사람을 태거(汰去)하였다. 이후 숙종 대에는 삼조의 낭관을 반드시 생원이나 진사로 의망하여 차출하였기 때문에 의망할 때 구차해지기도 하여 생원이나 진사를 막론하고 가려 차임하자는 건의가 있었는데, 숙종이 문관과 남행(南行), 무관 중에서 각별히 가려 차임하게 하였다. 1723년(경종3)에는 삼조의 낭관 각 1원을 문관으로 차출하여 돌아가며 겸춘추에 붙여 입직하게 하였는데 삼조의 낭관이 모두 음관이라서 변통할 수 없게 되자 이후로는 전조(銓曹)에 신칙하여 삼조 낭관의 자리가 비는 대로 문관으로 차출하고 규례대로 겸춘추에 붙여 변통하여 입직하게 하였다.《明宗實錄 1年 12月 19日》《承政院日記 仁祖 20年 1月 25日, 景宗 3年 9月 19日》

333 종부시……없다 :《대전통편》〈이전 경관직(京官職)〉 종부시 조에 있다. 1655년(효종6) 종실의 교훈(敎訓)을 담당하는 관원의 설치와 관련하여, 우참찬 정유성(鄭維城)이 생원이나 진사 가운데 글을 잘하는 자로 종부시 관원을 삼아 교훈의 직임을 맡길 것을 건의하여 시행되었다. 그리고 1659년(현종 즉위년) 이비(吏批)가 올린 계사에 종부시 직장은 종학(宗學)의 직임

❶ 다른 관사에서 서승(序陞)하여 종부시로 오게 되면 바꾸어 차임한다.〈증〉

제19항 **대간, 승지, 이조 판서, 병조 판서, 수령 3자리 이상에 궐원이 있을 때에는 정사를 열도록 임금에게 여쭈고, 평안 감사와 함경 감사는 천망(薦望)한 것으로 이비(吏批)가 하비(下批)한 뒤에 정사를 열도록 임금에게 여쭌다.** ❶ 복상(卜相), 대제학 권점(大提學圈點) 및 각신(閣臣)을 새로 제수할 때에도 정사를 열도록 임금에게 여쭌다. ❷ 묘당(廟堂)에서 천망한 곤수(閫帥)는 병조에서 정사를 열도록 임금에게 여쭌다.[334]

제20항 **이조의 당상은 장관(長官)이 아니면 차임할 수 없다.**

제21항 **참의가 단독으로 정사할 때는 긴요한 직임만 차출한다.[335]**

을 예겸(例兼)하고 종전에 반드시 생원이나 진사인 자로 가려 차출하였다는 내용이 있는 것으로 보아 정식으로 삼아 시행되던 것이 《대전통편》에 반영된 것으로 보인다. 《孝宗實錄 6年 7月 14日》《承政院日記 顯宗 卽位年 12月 27日》

334 묘당(廟堂)에서……여쭌다 : 1778년(정조2) 병조 판서 이휘지(李徽之)가 묘천(廟薦)과 관련된 자리는 낙점을 받은 뒤 반드시 단부(單付)하여 하비하는 이조의 격식을 병조에도 적용할 것을 건의하여 시행된 것이다. 《承政院日記 正祖 2年 閏6月 13日》

335 참의가……차출한다 : 정사를 행하라는 임금의 명령이 내리면 이조의 세 당상이 모두 참석해 정사를 열어야 한다. 그런데 두 당상이 사정이 있어 한 명의 당상만이 정사를 열 경우에는 혼자 정사를 여는 것이 온당치 않다는 내용의 계사를 올린 뒤 그냥 차출하라는 전교를 받고 나서야 관원을 차출할 수 있다. 특히 이조 참의가 혼자서 정사를 열 경우에는 긴요한 자리만

1 예조 당상, 공조 판서, 내국 제조, 병조·형조·한성부의 당상과 낭청, 금부 당상, 참상 도사, 호조 낭청, 승정원, 삼사(三司), 세자시강원, 세손강서원, 종부시 낭청, 감찰, 오부 도사, 외임(外任)이다.[336]

제22항 **경연(經筵)에 통망된 다음 이조 참판에 의망하고, 대사성에 통망된 다음 이조 참의에 의망한다.**[337] **1** 묘당에서 천망하는 경우는 구애되지 않는다.[338] 〈보〉

차출할 수 있다.《銀臺條例 政事》《銀臺便攷 吏房攷 政事》

336 예조……외임(外任)이다 : 긴요한 직임을 규정한 것이다. 실록과《승정원일기》기사를 살펴보면 긴요한 직임은 시대에 따라 다르게 나타나며,《전율통보》이전에 편찬된 법전에서는 긴요한 직임을 규정해 놓은 것이 없다.《전율통보》이후에 편찬된《양전편고》와《은대편고》에서는 긴요한 직임을 규정해 놓았지만《전율통보》와 일치하지 않는다.《양전편고》에 규정된 긴요한 직임은 삼사, 세자시강원, 승지, 육경(六卿), 의금부의 당상과 낭관, 병조의 당상과 낭관, 형조의 당상과 낭관, 한성부의 당상과 낭관, 예조의 당상, 이조의 낭관, 호조의 낭관, 내의원의 도제조와 제조, 종묘서의 관원, 경모궁의 관원, 종부시의 관원, 평시서의 관원, 감찰, 부령(部令), 감사, 수령, 찰방이다. 그리고《은대편고》에 규정된 긴요한 직임은 삼사, 세자시강원, 승지, 육경, 한성부의 당상과 낭관, 의금부의 당상과 낭관, 병조의 당상과 낭관, 형조의 당상과 낭관, 예조의 당상, 호조의 낭관, 감찰, 내의원의 도제조와 제조, 종부시의 관원, 평시서의 관원, 부도사(部都事), 수령, 찰방이다.《兩銓便攷 東銓 緊任》《銀臺便攷 吏房攷 政事》

337 경연(經筵)에……의망한다 : 1749년(영조25) 이조 참판은 동지경연사를 거친 사람을 의망하고, 이조 참의는 대사성을 거친 사람을 의망하라고 전교하였다.《承政院日記 英祖 25年 8月 10日, 21日》

338 묘당에서……않는다 : 숙종 때 이조 참판에 제수된 유득일(兪得一)이 상피(相避)와 관련된 대간(臺諫)의 상소로 인하여 정세(情勢)가 편치 않다는 이유로 사직 상소를 올렸는데, 그 상소에 대한 비답(批答)에서 묘당의 천

제23항 분관(分館)하기 전에는 설서(說書)에 통망하지 않는다.[339] ㊋

제24항 세자시강원은 양사(兩司)를 거쳤더라도 다시 통청(通淸)한다.[340]

제25항 자의(諮議)는 참상인 6품으로 오른 다음 대관(臺官)의 망(望)에 다시 통의(通擬)한다.[341] **1** 남대(南臺)는 한 전조(銓曹) 당상

망은 원래 구애되지 않는다는 점을 대간이 모르는 것이라고 하였다. 이것으로 볼 때 이전부터 관례적으로 시행되던 것이 《전율통보》에 반영된 듯하다. 《양전편고》 〈동전 통청〉에도 묘당이 차출하면 일반적인 격식에 구애되지 않는다는 내용이 있다. 《肅宗實錄 29年 9月 27日》《兩銓便攷 東銓 通淸》

339 분관(分館)하기……않는다 : 설서는 분관을 거친 뒤에 제수하는 것이 일반적인 규례였다. 그런데 1727년(영조3) 새로 급제한 이종성(李宗城)이 분관되기 전에 설서에 제수되었다는 이유로 소장(疏章)을 올리고 인혐(引嫌)하면서 공무를 행하지 않은 일이 있었다. 이 일과 관련하여 좌의정 조태억(趙泰億)이 을사년(1725, 영조1) 이후로 분관을 기다리지 않고 창방(唱榜)한 지 3일 만에 바로 설서에 임명하는 잘못된 관습이 생겼는데 이것을 그대로 따라 시행해서는 안 된다고 건의하여, 영조가 전조(銓曹)에 명하여 등과(登科)한 자는 분관되기 전에는 통청(通淸)을 허락하지 못하게 하였다. 《承政院日記 英祖 3年 9月 25日》

340 세자시강원은……통청(通淸)한다 : 《대전통편》 〈이전 제수(除授)〉에 있다. 1753년(영조29) 좌의정 이천보(李天輔)가 세자시강원의 관원은 직임이 더욱 중하므로 일찍이 양사를 거쳤더라도 곧바로 의망하지 말고 통청해야 하는 자리로 만들고 처음 의망할 때에 이조의 두 당상이 상의하여 차출할 것을 건의하여 시행되었다. 《承政院日記 英祖 29年 2月 21日》

341 자의(諮議)는……통의(通擬)한다 : 1747년(영조23) 자의를 갖추어 의망할 때에는 대신과 이조 당상이 빈청(賓廳)에 모여 써 들여서 뽑힌 사람 가운데서 의망하는 것을 정식으로 삼았다. 《承政院日記 英祖 23年 8月 22日》

의 의견으로 갑자기 통청(通淸)하지 못한다.[342] 〈증〉

제26항 **무신 중에 재국(才局)이 있거나 원대한 식견이 있는 자를 가려 당상 이상은 정경, 아경, 판윤, 좌윤, 우윤, 승지로 의망하고, 통훈대부 이하는 시(寺)의 정(正)으로 차출한다.[343]** **1** 장관(長官)이 아니면 의망하지 못한다. 〈속〉

제27항 **무신인 판의금부사는 병조 판서를 지낸 뒤에 의망한다.[344]** 〈증〉

제28항 **음관을 여러 조(曹)의 좌이(佐貳), 좌윤, 우윤, 시(寺)의 정(正)에 의망하는 경우 통청(通淸)의 규례에 따라 통의(通擬)한**

342 남대(南臺)는……못한다 : 《대전통편》 〈이전 천거(薦擧)〉에 있다. 이 조문은, 시강원 자의와 남대는 과거를 거치지 않고 산림(山林)을 등용하는 자리로 만든 것이다. 1747년(영조23) 8월에 대신(大臣)과 비변사 당상을 인견(引見)하는 자리에서, 경연관을 새로 뽑을 때에는 대신과 이조 당상이 빈청(賓廳)에 모여 초선(抄選)하여 임금에게 아뢰며, 그렇게 초선된 뒤에 남대에 의망하는 것을 정식으로 삼도록 하였다. 이는 한 전조(銓曹)의 의견으로 남대의 망(望)을 통틀어 의망하여 초선하지 말게 함으로써 산림을 중시하는 뜻을 보인 것이다. 《承政院日記 英祖 23年 8月 22日》

343 무신……차출한다 : 1624년(인조2) 하교에서 통정대부 이상인 무사(武士) 가운데에서 총명하여 재국(才局)이 있고 원대한 식견이 있는 자를 가려 아경과 승지에 의망하고, 통훈대부 이하는 시(寺)의 정이나 낭료(郎僚)에 교대로 차출하여 그 재주를 펴게 함으로써 무신을 음관보다 못한 것으로 보지 말게 하라고 하였다. 《仁祖實錄 2年 7月 11日》

344 무신인……의망한다 : 1754년(영조30) 제조 홍봉한(洪鳳漢)이 판의금부사는 임무가 중요하므로 무장(武將)인 경우 반드시 병조 판서를 지내고 나서 의망하는 것이 합당하다고 건의하여 이를 정식으로 삼았다. 《承政院日記 英祖 30年 7月 18日》

다.[345]〈속〉 1 음관을 참판이나 아윤(亞尹)에 의망하는 경우 훈신(勳臣) 및 별천(別薦) 이외에는 시(寺)의 정을 지낸 자가 아니면 의망하지 못한다. 돈녕부 도정도 같다.[346]〈증〉

제29항 **자의(諮議)는 별천(別薦)된 자를 등용하되 합당한 사람이 없으면 묘당에 문의하여 차출한다.**[347] 1 유학(幼學)도 구애하지 않는다.[348]〈속〉

345 음관을……통의(通擬)한다 : 《속대전》 〈이전 경관직(京官職)〉에 있다. 이조에서 통청하는 정사는 장관(長官)이 주관한다. 1743년(영조19) 좌의정 송인명(宋寅明)이 무신이나 음관을 좌윤, 우윤, 판결사와 같은 문관의 관직에 의망하는 경우는 통청 중에서도 가장 중요하므로, 시종(侍從)을 통청하는 규례대로 장관 이외에 차당(次堂)은 행하지 못하도록 정식으로 삼자고 건의하여 시행되었다. 《承政院日記 英祖 19年 1月 11日》

346 음관을……같다 : 《대전통편》 〈이전 제수(除授)〉에 있다. 1747년(영조23) 음관으로 판결사, 2품 좌윤이나 우윤에 의망하는 경우 훈신으로 음관을 맡고 있는 사람 및 별도로 조용(調用)된 자 이외에는 반드시 정(正)을 지낸 뒤에야 의망하도록 전조(銓曹)에서 승전(承傳)을 받들어 시행하라고 하였다. 돈녕부 도정에 대한 규정은 1765년에 영의정 홍봉한(洪鳳漢)이 시(寺)의 정을 지낸 음관으로 의망하는 경우에는 이조 판서가 이조의 당상들과 함께 통청하되 음관 판결사를 통청한 전례를 정식으로 삼는 것을 건의하여 시행되었다. 《承政院日記 英祖 23年 7月 25日, 41年 4月 22日》

347 자의(諮議)는……차출한다 : 《속대전》 〈이전 경관직(京官職)〉 세자시강원 조에 있다. 세자시강원 관원 중에서 자의 등의 직임은 동궁(東宮)을 보도(輔導)하는 역할을 하므로 단정하고 학식이 있는 사람을 별천하여 등용해야 한다는 취지에서 1739년(영조15) 우의정 송인명(宋寅明)이 건의하여 시행되었다. 《承政院日記 英祖 15年 3月 22日》

348 유학(幼學)도 구애하지 않는다 : 1722년(경종2) 우의정 최석항(崔錫恒)이 자의를 차출할 때 으레 의망하는 생원이나 진사처럼 유학도 격례에 구애하지 말고 의망해야 한다고 건의하여 시행되었다. 《承政院日記 景宗 2年

제30항 **경연관은 대신(大臣)과 이조의 당상이 모두 빈청에 모여 뽑아서 아뢴다.**[349] 〈증〉

제31항 **대군사부(大君師傅)와 왕자사부는 천거된 사람으로 차출한다.**

1 유학(幼學)도 구애하지 않는다.[350] 〈보〉

제32항 **원자보양관(元子輔養官)과 원손보양관(元孫輔養官)은 대신(大臣)에게 문의하여 계하받는다.**[351] 〈속〉

7月 5日》

349 경연관은……아뢴다 : 《대전통편》〈이전 천거(薦擧)〉에 있다. 1747년(영조23) 초야(草野)에서 독서하는 사람을 불러와서 경연관으로 초계하라는 전교가 내렸다. 《承政院日記 英祖 23年 8月 22日》

350 대군사부(大君師傅)와……않는다 : 《대전통편》〈이전 권설직(權設職)〉을 살펴보면, 대군사부와 왕자사부는 종9품직으로 《대전통편》에서 증설된 관직이다. 1633년(인조11) 이조에서 올린 관리 등용에 대한 거행 사목을 살펴보면 "대군사부, 내시교관, 동몽교관은 법전에 원래 정해진 품계가 없으므로 문관, 음관, 참상, 참하와 초사(初仕)에 구애하지 말고 오직 경학이 있는 사람을 의망하여 차출하는 일."이라는 사목이 있다. 이 내용으로 볼 때 대군사부와 왕자사부는 1633년 이후에도 품계와 상관없이 경학이 있는 사람을 천거받아 의망하였고, 직임에 대한 품계는 《대전통편》에 이르러서 법제화된 것으로 보인다. 《仁祖實錄 11年 7月 12日》

351 원자보양관(元子輔養官)과……계하받는다 : 《속대전》〈속대전보 이전보 경관직(京官職)〉에 있다. 1623년(인조1) 예조에서 원자가 세자로 책봉되지는 않았지만 보양하는 일이 없어서는 안 된다며 대신(大臣)에게 원자보양관을 차출하기를 청하여 4원을 차출하였다. 그 뒤 1643년 이조에서 1623년 원자보양관을 차출한 예대로 원손보양관을 차출할 것을 청하여 4원을 차출하였다. 이후 1689년(숙종15) 대신(大臣)의 건의에 따라 원자보양관으로 명성과 덕망 있는 3원을 차출하여 돌아가며 출입하게 하였다. 1735년(영조11) 7월 12일에는 도제조 김흥경(金興慶)의 건의로 원자보양관 3원이 차출되었

제33항 음관은 수령을 지내지 않았으면 4품에 오르지 못한다.[352] 〈경〉 〈보〉 ❶ 병조도 같다.〈경〉 ❷ 나이가 찬 사람은 구애되지 않는다.

제34항 음관은 본래의 품계보다 품계를 올려 복직(復職)시키지 못한다.[353] 〈보〉

제35항 6품 이상을 승진시켜 서용하라는 승전(承傳)을 받든 경우에는 한 관품(官品)이 올라간 뒤에는 그 승전을 통용하지 못하고, 참외관을 승진시켜 서용하라는 승전을 받든 경우에는 6품이 될 때까지는 통용한다.[354] ❶ 수령을 준직에 제수하라는 승전

는데 이것이 〈속대전보〉에 반영된 듯하다.《仁祖實錄 1年 5月 7日, 21年 7月 25日》《承政院日記 肅宗 15年 7月 18日, 英祖 11年 7月 12日》

352 음관은……못한다 : 《경국대전》 〈이전 경관직(京官職)〉에 "승문원의 관원으로서 사자(寫字)나 이문(吏文)에 특별한 재능이 있는 사람, 홍문관의 관원, 여러 도의 교관과 체아직 이외의 사람은 수령을 거치지 않으면 4품 이상의 품계에 오르지 못한다."라고 하였다. 1440년(세종22) 6품에서 5품에 제수된 자에 이르기까지 수령을 거치지 않은 경우에는 4품에 오를 수 없다는 전지가 처음 내렸다. 《경국대전》의 '승문원의 관원으로서 사자나 이문에 특별한 재능이 있는 사람, 홍문관의 관원, 여러 도의 교관과 체아직 이외의 사람'이 《전율통보》에서는 '음관'으로 바뀌었다. 《世宗實錄 22年 5月 18日》

353 음관은……못한다 : 1605년(선조38) 음관으로 벼슬하다가 파산(罷散)된 사람을 자급을 올려 다시 직임에 제수한 일이 있었는데, 복직할 때 으레 한 자급을 올려 주는 것은 온당치 않다고 사헌부에서 건의하여 자급을 올려 준 사람을 체차하였다. 이후 1607년 죄짓고 파직된 사람을 복직시킬 적에 품계를 올려 주면 공로가 있는 사람은 억울해하고 죄지은 사람은 요행을 바라게 되니, 파직된 사람을 복직시킬 때는 품계를 올려 주지 말자고 사간원에서 건의하여 시행되었다. 《宣祖實錄 38年 11月 26日, 40年 9月 28日》

354 6품……통용한다 : 《속대전》 〈이전 제수(除授)〉에 있다. 1685년(숙종

을 받은 자가 만약 5품이나 6품에 있으면 먼저 4품에 제수한 다음 준직에 제수한다.[355] 〈속〉 **2** 세자익위사의 참외관을 승진시켜 서용하라는 승전을 받은 경우에는 세마(洗馬)는 시직(侍直)으로 올리고, 시직은 부솔(副率)로 올리고, 부솔은 6품으로 올린다.〈보〉

제36항 **대관(臺官)으로 제수할 때는 곧바로 아장(亞長) 자리에 차임하지 못하고, 음로(蔭路)를 통해 제수할 때는 곧바로 군수 자리에 차임하지 못한다.**[356] **1** 무신으로 제수할 때는 곧바로 병사

11) 대간(臺諫)이 건의하여, 승진시켜 서용하라는 승전은 반드시 현재의 한 관품에서 쓰되 관품이 오른 뒤에는 통용하지 못하도록 하였는데 이는 6품 이상에 대한 규정이다. 참외관의 경우에는 승진시켜 서용할 적에 해당 관품에 곧바로 임용되지 못하고 사일(仕日)을 채워야 6품으로 올라가게 되어 불공평하였으므로, 이와 관련하여 지사(知事) 여성제(呂聖齊)가 참외관의 경우는 6품이 될 때까지 전례대로 통용할 것을 건의하여 시행되었다.《承政院日記 肅宗 11年 3月 11日》

355 수령을……제수한다 :《속대전》〈이전 외관직(外官職)〉에 있다. 종6품 현감이나 종5품 현령인 수령을 4품으로 승진시켜 서용하거나 준직으로 승진시켜 서용하라는 승전을 받은 경우 6품에서 4품까지는 품계의 차이가 멀지 않기 때문에 4품으로 승진시켜 서용하면 군수 자리로 옮겨 의망되고, 준직으로 승진시켜 서용하면 곧바로 주(州)나 목(牧)으로 의망되었다. 이 때문에 전조(銓曹)에서는 승전을 대부분 쓰지 않아 나이가 차도록 의망되지 못하는 일이 빈번하게 발생되었다. 이러한 폐단으로 인하여 1706년(숙종32) 지사(知事) 조태채(趙泰采)가 건의하여 시행되었는데 이는 곧바로 준직에 제수하지 말고 먼저 4품 자리에 제수하라는 취지였다.《承政院日記 肅宗 32年 11月 13日》

356 대관(臺官)으로……못한다 :《속대전》〈이전 제수(除授)〉에 있다. 1724년(경종4) 승전(承傳)을 받은 것이다.《承政院日記 景宗 4年 4月 15日》《新補受教輯錄 吏典 京官職》

(兵使)에 차임하지 못하는 것도 같다.〈속〉

제37항 **삼사(三司)의 아장(亞長)**[357]**이 자궁(資窮)이면서 준직(準職)을 거쳤으면 승지에 의망한다.**〈보〉

제38항 **봉상시 정, 종부시 정, 승문원 판교, 통례원 좌통례는 30개월의 근무 기간을 채우면 당상으로 올린다.**[358]〈경〉〈보〉 **1** 좌통례가 자급(資級)이 올라 우통례를 좌통례로 올려 제수하는 경우에는 우통례 때 근무한 삭수(朔數)를 통틀어 계산한다.[359]〈증〉

제39항 **자궁(資窮)이나 아직 준직(準職)을 거치지 않은 경우는 당상으로 오르는 것을 허락하지 않는다.**[360]〈속〉 **1** 묘당이 천망한 경우

357 삼사(三司)의 아장(亞長) : 사헌부 집의, 사간원 사간, 홍문관의 경우 직제학·전한·응교까지를 아장의 범주에 넣었다.

358 봉상시……올린다 : 《경국대전》〈이전〉을 살펴보면 봉상시 정, 종부시 정, 승문원 판교, 통례원 좌통례는 모두 당하관에서 제일 높은 당하 정3품관으로 준직(準職)에 해당된다. 이들 관직이 당상관으로 오를 수 있는 조건에 대해서는 법조문에 명시되지 않았지만 근무한 삭수가 30개월이 찼을 때 가자(加資)하는 것은 조선 초기부터 시행되었다. '30개월의 근무 기간을 채우면'이 《전율통보》에서 추가된 내용이다.

359 좌통례가……계산한다 : 《대전통편》〈이전 경관직(京官職)〉 통례원 조에 있다. 통례가 30개월의 근무 기간을 채우는 일이 매우 드문 데다가 좌통례는 곧바로 당상관에 오르고 우통례는 자급이 오르지 못하여 좌통례와 우통례가 당상관으로 오를 수 있는 조건이 매우 달랐다. 이에 정조가 1780년(정조4) 우통례가 좌통례로 옮겨 제수되는 경우에는 우통례 때 근무한 삭수를 통틀어 계산하도록 전교하였다.《承政院日記 正祖 4年 10月 3日》

360 자궁(資窮)이나……않는다 : 《속대전》〈이전 제수(除授)〉에 있다.

는 그렇지 않다.[361] **2** 당상으로 가자(加資)하라는 승전을 받은 자가 아직 준직을 거치지 않았고 자궁도 아니면 계품하여 임금의 뜻을 여쭌 뒤에 하비(下批)한다.[362] 〈증〉

제40항 명관(名官)으로서 잘 다스렸거나 진휼을 잘하여 가선대부로 올려야 하는 경우는 묘당에 의논한 뒤에 복계(覆啓)한다.[363]

제41항 가선대부 이상은 변품(變品)하여 초자(超資)하지 못한다.[364] 〈속〉

1624년(인조2) 이조가 건의하여 정식으로 삼아 시행되었다.《承政院日記 仁祖 4年 10月 2日》《新補受教輯錄 吏典 京官職》

361 묘당이……않다 : 《대전통편》〈이전 제수(除授)〉에 있다.

362 당상으로……하비(下批)한다 : 《대전통편》〈이전 제수(除授)〉에 있다. 당하관은 품계로 자궁이 되고 관직으로 준직을 거쳐야 당상관으로 가자되어 정3품 상계인 통정대부나 절충장군이 될 수 있었다. 그런데 그렇지 못한 사람이 상전(賞典)을 입어 가자하라는 승전을 받들게 되면 전조(銓曹)에서 "자궁도 아니고 준직도 아닙니다. 어떻게 해야겠습니까?[未資窮, 未準職. 何以爲之?]"라고 여쭈어 가자하라는 전교를 받은 다음에 하비하도록 한 것이다. 《대전통편》이 편찬되기 전까지 전례대로 시행되던 것이 《대전통편》에서 법제화된 듯하다.《承政院日記 肅宗 1年 2月 3日》

363 명관(名官)으로서……복계(覆啓)한다 : 《속대전》〈이전 제수(除授)〉에 있다. 1736년(영조12) 좌의정 김재로(金在魯)가 잘 다스렸거나 진휼을 잘하여 가선의 품계에 올려 주어야 할 명관에 대해서는 전조(銓曹)에서 묘당에 통의(通議)한 뒤에 복계할 것을 건의하였다. 이 내용이 《속대전》에 반영되었다.《承政院日記 英祖 12年 5月 30日》

364 가선대부……못한다 : 《속대전》〈이전 노인직(老人職)〉에 있다. 1719년(숙종45) 임금이 기로소에 들어가는 경사를 맞이하여 이이명(李頤命)이 조관(朝官)으로 70세 이상이 된 사람과 사서인(士庶人)으로 80세 이상이 된 사람을 모두 가자(加資)할 것을 건의하였다. 이 일과 관련하여 우의정 이건명(李健命)이 차자(箚子)를 올려 조신(朝臣) 4품 이상은 70세로 한정하고 5

제42항 정경(正卿)을 지낸 사람 이외에는 보국숭록대부를 허락하지 않는다.[365] 〈증〉

제43항 정1품은 종2품의 직임에 낮추어 의망하지 못한다. 1 동지경연사, 동지춘추관사, 동지성균관사, 부빈객 같은 부류이다. 2 대사헌에는 종1품도 의망하지 못한다.[366] 〈보〉

품 이하에서 사서인까지는 80세로 한정할 것을 건의하여 시행되었다. 그 뒤 1723년(경종3) 이태좌(李台佐)가 시종신(侍從臣)의 아버지에게 변품하여 초자하는 일을 막을 것을 건의하여 허락받은 일이 있었지만 영조 대에 와서도 전례를 들어 변품하여 가자하는 일이 계속되었다. 그로 인하여 1744년(영조20) 영의정 김재로(金在魯)가 1719년 이건명이 건의하여 결정한 것을 해당 조(曹)로 하여금 살펴 계품하게 한 뒤 거행하자고 건의하여 시행되었다. 이 내용이 《속대전》에 반영되었다. 《承政院日記 肅宗 45年 2月 13日·14日, 景宗 3年 6月 11日, 英祖 20年 9月 10日》

365 정경(正卿)을……않는다 : 《대전통편》 〈이전 노인직(老人職)〉에 있다. 1765년(영조41) 장수한 나이에 해당하여 은전(恩典)을 입고 수직(壽職)으로 등급을 뛰어넘어 보국숭록대부에 이르는 자가 있게 되었다. 이로 인하여 영의정 홍봉한(洪鳳漢)이 보국숭록대부는 함부로 주어서는 안 되는 품계이므로 한정을 두어야 한다고 건의하여, 영조가 정경을 지내지 않은 사람은 보국숭록대부를 허락하지 않는 것을 영원한 법식으로 삼게 하였다. 《英祖實錄 41年 2月 5日》

366 대사헌에는……못한다 : 1514년(중종9) 내린 전교에 "대사헌 성몽정(成夢井)이 병으로 정사(呈辭)하였으니 체차하라. 옛날에 대사헌은 정2품이나 종1품 가운데 명망이 있고 일에 정통한 사람을 임명하였으니, 이러한 뜻을 이조에 말하라."라고 한 것으로 볼 때 종1품도 종2품직인 대사헌에 임명한 것을 알 수 있다. 그런데 1776년(정조 즉위년) 영의정 김양택(金陽澤)이, 종1품인 박상덕(朴相德)이 종2품직인 대사헌을 맡고 있을 적에 품계가 높고 관직이 낮아 겸 대사헌이 되어야 하는데 대사헌은 겸임하는 직임이 아니라고 하여 체차하도록 탑전 하교(榻前下敎)를 내었다. 이 사례로 볼 때 정조 이전부터 종1품을 대사헌에 의망하지 못한 듯하다. 《中宗實錄 9年 10月 11日》

제44항 4품을 거쳤으면 이조와 병조의 낭청에 의망하지 못한다.[367]

제45항 육조와 양사(兩司)는 본사(本司)에서 우위(右位 상위)를 지냈으면 하위(下位)에 제수하지 못한다.[368] 〈증〉 **1** 다른 관사는 구애되지 않는다.

제46항 보국숭록대부는 대신(大臣)과 함께 같은 아문에 있지 않는다.[369] **1** 제조와 도제조, 참찬과 의정 같은 부류이다. 찬성, 비변사 당상, 선혜청 당상, 군기시 제조는 구애되지 않는다.[370] 〈보〉

제47항 승지는 외임(外任)까지 아울러 의망하지 않는다.[371] 〈속〉 **1** 무승

《承政院日記 正祖 卽位年 4月 14日》

367 4품을……못한다 : 《대전통편》 〈이전 제수(除授)〉에 있다.

368 육조와……못한다 : 《대전통편》 〈이전 제수(除授)〉에 있다. 육조와 사헌부, 사간원의 경우는 같은 관사의 직임에 제수할 때 전에 맡은 관직보다 낮은 관직에 제수하지 못한다는 규정이다.

369 보국숭록대부는……않는다 : 보국숭록대부와 대신(大臣)은 정1품으로 같은 아문에 있을 경우 좌차(座次)가 편치 않으므로 같은 아문에 있지 않게 하였다.

370 제조와……않는다 : 제조가 정1품 보국숭록대부에 올라 도제조와 같은 품계가 되거나 의정부 참찬이 정1품 보국숭록대부에 올라 의정과 같은 품계가 되는 경우를 말한다. 의정부 찬성, 비변사 당상, 선혜청 당상, 군기시 제조가 보국숭록대부에 오른 경우는 구애되지 않았다.

371 승지는……않는다 : 효종과 현종 때에는 승지를 의망할 때에 외임(外任)까지 모두 포함한 규례가 있었지만 숙종 때에는 규례대로 외임을 다 의망할 수 없어 반드시 임금의 하교를 거쳐 의망하였다. 1722년(경종2) 이조판서 이조(李肇)가 승지에 의망할 사람이 서울에 있는 사람으로 부족할 때는 외임까지 아울러 의망하였지만 지금은 의망할 사람이 이미 넉넉하고 외

지(武承旨)를 통의(通擬)할 경우에는 외임이라도 계청한다.[372]

제48항 삼사(三司), 세자시강원, 대사성에 외임(外任)으로 있는 사람을 의망할 경우에는 계청한다.[373] **1** 겸찰방(兼察訪)은 곧바로 내직에 의망한다.[374] 〈증〉

제49항 부제학은 시임(時任) 전관(銓官)이라도 계청하여 의망한다.[375] 〈속〉

제50항 참찬을 형조 판서, 공조 판서, 판윤으로 의망할 때에는 계청한다. 〈보〉

제51항 판의금부사, 정경(正卿), 승지, 삼사(三司), 세자시강원, 세손강

임은 먼 곳에 있으니 이후로는 외임을 의망하지 말자고 건의하여 시행되었다.《承政院日記 景宗 1年 12月 28日, 2年 6月 14日》

372 무승지(武承旨)를……계청한다 : 숙종 때에 영의정 최석정(崔錫鼎)의 건의로 승지 가운데 한 자리를 무신으로 차출하도록 신칙했지만 실제 무신이 승지로 차임된 경우가 드물었다. 1728년(영조4) 숙종이 신칙한 일을 근거로 승지 한 자리를 무신 가운데서 차출하도록 하였다. 1735년 이비(吏批)가 무신을 통틀어 의망할 때에 외임까지 의망할지를 계청하였는데, 이것이 전례가 되었다가《대전통편》을 편찬할 때 법제화된 듯하다.《承政院日記 肅宗 27年 7月 9日, 英祖 4年 2月 2日·11年 4月 25日》

373 삼사(三司)……계청한다 :《대전통편》〈이전 제수(除授)〉에 있다.

374 겸찰방(兼察訪)은……의망한다 :《대전통편》〈이전 제수(除授)〉에 있다.

375 부제학은……의망한다 : 1703년(숙종29) 받든 승전(承傳)이다.《受教新補 吏典 京官職》

서원, 이조의 참판과 참의는 구전 정사로 차출할 수 없다.[376]

⟨속⟩⟨증⟩⟨보⟩ **1** 감사(監司)도 같다.[377] ⟨증⟩

제52항 **주서, 이조의 낭관·참의·참판, 남상(南床), 동벽(東壁), 자의, 진선, 찬선, 권독, 유선, 사업, 좨주에 삼망을 갖추어 의망할 사람이 부족하면 이망(二望)으로 하거나 단부(單付)한다.**[378]

⟨속⟩⟨증⟩⟨보⟩

376 판의금부사……없다 : '정경을 구전 정사로 차출할 수 없다'는 것은 《속대전》〈이전 제수(除授)〉의 규정이다. 《신보수교집록》을 보면 1723년(경종3) "정경은 구전 정사로 차출하는 규례가 없다."라고 한 승전(承傳)이 있는데 이것이 《속대전》에서 법제화된 듯하다. '판의금부사, 삼사, 세자시강원, 세손강서원, 이조 참판과 참의를 구전 정사로 차출할 수 없다'는 것은 《대전통편》〈이전 제수〉의 규정이다. 《승정원일기》를 살펴보면 이 규정과 달리 삼사의 홍문관 및 세자시강원, 세손강서원, 이조 참판과 참의를 구전 정사로 차출하라고 한 기사가 있다. 《대전통편》을 편찬할 때 해당 관직들을 구전 정사로 차출할 수 없다는 내용이 법제화된 듯하다. 《新補受教輯錄 吏典 京官職》

377 감사(監司)도 같다 : 《대전통편》〈이전 제수(除授)〉에 있다.

378 주서……단부(單付)한다 : 주서에 의망할 사람이 부족하면 이망으로 하거나 단부한다는 것은 《속대전》〈이전 경관직(京官職)〉 승정원 조에, 남상에 의망할 사람이 부족하면 단부한다는 것은 《속대전》〈이전 경관직〉 조에, 진선과 찬선의 경우 단부한다는 것은 《속대전》〈이전 경관직〉 세자시강원 조에, 사업과 좨주의 경우 단부한다는 것은 《속대전》〈이전 경관직〉 성균관 조에, 권독과 유선의 경우 단부한다는 것은 《대전통편》〈이전 경관직〉 세손강서원 조에 있다. 이조의 낭관·참의·참판 및 동벽에 대한 조문은 《전율통보》에서 추가된 것이다. 《신보수교집록》을 보면 주서를 의망할 때 이망이나 단망으로 하라는 승전(承傳)은 1702년(숙종28) 내려졌고, 남상을 의망할 때 단부하라는 승전은 1718년과 1728년(영조4) 두 차례 내려졌다. 《新補受教輯錄 吏典 京官職》

제53항 **이조 판서, 병조 판서, 호조 판서, 삼군문(三軍門)의 대장,[379] 수어사, 총융사, 유수, 함경 감사, 평안 감사, 통제사, 평안 병사(平安兵使), 북병사, 광주 부윤, 의주 부윤, 동래 부사, 제주 목사는 묘당에서 천망(薦望)한다.[380]** 〈속〉〈증〉 ❶ 시임(時任) 의정이 유고할 때에는 원임(原任) 의정이 거행한다.[381] 〈속〉 ❷ 장임(將任)과 외관(外官)은 하비(下批)한 뒤에 이조와 병조에서 단부(單付)한다. 〈보〉

제54항 **의정이 의정에 제수되기 전에 대제학을 겸하고 있던 경우는 그대로 겸임한다.** 〈속〉

제55항 **의정에 제수되기 전에 제조 2인이 있는 관아의 제조를 겸하고 있던 경우는 이조에서 계청하여 그대로 겸임한다.[382]** 〈보〉

379 삼군문(三軍門)의 대장 : 삼군문은 훈련도감, 금위영, 어영청의 세 군영 아문(軍營衙門)을 이른다. 본서 〈이전 경관직(京官職)〉 7항 비변사(備邊司) 참조.

380 이조……천망(薦望)한다 : 이조 판서, 병조 판서, 호조 판서, 수어사, 총융사, 양계(兩界)의 감사, 통제사, 평안 병사, 북병사, 광주 부윤, 의주 부윤, 동래 부사, 삼군문의 대장 가운데 훈련도감 대장과 어영청 대장, 유수에 대한 것은 《속대전》 〈이전 천거(薦擧)〉의 규정이다. 유수의 경우 《속대전》에는 '양도(兩都)의 유수'로 되어 있는데 《전율통보》에는 '유수'로 되어 있다. 삼군문의 대장 가운데 금위영 대장과 제주 목사에 대한 것은 《대전통편》 〈이전 천거〉의 규정이다.

381 시임(時任)……거행한다 : 《속대전》 〈이전 천거(薦擧)〉에 있다.

382 의정에……겸임한다 : 1678년(숙종4) 영의정 허적(許積)이 건의하여 내려진 수교이다. 상의원 제조를 맡고 있던 민희(閔熙)가 우의정에 제수되었을 때 제조가 1인인 아문은 정승이 된 뒤에 그대로 맡을 수 없지만 제조가 2인인

제56항 **대제학을 지낸 적이 있는 사람은 비록 제학이 되더라도 사직하여 체차될 수 없다.**[383]

제57항 **부제학과 승지가 동지경연사를 겸임한 경우는 동지경연사를 감하한다.**[384] 〈속〉 **1** 부제학과 승지가 동지춘추관사를 겸임한 경우는 수찬관을 감하한다. 도승지가 예문관 제학을 겸임한 경우는 예겸(例兼)인 직제학을 감하한다.[385]

아문은 내각(內閣)에 들어온 뒤라도 일제조(一提調)를 그대로 맡는 것이 전례임을 들어 건의하였다. 《전율통보》 편찬 때를 기준으로 제조가 2인인 아문은 제언사, 외각(外閣), 종부시, 상의원, 사복시, 군기시, 선공감, 장악원, 전의감, 사역원, 조지서, 혜민서, 훈련도감이다. 《承政院日記 肅宗 4年 4月 13日》

383 대제학을……없다 : 1733년(영조9) 좌의정 서명균(徐命均)이 건의하여 시행되었다. 대제학을 지낸 사람을 제학에 임명하지 않는 것은 옛 제도가 아닌데도 사임된 전례를 끌어대어 체차를 청하는 일이 있었다. 이에 서명균이 문충공(文忠公) 이정귀(李廷龜)와 자신의 아버지 서종태(徐宗泰)가 대제학을 지낸 뒤 제학이 된 전례를 들어 건의하였다. 《承政院日記 英祖 9年 7月 15日》

384 부제학과……감하한다 : 《속대전》 〈이전 경관직(京官職)〉에는 '승지'가 '도승지'로 되어 있다. 1682년(숙종8) 이조 판서 이숙(李翻)이, 경연관으로 입시할 때에 동지경연사의 자리는 서벽(西壁)에 있고 부제학과 도승지의 자리는 남쪽 줄인데 부제학과 도승지가 동지경연사를 겸임한다면 남쪽 줄에 앉아서도 안 되고 참찬관의 반열에도 방해되어 경연에 입시할 수 없으니 격식을 정해야 한다고 건의하였다. 또한 좌의정 민정중(閔鼎重)도 부제학과 도승지가 동지경연사를 겸임한다면 참찬관을 감하하기 때문에 참찬관의 반열에 함께 참석할 수 없고 좌차(坐次)에 방해되기 때문에 동지경연사의 반열에도 참석하지 못하는데, 부제학이 옥당의 장관으로서 경연에 참석할 수 없는 것은 체례(體例)에 있어서도 온당치 않다고 하였다. 이러한 건의로 내린 수교이다. 《承政院日記 肅宗 8年 2月 11日》

385 부제학과……감하한다 : 수찬관은 승정원 승지와 홍문관 부제학이 겸임한다. 부제학이나 승지로 임명되기 전에 종2품인 동지춘추관사를 맡고 있

제58항 **부제학이 홍문관 제학에 제수되면 부제학을 체차하고, 홍문관 제학이 부제학에 제수되면 홍문관 제학을 체차한다.**[386] ❶ 동지성균관사와 대사성의 경우도 같다.[387]

제59항 **의금부 당상이 형조에 제수되면 의금부의 직임을 체차하고, 형조 당상이 의금부에 제수되면 형조의 직임을 체차한다.**[388]

제60항 **장신(將臣)은 양사(兩司)의 장관을 겸임할 수 없다.** ❶ 삼사(三司)의 장관은 의금부의 직임과 총관(摠管)을 겸임할 수 없다. 〈증〉 ❷ 승지와 병조의 당상은 총관을 겸임할 수 없다. 승지로서 내의원의 직임을 겸임한 자는 또한 의금부의 직임을 겸임할

었을 경우에는 부제학과 승지가 겸임하는 춘추관 수찬관이 당상 정3품직으로 하위 관직이기 때문에 하위 관직을 감하한다. 도승지로 임명되기 전에 종2품인 예문관 제학을 맡고 있었을 경우에는 도승지가 예겸하는 예문관 직제학이 당하 정3품직으로 하위 관직이기 때문에 하위 관직을 감하한다.

386 부제학이……체차한다 : 홍문관의 종2품 제학과 당상 정3품 부제학은 겸임할 수 없기 때문에 품계와 상관없이 이전에 제수된 관직을 체차한다는 규정이다.

387 동지성균관사와……같다 : 성균관의 종2품 동지성균관사와 당상 정3품 대사성은 겸임할 수 없기 때문에 품계와 상관없이 이전에 제수된 관직을 체차한다는 규정이다.

388 의금부……체차한다 : 1630년(인조8) 지의금부사 한여직(韓汝稷)이 형조 판서에 제수된 뒤 차자(箚子)를 올려 형조의 관원이 의금부 당상직을 겸임할 수 없으므로 지의금부사를 체차해 줄 것을 청하였다. 이 일과 관련하여 이조에서 형조와 의금부는 모두 형옥 아문(刑獄衙門)이라 서로 겸임할 수 없는 것이 전례라 하며 차자의 내용대로 시행할 것을 계청하여 윤허받았다. 《承政院日記 仁祖 8年 3月 15日》

수 없다.[389] 〈보〉

제61항 시임 대신(時任大臣)의 아들이 비국의 제조가 되면 체차해 준다. ❶ 예겸(例兼)은 그렇지 않다.

제62항 지의금부사가 1품으로 오르면 판의금부사로 하비(下批)한다. ❶ 현재 판의금부사를 맡고 있는 사람이 있더라도 구애되지 않는다.

제63항 도승지가 자헌대부로 오르면 겸도승지로 하비(下批)한다. 〈증〉 ❶ 그대로 지중추부사에 붙인다.[390] 〈보〉

제64항 복상(卜相)할 때 시임 대신(時任大臣)이 없으면 원임 대신(原任大臣)이 입시하여 이전의 망단자에 낙점을 받는다. 추가로 복

389 승지와……없다 : 내의원 부제조는 승지가 겸임하는 자리로 임금의 몸을 보호하는 일을 관장하므로 죄인을 다루는 의금부의 직임을 겸임할 수 없도록 한 것이다. 의금부 당상을 맡고 있다가 승지로 임명되었을 경우에도 임금에게 보고하였다.《銀臺便攷 通攷 承旨》

390 그대로 지중추부사에 붙인다 : 1782년(정조6) 도승지가 정2품인 자헌대부로 오르면 겸도승지에게 추함(樞銜)을 줄 것인지 군함(軍銜)을 줄 것인지를 결정하라는 전교가 내렸으나 이것이 결정되지는 못하였다. 이후 1786년 병조에서 1782년 당시 대신(大臣)들에게 수의(收議)한 것을 상고하여, 본래 겸임하는 직책이 아니지만 실직(實職)으로 겸임하는 경우가 많은 대사성처럼 이 뒤로 자헌대부로 오른 도승지는 지중추부사에 단부하고 도승지를 겸임하도록 할 것을 건의하여 시행되었다.《承政院日記 正祖 6年 12月 9日, 10年 4月 25日》

상하는 일은 시임 대신이 출사하기를 기다린다.[391] 〈증〉

제65항 **대제학 권점(大提學圈點)은 전임 대제학과 의정, 의정부의 서벽(西壁),** ❶ 동벽(東壁)이 있으면 참석한다. '서벽'이라고 말한 곳은 모두 같다. **육조의 장관(長官), 판윤이 회권(會圈)하여 낙점을 받는다.** ❷ 전임 대제학이 천거 단자(薦擧單子)에 이름을 써내면 의정 이하가 권점하되 -❶ 전임 대제학을 후보자로 넣을 경우에는 도당(都堂)에서 이름을 쓰고 권점한다.- 자급을 막론하고 낙점의 많고 적음에 따라 차례를 만든다. 〈보〉 ❸ 전임 대제학이 없으면 의정으로서 문형을 지낸 사람에게 사관(史官)을 보내어 천거를 받는다.

제66항 **경연 특진관(經筵特進官)은 문관, 무관, 음관 2품 이상에서 뽑아 아뢴다.** ❶ 옥당의 장관(長官)이 뽑는다. 의정부, 육조, 한성부의 당상을 거치지 않았으면 뽑지 않는다.[392] 〈속〉

제67항 **지제교는 문관 당상 이하, 6품 이상에서 뽑아 아뢴다.**[393] 〈경〉

391 복상(卜相)할……기다린다 : 1783년(정조7) 내린 전교이다. 《承政院日記 正祖 7年 6月 2日》

392 경연……않는다 : 《대전속록》의 "2품 이상 문신 및 비록 문신은 아니더라도 일찍이 의정부, 육조, 한성부의 당상관을 지낸 사람을 특진관이라 부르고 경연마다 2원이 참석한다."라는 내용이 《속대전》에 수록되었다.

393 지제교는……아뢴다 : 《경국대전》 〈이전 경관직(京官職)〉 홍문관 조와 《대전통편》 〈이전 경관직〉 홍문관 조에 있다. 《경국대전》에서 "부제학에서 부수찬까지의 관원이 또 지제교를 겸임한다.-문관 6품 이상을 가려 차임한

〈증〉〈보〉 ❶ 대제학이 뽑되 이조 판서와 상의한다.[394]〈증〉 ❷ 호당(湖堂)도 같다. 단 당하에서 뽑고, 예조 판서도 참석한다.

제68항 **옥당의 본관록**(本館錄)**은 부제학과 동벽**(東壁) **및 옥당이** ❶ 2원을 갖춘다. **회권**(會圈)**하여** ❷ 유배되었거나, 삭출(削黜)되었거나, 고향으로 돌려보냈거나, 사판(仕版)에서 삭제되었거나, 삭직되었거나, 고신(告身)을 빼앗겼거나, 유배되었다가 풀려났거나, 금고(禁錮)되었거나, 영구히 서용하지 말도록 하였거나, 영구히 관직에 제수하지 말도록 한 경우 외에 파직하고 서용하지 말도록 하였거나, 직첩(職牒)을 돌려주었거나, 상중인 사람은 구애되지 않는다. **차점 이상을 취한다. 도당록**(都堂錄)**은 의정,** ❸ 영의정이 참석하지 않으면 좌의정과 우의정이 한다. **정부의 서벽**(西壁)**, 관각**(館閣)**의 당상,** ❹ 문형이 참석하지 않으면 홍문관 제학이 한다. **이조의 당상이 회권하되, 역시 차점 이상을 취하여 의망해서 제수한다.** ❺ 영의정이 참석하지 않으면 반드시 문형이 있어야 하고, 문형이 참석하지 않으면 반드시 영의정이 있어야 행한다.〈보〉

다.-"라고 한 것과 《대전통편》에서 "지제교는 부제학 이하의 관원이 겸직하면 내지제교(內知製敎)라고 하고, 대제학과 이조 판서가 서로 상의하여 6품 이상 관료를 별도로 뽑아서 임금에게 보고하면 외지제교(外知製敎)라고 한다. 통정대부에 이르기까지 겸임한다."라고 한 것을 《전율통보》에서 편집하였다.

394 대제학이……상의한다 : 《대전통편》 〈이전 경관직(京官職)〉 홍문관 조에 있다.

제69항 **한림 회권(翰林會圈)은 시임(時任) 한림 및 한림을 지낸 사람이 회권하여** 〈속〉 ❶ 3원 이상이 한다. 〈증〉 **차점 이상을 취하며,** ❷ 회권이 실패하면 대신(大臣)과 관각(館閣)의 당상이 다시 권점(圈點)한다. **소시(召試)를 보여** ❸ 영춘추관사, 감춘추관사, 관각의 당상 및 옥당이 참석하여 고시(考試)한다. ❹ 한림 회권에 든 사람 중 상중인 사람이나 파직된 사람은 추후에 소시를 보인다. 〈속〉 **선발된 차례에 따라 단부한다.**[395]

제70항 **주천(注薦)은 주서를 지낸 사람들이 각기 2인을 천거하여 천거한 차례대로 의망한다.**[396] 〈속〉 〈보〉

395 한림……단부한다 : 한림 회권을 행하는 절차이다. 《속대전》 〈이전 경관직(京官職)〉에 "한림 권점(翰林圈點)은 홍문록(弘文錄)의 예에 따라 실시하되 참외 인원 중에서 방목(榜目)을 살펴 후보자를 골라 써내면 현직 한림과 전직 한림이 함께 모여 권점을 행하여 차점 이상자를 고른다. 송나라의 관직(館職) 소시(召試)의 예를 모방하여 영사(領事), 감사(監事), 관각, 춘추관의 당상관, 옥당 인원들이 과차(科次)를 참고해 삼하(三下) 이상인 자를 뽑고, 뽑힌 자들은 시험의 등급에 따라 관직을 받는다."라고 하였다. 이 조문을 《전율통보》 편찬자가 편집하고 〈보〉로 표기하였다. 한림은 예문관의 정7품 봉교 2명, 정8품 대교 2명, 정9품 검열 4명을 통틀어 부르는 이름으로, 이들을 '팔한림(八翰林)'이라고도 불렀다. 한림의 선발은 전임자의 추천에 의해 이루어지다가, 1741년(영조17) 영조가 자기 당파의 사람만을 추천하는 폐단을 지적하고 권점과 소시를 병행하여 선발하는 방식으로 바꾸었다. 《承政院日記 英祖 17年 4月 29日, 5月 19日·29日, 7月 11日, 9月 12日》

396 주천(注薦)은……의망한다 : '천거한 차례대로 의망한다'는 것은 《속대전》 〈이전 경관직(京官職)〉 승정원 조에 있는 내용이고, '주서를 지낸 사람들이 각기 2인을 천거한다'는 것은 《전율통보》에서 추가된 내용이다. 1673년(현종14) 사간원 계사에 '주서의 선발은 주서를 지낸 사람에게 천거를 받아 천거한 차례대로 의망하는 것이 300년 동안 전해 내려온 규례'라는

제71항 **분관(分館)은 승문원의 상박사(上博士)** ❶ 상박사가 사정이 있으면 다음 관원이 분관한다.[397] 〈속〉 **이하가 회권(會圈)하여 차점 이상을 뽑아 승문원에 예속시키고, 권점(圈點) 결과 기록을 이조에 이송하면 판서 이하가 회의하여 성균관과 교서관에 예속시킨 다음** ❷ 홍점(紅點)이 있으면 성균관에, 홍점이 없으면 교서관에 예속시키되 오르내릴 수 있다.〈보〉 **삼관(三館)의** ❸ 승문원, 성균관, 교서관이다. **권지(權知)로 나누어 차임한다.**[398] 〈경〉 ❹ 승문원 도제조와 제조가 3원을 갖춘 다음 간택 좌기(揀擇坐起)를 행한다. 분관하기에 합당하지 않은 급제자나 단계를 내려 분관한 데 대해 억울해하는 사람은 임금에게 여쭈어 조용(調用)한다.〈보〉

제72항 **구임(久任)은 그 관사의 제조와 해당 조의 당상이 함께 마련하여 이조에 공문을 보내면 이조에서 계문하고 장부에 기록해 둔다.**[399] 〈속〉 ❶ 《경국대전》 법에는 여러 각 관사에 거의 다 구

말이 나오고, 1675년(숙종1) 1월 19일 소대(召對) 때 검토관(檢討官) 이하진(李夏鎭)이 아뢴 내용 가운데 '전임 주서가 2인을 천거한 전례가 있다'는 말이 보인다. 이러한 기사 내용을 살펴볼 때 이 규정은 조선 건국 때부터 관례적으로 시행되던 것을 《속대전》에서 반영하였고 나머지를 《전율통보》에서 반영한 듯하다. 《承政院日記 顯宗 14年 6月 13日, 肅宗 1年 1月 9日》

397 상박사가……분관한다 : 《속대전》 〈이전 경관식(京官職)〉 승문원 조에 "상박사가 실제 일이 있으면 다음 관원이 분관한다."라고 하였다. 이 조문은 1686년(숙종12) 영의정 김수항(金壽恒)이 건의하여 시행되었다. 《承政院日記 肅宗 12年 12月 13日》

398 삼관(三館)의……차임한다 : 《경국대전》 〈이전 제과(諸科)〉에 있다.

399 구임(久任)은……둔다 : 《속대전》 〈이전 고과(考課)〉에 있다. 구임 인

임 인원이 있었으나 지금은 폐지되었다. 구임 낭청은 대령하라는 명이 있으면 비변사, 선혜청, 호조, 병조, 형조, 한성부, 성균관, 사복시, 군자감, 장악원, 광흥창, 삼군문의 구임 낭청-1 종사관이다.-이 대령한다.〈보〉

제73항 **종실은 대수(代數)가 다하기 전에는 적자와 서자의 차이가 없다. 그러므로 그 자손들이 문과에 급제하면 홍문록(弘文錄)으로, 무과에 급제하면 선전관천(宣傳官薦)으로 들어가는 것을 막지 않는다.**〈속〉

제74항 **양첩(良妾)과 천첩(賤妾)의 자손은 품계를 한정하여 서용한다.**[400] 1 문과에 급제한 사람은 교서관에 분관하고, 무과에 급제한 사람은 부장천(部將薦)이나 수문장천(守門將薦)에 들게 하는 것을 전례대로 하고 고치지 않는다. 각 능(陵)·각 전(殿)·종묘서·사직서·종부시 등 오상사(五上司)의 낭관, 사헌부 감찰, 의금부 도사, 오부 도사, 오위도총부(五衛都摠府)의 관직과 훈련원 부정은 허용하지 않는다. 문관 참상관은 호조, 형조, 공조의 정랑과 좌랑이 되는 것을 허용한다. 해당 관사의 판관 이하에는 무관이나 음관을 임명하더라도 무방하다. 문관 참상관은 직강(直講)까지 허용하고, 무관 참상관은 중추부의 관직과

원은 정해진 임기 없이 장기 근속할 수 있는 관직자이다. 직무의 성격상 자주 교체하는 것이 적당하지 않은 직임을 맡았다.

400 양첩(良妾)과……서용한다 : 《대전통편》 〈이전 한품서용(限品敍用)〉에 있다. 1777(정조1)에 내린 수교이다.

우후(虞候)까지 허용한다. 오위장은 문관, 음관, 무관 모두 무방하다. 문관이나 무관 당하관은 부사(府使)까지 허용하고, 당상관은 목사까지 허용한다. 생원이나 진사인 음관은 군수까지 임명되는 것을 허용하는데 치적이 있으면 부사(府使)까지 허용한다. 생원이나 진사가 아닌 음관 및 인의(引義)로 임명되었던 무과 출신은 현령까지 허용하는데 치적이 있으면 군수까지 허용한다. **2** 문장과 학식, 덕행과 의리가 뛰어난 자나 재능 및 기량과 치적이 뚜렷한 자는 특별히 감별하여 녹용(錄用)하되 묘당과 전조(銓曹)에서 임금의 뜻을 여쭈어 시행한다. 병조도 같다. **3** 《경국대전》에는 2품 이상 양반의 양첩 자손은 사역원, 관상감, 전의감, 내수사, 혜민서, 도화서, 주학[籌學 산학(算學)], 율학 등에 재능에 따라 서용하는 것을 허용하였다. 그러나 과거에 급제하여 벼슬할 수 있는 길이 열린 이후부터는 사역원 이하의 여러 관사에 서용하는 법은 폐지되었다. 오직 관상감에만 아직도 사족(士族)의 서자손(庶子孫)이 있다.〈증〉

제75항 종묘서, 사직서, 각 능, 경모궁, 종부시, 사옹원, 오부의 참외관으로서 중인이나 서얼이 6품으로 오를 차례가 되면 올려 6품으로 천전(遷轉)시킨 뒤에 다른 관사의 관직으로 바꾸어 차임한다. 상서원의 경우는 그 차례를 바꾸어 의망한다.[401] 〈속〉〈증〉

1 품계를 한정하여 서용한 뒤에 사옹원이나 상서원의 관원 및

401 종묘서……의망한다 : 경모궁에 대한 것만 《대전통편》〈이전 제수(除授)〉의 규정이고, 나머지는 모두 《속대전》〈이전 제수〉의 규정이다.

오부의 영(令)은 서얼의 경우 의망하여도 무방하다.[402] 〈증〉〈보〉

제76항 **관직을 제수할 자에 대해서는 해유(解由)를 살펴본다.**[403] ❶ 병조도 같다. ❷ 제주 목사는 그렇게 하지 않는다.[404] 〈경〉 ❸ 해유가 나오지 않은 사람은 실직에는 의망될 수 없고 겸직에는 해유에 구애되지 않되 겸찰방은 그렇지 않다.[405] 〈증〉 ❹ 수령이 비록 다른 고을로 옮겨 갔더라도 처음 고을에 대한 해유가 나오기 전이면 다시 다른 고을로 옮길 수 없다. 〈보〉 ❺ 해유에 구애되지 말라고 한 경우는 특교(特教)가 있거나 계청하였거나 상관없이 해당 관직 외에는 의망될 수 없다.[406] ❻ 월봉(越俸) 1등(等) 이상의 처분을 받은 자는 외임(外任)으로 제수될 수 없으나 도사와 변지의 부록과(付祿窠)에는 구애되지 않는다.[407] 〈증〉

제77항 **의금부에 내려 추고하도록 하는 처분을 받은 사람은 의금부에**

402 품계를……무방하다 : 《대전통편》 〈이전 제수(除授)〉에 "사옹원, 오부, 상서원은 6품으로 오를 차례가 되면 무방하다."라고 하였다.

403 관직을……살펴본다 : 《경국대전》 〈이전 해유(解由)〉에 있다. 해유는 벼슬을 그만둔 관원이 재임할 때 관리하던 물품 등을 후임자에게 이상 없이 인계하였음을 증명하는 절차, 또는 그런 과정을 거쳐서 발급받은 문서를 가리킨다. 이조와 병조에서 관직을 제수할 때 후보를 선발하면서 당사자의 해유가 정상적으로 발급되었는지를 살폈다.

404 제주……않는다 : 《경국대전》 〈이전 해유(解由)〉에 있다.

405 해유가……않다 : 《대전통편》 〈이전 해유(解由)〉에 있다.

406 해유에……없다 : 《대전통편》 〈이전 해유(解由)〉에 있다.

407 월봉(越俸)……않는다 : 《대전통편》 〈이전 고과(考課)〉에 있다.

서 조율(照律)하기 전에는 천거하여 의망하지 못한다.[408] 〈속〉

제78항 **대신(大臣)에게 물어서 차출할 경우는 파직된 사람이거나 해유(解由)가 나오지 않은 사람도 의망할 수 있지만 계품해야 한다.** 〈증〉

제79항 **장리(贓吏)의 아들과 손자는 의정부, 육조, 한성부, 사헌부, 개성부, 승정원, 사간원, 경연, 시강원, 춘추관, 지제교, 종부시, 관찰사, 도사, 수령의 관직에 제수하지 못한다.** 1 행실이 잘못된 여자 및 재가한 여자의 소생은 동반과 서반의 관직에 임용하지 못하며, 증손 대에 이르러야만 위의 각 관사 이외의 관직에 임용되는 것을 허용한다. 〈경〉

408 의금부에……못한다 : 《속대전》 〈이전 녹패(祿牌)〉에 있다.

제 4 조 외관직(外官職)[409]

❶ 서북의 동반 토관직(土官職)은 관찰사가 본도(本道) 사람으로 의망하여 계품한다.[410]

제 1 항 관찰사(觀察使)[411] ❶ 종2품이다. ❷ 경기도(京畿道), 충청도(忠淸道), 전라도(全羅道), 경상도(慶尙道), 강원도(江原道), 황해도(黃海道), 평안도(平安道), 함경도(咸鏡道)에 각각 1원을 두었다.[412]

409 외관직(外官職) : 동반 외관직에 관한 조항이다. 외관직에 대한 《경국대전》 이후 《전율통보》까지의 법전 기술 방식을 살펴보면 다음과 같다. 《경국대전》과 《속대전》은 품계(品階)와 팔도(八道)를 기준으로 도표 형식을 갖추어 관직명, 인원수, 관직이 있는 지역 등을 나열하였고, 《대전통편》은 도별(道別)로 관직명, 인원수, 품계, 관직이 있는 지역명 등을 나열하였다. 그리고 《전율통보》는 관직명을 기준으로 하여 품계, 관직이 있는 도(道), 인원수, 관직이 있는 지역 등을 나열하였다. 또 《전율통보》는 부윤, 목사, 도호부사의 경우 관찰사, 수군절도사, 북병사(北兵使)가 겸직(兼職)하고 있는 자리에 대해 구분하여 편집하였다. 부윤, 목사, 도호부사의 도별 총 인원수는 겸직인 자리와 합한 수이다.

410 서북의……계품한다 : 《경국대전》 〈이전 토관직(土官職)〉에 있다. 토관직은 함경도와 평안도에만 둔 관직 체계로, 이들 관직을 선발할 때는 본도(本道)의 관찰사가 본도 사람으로 의망해서 망단자를 이조에 보내면 왕이 낙점하였다. 토관에게 경관직을 제수할 때에는 1품을 낮추어서 제수하였다.

411 관찰사(觀察使) : 각 도에 파견되어 해당 도를 다스리던 최고의 책임자로 총 8원이다. 감사(監司), 방백(方伯), 도신(道臣), 도백(道伯), 도선생(道先生), 영문선생(營門先生) 등의 별칭이 있다.

412 경기도(京畿道)……두었다 : 각 도에 관찰사를 둔 시기는 다음과 같다. 충청도·강원도·황해도·함경도는 1395년(태조4)에, 경기도는 1402년(태종2)에, 평안도는 1413년에, 경상도는 1464년(세조10)에, 전라도는 1467년에 관찰사를 두었다. 함경도는 《경국대전》 편찬 당시에는 행정구역 명칭이 '영

제 2 항 **부윤(府尹)**[413] ❶ 종2품이다.〈경〉 ❷ 경기는 1원이며 광주(廣州)에 두었다. 경상도는 1원이며 경주(慶州)에 두었다. 평안도는 1원이며 의주(義州)에 두었다.[414] ❸ 전라도는 1원이며 전주(全州)에 두었다. 평안도는 1원이며 평양(平壤)에 두었다. 함경도는 1원이며 함흥(咸興)에 두었다. 관찰사가 겸임한다.[415]〈경〉〈속〉

제 3 항 **대도호부사(大都護府使)**[416] ❶ 당하 정3품이다.〈경〉 ❷ 경상도는

안도(永安道)'였는데, 1498년(연산군4)에 '함경도'로 개명하였다. 《世宗實錄 地理志 京畿》《世祖實錄 12年 1月 15日》《燕山君日記 4年 4月 4日》《국역 증보문헌비고 직관고(職官考)17》

413 부윤(府尹) : 관찰사 관할에 있는 큰 고을을 다스리는 사람으로, 총 6원이다. 《경국대전》에서는 경주·전주·영흥(永興)·평양 네 지역에 부윤을 두었으며, 영흥과 평양은 관찰사가 겸임한다고 하였다. 《속대전》에서는 영흥 지역의 부윤을 없앴으며, 광주(廣州)·의주·함흥 세 지역에 부윤을 더 두었고, 전주와 함흥은 관찰사가 겸임한다고 하였다.

414 경기는……두었다 : 경주는 조선 건국 때에, 광주(廣州)는 1633년(인조11)에, 의주는 1592년(선조25)에 부윤을 두었다. 광주는 1683년(숙종9)에서 1690년 사이와 1750년(영조26)에서 1759년 사이에 유수영(留守營)으로 승격되기도 하였다. 의주의 경우 1592년에 왜병의 침입으로 인하여 임금의 행차가 난리를 피해 의주에서 머물렀는데 이후 부(府)로 승격되어 부윤을 두게 되었다. 《국역 증보문헌비고 직관고18》

415 전라도는……겸임한다 : 전주, 평양, 함흥은 감영(監營)이 있는 영하읍(營下邑)으로서 부윤을 관찰사가 겸임하였다. 평양은 조선 건국 때에, 전주는 1403년(태종3)에 부윤을 두었다. 그리고 함흥은 1416년에 처음 부윤을 두었는데, 1470년(성종1) 이시애(李施愛)의 변란으로 군(郡)으로 강등하여 《경국대전》 편찬 당시에는 군수를 두었다. 이후 1509년(중종4) 부(府)로 승격되어 부윤을 두게 되었고 이것이 《속대전》에 반영되었다. 《국역 증보문헌비고 직관고18》

416 대도호부사(大都護府使) : 총 5원이다. 《경국대전》에서 안동, 강릉, 안

2원이며 안동(安東)과 창원(昌原)에 두었다. 강원도는 1원이며 강릉(江陵)에 두었다. 평안도는 1원이며 영변(寧邊)에 두었다. 함경도는 1원이며 영흥(永興)에 두었다.[417] 〈경〉〈속〉〈증〉

제 4 항 목사(牧使)[418] **1** 당하 정3품이다.〈경〉 **2** 경기는 3원이며 여주(驪州), 파주(坡州), 양주(楊州)에 두었다. 충청도는 3원이며 충주(忠州), 청주(淸州), 홍주(洪州)에 두었다. 전라도는 4원이며 나주(羅州), 제주(濟州), 광주(光州), 능주(綾州)에 두었다. 경상도는 3원이며 상주(尙州), 진주(晉州), 성주(星州)에 두었다. 황해도는 1원이며 황주(黃州)에 두었다. 평안도는 2원이며 안주(安

변, 영변에 대도호부사를 두었다고 하여 4원이던 것이 《속대전》에서 안변이 도호부(都護府)로 강등되었고 영흥 부윤(永興府尹)이 대도호부사로 강등되었다고 하여 1원 줄고 1원 늘어 똑같이 4원이었다가 《대전통편》에서 창원에 대도호부사를 신설했다고 하여 1원이 늘어 5원이 되었다.

417 경상도는……두었다 : 안동과 강릉은 조선 건국 때, 영변은 1429년(세종11), 영흥은 1509년(중종4), 창원은 1601년(선조34)에 대도호부사를 두었다고 하였다. 창원은 《증보문헌비고》에 선조 때 대도호부사를 두었고, 《승정원일기》에는 1635년(인조13)과 1692년(숙종18) 정사 기사에 대도호부사를 제수한 내용이 나오지만, 실제 법전에서는 《대전통편》에 이르러 도호부사에서 대도호부사로 승격된 내용이 나온다. 《국역 증보문헌비고 직관고18》 《承政院日記 仁祖 13年 11月 24日, 肅宗 18年 11月 24日》

418 목사(牧使) : 총 20원이다. 《경국대전》에서 《속대전》, 《대전통편》에 이르기까지 목사의 전체 인원수는 변동이 없지만 도별 인원수에는 변동이 있다. 《경국대전》에서 목사를 두었다고 한 경기 광주와 평안도 의주가 《속대전》에서 부윤(府尹)을 두는 지역이 되어 경기와 평안도에서 목사가 1원씩 줄었고, 《경국대전》에서 각각 현령과 현감을 두었다고 한 전라도 능성(綾城)과 함경도 길성(吉城)이 《속대전》에서는 각각 능주(綾州)와 길주(吉州)로 승격되어 목사를 두는 지역이 되어 전라도와 함경도에서 목사가 1원씩 늘었다.

州), 정주(定州)에 두었다. 함경도는 1원이며 길주(吉州)에 두었다.[419] 〈경〉〈속〉 **3** 충청도는 1원이며 공주(公州)에 두었다. 강원도는 1원이며 원주(原州)에 두었다. 황해도는 1원이며 해주(海州)에 두었다. 관찰사가 겸임한다.[420] 〈경〉〈속〉〈증〉

제5항 **도호부사(都護府使)[421]** **1** 종3품이다.〈경〉 **2** 경기는 9원이며 수원(水原), 부평(富平), 남양(南陽), 이천(利川), 인천(仁川), 장단(長湍), 풍덕(豐德), 통진(通津), 죽산(竹山)에 두었다. 충청도는 1원이며 청풍(清風)에 두었다. 전라도는 7원이며 남원(南原), 장흥(長興), 순천(順天), 담양(潭陽), 여산(礪山), 장성(長城), 무주(茂朱)에 두었다. 경상도는 14원이며 김해(金海), 영해(寧海), 밀양(密陽), 선산(善山), 청송(青松), 함양(咸陽), 울산(蔚山), 동래(東萊), 거제(巨濟), 거창(居昌), 하동(河東), 인동(仁同), 순흥(順興), 칠곡(漆谷)에 두었다. 강원도는 7원이며 회양(淮陽), 양양(襄陽), 춘천(春川), 철원(鐵原), 삼척(三陟), 영월(寧越), 이천(伊川)에

419 경기는……두었다 : 충주·청주·홍주·상주·나주·광주·황주·안주·정주는 조선 건국 때에, 길주는 1398년(태조7)에, 진주·성주는 태종 때에, 파주는 1459년(세조5)에, 양주는 1429년에, 여주·제주는 1469년(예종1)에, 능주는 1632년(인조10)에 목사를 두었다.《국역 증보문헌비고 직관고18》

420 충청도는……겸임한다 : 공주, 원주, 해주는 조선 건국 때에 목사를 두었다. 충청도 관찰사가 공주 목사를 겸임한다는 조문과 황해도 관찰사가 해주 목사를 겸임한다는 조문은《속대전》에 있고, 강원도 관찰사가 원주 목사를 겸임한다는 조문은《대전통편》에 있다.

421 도호부사(都護府使) : 총 78원이다.《경국대전》에서는 44원이었는데,《속대전》에서는 3원이 줄고 33원이 늘어 77원이 되었으며,《대전통편》에서는 3원이 늘어 77원이 되었고,《전율통보》에서 1원이 늘어 78원이 되었다.

두었다. 황해도는 6원이며 연안(延安), 평산(平山), 서흥(瑞興), 풍천(豐川), 곡산(谷山), 장연(長淵)에 두었다. 평안도는 14원이며 강계(江界), 창성(昌城), 성천(成川), 삭주(朔州), 숙천(肅川), 구성(龜城), 중화(中和), 자산(慈山), 선천(宣川), 철산(鐵山), 용천(龍川), 초산(楚山), 삼화(三和), 함종(咸從)에 두었다. 함경도는 16원이며 안변(安邊), 경원(慶源), 회령(會寧), 종성(鍾城), 온성(穩城), 경흥(慶興), 부령(富寧), 북청(北靑), 덕원(德源), 정평(定平), 갑산(甲山), 삼수(三水), 단천(端川), 명천(明川), 무산(茂山), 장진(長津)에 두었다.〈경〉〈속〉〈증〉〈보〉 3 경기는 1원이며 교동(喬桐)에 두었는데 수군절도사가 겸임한다. 경상도는 1원이며 대구(大邱)에 두었는데 관찰사가 겸임한다. 황해도는 1원이며 옹진(瓮津)에 두었는데 수군절도사가 겸임한다. 함경도는 1원이며 경성(鏡城)에 두었는데 북병사(北兵使)가 겸임한다.[422]〈경〉〈속〉

제6항 **군수(郡守)[423]** 1 종4품이다.〈경〉 2 경기는 9원이며 양근(楊根), 안산(安山), 삭녕(朔寧), 안성(安城), 마전(麻田), 고양(高陽), 김포(金浦), 교하(交河), 가평(加平)에 두었다. 충청도는 12원이며 임

422 경기는……겸임한다 : 경성은 1436년(세종18)에, 대구는 세조 때, 교동은 1629년(인조7)에, 옹진은 1719년(숙종45)에 도호부사를 두게 되었다. 북병사가 경성 도호부사를 겸임한다는 것은 《경국대전》에 있는 규정이고, 수사(水使)가 교동 도호부사, 옹진 도호부사를 겸임한다는 것, 관찰사가 대구 도호부사를 겸임한다는 것은 《속대전》에 있는 규정이다. 《국역 증보문헌비고 직관고18》

423 군수(郡守) : 총 71원이다. 《경국대전》에서는 82원이던 것이 《속대전》에서 16원이 줄고 5원이 늘어 71원이 되었다.

천(林川), 단양(丹陽), 태안(泰安), 한산(韓山), 서천(舒川), 면천(沔川), 천안(天安), 서산(瑞山), 괴산(槐山), 옥천(沃川), 온양(溫陽), 대흥(大興)에 두었다. 전라도는 11원이며 보성(寶城), 익산(益山), 고부(古阜), 영암(靈巖), 영광(靈光), 진도(珍島), 낙안(樂安), 순창(淳昌), 금산(錦山), 진산(珍山), 김제(金堤)에 두었다. 경상도는 12원이며 합천(陜川), 초계(草溪), 청도(淸道), 영천(永川), 예천(醴泉), 영천(榮川), 흥해(興海), 양산(梁山), 함안(咸安), 김산(金山), 풍기(豐基), 곤양(昆陽)에 두었다. 강원도는 6원이며 평해(平海), 통천(通川), 정선(旌善), 고성(高城), 간성(杆城), 평창(平昌)에 두었다. 황해도는 7원이며 봉산(鳳山), 안악(安岳), 재령(載寧), 수안(遂安), 배천(白川), 신천(信川), 금천(金川)에 두었다. 평안도는 12원이며 상원(祥原), 덕천(德川), 개천(价川), 가산(嘉山), 곽산(郭山), 순천(順川), 희천(熙川), 벽동(碧潼), 운산(雲山), 박천(博川), 위원(渭原), 영원(寧遠)에 두었다. 함경도는 2원이며 문천(文川), 고원(高原)에 두었다.〈경〉〈속〉

제 7 항 **서윤(庶尹)**[424] ❶ 종4품이다. ❷ 평안도는 1원이며 평양(平壤)에 두었다.

424 서윤(庶尹) : 1466년(세조12) 다시 관제를 정할 때에 한성부의 소윤(少尹)을 서윤으로 개혁하였다. 이 당시에 평양부에서도 소윤을 혁파하고 서윤을 둔 듯하다. 실록에서 평양 서윤에 대한 기록은 1471년(성종2) 처음 보인다.《世祖實錄 12年 1月 15日》《成宗實錄 2年 5月 25日》

제8항 **도사(都事)**[425] ❶ 종5품이다. ❷ 팔도(八道)에 각각 1원을 두었다.

제9항 **판관(判官)**[426] ❶ 종5품이다. 〈경〉 ❷ 충청도는 1원이며 공주(公州)에 두었다. 전라도는 2원이며 전주(全州), 제주(濟州)에 두었다. 경상도는 1원이며 대구(大邱)에 두었다. 강원도는 1원이며 원주(原州)에 두었다. 황해도는 1원이며 해주(海州)에 두었다. 함경도는 2원이며 함흥(咸興), 경성(鏡城)에 두었다.[427] 〈경〉 〈속〉 〈증〉

제10항 **현령(縣令)**[428] ❶ 종5품이다. ❷ 경기는 4원이며 용인(龍仁), 진위

425 도사(都事) : 관찰사의 보좌관으로 파견한 지방관이며, 총 8원이다. 경력(經歷)과 함께 '수령관(首領官)'이라고 불렀다. 정원은 각 도(道)에 1원이다. 경력이 1465년(세조11) 폐지된 이후에 도사만 남았다. 경력이 혁파된 뒤에 도사는 관찰사와 함께 한 도의 순력(巡歷)과 규찰(糾察)을 분담하여 '외대(外臺)'라고 하였고, 관찰사가 사정이 있을 때에는 관찰사의 임무를 대행하기도 하여 '아감사(亞監司)'로 불리기도 하였다. 《成宗實錄 4年 11月 9日》《국역 증보문헌비고 직관고17》

426 판관(判官) : 지방관을 도와 행정과 군정에 참여하였다. 《경국대전》에서는 36원이던 것이 《속대전》에서는 30원이 줄고 1원이 늘어 7원이 되었으며, 《대전통편》에서는 1원이 줄고 2원이 늘어 8원이 되었다.

427 충청도는……두었다 : 공주, 전주, 제주, 원주, 해주는 조선 건국 때에, 경성은 1432년(세종14)에, 함흥은 1498년(연산군4)에, 대구는 1602년(선조35) 이전부터 두었다. 판관은 이후 1607년에 파하였다가 1671년(현종12)에 다시 두었으며, 1677년(숙종3)에 파하였다가 1724년(경종4)에 다시 두었으며, 1751년(영조27)에 파하였다가 1759년에 다시 두었다. 《世宗實錄 14年 7月 2日》《燕山君日記 4年 4月 4日》《宣祖實錄 35年 11月 12日》《국역 증보문헌비고 직관고18》

428 현령(縣令) : 1431년(세종13) 외관직의 품계를 재정리할 때 종5품으로 정하였다. 《경국대전》에서는 34원이던 것이 《속대전》에서 8원 줄어 26원이 되었다. 함경도는 《경국대전》 때부터 현령이 없는 지역이었다.

(振威), 영평(永平), 양천(陽川)에 두었다. 충청도는 1원이며 문의(文義)에 두었다. 전라도는 5원이며 창평(昌平), 용담(龍潭), 임피(臨陂), 만경(萬頃), 금구(金溝)에 두었다. 경상도는 5원이며 영덕(盈德), 경산(慶山), 고성(固城), 의성(義城), 남해(南海)에 두었다. 강원도는 3원이며 금성(金城), 울진(蔚珍), 흡곡(歙谷)에 두었다. 황해도는 2원이며 신계(新溪), 문화(文化)에 두었다. 평안도는 6원이며 용강(龍岡), 영유(永柔), 증산(甑山), 삼등(三登), 순안(順安), 강서(江西)에 두었다.

제11항 **찰방(察訪)**[429] **1** 종6품이다. ㉂ **2** 경기는 6원이며 영서도(迎曙道), –**1** 양주(楊州)에 있다. **2** '도(道)'라고 칭한다. 이하도 모두 같다.– **양재도**(良才道), –**3** 과천(果川)에 있다.– **평구도**(平丘道), –**4** 양주(楊州)에 있다.– **경안도**(慶安道), –**5** 광주(廣州)에 있다.– **중림도**(重林道), –**6** 인천(仁川)에 있다.– **도원도**(桃源道) –**7** 장단(長湍)에 있다.–에 두었다. 충청도는 4원이며 연원도(連原道), –**8** 충주(忠州)에 있다.– **성환도**(成歡道), –**9** 직산(稷

429 찰방(察訪) : 각 도의 역참(驛站)을 관리하던 외관직으로 종6품관인데, 《대전통편》에서 참외 정7품을 두었다. 조선 초기에는 역승(驛丞)과 정역찰방(程驛察訪)이 함께 설치되었다가 1457년(세조3) 7월에 전국의 역승을 모두 혁파하고 찰방으로 대치하였다. 《경국대전》에서는 23원이던 것이 《속대전》에서 17원이 늘어 40원이 되었는데, 《속대전》에서 늘어난 찰방은 모두 역승이 승격된 것이다. 《경국대전》과 《속대전》에서는 찰방이 있는 도(道)마다 원주(原註)에서 속역(屬驛)을 나열한 반면 《전율통보》에서는 그 주(註)에 속역은 기록하지 않고 찰방이 있는 도의 행정 지역을 기록하였다. 《대전통편》에서는 찰방 가운데 참외관이 있는 도(道)와 그 자리에 제수되는 관원의 관사까지 기록하였다.

山)에 있다. – 이인도(利仁道), –[10] 공주(公州)에 있다. – 금정도(金井道) –[11] 청양(青陽)에 있다. –에 두었다. 전라도는 4원이며 삼례도(參禮道), –[12] 전주(全州)에 있다. – 청암도(青巖道), –[13] 나주(羅州)에 있다. – 벽사도(碧沙道), –[14] 장흥(長興)에 있다. – 제원도(濟原道) –[15] 금산(錦山)에 있다. –에 두었다. 경상도는 9원이며 유곡도(幽谷道), –[16] 문경(聞慶)에 있다. – 안기도(安奇道), –[17] 안동(安東)에 있다. – 장수도(長水道), –[18] 신녕(新寧)에 있다. – 송라도(松羅道), –[19] 청하(清河)에 있다. – 사근도(沙斤道), –[20] 함양(咸陽)에 있다. – 소촌도(召村道), –[21] 진주(晉州)에 있다. – 황산도(黃山道), –[22] 양산(梁山)에 있다. – 김천도(金泉道), –[23] 김산(金山)에 있다. –, 자여도(自如道) –[24] 창원(昌原)에 있다. –에 두었다. 강원도는 4원이며 은계도(銀溪道), –[25] 회양(淮陽)에 있다. – 평릉도(平陵道), –[26] 삼척(三陟)에 있다. – 상운도(祥雲道), –[27] 양양(襄陽)에 있다. – 보안도(保安道) –[28] 원주(原州)에 있다. –에 두었다. 황해도는 2원이며 금교도(金郊道), –[29] 금천(金川)에 있다. – 청단도(青丹道) –[30] 해주(海州)에 있다. –에 두었다. 평안도는 2원이며 대동도(大同道), –[31] 평양(平壤)에 있다. – 어천도(魚川道) –[32] 영변(寧邊)에 있다. –에 두었다. 함경도는 3원이며 고산도(高山道), –[33] 안변(安邊)에 있다. – 거산도(居山道), –[34] 북청(北青)에 있다. – 수성도(輸城道) –[35] 종성(鍾城)에 있다. –에 두었다.[430]

430 경기는……두었다 : 경기 경안도, 전라도 제원도, 경상도 김천도·자여도, 강원도 보안도는 《대전통편》에서 참외관이 제수되는 자리였는데 《전율통보》에서 참상인 종6품관이 제수되는 자리로 바뀌었다.

〈경〉〈속〉〈보〉 3 참외는 정7품이다. 충청도는 1원이며 율봉도(栗峯道) - 36 청주(淸州)에 있다. - 에 두었다. 전라도는 2원이며 오수도(獒樹道) - 37 남원(南原)에 있다. - 와 경양도(景陽道) - 38 광주(光州)에 있다. - 에 두었다. 경상도는 2원이며 창락도(昌樂道) - 39 풍기(豐基)에 있다. - 와 성현도(省峴道) - 40 청도(淸道)에 있다. - 에 두었다. 황해도는 1원이며 기린도(麒麟道) - 41 평산(平山)에 있다. - 에 두었다.[431] 〈경〉〈속〉〈증〉〈보〉

제12항 **현감(縣監)**[432] 1 종6품이다.〈경〉 2 경기는 9원이며 지평(砥平), 포천(抱川), 적성(積城), 과천(果川), 금천(衿川), 연천(漣川), 음죽(陰竹), 양성(陽城), 양지(陽智)에 두었다. 충청도는 36원이며 홍산(鴻山), 제천(堤川), 덕산(德山), 평택(平澤), 직산(稷山), 회인(懷仁), 정산(定山), 청양(靑陽), 연풍(延豐), 음성(陰城), 청안(淸安), 은진(恩津), 회덕(懷德), 진잠(鎭岑), 연산(連山), 이성(尼城), 부여(扶餘), 석성(石城), 비인(庇仁), 남포(藍浦), 진천(鎭川), 결성(結城), 보령(保寧), 해미(海美), 당진(唐津), 신창(新昌), 예산(禮山), 목천(木川), 전의(全義), 연기(燕岐), 영춘(永春), 보은(報恩), 영동

431 참외는……두었다 : 《대전통편》에서 충청도 율봉도 찰방과 경상도 성현도 찰방, 황해도 기린도 찰방은 승문원 참외관이 제수되는 자리이고, 전라도의 오수도 찰방과 경양도 찰방은 성균관 참외관이 제수되는 자리이다. 경상도 창락도 찰방의 경우 《속대전》에서는 종6품 찰방 자리였는데 《전율통보》에서 성균관 참외관이 제수되는 자리로 바뀌었다.

432 현감(縣監) : 126원이다. 《경국대전》에서는 141원이던 것이 《속대전》에서는 17원이 줄고 4원이 늘어 128원이 되었으며, 《대전통편》에서는 2원이 줄어 126원이 되었다.

(永同), 황간(黃澗), 청산(青山), 아산(牙山)에 두었다. 전라도는 28원이며 광양(光陽), 용안(龍安), 함열(咸悅), 부안(扶安), 함평(咸平), 강진(康津), 옥과(玉果), 고산(高山), 태인(泰仁), 옥구(沃溝), 남평(南平), 흥덕(興德), 정읍(井邑), 고창(高敞), 무장(茂長), 무안(務安), 구례(求禮), 곡성(谷城), 운봉(雲峯), 임실(任實), 장수(長水), 진안(鎭安), 동복(同福), 화순(和順), 흥양(興陽), 해남(海南), 대정(大靜), 정의(旌義)에 두었다. 경상도는 33원이며 개령(開寧), 삼가(三嘉), 의령(宜寧), 하양(河陽), 용궁(龍宮), 봉화(奉化), 청하(清河), 언양(彦陽), 칠원(漆原), 진해(鎭海), 진보(眞寶), 문경(聞慶), 함창(咸昌), 지례(知禮), 안의(安義), 고령(高靈), 현풍(玄風), 산청(山清), 단성(丹城), 군위(軍威), 비안(比安), 의흥(義興), 신녕(新寧), 예안(禮安), 연일(延日), 장기(長鬐), 영산(靈山), 창녕(昌寧), 사천(泗川), 기장(機張), 웅천(熊川), 자인(慈仁), 영양(英陽)에 두었다. 강원도는 8원이며 평강(平康), 김화(金化), 낭천(狼川), 홍천(洪川), 양구(楊口), 인제(麟蹄), 횡성(橫城), 안협(安峽)에 두었다. 황해도는 5원이며 장련(長連), 송화(松禾), 강령(康翎), 은율(殷栗), 토산(兎山)에 두었다. 평안도는 5원이며 양덕(陽德), 맹산(孟山), 태천(泰川), 강동(江東), 은산(殷山)에 두었다. 함경도는 2원이며 홍원(洪原), 이성(利城)에 두었다.〈경〉〈속〉〈증〉 **3** 역학(譯學)은 종9품이다. 전라도에 6원을 두고 경상도에 2원을 두었는데 모두 한학(漢學)과 왜학(倭學)이며, 황해도에 3원을 두고 함경도에 1원을 두었는데 모두 한학이며, 평안도에 5원을 두었는데 한학·청학(清學)·몽학(蒙學)이다. 훈도(訓導)는 종9품이다. 경상도에 1원을 두었는데 왜학이며, 평안도

에 1원을 두었는데 청학이다. 별차(別差)는 정해진 품계가 없다. 경상도에 1원을 두었다.[433] 〈경〉〈증〉〈보〉 **4** 심약(審藥)[434]은 종9품으로, 충청도에 2원을 두고, 전라도와 경상도에 각각 3원을 두고, 강원도에 1원을 두고, 황해도와 평안도에 각각 2원을 두고, 함경도에 3원을 두었다. 〈경〉〈증〉 **5** 검률(檢律)[435]은 종9품이다. 경기와 충청도에 각각 1원을 두고, 전라도에 2원을 두고, 경상도·강원도·황해도·평안도·함경도에 각각 1원을 두었다. 〈경〉

433 역학(譯學)은……두었다 : 역학과 훈도(訓導)의 경우 《경국대전》과 《대전통편》에서는 현감에 딸린 조항으로 되어 있지 않고 종9품관인 별도의 벼슬 이름으로 되어 있었다. 《전율통보》에서는 현감 아래에 있는 벼슬이기 때문에 현감 조항 아래에 붙여 놓은 듯하다. 역학은 전라도에는 좌수영(左水營), 우수영(右水營), 제주(濟州)에 한학과 왜학 역학 각각 1원을 두었고, 경상도는 통영(統營)에 한학과 왜학 역학 각각 1원을 두었는데, 이는 《대전통편》의 규정이다. 황해도의 역학 3원과 함경도의 역학 1원은 모두 한학 역학이고 평안도의 역학 5원은 한학·청학·몽학인데 이것은 《전율통보》에서 추가된 내용이다. 훈도는 《경국대전》에 나오는 경상도 부산포(釜山浦) 왜학훈도(倭學訓導)와 《대전통편》에 나오는 평안도 의주(義州)에 청학을 가르치는 역학훈도(譯學訓導)를 가리킨다. 별차는 《전율통보》에서 추가되었다.

434 심약(審藥) : 궁중에 바치는 약재를 심사, 감독하기 위하여 각 도에 파견한 관원이다.

435 검률(檢律) : 조선 시대 율령에 관한 사무를 담당하던 종9품 관직이다. 매년 두 차례 형조에서 시험을 주관해서 선발하여 중앙과 지방의 해당 관청에 배속하여 법률의 해석과 인용 등의 업무를 관장하게 하였다.

제5조 외관격식(外官格式)[436]

제1항 **정2품 이상인 관찰사는 경직(京職)을 겸하여 차임한다.**[437] **1** 부윤, 부사, 목사를 겸하는 관찰사는 그렇지 않다.[438]

436 외관격식(外官格式) : 《경국대전》, 《속대전》, 《대전통편》에는 없는 항목이다. 기존 법전이나 수교(受敎) 등에서 외관의 격식으로 분류할 수 있는 사항을 모아 놓았다. 외관격식의 출전이 《경국대전》, 《속대전》, 《대전통편》의 〈이전 외관직〉일 경우에는 역자주에서 출전을 별도로 밝히지 않았다.

437 정2품……차임한다 : 1457년(세조3) 이조에서 쓸데없는 관직과 관원을 태거(汰去)하라는 전지를 받들어서 "여러 도의 관찰사, 절제사, 처치사(處置使), 경력(經歷), 도사는 모두 경관(京官)으로 겸하여 차임하게 한다."라는 사목을 만들어 시행하였다. 이것이 《경국대전》에는 반영되지 않았고 그 이후 간행된 《대전속록》에 "각 도의 정2품 이상인 관찰사는 경직을 겸하여 차임한다."라는 내용으로 수록되었다. 관찰사는 종2품 벼슬로 세조 때는 경관이 여러 도의 관찰사를 겸임하였는데, 《대전속록》에 이르러서 각 도의 관찰사가 정2품 이상인 경우에는 경직을 겸하여 차임하게 하였다. 《대전속록》의 내용이 《속대전》에 반영된 것으로 보인다. 《世祖實錄 3年 7月 5日》

438 부윤……않다 : 1423년(세종5) 이조에서 쓸데없는 경관(京官)과 외관(外官)을 태거(汰去)하라는 명을 받들어서 "평안도와 함길도(咸吉道)는 관찰사가 예전대로 평양 부윤(平壤府尹)과 함흥 부윤(咸興府尹)을 겸임한다."라는 사목을 만들었다. 이것이 《대전속록》에 "각 도의 관찰사는 경관을 겸하여 차임한다."라는 조문의 주(註)에 "평안도와 함경도의 관찰사는 그렇지 않다."라는 내용으로 반영된 것으로 보인다. 1684년(숙종10) 이비(吏批)에서 올린 계사를 보면 《대전속록》의 주(註)에 대해 이들이 부윤을 겸하고 있기 때문에 경직을 중첩해서 주지 않는 것이라고 설명하고 있다. 그리고 이를 근거로 당시 정2품이 된 경상 감사 윤지완(尹趾完)이 대구 부사를 겸하고 있으므로 송서(送西)하여 경직에 차임하는 규례를 적용하지 말도록 건의하여 숙종이 윤허하였다. 이후 정2품이 된 관찰사가 부윤이나 부사, 목사를 겸임하는 경우에는 1684년 윤지완의 전례를 근거로 경직에 차임하지 않았다. 이 내용이 《속대전》에 반영된 것으로 보인다. 《世宗實錄 5年 12月 7日》《承政院日記 肅宗 10年 8月 28日》

제 2 항 영남과 호남의 관찰사를 차출할 때에는 묘당에 문의한다.[439]

제 3 항 변지 수령에 대한 자급을 올릴 때에 장관(長官 판서)**은 직접 의망하고 차당**(次堂 참판이나 참의)**은 묘당에 문의한다.**[440] 〈속〉

1 문신은 강계(江界), 초산(楚山), 길주(吉州), 삼수(三水), 갑산(甲山), 종성(鍾城), 부령(富寧), 온성의 수령으로 통정대부에 올리고, 무신은 회령(會寧), 교동(喬桐)의 수령으로 가선대부에 올리는 따위이다.[441]

제 4 항 참외 찰방의 경우 율봉도 찰방(栗峯道察訪)**, 성현도 찰방**(省峴道察訪)**, 기린도 찰방**(麒麟道察訪)**은 승문원에 분관된 사람에게 제수하는 자리로 삼고, 나머지는 성균관에 분관된 사람에게 제수하는 자리로 삼는다.**[442] 〈증〉

439 영남과……문의한다 : 《속대전》〈이전 제수(除授)〉에 있다. 1704년(숙종30)에 내린 수교이다. 《新補受教輯錄 吏典 外官職》

440 변지……문의한다 : 1736년(영조12) 우의정 송인명(宋寅明)의 건의로 시행되었다. 당시 이조에서 변지 수령에 대한 자급을 올리는 정사(政事)를 행할 때 장관(長官)이 없는데도 참의가 묘당에 묻지 않고 혼자 정사를 행하는 일이 생겼다. 그리하여 가자(加資)에 관련된 변지 수령을 차출하는 정사를 행할 때에 장관인 판서는 직접 차출하고 차당인 참판이나 참의는 반드시 묘당에 문의할 것을 정식으로 삼기를 건의하였다. 이 내용이 《속대전》 때 반영된 것이다. 《承政院日記 英祖 12年 1月 22日》

441 문신은……따위이다 : 이 조항은 변지 수령으로서 자급이 올라가는 자리를 문신 수령 자리와 문신 수령 자리로 구분해 놓은 것이다.

442 참외……삼는다 : 찰방은 본래 참상인 종6품 벼슬자리인데, 《대전통편》에서 참외인 정7품 자리를 별도로 구분하였다. 이 조문에서 나열된 참외 찰방은 승문원과 성균관에 분관된 인원이 해당 관사의 관직에 제수되지 못

제5항 장시 도사(掌試都事)와 재상 도사(災傷都事)는 시종(侍從)으로 차출한다.[443] 〈보〉 **1** 장시 도사는 도내(道內) 사람으로 차출하지 않는다.[444]

제6항 변지와 연해읍의 수령은 문관과 무관을 교대로 차임한다.[445]

했을 때에 나갈 수 있는 자리로, 주로 적체를 해소하기 위해 활용되었다. 충청도의 율봉도 찰방, 경상도의 성현도 찰방, 황해도의 기린도 찰방은 승문원에 분관된 인원으로 차임하도록 하였고, 그 나머지 참외 찰방은 《대전통편》 〈이전 외관직(外官職)〉에 있는 전라도의 오수도 찰방(獒樹道察訪)과 경양도 찰방(景陽道察訪), 《전율통보》 〈이전 외관직〉에 있는 경상도의 창락도 찰방(昌樂道察訪)인데 성균관에 분관된 인원으로 차임하도록 하였다. 창락도 찰방은 《속대전》 〈이전 외관직〉에서 종6품 찰방 자리였는데 《전율통보》 〈이전 외관직〉에서 참외 찰방 자리로 바뀌었다. 본서 〈이전 외관직〉 11항 찰방(察訪) 참조.

443 장시……차출한다 : 도사의 직무 가운데 중요한 일이 시험을 관장하고 재상(災傷)을 조사해서 아뢰는 일이다. 1660년(현종1) 비변사가 올린 계사를 보면 효종 때부터 각 도의 도사를 으레 시종으로 차출하여 보낸다고 하였다. 그리고 1746년(영조22) 이비(吏批)가 올린 계사에서는 장시 도사를 시종으로 가려 차임하는 정식이 있다고 하였고, 1759년 이비가 올린 계사에서는 재상 도사를 으레 시종으로 차출하여 보낸다고 하였다. 이 조문은 《승정원일기》 사례를 통해 볼 때 이미 효종 때부터 격식으로 적용되어 오던 것을 《전율통보》 때 반영한 것으로 보인다. 《承政院日記 顯宗 1年 1月 15日, 英祖 22年 7月 29日·35年 7月 19日》

444 장시……않는다 : 1745년(영조21) 《속대전》을 편찬할 때에 〈이전〉에서 미진한 곳을 논의하는 과정에서 "경내 사람으로 도사를 삼지 말도록 한다.[勿以境內人爲都事.]"라는 조문에 대해 "장시(掌試) 때에는 본도 사람으로 차출해 보내지 말도록 하라."라고 명을 내려 수정하였다. 《承政院日記 英祖 21年 6月 3日》

445 변지와……차임한다 : 변지 수령에 문관과 무관을 교대로 차임하는 것은 변방을 방어하는 일과 백성을 다스리는 일을 모두 중요하게 여겼기 때문

■ 태안(泰安), 서천(舒川), 비인(庇仁), 남포(藍浦), 서산(瑞山), 제주(濟州), 장흥(長興), 함평(咸平), 대정(大靜), 정의(旌義), 김해(金海), 풍천(豐川), 수안(遂安), 강령(康翎), 강계(江界), 정주(定州), 영변(寧邊), 초산(楚山), 운산(雲山)의 수령이다.

제 7 항 해서와 관동의 영장을 겸하는 수령은 당상으로 차임한다.[446] 〈속〉

제 8 항 금위영과 어영청은 파총을 겸하는 수령에 대해 해당 영(營)에서 그 가운데 세 자리를 취하여 자벽(自辟)한다.[447] 〈보〉

제 9 항 수령을 옮겨 의망할 때는 해당 수령으로 근무한 삭수(朔數)를 주(註)로 단다.[448] 〈속〉 ■ 수령을 구전 정사로 차출할 때에는 지

이다. 이는 조선 전기 때부터 시행해 온 격식으로 왕대(王代)마다 문관과 무관을 교대로 차임하는 지역에는 차이가 있었다.《成宗實錄 17年 4月 16日》

446 해서와……차임한다 : 해서와 관동의 영장을 겸한 수령으로는 황해도의 곡산 도호부사(谷山都護府使), 평산 도호부사(平山都護府使), 안악 군수(安岳郡守), 봉산 군수(鳳山郡守), 강원도의 춘천 도호부사(春川都護府使), 횡성 현감(橫城縣監)이 있었다.《兩銓便攷 東銓 外職》

447 금위영과……자벽(自辟)한다 : 이 조항과 관련해《대전통편》〈병전 경관직(京官職)〉 군영 아문 조에 "각 도의 파총을 겸하는 수령은 금위영과 어영청에서 각각 세 자리를 자벽한다."라는 내용이 있다. 각 고을의 수령 가운데 각 군문(軍門)의 파총을 자벽하여 차임하여 보내는 것은 1656년(효종7)부터 시작되었다. 이 조항은 1771년(영조47) 우의정 김상철(金尙喆)이, 각 군문에서 자벽하는 자리의 숫자가 난잡하므로 금위영과 어영청에서 자벽하는 자리를 세 자리를 넘지 말게 하자고 건의하여 시행되었다.《承政院日記 孝宗 7年 8月 5日, 英祖 6年 8月 15日·47年 11月 9日》

448 수령을……단다 : 1728년(영조4) 내린 수교이다. 수령을 자주 교체하

방에 있는 사람을 의망하지 않는다.[449] 〈증〉

제10항 수령을 의망할 때에는 반드시 천주(薦主)를 주(註)로 단다.[450]

❶ 당상 이상 및 시종(侍從)은 그렇게 하지 않는다.[451] 〈보〉 ❷ 10회의 포폄에서 10회 상(上)을 맞거나 5회의 포폄에서 5회 상을

는 데 따른 폐해를 줄이기 위해서, 적임자를 임용하여 근무하게 하되 어쩔 수 없이 삭수를 채우지 못하고 옮겨 의망하는 일이 생기면 근무한 삭수를 망단자에 기록해 들이게 하였다.《承政院日記 英祖 4年 12月 25日》

449 수령을 구전……않는다 : 1666년(현종7) 11월 16일 승정원에서 올린 계사에 의하면 평안 감사가 이산 군수(理山郡守)를 속히 내려보내 달라는 장계를 올려 이산 군수에 최원립(崔元立)을 제수하였는데, 최원립이 전라도 나주 본가(本家)에 있어 그가 서울에 올라올 날짜를 미리 알 수 없게 되었다. 승정원에서는 이산이 강변(江邊)의 긴밀한 지역인 데다가 겨울철 일이 많은 시기에 직임을 오래도록 비워 두어서는 안 되므로 이조로 하여금 속히 임금에게 여쭈어 처리하게 해서 구전 정사로 차출하였다고 하였다. 또한 승정원에서는 이조가 지방에 있는 사람을 의망하고 낙점받아 속히 부임할 수 없게 만들었다고 하면서 정사를 담당한 이조의 당상을 추고하기를 청하였다. 이 계사를 보면 수령을 구전 정사로 차출할 때는 그를 시급히 부임하게 하려는 의도가 있었던 것인데 지방에 있는 사람을 의망하게 되면 바로 부임지로 보낼 수 없기 때문에 지방에 있는 사람을 의망하지 못하게 한 듯하다.《承政院日記 顯宗 7年 11月 16日》

450 수령을……단다 : 인재를 신중하게 선발하려는 뜻에서 1601년(선조34) 내린 전교이다.《宣祖實錄 34年 8月 28日》

451 당상……않는다 : 1629년(인조7) 지경연사(知經筵事) 김상용(金尙容)이 천거된 사람만을 수령에 제수하는 것은 편치 않고 당상관의 경우는 옛날부터 천거로 등용한 적이 없으니 다시 대신(大臣)로 하여금 헤아려 처리하게 해 달라고 건의하였다. 이로 인하여 대신이 수의(收議)하고, 인조가 당상관은 천거와 상관없이 수령에 의망하도록 하였다. 또한 시종에 대해 천주를 기록하지 않는 것은 1648년(인조26) 탑전 정탈(榻前定奪)로 내린 수교이다.《承政院日記 仁祖 7年 5月 26日, 孝宗 1年 6月 21日》

맞은 경우는 비록 천주가 없더라도 '십상(十上)'이나 '오상(五上)'으로 주를 단다.[452] 〈속〉〈보〉 **3** 천주가 없는 자는 '이조의 천거'로 주를 달지 않는다.[453] 〈보〉

제11항 **10회의 포폄에서 10회 상(上)을 맞은 수령은 내직(內職)으로 옮겨 준다.[454]**

제12항 **10회의 포폄에서 10회 상(上)을 맞거나 5회의 포폄에서 5회 상을 맞은 자는 수령의 망단자에 주(註)를 단다.[455]** **1** 뒤에 다

452 10회의……단다 : 《속대전》〈이전 천거(薦擧)〉에 "수령으로 합당하나 천거하는 자가 없으면 본조 당상이 천거하여 의망한다.-10회의 포폄에서 10회 상(上)을 맞거나 5회의 포폄에서 5회 상을 맞은 경우는 비록 천주가 없더라도 모두 의망한다.-"라고 하였다. 이는 1648년(인조26) 내린 수교이다. "'십상(十上)'이나 '오상(五上)'으로 주를 단다."라는 것은 《전율통보》에서 추가된 내용이다. 《受教輯錄 吏典 官職》

453 천주가……않는다 : 1787년(정조11) 천거가 없는 자라도 뽑아 의망할 생각이 있으면 '본조의 천거[本曹薦]'로 주를 달기 때문에 천거가 없는 것에 대해 그다지 관계하지 않는 문제점을 지적하고서 수령의 망단자에 승전(承傳) 이외에는 다시는 '본조의 천거'로 주를 달지 않도록 하였다. 《속대전》〈이전 천거〉에서는 천거가 없는 사람에 대해 본조 당상관이 천거하여 의망한다고 하였지만, 《전율통보》 이후에 편찬된 《대전회통》에서는 1787년의 전교로 인하여 '본조의 천거' 조항이 폐지되었다. 《大典會通 吏典 薦擧》《承政院日記 正祖 11年 2月 1日》

454 10회의 포폄에서 10회 상(上)을 맞은……준다 : 《대전통편》〈이전 고과(考課)〉에 있다.

455 10회의 포폄에서 10회 상(上)을 맞거나……단다 : 《대전통편》〈이전 고과(考課)〉에 있다. 1740년(영조16) 우의정 유척기(兪拓基)의 건의로 시행되었다. 《承政院日記 英祖 16年 4月 5日》

른 고을에서 하(下)를 맞으면 '십상(十上)', '오상(五上)'을 삭제하였다가, 다시 십상이나 오상이 되면 수령의 망단자에 주를 다는 것을 허용한다.[456] 〈증〉

제13항 **훌륭하게 잘 다스린 수령으로서 준직(準職)에 제수하라는 전지를 받은 자가 만약 5품이나 6품의 품계에 있으면 먼저 4품에 제수한 뒤에 준직에 제수한다.**[457] 〈속〉

제14항 **65세를 넘은 자는 외임(外任)으로 서용하지 않는다.** 〈경〉 ❶ 당상관은 67세까지로 한정하고, 당하관은 임기 3년인 자리도 이와 같이 한다.[458] 〈경〉〈증〉〈보〉 ❷ 70세가 된 자는 찰방으로 차임하지 않는다. ❸ 수령으로 제수할 수 없는 나이에 이른 자는 수령으로 옮겨 의망하지 못한다.[459] 〈속〉

456 뒤에……허용한다 : 《대전통편》 〈이전 고과(考課)〉에 있다. 1747년(영조23) 이조 참판 김상로(金尙魯)의 건의로 시행되었다. 《承政院日記 英祖 23年 7月 14日》

457 훌륭하게……제수한다 : 본서 〈이전 경관격식(京官格式)〉 35항 소주 ❶ 참조.

458 당상관은……한다 : "당하관은 임기 3년인 자리도 이와 같이 한다."라는 것은 《전율통보》에서 추가된 규정이다. 1711년(숙종37) 이조 판서 조태구(趙泰耉)가 대신(大臣)에게 수령의 나이 제한에 관한 문제를 제기하였다. 이로 인해 좌의정 김창집(金昌集)이 당하관은 66세부터, 당상관은 68세부터 수령에 제수할 수 없게 하자고 의견을 제시하여 숙종이 허락하였다. '당상관은 68세부터'가 《대전통편》에서는 '67세까지로 한정한다'로 반영되었다. 《肅宗實錄 37年 8月 29日》

459 70세가……못한다 : 1734년(영조10) 이조 참의 서종옥(徐宗玉)이 상소하여 찰방에 제수되는 사람에 대한 나이 제한 문제를 제기하였다. 이 일에

제15항 부모가 70세 이상인 경우에는 300리를 벗어난 고을의 수령으로는 차임하지 않는다.[460] 〈경〉

제16항 변장(邊將), 변지 수령, 병사(兵使), 수사(水使)로서 그 부모가 75세가 된 자는 체차해 준다. 〈속〉〈보〉 ▮ 독자(獨子)인 경우에는 70세이다.[461]

제17항 청나라 칙사 일행을 접대해야 할 때에 개인적인 의리로 미루어 피해야 할 수령은 체차하지 않는다. ▮ 겸관(兼官)에게 대신 일을 살피게 한다.

제18항 변지 수령으로서 자급이 오른 자가 10개월 이전에 체직(遞職)되기를 도모하면 그 자급을 거둔다.[462] ▮ 10개월이 되지 않았

대해 비변사에서 복계(覆啓)하여 70세가 된 자는 각 역의 찰방에 차임하여 보낼 수 없도록 하였다.《承政院日記 英祖 10年 6月 2日, 17年 2月 12日》

460 부모가……않는다 : 1441년(세종23) 이조와 병조에 "70세가 된 늙은 어버이가 있는 자는 300리 안에 서용하는 것을 허락한다."라는 전지가 내렸다.《世宗實錄 23年 3月 13日》

461 변장(邊將)……70세이다 : 《속대전》 〈병전 잡령(雜令)〉에 있다. 《전율통보》에서 추가된 조문은 '병사, 수사[閫任]'이다. 1675년(숙종1) 병조 판서 김석주(金錫胄)가 변방 장수로 제수된 자들이 늙은 어버이의 나이로 인하여 체차되는 규례가 없으므로, 묘당으로 하여금 어버이의 나이 기한을 잠작해 정하게 해서 기한이 지난 뒤에 제수된 변방의 장수를 체차해 달라고 건의하였다. 이 일로 비변사에서 부모의 나이가 75세인 자에 대해서는 정장(呈狀)을 올리면 입계해 체차해 주고, 형제가 없는 독자에 대해서는 부모의 나이를 70세로 할 것을 아뢰어 시행되었다.《承政院日記 肅宗 1年 7月 4日, 28日》

462 변지……거둔다 : 1700년(숙종26) 이조가 달수가 차지 않은 자의 가

더라도 본인이 죽은 경우에는 자급을 거두지 않는다.[463]

제19항 **도사나 수령으로서 부임지의 열악한 환경을 기피하여 면직되기를 도모하면서 부임하지 않는 자나 부임한 후에 근무지를 기피하여 체직(遞職)되기를 도모한 자는 각각 그 지역에 3년에 한하여 정배(定配)한다.**[464] 〈속〉 **1** 수령으로서 핑계 대며 면직되기를 도모한 자는 그 교체 기한이 찰 때까지 서용하지 않고, 서용할 때에는 도로 외관(外官)에 제수한다.〈경〉

제20항 **일찍이 관찰사나 절도사를 지낸 자는 그 해당 도내(道內)의 수령이 될 수 없다.**[465] **1** 남병사(南兵使)와 북병사(北兵使) 또는

자(加資)를 환수하는 일을 건의하여 시행되었다. 《肅宗實錄 26年 6月 13日》《承政院日記 肅宗 26年 6月 25日》

463 10개월이……않는다 : 1737년(영조13) 좌의정 김재로(金在魯)가 건의하여 시행되었다. 전(前) 종성 부사(鍾城府使) 이광도(李廣道)가 부임하고서 10개월 전에 체차되었기 때문에 이조에서 규례대로 계사를 올려 가자(加資)된 자급을 거둘 것을 청하였으나 이광도가 임소(任所)에서 병으로 죽게 되어 체차되고자 한 것을 알게 되었다. 이 일로 인하여 본인이 죽은 경우에는 자급을 거두지 않기로 하였다. 《承政院日記 英祖 13年 8月 5日》

464 도사나……정배(定配)한다 : 1636년(인조14) "도사나, 수령, 찰방 등으로 부임지의 열악한 환경을 기피하여 면직되기를 도모하면서 부임하지 않는 자는 그 임소(任所)에서 3년에 한하여 정배한다."라는 승전(承傳)이 있었고, 1717년(숙종41) 수령으로서 근무지를 기피하면서 체직되기를 도모한 자는 의금부로 잡아다 신문한 뒤에 그 고을에 정배하라는 승전이 있었다. 《受教輯錄 吏典 守令》

465 일찍이……없다 : 1744년(영조20) 내린 전교이다. 그 도의 도신(道臣)을 지낸 사람을 다시 그 도의 수령으로 삼는 것은 조정에 있어서는 관작의 도리를 추락시키고 외방에 있어서는 풍화(風化)의 도리를 손상시키는 것이

좌병사(左兵使)와 우병사(右兵使)가 도(道)를 바꾸어 임명될 경우에는 본 규정에 구애되지 않는다.[466] 〈속〉

제21항 **수령에 제수되면 시원임(時原任) 대신(大臣)과 육조 판서, 삼군문(三軍門)의 대장, 대관(臺官), 이조의 당상관과 낭관, 비변사의 본도(本道) 구관 당상(句管堂上)에게 두루 하직 인사를 한다.**[467] 〈속〉〈증〉〈보〉 ❶ 변지 수령은 비변사의 당상관에게 두루 하직 인사를 한다.[468] 〈속〉 ❷ 찰방은 대신(大臣), 이조·병조의 당상관과 낭관에게 두루 하직 인사를 한다. ❸ 감사(監司)는 대신(大臣)과 비변사 당상관에게 두루 하직 인사를 한다. ❹ 병사(兵使)와 수사(水使)는 대신(大臣), 병조의 당상관과 낭관, 대관(臺官),

므로 그 도의 감사나 병사(兵使)를 지낸 사람을 다시 그 도에 차임하지 말도록 이조로 하여금 승전을 받들어 시행하게 하였다.《承政院日記 英祖 20年 2月 11日》

466 남병사(南兵使)와……않는다 : 1744년(영조20) 이비(吏批)가 건의하여 시행되었다. 병사는 감사와는 달라서 한 도 안에 남병사와 북병사가 있기도 하고 좌병사와 우병사가 있기도 하므로 감사나 병사를 지낸 사람을 그 도의 수령에 제수하지 말도록 하는 것과는 구별이 되었다. 함경도의 경우 남병사를 지낸 자가 북도의 수령이 되는 데에 구애되지 않고 북병사를 지낸 자가 남도의 수령이 되는 데에 구애되지 않으며, 경상도의 경우 좌병사를 지낸 자가 우도의 수령이 되는 데에 구애되지 않고 우병사를 지낸 자가 좌도의 수령이 되는 데 구애되지 않으므로 이를 정식으로 삼아 시행할 것을 이비가 아뢰어 윤허받았다.《承政院日記 英祖 20年 2月 11日》

467 수령에……한다 : 《속대전》 〈이전 잡령(雜令)〉과 《대전통편》 〈이전 잡령〉에 있다. '육조 판서'는 《속대전》의 조문이고, '시원임 대신, 대관, 이조의 당상관과 낭관'은 《대전통편》의 조문이고, '삼군문의 대장, 비변사의 본도 구관 당상'은 《전율통보》에서 추가된 것이다.

468 변지……한다 : 《속대전》 〈이전 잡령(雜令)〉에 있다.

비변사의 당상관에게 두루 하직 인사를 한다.〈보〉

제22항 **외관이 다른 관직에 옮겨진 경우에 거리가 멀고 관아의 일이 긴급하면 계품하여 하직 인사를 생략하고 부임한다.** **1** 나머지는 하직 인사를 생략하고 부임하는 것을 경솔하게 허락하지 않는다.[469]〈속〉 **2** 하직 인사를 생략하고 부임하게 된 자는 교지가 내려오면 망궐례(望闕禮)를 행한다.[470]〈경〉〈보〉

제23항 **수령이 하직 인사를 할 때에는 칠사(七事)를**〈보〉 **1** 칠사는 농업과 잠업을 흥성하게 하고, 호구를 증가시키고, 학교를 진흥시키고, 군정(軍政)을 잘 정돈하고, 부역(賦役)을 균등하게 하고, 소송 사건을 줄이고, 간사하고 교활한 행위를 종식시키는 것을 이른다.[471]〈경〉 **승정원에서 선서한다.**[472]〈보〉

469 외관이……않는다 : 《속대전》〈이전 제수(除授)〉에 있다. 22항 대문과 소주 **1**의 내용은 1685년(숙종11) 좌승지 송창(宋昌)이 건의하여 시행되었다. 외관이 다른 관직에 옮겨지는 경우에 하직 인사 절차를 생략하고 부임하는 규례가 있었는데, 이는 서울과의 거리가 차이가 많이 나거나 관사(官事)가 긴급한 경우에는 지체할 수 없어 변통하는 방도에서 나온 것이다. 그런데 서울이나 근기(近畿)를 지나가는 관직에 옮겨지는 경우에도 사은숙배하고 하직 인사하는 절차를 생략하는 폐단이 생기게 되었다. 이에 송창이 거리가 멀거나 관청의 일이 급한 경우를 제외하고는 모두 사은숙배하고 하직 인사하게 할 것을 건의하여 시행되었다.

470 하직 인사를 생략하고 부임하게……행한다 : 《경국대전》〈예전 조의(朝儀)〉에 있다.

471 수령이……이른다 : 《경국대전》〈이전 고과(考課)〉에 있다.

472 승정원에서 선서한다 : 1489년(성종20) 지평 조달생(趙達生)이 수령이 하직 인사를 할 때 일일이 인견하지는 못하더라도 승정원으로 하여금 칠

제24항 **의금부로 잡아온 관찰사의 후임은 15일, 사망한 관찰사의 후임은 10일 내에 하직 인사를 한다.** ❶ 기한을 경과한 경우에는 논책한다.[473] ❷ 절도사와 변지 수령도 마찬가지이다.〈속〉

제25항 **영장, 겸영장(兼營將), 변장(邊將), 성장(城將) 및 독진읍(獨鎭邑), 가족을 데리고 갈 수 없는 연변(沿邊) 읍과 연해읍의 수령은 서로 대면하여 교대한다.**[474] 〈속〉〈보〉 ❶ 비록 파직하고 의금부로 잡아오게 한 경우에도 인장(印章)과 부신(符信)을 가지고 있게 하고, 겸관(兼官)을 차출하지 않는다.[475] 〈속〉 ❷ 내륙 지방에 있는 겸영장, 성장, 독진읍의 수령을 의금부로 잡아다 신문하는 경우에는 겸관을 차임하고 후임을 차출하지 않는다.〈증〉 ❸ 관찰사, 절도사, 통제사는 그 경내(境內)에서 교귀(交龜)하고, 영장 이하는 그 진문(鎭門) 또는 아문(衙門)에서 교귀한다.[476] 〈경〉〈속〉〈보〉

사(七事)를 강문하게 하여 현부(賢否)를 시험할 것을 건의하여 시행되었다.《成宗實錄 20年 2月 23日》

473 의금부로……논책한다 : 1672년(현종13) 내린 수교이다.《受教新補 吏典 外官職》

474 영장……교대한다 : 《속대전》〈이전 외관직(外官職)〉에 있다. '영장'과 '변장'은《전율통보》에서 추가된 내용이다.

475 비록……않는다 : 1703년(숙종29) 내린 수교이다.《受教新補 吏典 外官職》

476 관찰사……교귀한다 : 《속대전》〈병전 외관직(外官職)〉에 있다. '관찰사'와 '영장 이하는 그 진문 또는 아문에서'는《전율통보》에서 추가된 내용이다.

第26항 **관찰사는 잡아오라는 왕명이 내렸거나 대계(臺啓)가 있는 경우가 아니면 비록 죄를 받아 파직되었더라도 후임 관찰사가 도착할 때까지는 규례대로 봉계(封啓)하고, 도사가 대행하지 못한다.**

第27항 **관찰사는 공사(公事)에 관계되면 비록 다른 도의 수령이라도 장파(狀罷)할 수 있다.**〈속〉

第28항 **여러 도(道)에 겸찰방(兼察訪)을 두어 불법 행위를 염탐하여 살피게 하고 직계(直啓)를 허용한다.**〈증〉 **1** 영서도 찰방(迎曙道察訪), 양재도 찰방(良才道察訪), 성환도 찰방(成歡道察訪), 유곡도 찰방(幽谷道察訪), 황산도 찰방(黃山道察訪), 삼례도 찰방(參禮道察訪), 금교도 찰방(金郊道察訪), 은계도 찰방(銀溪道察訪), 대동도 찰방(大同道察訪), 어천도 찰방(魚川道察訪), 고산도 찰방(高山道察訪), 거산도 찰방(居山道察訪), 수성도 찰방(輸城道察訪)이다.〈증〉〈보〉

第29항 **비변사의 당상이나 대각(臺閣)의 관원이 수령이나 변장에게 분부하여 부임하지 못하게 한 경우는 제서유위율(制書有違律)[477]로 논한다.[478]**〈증〉

477 제서유위율(制書有違律) : 《대명률》〈이율 공식(公式)〉 제서유위 조의 율이다. 제서를 받들어 시행할 때에 어기면 장(杖) 100이었다. 제서는 황제의 명을 적은 조서(詔書)와 칙서(勅書) 등이다.

478 비변사의……논한다 : 《대전통편》〈이전 잡령(雜令)〉에 있다.

제30항 **수령은** ❶ 부사, 부윤, 목사를 겸한 관찰사도 이와 같다. **가족을 데리고 갈 수 있으나, 춘분 이후 추분 이전에는 가족을 맞이하지 못한다.**[479] 〈경〉 〈보〉 ❷ 변경 지방 및 진도(珍島), 제주(濟州), 대정(大靜), 정의(旌義), 거제(巨濟), 남해(南海), 진해(鎭海), 기장(機張), 웅천(熊川), 구성(龜城), 선천(宣川), 철산(鐵山), 용천(龍川), 곽산(郭山), 희천(熙川), 운산(雲山), 길주(吉州), 명천(明川), 경성(鏡城) 등의 수령은 그 가족을 데리고 가지 못한다.〈보〉

479 수령은……못한다 : 《경국대전》 〈병전 영송(迎送)〉에 있다.

제 6 조 천거(薦擧)[480]

제 1 항 매년 1월에 의정부와 육조의 당상은 각각 관찰사나 절도사를 맡을 만한 사람을 천거하고, 서울과 지방의 동반 3품 이상[481]과 서반 2품 이상[482]은 각각 수령이나 만호를 맡을 만한 사람을 천거하되, 모두 3인을 초과하지 못한다. 〈경〉 **1** 수령을 천거해야 하는데 천거하지 않은 사람은 해당 조(曹)에서 찰추(察推)한다. 장오죄(贓汚罪)를 저지른 사람은 그의 천주(薦主)를 파직하되 저지른 죄가 중한 경우에는 삭직(削職)한다.[483] 〈속〉 **2** 《경국대전》에 또 "사헌부와 사간원의 관원은 각각 관찰사나 절도사를 맡을 만한 사람을 천거하고, 충훈부는 공신의 자손으로서 그 재능이 이임(吏任)을 맡을 만한 사람을 천거한다."라는 법이 있다. 〈보〉

480 천거(薦擧) : 인재를 추천하는 법규에 관한 항목이다. 천거하는 사람, 천거할 관직, 천거 대상자, 천거를 잘못했을 때의 처벌 등이 수록되어 있다.

481 동반 3품 이상 : 서울의 부정(副正) 이상, 지방의 부사(府使) 이상이다. 《六典條例 兵典 兵曹》

482 서반 2품 이상 : 서울의 가선대부인 군직(軍職) 이상, 지방의 병사(兵使) 및 가선대부인 수사(水使)·영장·첨사·별장 이상이다. 《六典條例 兵典 兵曹》

483 수령을……삭직(削職)한다 : 장오죄를 저지른 사람의 천주를 파직하도록 한 규정은 1677년(숙종3) 호조 판서 오시수(吳始壽)와 영의정 허적(許積)의 건의로 정해졌고, 천주를 삭직하도록 한 규정은 1726년(영조2) 유척기(兪拓基)의 건의로 정해졌다. 《경국대전》에서는 천주를 연좌(連坐)하는 처벌이었는데 《속대전》에 이르러 파직, 삭직으로 강화된 것은 인재 천거를 신중히 하게 하려는 의도가 내포된 것이다. 《承政院日記 肅宗 3年 2月 24日, 英祖 2年 3月 27日》

제2항 **각 도(道)의 전함(前銜) 및 생원, 진사, 유학(幼學)으로서 재능과 행실이 현저한 자를 식년마다 연초에 한 고을 사람들이 수령에게 보거(保擧)하면 수령은 관찰사에게 보고하고 관찰사는 다시 뽑아서 천거한다.** ❶ 하삼도(下三道)[484] 〈속〉 –❶ 삼남(三南)이다. 〈보〉 –는 3인을 초과할 수 없고 상오도(上五道)[485]는 2인을 초과할 수 없다. 이름 아래에 그의 재능과 덕행을 기록한다. 생원과 진사는 30세 이상, 유학은 40세 이상이고 전함은 나이에 구애되지 않는다. ❷ 천거된 사람의 실상이 명성과 부합하지 않거나 나이를 속여 기록한 경우는 보거한 사람을 공거비기인율(貢擧非其人律)[486]로 논하고, 관찰사와 수령은 파직한다. ❸ 서울 사람으로서 시골로 왕래하면서 연줄을 타고 함부로 천거된 자도 보거한 사람을 처벌하는 율을 동일하게 적용한다.[487] 〈속〉 ❹ 적임자가 아닌 사람을 천거하거나 재능이 천거될 만한데도 천거하지 않으면 1인은 장(杖) 80이고, 2인마다 1등급을 더하되 장

484 하삼도(下三道) : 충청도, 전라도, 경상도를 말하는데, 하도(下道), 삼도(三道)라고도 한다.

485 상오도(上五道) : 경기도, 강원도, 황해도, 평안도, 함경도를 말한다.

486 공거비기인율(貢擧非其人律) : 《대명률》 〈이율 직제(職制)〉 공거기비인(貢擧非其人) 조의 율이다. 본항 소주 ❹ 참조.

487 각 도(道)의……적용한다 : 재능과 행실이 현저하면서도 등용되지 않은 사람을 천거하기 위한 규정이다. 본항의 대문(大文)과 소주 ❶, ❷, ❸은 1698년(숙종24) 편찬된 《수교집록》 〈이전 관직〉에 실려 있고, 이것이 《속대전》에 반영된 듯하다. 대문과 소주 ❶, ❷는 어느 시기에 내려진 수교인지 문헌을 통해 알 수 없고, 소주 ❸은 1662년(현종3) 승전(承傳)을 받은 것이다. 《受教輯錄 吏典 官職》

100에 그친다.[488] 〈율〉

제 3 항 **염근리(廉謹吏)는 2품 이상에게 각각 아는 대로 천거하게 하되 문서로 묘당에 보내고 묘당에서 회의하여 뽑아서 아뢴다.[489]** 〈증〉

제 4 항 **전조(前朝 고려)의 왕씨(王氏) 자손은 각별히 찾아내서 수용(收用)한다.[490]**

488 적임자가……그친다 : 《대명률》 〈이율 직제(職制)〉 공거비기인(貢擧非其人) 조에 있다.

489 염근리(廉謹吏)는……아뢴다 : 염근리를 천거하는 방식은 1601년(선조34) 처음 보인다. 1601년에 의정부의 건의로 청렴하고 근실한 사람을 먼저 이조로 하여금 의논하여 천거하게 하고서, 의정부에서 재신(宰臣)들과 함께 회의하여 정한 다음 계하받도록 하였다. 숙종 때에는 좌의정 박세채(朴世采)가 상신(相臣) 이원익(李元翼)의 일기에 있는 내용에 근거하여 2품 이상이 회의한 뒤 묘당에서 의논하여 정하는 규례를 따를 것을 건의하여 그대로 시행되었다. 이후 영조 때에 이르러 좌의정 송인명(宋寅明)이 선조 때와 숙종 때의 염근리를 천거하는 방식에 대하여 아뢰자, 영조가 2품 이상으로 하여금 각각 아는 사람을 천거하게 하여 묘당에 문서로 보낸 다음 묘당에서 회의하여 초계하도록 명하였다. 이것이 《대전통편》에 반영되었다. 《宣祖實錄 34年 5月 16日》《承政院日記 肅宗 20年 11月 7日, 英祖 21年 1月 25日》

490 전조(前朝)의……수용(收用)한다 : 《속대전》 〈이전 제수(除授)〉에 있다. 1735년(영조11) 내린 전교이다. 태종 때 고려조의 왕씨 자손을 수용하도록 명한 것이 《국조보감(國朝寶鑑)》에 실려 있는데도 사적(仕籍)에 왕씨 성(姓)을 가진 자가 없음을 언급하면서 각별히 찾아내어 수용하도록 이조와 병조에 분부하였다. 이것이 《속대전》에 반영된 것이다. 《承政院日記 英祖 11年 8月 9日》

제5항 영남, 서관(西關), 북관(北關), 송도(松都) 사람은 망단자에 출신지를 주(註)로 단다.[491] 〈속〉

491 영남……단다 : 《속대전》 〈이전 제수(除授)〉에 있다. 서관에 대해서는 효종 때 의주(義州) 사람을 망단자에 기록할 때부터 적용되었고, 북관에 대해서는 1679년(숙종5) 예조 참판 권대재(權大載)의 건의로 시행되었고, 영남에 대해서는 1725년(영조1) 좌의정 민진원(閔鎭遠)의 건의로 시행되었고, 송도에 대해서는 1728년 병조 판서 조문명(趙文命)의 건의로 시행되었다. 《承政院日記 肅宗 5年 6月 4日, 英祖 1年 5月 20日·4年 7月 7日》

제 7 조 과계(科階)[492]

제 1 항 **문과(文科)에서 갑과(甲科) 1등으로 급제한 사람에게는 종6품의 자급을 주고, 나머지 갑과로 급제한 사람에게는 정7품의 자급을 주며, 을과(乙科)로 급제한 사람에게는 정8품의 자급(資級)을 주고, 병과(丙科)로 급제한 사람에게는 정9품의 자급을 준다.** 1 갑과 1등으로 급제한 자로서 원래 자급이 있는 사람은 네 자급을 올려 주고, 나머지 갑과로 급제한 사람으로서 원래 자급이 있는 사람은 세 자급을 올려 주되, 자궁(資窮)이 된 사람은 당상관으로 올려 준다. 을과로 급제한 자로서 원래 자급이 있는 사람은 두 자급을 올려 주고, 병과로 급제한 자로서 원래 자급이 있는 사람은 한 자급을 올려 주되, 자궁이 된 사람은 준직(準職)에 제수하고 준직을 거친 사람은 당상관으로 올려 준다. 원래 자급이 있는 사람에게 올려 줄 자급이 원래 주도록 규정된 자급과 동등하거나 이에 미달하는 경우에는 원래 주도록 규정된 자급보다 또 한 자급을 올려 준다. –1 원래 주도록 규정된 자급과 동등하다는 것은 예를 들면 갑과 1등으로 급제한 사람의 원래 자급이 종8품 승사랑인 경우이고, 미달한다는

492 과계(科階) : 과시(科試)에 급제(及第)한 사람에게 주어지는 품계(品階), 또는 자급(資級)을 가리킨다. 이 편은 《경국대전》, 《속대전》, 《대전통편》의 〈이전 제과(諸科)〉 조항들 중 일부를 모아 놓은 것으로, 문과(文科)와 잡과(雜科)에 급제한 사람에게 품계, 또는 자급을 주는 규정 등이 실려 있다. 무과(武科)에 급제한 사람에 대한 규정은 《전율통보》 〈병전 경관격식(京官格式)〉 참조.

것은 갑과 1등으로 급제한 사람의 원래 자급이 정9품 종사랑(從仕郞) 이하인 경우이다. 나머지도 이에 준한다. –〈경〉

제2항 **과거에 급제한 자로서 만 50세가 된 사람은 분관(分館)한 뒤에 6품으로 올려 준다.**[493] ❶ 공신 적장(功臣嫡長)으로서 상호군(上護軍)을 역임한 자가 과거에 급제한 경우에는 참외관이면 6품으로 올려 주고, 참상관이면 가자(加資)한다.[494] 〈속〉 ❷ 과거에 급제하기 전에 사과(司果)의 체아직 녹봉을 받은 자는 6품으로 올려 준다.[495] ❸ 과거에 급제한 지 10년이 경과한 자는 연석에서 여쭈어 6품으로 올려 준다.〈증〉

493 과거에……준다 : 과거에 급제하기 전에 50세가 된 자를 6품으로 올려 주도록 한 기록은 효종 때부터 보이는데, 영조 이전에는 과거에 급제하기 전에 만 50세가 된 자는 급제한 뒤 바로 6품으로 올려 주었으나 1727년(영조3) 조태억(趙泰億)의 건의에 따라 만 50세가 된 자라 하더라도 분관(分館)한 뒤에 6품으로 올려 주게 되었다. 과거에 급제하기 전에는 만 50세가 되지 않았다가 분관하고 난 뒤에 만 50세가 된 자에게도 이 규정을 적용하였다.《承政院日記 孝宗 5年 12月 23日, 肅宗 43年 4月 16日, 英祖 21年 8月 30日》《英祖實錄 3年 9月 25日》

494 공신……가자(加資)한다 : 1744년(영조20) 김재로(金在魯)의 건의에 따라 공신 적장으로서 상호군을 지낸 자가 과거에 급제하였을 경우에는 급제 당시에 참상관이면 가자해 주었는데, 참하관의 경우에는 그 이전부터 6품으로 올려 주는 것이 관례였다. 1844년(헌종10) 공신 적장에게 주는 자리 중에 상호군은 없고 대호군(大護軍)만 있다는 지적에 따라 공신 적장으로서 대호군을 지낸 자에게 이 규정을 적용하는 것으로 바뀌었고, 《대전회통》에도 반영되었다.《承政院日記 英祖 20年 4月 11日, 憲宗 10年 4月 22日》《大典會通 吏典 諸科》

495 과거에 급제하기……준다 : 《대전통편》〈병전 경관직(京官職)〉 오위(五衛) 조에 있다.

제 3 항 중시(重試)에서 우수한 성적을 거둔 사람의 자급을 올려 줄 경우에는 문과에 급제한 사람으로서 원래 자급이 있던 자에 대한 《경국대전》의 예에 따라 올려 주되, 참외관은 을과 이하로 급제하였더라도 모두 6품으로 올려 준다.〈속〉

제 4 항 잡과(雜科)에 급제한 사람에게는 차등을 두어 품계를 준다.[496]

1 1등으로 급제하여 품계를 받은 자는 본(本) 아문에 서용하고, 2등 이하로 급제하여 자급을 받은 자는 본(本) 아문의 권지(權知)로 차임한다.〈경〉

496 잡과(雜科)에……준다 : 《경국대전》 〈이전 제과(諸科)〉에는 잡과에 합격한 사람에게 자급을 주고 서용하는 규정이 역과(譯科)와 역과 이외의 음양과(陰陽科), 의과(醫科), 율과(律科)로 나뉘어 실려 있다. 그 내용도 더 구체적이어서 역과의 1등에게는 종7품을 주고 2등은 종8품을 주며 3등은 종9품을 주고, 음양과·의과·율과의 1등에게는 모두 종8품을 주고 2등에게는 정9품을 주고 3등에게는 종9품을 준다고 하였다.

제 8 조 서경(署經)[497]

제 1 항 **감찰 및 각 도(道)의 도사나 수령에 처음 제수되는 자에 대해서는 4품 이상이더라도 모두 서경한다.** 〈속〉 ❶ 내외(內外)의 사조(四祖)와 부인의 사조를 살펴보고 당사자의 신상에 흠결이 있는지를 조사한다.[498] 〈경〉 〈속〉 ❷ 시종(侍從)이나 당상관을 역임한 사람에 대해서는 서경하지 않는다. 〈속〉 ❸ 5품 이하의 대간(臺諫)과 종부시의 관원에 대해서도 서경한다.[499] 〈속〉 〈경〉 ❹ 대간에 대한 서경은 양사(兩司)가 3원씩 갖추어 행하나, 3원을 갖추지 못할 경우에는 각각 2원만 갖추더라도 임금에게 여쭈어 그대로 행하되 양사가 한자리에 모여야 서경한다. 감찰, 도사, 수령

497 서경(署經) : 관원에게 고신(告身)을 발급할 때, 죽은 신하에게 시호(諡號)를 추증(追贈)할 때, 새로 법을 만들거나 옛 법을 개정하기 위해 의첩(依牒)을 발급할 때, 상중인 사람을 복귀시키기 위해 의첩을 발급할 때 양사(兩司)에서 그 적합성에 대해 심사하는 것을 가리킨다. 《경국대전》 〈이전〉에는 〈고신〉이 있고 〈서경〉은 없었는데, 《속대전》에서는 〈고신〉을 없애고 〈서경〉을 새로 두었으며, 《대전통편》에서는 〈고신〉과 〈서경〉을 모두 두었고, 《전율통보》에서는 〈고신〉을 없애고 〈서경〉만 두었다. 이 편에는 관직에 제수된 사람 중 서경을 거쳐야 할 대상과 제외 대상, 서경을 행할 때 살펴야 할 사항과 참석해야 할 인원, 서경을 통과하지 못했을 때의 처리 등이 실려 있다. 《經國大典 吏典 告身》《續大典 吏典 署經》《大典通編 吏典 告身, 署經》《六典條例 吏典 司憲府 署經》

498 내외(內外)의……조사한다 : 서경을 행할 때 처의 사조를 살피도록 한 규정은 《경국대전》에는 없었는데, 1485년(성종16) 신하들과의 논의를 거쳐 《대전속록》에 반영되었고, 이후 《속대전》에도 반영되었다. 《大典續錄 吏典 署經》

499 5품……서경한다 : 5품 이하의 대간이 서경을 거치도록 한 규정은 《속대전》에 있고, 종부시의 관원이 서경을 거치도록 한 규정은 《경국대전》에 있다.

에 대한 서경은 양사가 2원씩 갖추어 행하되, 한자리에 모이지 못하더라도 한 관사의 관원이 갖추어지면 그 관사만 먼저 서경한다.[500] 〈속〉 5 감찰에 대한 서경은 감찰청(監察廳)에서 먼저 행하여 이상이 없어 통과시킨 뒤라야 양사에서 행한다. 감찰에 제수되었을 때 서경을 거쳤으면 도사나 수령에 처음 제수될 때에는 다시 서경하지 않는다. 수령에 제수되었을 때 서경을 거쳤더라도 감찰에 처음 제수될 때에는 다시 서경한다.[501] 〈속〉〈보〉 **세 번째 서경을 통과하지 못하면 체차한다.** 6 공적인 사유 이외에 50일이 지나도록 서경을 통과하지 못한 자의 고신(告身)은 임금에게 아뢰어 고친다.〈속〉

500 대간에……서경한다 : 새로 제수된 5품 이하의 대간에 대해서는 3원을 갖추어야 서경을 행할 수 있었으나, 숙종 때에도 왕의 허락을 받아 2원만으로 서경을 행한 사례가 보인다. 수령의 경우에는 숙종 이전에 3원을 갖추지 않아도 서경을 행할 수 있도록 변통하였고, 감찰과 도사의 경우에는 1674년(숙종 즉위년) 승지 민종도(閔宗道)의 건의에 따라 3원을 갖추지 않아도 서경을 행할 수 있도록 하였다.《承政院日記 肅宗 卽位年 10月 28日, 7年 3月 18日, 19年 12月 17日》

501 감찰에……서경한다 : 새로 감찰에 제수된 사람에 대한 서경은 현임 감찰들이 감찰청(監察廳)에 모여서 행하되, 하위 감찰부터 서경 단자에 가부를 표시하도록 하여 만장일치로 통과되면 한 장의 서경 단자에 서명하고 봉한 뒤 사헌부와 사간원으로 보내 대간들의 서경을 행하도록 하였다. 수령에 제수된 사람이 이전에 감찰에 제수되어 이미 서경을 거쳤으면 다시 서경을 거치지 않아도 되도록 한 규정은 1733년(영조9) 대사헌 조명익(趙明翼)의 건의에 따라 정해진 것으로, 이후《속대전》에 반영되었다. 감찰에 제수된 사람이 이전에 수령에 제수되어 이미 서경을 거쳤더라도 다시 서경을 거치도록 한 규정은《속대전》과《대전통편》등에는 보이지 않는다.《六典條例 吏典 司憲府 署經》《肅宗實錄 39年 3月 19日》《承政院日記 肅宗 39年 4月 14日, 英祖 9年 8月 23日》

제9조 고과(考課)[502]

제1항 **모든 관사의 관원은 묘시(卯時)에 출근하여 유시(酉時)에 퇴근한다.** ❶ 해가 짧을 때에는 진시(辰時)에 출근하여 신시(申時)에 퇴근한다. ❷ 종묘서와 사직서 및 전곡(錢穀)이 있는 모든 관사의 관원은 조회(朝會)에 참여하지 않는다.[503] 〈경〉

제2항 **5일마다 양사(兩司), 육조, 한성부는 좌기(坐起)를 연 일수와 당상의 참석 여부를 단자로 써서 들인다.[504]** 〈속〉 ❶ 《경국대전》

502 고과(考課) : 원래 관원의 근무 실적을 평가하여 등급을 매기는 것을 가리키는데, 여기서는 각 관사 관원의 근무 규정 및 임기 동안 관원의 근무 실적을 평가하여 인사이동에 반영하는 방칙까지를 포함한 넓은 개념으로 쓰였다. 한편 고과는 해마다 정기적으로 관원의 근무 실적을 평가하는 포폄(褒貶)이나 전최(殿最)와 같은 의미로 통용되기도 하였다. 이 편에는 관원의 출퇴근 시각, 회의 개최 일수와 당상의 참석 여부 보고, 관원에 대한 정기적인 실적 평가 및 그에 따른 상벌, 관원의 임기 및 인사이동, 기타 회계와 사은 등에 대한 규정이 실려 있다. 《經國大典 吏典 考課》《續大典 吏典 考課》《大典通編 吏典 考課》《典律通補 吏典 考課》

503 종묘서와……않는다 : 《경국대전》에서는 "종묘서, 문소전, 활인서의 관원 및 사직서와 전곡이 있는 모든 관사의 1원은 조회에 참석하지 않는다."라고 하였다. 전곡이 있는 관사란 관장하는 돈과 곡물이 있는 관사를 가리키는 것으로, 《육전조례》 〈이전 의정부(議政府)〉 재용(財用) 조에서는 호조, 병조, 공조, 훈련도감, 금위영, 어영청, 총융청, 선혜청, 양향청, 사복시, 사옹원, 장악원, 군기시, 전설사를 전곡이 있는 관사로 거론하였다. 그 외에 《속대전》 〈호전 창고(倉庫)〉를 참고하면 군자감, 광흥창, 풍저창, 상평청, 진휼청도 전곡이 있는 아문이라 할 수 있고, 《대전회통》 〈호전 회계(會計)〉를 참고하면 봉상시, 상의원, 제용감도 전곡이 있는 아문이라고 할 수 있다.

504 5일마다……들인다 : 1649년(효종 즉위년) 영의정 이경석(李景奭)이 각 관사에서 좌기를 자주 열지 않는 폐단을 언급하자, 효종이 양사(兩司), 육

에 "연말마다 이조가 모든 관사 관원의 실제 근무 일수 및 잡다한 사고 일수를 갖추어 기록하여 임금에게 보고한다."라는 법과 "서리에 대해서는 명부에 이조가 관인(官印)을 찍어 성실히 근무하였는지의 여부와 허위 여부를 살핀다."라는 법이 있다.[505]〈보〉

제3항 연말마다 관찰사는 수령의 칠사(七事) 실적을 갖추어 임금에게 보고한다.[506]〈경〉

조, 한성부, 장례원은 매달 말일에 좌기를 연 일수와 당상의 참석 여부를 함께 보고하되 양사는 좌기를 연 일수만 보고하도록 하였다. 이후 이는 《속대전》〈이전 고과〉에 반영되었는데, '매월 말일'이 '5일마다'로 바뀌었다. 《대전통편》〈이전 경관직(京官職)〉 장례원 조에서 장례원이 혁파되어 형조에 소속되었다고 하였기 때문에 《전율통보》에서는 장례원이 제외되었다. 《육전조례》〈이전 승정원(承政院)〉 월령(月令) 조에서는 매달 5일, 10일, 15일, 20일, 25일, 30일에 육조, 한성부, 사헌부에서 좌기를 열었는지의 여부를 보고하는 단자를 올린다고 하였다. 《承政院日記 孝宗 卽位年 12月 13日》

505 경국대전에……있다 : 《경국대전》〈이전 고과(考課)〉에 있다. 관원의 경우에는 이조에서 1년 동안의 근무 상황을 왕에게 보고하고, 서리의 경우에는 이조에서 명부를 만들어 두었다가 각 관사의 업무나 과시(科試) 등에 서리가 필요하면 이들을 차출하여 보내고 그들의 근무 상황을 관리 감독하였다. 잡다한 사고란 식가(式暇)와 복제(服制) 등 관원이 근무하지 못하게 된 사유를 가리킨다. 《承政院日記 孝宗 卽位年 6月 13日》

506 연말마다……보고한다 : 1406년(태종6) 수령에 대한 포폄을 행할 때 칠사를 살펴서 등급을 매기도록 정하면서 시작되었고, 이후 1416년에는 수령에 대한 포폄을 행할 때 등급만 매기고 실적을 보고하지 않는 것은 문제가 있다는 이조의 의견에 따라 수령의 칠사 실적을 갖추어 기록해서 보고하도록 하였다. 《太宗實錄 6年 12月 20日, 16年 1月 12日》

제4항 **각 관사의 구임(久任) 관원이 천전(遷轉)할 수 있는 기한은 30개월로 한정한다.**[507] ❶ 감찰, 수령, 6품으로 오르는 관원 및 신중히 가려서 차출해야 하는 관직[508]은 이에 구애되지 않는다.

제5항 **음관은 6품으로 오른 뒤에 사송(詞訟)을 맡는 관직으로 옮기고,** 〈속〉 ❶ 사송을 맡는 관직은 호조, 형조, 공조, 한성부, 오부, 의금부, 평시서, 감찰이다.〈속〉〈증〉〈보〉 **한 차례의 고과를 거친 뒤에야**〈속〉 ❷ 6개월을 채워야 한다.[509]〈보〉 **수령에 의망한다.**[510] ❸ 숙

507 각 관사의……한정한다 : 《수교집록》〈이전 관직(館職)〉에서 1546년(명종1) 정해진 규정이라고 하면서 "각 관사의 구임(久任) 관원은 《경국대전》에 따라 천전을 보류한다."라고 하였는데, 이것이 이후 《속대전》에 반영되었다. 조선 전기에는 '장기 근무하도록 한 관원[久任官]'이 관사마다 거의 다 있었으나 점차 폐지되고, 조선 후기에는 중앙 아문의 경우 비변사, 선혜청, 호조, 병조, 형조, 한성부, 성균관, 사복시, 군자감, 장악원, 광흥창의 낭청과 삼군문(三軍門)의 종사관 등이 남아 있었다. 장기 근무하도록 하는 관원은 각 관사의 제조와 해당 조(曹)의 당상이 함께 마련하여 이조에 공문을 보내 통지하면, 이조에서 왕에게 보고하고 장부를 만들어 두어 관리하였다. 《續大典 吏典 考課》《典律通補 吏典 京官格式》

508 신중히……관직 : 이에 해당하는 관직은 《경국대전》과 《속대전》을 참고해 보면 동반직 중 지방의 교수(敎授)를 제외하고는 대부분 겸직과 권설직이고, 지방의 교수도 《대전통편》에 와서는 폐지되었다. 서반직 중에서는 파총과 사산참군(四山參軍) 등이 이에 해당되었다. 《經國大典 吏典 京官職 弘文館》《續大典 戶典 量田·漕轉, 禮典 祭禮, 兵典 軍營衙門 訓鍊都監》《大典通編 吏典 外官職, 兵典 散職 四山參軍》

509 6개월을 채워야 한다 : 호조, 공조, 한성부의 낭청이 6개월을 채우면 사송 아문(詞訟衙門)의 관원과 마찬가지로 수령에 제수하도록 한 것은 1740년(영조16) 유척기(兪拓基)의 건의에 따라 정해진 것이다. 《承政院日記 英祖 16年 3月 20日》

510 음관은……의망한다 : 음관이 수령에 의망되려면 사송을 맡는 관직을

배(肅拜)하지 않은 자는 근무 일수를 계산하지 않는다.[511] 〈속〉 **4** 6품으로 오르기 전에 사송의 관직을 맡았으면 그 이력을 인정하지만, 그런 경우에도 6품으로 오른 뒤에 반드시 6개월을 채워야 한다. 〈보〉 **5** 사송을 맡는 관직에서 6개월을 채우지 못하고 다른 관직으로 옮겨 간 자가 다시 사송을 맡는 관직에 제수되면 전에 근무했던 일수까지 통틀어 계산한다. **6** 중인이나 서얼로서 찰방이나 감목관(監牧官)을 지낸 자도 수령에 의망한다.[512]

거쳐야만 하도록 의무화한 것은 음관이 수령으로 나가기 전에 사송의 업무를 익히게 하려는 취지에서 마련된 것으로, 영조 이전부터 시행되었다. 그러나 이처럼 한 차례의 고과 또한 거치도록 한 것은 1729년(영조5) 정언 이중경(李重庚)의 건의에 따라 정해진 것으로, 음관이 사송을 맡는 관직에 임명되자마자 곧바로 수령에 의망되는 폐단을 막기 위한 의도에서 만들어졌다. 《양전편고(兩銓便攷)》 〈동전 의차(擬差)〉에서는 한 차례의 고과란 한 차례의 도목 정사를 가리킨다고 하였다. 《承政院日記 肅宗 25年 7月 15日, 英祖 3年 5月 17日》《英祖實錄 5年 7月 19日》

511 숙배(肅拜)하지……않는다 : 사송을 담당하는 관직을 회피하려는 관원들이 제수된 뒤에도 숙배하지 않다가 체차되면 그 이력만을 인정받아 수령에 제수되자, 이런 편법을 막기 위해서 1727년(영조3) 심택현(沈宅賢)의 건의를 받아들여 정한 것이다. 《承政院日記 英祖 3年 5月 17日》

512 중인이나……의망한다 : 중인이나 서얼로서 감목관(監牧官)을 지낸 자에게 사송을 맡는 관직의 이력을 허용한 것은 1748년(영조24) 김재로(金在魯)의 건의에 따른 것이며, 찰방을 지낸 자에게는 그 이전부터 이력을 허용하였다. 《대전통편》에는 이 조항이 "중인이나 서얼은 찰방이나 감목관을 지내야 수령에 의망한다.[中庶經察訪監牧官, 始擬守令.]"라고 되어 있는데, 정조가 구윤명(具允明)의 건의에 따라 원문의 '시(始)' 자를 '역(亦)' 자로 고치도록 하였다. 구윤명은 서울과 지방의 사송을 맡는 관직 중 어느 한 곳에서 6개월간 근무하였으면 의당 그 이력을 인정하여 수령에 의망할 수 있도록 해야 하는데, 조항에 '시(始)' 자가 있어서 서울의 사송을 맡는 관직을 거쳤더라도 지방의 사송을 맡는 관직을 다시 거쳐야 수령에 의망될 수 있는

〈증〉 **7** 형조 낭청은 두 번째 제수되어 왔더라도 6개월이 되기 전에는 수령으로 옮겨 갈 수 없으나, 도목 정사일 때는 개월 수가 차지 않은 사람도 천전(遷轉)할 것을 계청한다.[513] 〈속〉〈보〉

제6항 각 능(陵)의 영(令)은 150일의 근무 일수를 채우기 전에는 다른 관직으로 옮겨 갈 수 없다. 〈증〉

제7항 당하 수령은 30개월, 당상 수령은 20개월, 변지 수령은 만 1년이 되기 전에는 다른 관직으로 옮겨 갈 수 없다. **1** 변지 첨사도 동일하다.[514] 〈속〉 **2** 시종(侍從) 출신인 수령은 15개월 이전에 다른 관직으로 옮겨 갈 수 없다. 청직(淸職)에 새로 통망된 경우에는 구애되지 않고 개월 수를 주(註)로 달고, 훈련원 정(正)

것처럼 되어 있어 불합리하다고 본 것이다.《承政院日記 英祖 24年 11月 5日, 正祖 10年 1月 16日》

513 형조 낭청은……계청한다 : 1745년(영조21) 이주진(李周鎭)이 수령을 거친 사람이 다시 사송을 담당하는 아문에 제수되었을 경우에도 다시 6개월을 채워야 하는지에 대한 명확한 규정이 없다고 지적하여, 신하들의 의견을 들은 뒤에 영조가 다시 6개월을 채우는 것으로 정식을 정하였다. 그러나 《전율통보》에서는 그중 형조만 거론하였고, 《양전편고(兩銓便攷)》 〈동전 의차(擬差)〉에서는 "두 번째 제수되어 온 사람은 구애되지 않으나, 형조는 세 번째 제수되어 온 사람일지라도 매번 6개월을 채워야 한다."라고 하여 형조에 대해서만 규정이 더욱 강화되었다. 도목 정사일 때는 개월 수가 차지 않은 사람도 천전(遷轉)할 것을 계청하도록 한 규정은 1677년(숙종3) 권대운(權大運)의 건의에 따라 정해진 것이다.《承政院日記 肅宗 3年 9月 4日, 英祖 21年 10月 18日》

514 변지 첨사도 동일하다 : 《속대전》 〈병전 외관직(外官職)〉에 있다.

에 의망할 때에도 동일하다.[515] 〈속〉〈증〉 **3** 시임(時任) 수령으로서 승전(承傳)을 받든 자는 근무한 개월 수에 구애되지 않되, 전직(前職)에 있을 때 받든 승전이 있는 사람은 정해진 근무 기한을 채울 때까지 기다렸다 다른 관직으로 옮겨 가도록 허락한다.[516] **4** 아직 정해진 근무 기한을 채우지 못한 수령은 영하(營下)의 수령이나 생산물이 풍부하고 관할 구역이 넓은 주(州)나 목(牧)의 수령으로 옮겨 의망하는 경우 이외에는 도목 정사를 거행할 때이더라도 옮겨 의망하기를 계청하지 못한다.[517] 〈증〉

제8항 음관을 6품으로 올려 줄 때에는 근무 일수를 계산하도록 한

515 청직(清職)에……동일하다 : 1746년(영조22) 정우량(鄭羽良)과 원경하(元景夏)의 건의에 따라 정해진 것이다. 영조 때에는 망단자에 '정해진 개월 수를 채우지 못함[未準朔]'이라고 주를 달다가 정조 때에는 근무한 개월 수를 달았다. 《承政院日記 英祖 22年 10月 23日, 正祖 5年 12月 9日》

516 시임(時任)……허락한다 : 1746년(영조22) 정해졌다. 여기에서의 승전은 준직(準職)에 제수하라는 명이나 승진시켜 서용하라는 명을 가리킨다. 《承政院日記 英祖 22年 10月 4日》

517 아직……못한다 : 《양전편고(兩銓便攷)》 〈동전 계청(啓請)〉에서는 영하의 고을로 수원(水原), 광주(廣州), 강화(江華), 공주(公州), 청주(淸州), 대구(大邱), 진주(晉州), 울산(蔚山), 전주(全州), 해주(海州), 황주(黃州), 원주(原州), 함흥(咸興), 평양(平壤), 안주(安州)를 지목하였고, 생산물이 풍부하고 관할 구역이 넓은 주(州)나 목(牧)으로는 충청도의 충주(忠州)·홍주(洪州), 경상도의 상주(尙州)·성주(星州), 전라도의 나주(羅州)·광주(光州)·남원(南原), 강원도의 강릉(江陵)을 지목하였다.

법을 준수한다.[518] ❶ 세자익위사의 참하관도 동일하다.[519] 〈속〉 ❷ 각기(各岐)도 동일하다.[520] 〈증〉 ❸ 입계하여 말미를 받은 기간과 의금부에 내려 추고한 기간 이외에는 모두 근무 일수로 인정해 준다. 능의 참봉은 숙배(肅拜), 입직, 분향 및 입재(入齋), 절사(節祀), 기신제, 별수향(別受香), 고제(告祭), 포폄할 때만을 근무 일수로 인정해 준다. 동료 관원이 입계하여 말미를 받았거나 공적인 사유가 있어서 대신 입직하였을 경우에도 별도의 근무 일수로 인정해 준다. ❹ 문관은 근무 기간을 달수로 계산한다.〈보〉

제 9 항 7품 이하는 450일의 근무 일수를 채우면 관직을 옮겨 주고

518 음관을……준수한다 : 근무 일수를 계산하도록 한 법이란 음관은 참하관으로 30개월을 근무하면 6품으로 올려 주는데 이때 30개월을 900일로 계산하여 실제 근무한 일수가 900일에서 하루도 빠지지 않아야 올려 주도록 한 규정을 가리킨다. 이러한 규정은 1743년(영조19) 정우량(鄭羽良)의 건의에 따라 정해진 것이다.《續大典 吏典 考課》《兩銓便攷 東銓 序陞》《承政院日記 英祖 19年 8月 9日》

519 세자익위사의 참하관도 동일하다 : 세자익위사의 참하관으로는 부솔(副率), 시직(侍直), 세마(洗馬), 종사(從史)가 있었는데, 이들도 900일을 채우면 동전(東銓)으로 보내 6품으로 올려 주었다.《兩銓便攷 西銓 計仕》

520 각기(各岐)도 동일하다 : 각기는 1350일을 채우면 동반직으로 옮겨 주었다. 본조 10항 참조.

또 자급을 올려 준다.[521] **1** 병조도 동일하다.[522] **2** 3번의 고과에서 2번 상고(上考)를 맞은 자는 자급을 올려 주도록 한다.[523]

〈경〉 **3** 서울에 있는 관사의 참봉, 전(殿)의 참봉 – **1** 조경묘(肇慶廟)의 참봉도 동일하다. – 은 450일의 근무 일수를 채우면 봉사로 올려 주고, 봉사와 참하인 의금부 도사는 또 450일의 근무 일수를 채우면 직장으로 올려 주고, 또 450일의 근무 일수를 채우면 6품으로 올려 준다. 능(陵)의 참봉도 동일하나, 900일의 근무 일수를 채워야〈증〉〈보〉 – **2** 두 명의 참봉이 근무한 일수를 통틀어 계산한다.[524] – 봉사로 올려 준다.[525] 수봉관(守奉官)도

521 7품……준다 : 《경국대전》 〈이전 경관직(京官職)〉에서는 6품 이상과 7품 이하를 나누어 6품 이상은 900일, 7품 이하는 450일의 근무 일수를 채우면 다른 관직으로 옮겨 주고 또 가자(加資)한다고 하였다. 《전율통보》에서는 7품 이하는 이 조항에서 설명하고, 6품 이상은 《전율통보》 〈이전 고과(考課)〉 제24항 **3**에서 《경국대전》의 조항을 인용하여 〈보〉로 정리해 놓았다.

522 병조도 동일하다 : 《경국대전》 〈병전 경관직(京官職)〉에서 "관직을 옮겨 주는 것과 자급을 올려 주는 것은 이조와 동일하다.[遷官加階, 與吏曹同.]"라고 하였다.

523 3번의……한다 : 《경국대전》 〈이전 경관직(京官職)〉에 있다.

524 두 명의……계산한다 : 각 능(陵)에는 참봉 2원을 두고 각각 보름 전과 보름 후로 나누어 근무하도록 하였다. 능의 참봉은 900일을 근무해야 봉사로 승진할 수 있도록 하여 다른 참봉보다 근무 일수가 배가 많지만, 이는 참봉 2원의 근무 일수를 합쳐서 계산한 일수를 가리키는 것으로, 참봉 한 사람당 실제로 근무한 일수는 450일이 된다. 《續大典 吏典 各陵》《承政院日記 英祖 17年 6月 19日·36年 4月 14日, 正祖 卽位年 6月 8日》

525 서울에……준다 : 서울에 있는 관사의 참봉은 돈녕부와 봉상시 등의 참봉을 가리키고, 전(殿)의 참봉은 영희전(永禧殿)과 경기전(慶基殿) 등 왕의 초상이 봉안되어 있는 곳과 숭령전(崇靈殿)과 숭덕전(崇德殿) 등 역대 시조를 모신 사당의 참봉을 가리키며, 능(陵)의 참봉은 건원릉(健元陵)과 정릉(貞陵) 등 왕이나 왕비가 묻힌 능의 참봉을 가리킨다. 《속대전》 〈이전 경관

동일하다.[526] 〈보〉 **4** 혼전(魂殿)의 충의(忠義)가 능의 참봉이 되면 전의 참봉의 예에 따라 근무 일수를 계산한다.[527] 〈증〉 **5** 참봉, 봉사, 참하인 의금부 도사는 정해진 개월 수를 채우지 못했더라도 근무 일수를 계산해서 순위가 맨 앞이면 차례로 올려 주되, 직장이 되고 나서는 참봉과 봉사일 때에 채우지 못한 근무 일수를 계산해서 제한 뒤 450일을 채워야 6품으로 올려 준다.[528] 〈증〉 〈보〉 **6** 대군사부, 왕자사부, 왕손교부, 교관(敎官), 참하인 도사,[529] 세자익위사와 세손위종사의 참하관, 감역(監役)

직(京官職)〉 의금부 조에 의하면, 참하 도사의 경우에는 900일을 채우면 6품으로 올려 주어 참봉에 비해 6품으로 오르기 위한 근무 기간이 짧았다. 능의 참봉에 대해서는 《대전통편》 〈이전 각능(各陵)〉에서 "참봉은 봉사와 직장으로 차례차례 승진시키되, 세 자리의 근무 기간을 통틀어 계산하여 60개월을 채우면 종5품 영(令)으로 승진시킨다."라고 하였다. 《典律通補 吏典 京官職 敦寧府, 奉常寺, 各殿, 各陵, 各園》《大典通編 吏典 除授》

526 수봉관도 동일하다 : 수봉관은 1753년(영조29) 홍봉한(洪鳳漢)과 김재로(金在魯)의 건의에 따라 소령원(昭寧園)의 수원관(守園官)을 수봉관으로 고치면서 처음 둔 벼슬로, 소령원과 순강원(順康園) 등에 2원씩 있었다. 수봉관은 학생으로서 30세 이상인 사람으로 차출하였다. 《承政院日記 英祖 29年 9月 7日》

527 혼전(魂殿)의……계산한다 : 혼전의 충의가 능의 참봉이 되었는데도 전의 참봉에게 적용하는 규정을 적용하도록 한 것은 일종의 우대라고 할 수 있다. 능의 참봉이 6품으로 오르기 위해서는 1800일을 근무해야 했지만 전의 참봉은 1350일만 근무해도 6품으로 오를 수 있었다.

528 참봉, 봉사……준다 : 《대전통편》 〈이전 고과〉에서는 참봉에게만 적용하는 것으로 되어 있는데, 여기에서는 총 근무 일수가 900일인 의금부의 참하 도사까지 포함하여 적용하고 일수에 대한 규정도 표현을 약간 달리하였다. 《兩銓便攷 東銓 序陞》 본항 소주 **3** 참조.

529 참하인 도사 : 《속대전》 〈이전 경관직(京官職)〉 오부 조에서는 오부에 각각 종6품 도사 1원과 종8품 봉사 1원을 두었다고 하였고, 《대전통편》

〈속〉〈증〉〈보〉 – 3 가감역(假監役)일 때의 근무 일수를 통틀어 계산한다.〈속〉 – 은 900일의 근무 일수를 채우면 6품으로 올려 준다. 가인의(假引儀)는 겸인의(兼引儀)로 승진된 뒤 900일의 근무 일수를 채우면 6품으로 올려 준다. 별검도 900일의 근무 일수를 채우면 6품으로 올려 준다.[530] 문관인 수봉관도 동일하다.[531] 〈속〉〈보〉 7 참봉과 봉사가 정해진 근무 일수를 채웠으나 승진되지 못했을 때 채운 이후의 근무 일수는 다른 관직에서 합산하지 못한다.〈보〉 8 도목 정사 때 직장(直長)은 근무 일수를 채우지 못한 날이 10일 이하이면 임금에게 여쭈어 승진시켜 준다.〈속〉

제10항 **각기(各岐)는** 1 이문학관, 능마아낭청(能麽兒郞廳), 관상감 겸교

〈이전 경관직〉 오부 조에서는 여기에 각각 종9품의 참봉 2원이 더해졌다. 그런데 1791년(정조15년) 오부의 관제를 개편하면서 원래 종6품 도사의 자리는 영(令)으로 고치고 대신 봉사의 자리를 도사로 바꾸면서 참상 도사였던 오부의 도사가 참하 도사가 되었다. 이에 따라 의금부와 오부에 참하 도사가 있게 되었는데, 의금부의 참하 도사에 대해서는 본항 소주 3, 5에 나왔으므로 이 조문의 참하 도사는 오부의 도사만을 가리킨다고 할 수 있다. 오부 도사의 근무 기간에 대한 기록은 《대전통편》〈이전〉에는 보이지 않는 것으로 보아 《전율통보》를 편찬하면서 추가된 듯하다.

530 별검도……준다 : 《대전통편》〈이전 각능(各陵)〉에서는 "별검은 30개월의 근무 기간을 채우면 종5품 영(令)으로 올려 준다."라고 하였고, 《대전통편》〈이전 고과(考課)〉와 《전율통보》〈이전 고과〉에서는 "문신인 별검은 30개월의 근무 기간을 채우면 6품으로 올려 준다."라고 하였다. 《속대전》에는 별검의 근무 기간에 대한 기록이 없으므로 전거 표시에 〈증〉이 추가되어야 할 듯하다.

531 문관인 수봉관도 동일하다 : 수봉관의 근무 기간에 대한 기록은 《대전통편》에 보이지 않는 것으로 보아 《전율통보》를 편찬하면서 추가된 듯하다.

수, 사역원 교수, 사자관, 훈장, 전의감 치종교수(治腫教授), 화원, 금루관, 의정부·중추부의 이방 녹사이다.[532] **1350일의 근무 일수를 채우면 동반직(東班職)으로 천전(遷轉)한다.**[533] 〈속〉 〈증〉 〈보〉 ❷ 관상감 삼학(三學)의 관원을 차례로 돌아가며 6품으로 올려 주고, 금루관과 화원을 차례로 돌아가며 6품으로 올려 준다. 역관과 사자관을 차례로 돌아가며 6품으로 올려 주고, 의정부 녹사와 중추부 녹사를 차례로 돌아가며 〈증〉 – ❶ 의정부 녹사를 두 차례 6품으로 올려 준 뒤에 중추부 녹사를 한 차례 6품으로 올려 준다.[534] 〈보〉 – 6품으로 올려 준다.[535] 이들은 서로 돌아가며 올라갈 차례가 된 뒤부터 근무 일수를 계산한다. 〈증〉

532 이문학관……녹사이다 : 각기(各岐)로 열거된 관직은 《전율통보》에서 추가된 것이다. 그중 이문학관이 45개월의 근무 기간을 채우면 천전시켜 주는 것은 《경국대전》 〈이전 경관직(京官職)〉 승문원 조, 의정부와 중추부의 이방 녹사가 45개월의 근무 기간을 채우면 동반직으로 천전시켜 주는 것은 《속대전》 〈이전 경아전(京衙前)〉 녹사 조의 규정이다.

533 각기(各岐)는……천전(遷轉)한다 : 《대전통편》 〈이전 고과(考課)〉에서는 "잡기(雜岐)는 서로 돌아가며 6품으로 올려 주되, 모두 서로 돌아가며 올려 줄 차례가 된 뒤에야 근무 일수를 계산하기 시작하여 45개월의 근무 기간을 채우면 천전을 허락한다." 하였다. 잡기를 각기로 표현한 것, 45개월을 1350일로 바꾼 것, '동반직'을 추가한 것 등이 〈보〉의 내용이라고 할 수 있다.

534 의정부 녹사를……준다 : 1762년(영조38) 김치인(金致仁)의 건의를 따라 정식으로 삼았을 때에는 의정부 녹사를 세 차례 6품으로 올려 준 뒤에 중추부 녹사를 한 차례 6품으로 올려 주도록 하였는데, 1787년(정조11) 김치인이 다시 의견을 올려 의정부 녹사를 두 차례 6품으로 올려 준 뒤에 중추부 녹사를 한 차례 6품으로 올려 주는 것으로 바꾸었다. 《承政院日記 英祖 38年 5月 8日, 正祖 11年 7月 6日》

535 관상감 삼학(三學)의……준다 : 1762년 김치인의 건의에 따라 정해진 것이다. 《承政院日記 英祖 38年 5月 8日》

3 율학, 주학은 해당 조(曹)에서 구근(久勤)한 자에게 제수하는 자리의 후보로 뽑아 보고하면 수용하여 의망한다.[536] 〈보〉 4 관상감 관원 중 특히 고생이 심한 근무자는 이조와 병조에서 선발하여 조용(調用)한다.

제11항 **7품 이하의 관원으로서 6품으로 오르기 위해 근무해야 할 달수가 서로 동일한 경우로 다른 관사에 옮겨 차출되면 이전에 근무한 일수까지 통틀어 계산한다.**[537] 1 서반(西班)도 동일하다.

제12항 **참외관이 상피(相避)할 사유가 있으면 다른 관사와 바꾸어 차임하고 이전에 근무한 일수까지 통틀어 계산한다.** 1 지방의 참외관이 상피할 사유가 있는 경우에도 동일하다.[538] 〈속〉

제13항 **재임 중에 상을 당한 자나 본인의 잘못 없이 산관(散官)이 된**

536 율학……의망한다 : 율학은 형조에서, 주학은 호조에서 이조에 보고한다.

537 7품……계산한다 : '6품으로 오르기 위해 근무해야 할 달수가 서로 동일한 경우'라는 것은 총 1350일(45개월)을 근무해야 6품으로 오르는 참봉, 봉사, 직장이나 총 900일(30개월)을 근무해야 6품으로 오르는 대군사부, 왕자사부, 왕손교부, 교관, 참하 도사, 세자익위사와 세손위종사의 참하관, 감역처럼 6품으로 오르기 위해 근무해야 할 기간이 서로 동일한 관직을 가리킨다.《承政院日記 顯宗 10年 12月 21日, 英祖 17年 6月 19日》

538 지방의……동일하다 : 1680년(숙종6) 율봉 찰방(栗峰察訪) 이원령(李元齡)이 감사 윤이제(尹以濟)와 상피 관계로 체차되어야 할 상황이 되자, 지방의 참하관에게도 서울의 참하관과 같은 규정을 적용하도록 하였다.《承政院日記 肅宗 6年 6月 23日》

자는 이전에 근무한 일수까지 통틀어 계산한다.[539] ❶ 병조도 동일하다.〈경〉 ❷ 본인의 잘못 없이 산관이 된 자에 대해서는 이전에 근무한 일수까지 통틀어 계산할 것인지 임금의 뜻을 여쭌다.〈보〉

제14항 서로 바꾸어 제수된 수령 외에 다른 고을로 옮겨 제수된 수령은 이전에 근무한 일수까지 통틀어 계산하지 못한다.[540]

제15항 사관(四館)의〈속〉 ❶ 예문관, 승문원, 성균관, 교서관이다.〈보〉 **참외관은 면신례(免新禮)의 선후를 따지지 말고 실제 근무한 일수를 계산하여 승진시켜 옮겨 준다.**[541] ❷ 상위에 있더라도 와서 근무하지 않은 자에게는 관직을 부여할 수 없다.

539 재임……계산한다 : 《경국대전》〈이전 경관직(京官職)〉에 있다.

540 서로……못한다 : 1680년(숙종6) 이원정(李元禎)의 건의에 따라 정해진 것으로, 임기 만료를 얼마 남겨 두지 않은 수령을 다른 고을로 옮겨 제수하고 이전에 근무한 일수까지 통틀어 계산하면 옮겨 제수된 지 얼마 되지 않아 곧바로 체차되는 폐단이 있다는 의견에 따른 것이다. '서로 바꾸어 제수된 수령'은 두 고을의 맞교환된 수령을 가리키고, '다른 고을로 옮겨 제수된 수령'은 수령의 자리가 빈 다른 고을로 옮겨 제수된 수령을 가리킨다.《承政院日記 肅宗 6年 2月 10日》

541 사관(四館)의……준다 : 《속대전》〈이전 경관직(京官職)〉에 있다. 이는 사관의 참하관이 면신례를 행한 뒤에는 고된 업무를 회피하기 위해 시골로 내려가 있으면서 근무하지 않다가 포폄을 행할 때에만 올라와서 근무하고 포폄이 끝나면 다시 내려가는 폐단을 막기 위해 마련된 조항이다. 1658년(효종9) 처음 마련되었고 1660년(현종1) 재차 천명되었으며, 1681년(숙종7) 정식으로 정해졌다.《受敎輯錄 吏典 官職》《承政院日記 孝宗 9年 4月 17日, 顯宗 1年 3月 20日, 肅宗 7年 8月 20日》

제16항 **주서는 군직(軍職)에 있던 기간의 달수를 근무 기간으로 계산하지 않는다.**[542] 〈속〉

제17항 **음관으로서 6품으로 올려 주어야 할 사람과 수령에 의망해야 할 사람은 모두 강경(講經) 시험을 치른 뒤에야 이를 허락한다.**[543] 〈증〉〈보〉 **1** 생원이나 진사가 된 사람 및 경학(經學)에 밝고 행실이 닦인 자로 천거된 사람은 모두 강경 시험을 면제해 준다. 〈속〉〈증〉 –**1** 별천(別薦)된 사람은 면제해 주지 않는다.[544]

542 주서는……않는다 : 효종 이전에는 주서가 군직에 있었던 기간도 근무 일수에 포함하였으나 1659년(효종10)부터는 이를 금지하였고, 1686년(숙종12)부터는 군직에 있었던 기간뿐만 아니라 숙배(肅拜)하기 전의 기간과 다른 관직에 옮겨 제수된 기간도 근무 일수에 포함하지 못하도록 하였다. 주서의 근무 기간을 날수로 계산하지 않고 달수로 계산한 것은 다른 관직에 비해 업무가 고된 데다가 궐에 나와야 근무한 것으로 인정되어 다른 관직에 비해 날수를 채우기가 쉽지 않았기 때문이다. 《承政院日記 孝宗 10年 3月 5日, 肅宗 12年 11月 17日·23日》

543 음관으로서……허락한다 : 음관이 6품으로 오를 때 경서(經書)를 강하도록 한 제도는 숙종 때의 기사에서 보이기 시작하며, 1688년(숙종14)에는 서전(西銓)의 음관이 6품으로 올라갈 때에도 강경 시험을 치르도록 의무화하였다. 음관은 6품으로 오른 뒤에도 사송(詞訟)을 맡는 아문에서 6개월을 근무하고 나서 다시 강경 시험을 치른 뒤에야 수령에 제수될 수 있었다. 음관이 사송을 맡는 아문에서 6개월을 근무한 뒤에야 수령에 의망한다는 규정은 본조 5항 참조. 《承政院日記 肅宗 14年 7月 2日, 4日》

544 별천(別薦)된……않는다 : 《속대전》 〈이전 천거(薦擧)〉에 있다. 1681년(숙종7) 별천된 사람은 6품으로 올라갈 때 강경 시험을 치르지 않도록 정했다가, 1685년 이조의 건의에 따라 학행(學行)이나 문학(文學)으로 천거된 사람과 곧바로 6품으로 오르는 사람 이외에 별천되어 벼슬길에 나온 사람들은 모두 강경 시험을 치르도록 하였다. 《承政院日記 肅宗 11年 6月 3日, 13年 2月 3日》

〈속〉 - 곧바로 6품으로 오른 사람은 육품강(六品講)을 면제해 준다.[545] 〈속〉〈보〉 **2** 육품강은 사서(四書)와 오경(五經) 중에서 각각 자신이 원하는 경서를 한 가지씩 정하여 임문(臨文)하되 두 가지 책에서 불통(不通)을 맞은 사람은 태거(汰去)하고, 한 가지 책에서 불통을 맞은 사람은 다음 도목 정사에서 다시 강하게 한다. 수령강(守令講)은 사서 및 자신이 원하는 한 가지 경서, 《대명률》, 《대전통편》을 임문(臨文)하되 세 가지 책에서 불통을 맞으면 태거하고, 한 가지 책에서 불통을 맞고 두 차례 강경 시험에 나아오지 않은 사람, 두 가지 책에서 불통을 맞고 한 차례 강경 시험에 나아오지 않은 사람, 병을 이유로 세 차례 나아오지 않은 사람은 세 가지 책에서 불통을 맞은 것으로 간주하여 태거한다.[546] 〈경〉〈증〉〈보〉 **3** 초사직(初仕職)에 제수하라

545 생원이나……준다 : 《속대전》 〈이전 천거(薦擧)〉에서는 "경학에 밝고 행실이 닦인 자로 천거된 사람과 곧바로 6품으로 오른 사람은 강경 시험을 면제해 준다."라고 하여 육품강과 수령강을 구분하지 않고 면제해 주었는데 《전율통보》에서는 육품강만 거론하였다. '경학에 밝고 행실이 닦인 자'로 천거된 사람은 주로 경연관이나 세자시강원의 찬선, 진선, 자의 등의 관직에 제수되었다. '곧바로 6품으로 오른 사람'은 명현(名賢)의 후손 등을 등용하여 초사직 따위를 거치지 않고 곧바로 6품에 제수한 경우 등을 가리킨다. 《續大典 吏典 京官職 世子侍講院》《承政院日記 肅宗 20年 8月 1日·34年 1月 25日·37年 11月 5日, 英祖 3年 4月 1日·10年 9月 18日》

546 육품강은……태거한다 : 육품강을 행할 때의 강서와 처벌에 대한 규정은 《대전통편》 〈이전 고과(考課)〉에 처음 보인다. 수령강을 행할 때의 강서에 대해서는 《경국대전》 〈이전 취재(取才)〉에서 '사서(四書), 한 가지 경서, 《대명률》, 《경국대전》'이라고만 하였는데, 《전율통보》에서는 그중 '한 가지 경서'를 자원해서 선택한다고 하였고, 강할 때 임문(臨文)한다고 하였으며, 《경국대전》을 《대전통편》으로 바꾸었다. 수령강을 행할 때의 처벌에 대한

는 승전(承傳)을 받든 사람에 대해 차례차례 승진시켜 관직을 부여하라는 명이 있으면 근무 일수가 가장 많은 직장은 육품강을 거치지 않더라도, 특교(特敎)에 따라 6품으로 올려 주는 예에 의거하여 구애되지 않는다. **4** 수령강을 거치지 않으면 또한 찰방이나 감목관(監牧官)에 의망할 수 없다.547 〈증〉 **5** 재직하고 있는 문관, -**2** 시종신(侍從臣)은 해당되지 않는다.- 무관, 음관 중에서 수령직을 맡을 만한 사람은 생원·진사나 수령을 거친 사람을 막론하고 수령강을 행할 때나 수시로 이조의 당상이 《대전통편》을 별도로 강하게 하되 불통을 맞은 자와 강경 시험에 나아오지 않은 사람은 태거한다.〈보〉

제18항 **한림은 도목 정사를 행할 때마다 상위 한림 1원을, 시정기(時政記)를 작성해서 제출하면 6품으로 올려 준다.**548 **1** 하위 한

규정은 《대전통편》 〈이전 취재〉에 있다.

547 수령강을……없다 : 찰방과 감목관(監牧官)에는 대부분 중인과 서얼 및 음관 등이 제수되었는데, 중인과 서얼의 경우에는 찰방이나 감목관을 거친 이력이 있어야 수령에 제수될 수 있어 두 관직이 수령이 되기 전에 거치는 중간 관문 역할을 하게 되었다. 이에 따라 1759년(영조35)에는 유척기(兪拓基)의 건의를 받아들여 잡기(雜岐)로 찰방이나 감목관에 제수될 때에는 음관이 수령에 제수될 때와 마찬가지로 수령강을 거치도록 의무화하였다. 《承政院日記 英祖 7年 1月 7日, 24年 10月 23日·11月 5日, 35年 1月 26日》

548 한림은……준다 : 시정기는 하루 단위로 그날그날 군신이 논의한 사안이나 출납한 문서 중에서 중대한 사안을 요약하여 작성하였는데, 한림 중에서도 하번(下番)이 작성하였다. 《은대편고(銀臺便攷)》 〈예방고 일기(日記)〉에서는 "한림이 6품으로 오르더라도 시정기를 작성해서 바치기 전에는 부직(付職)하지 못한다."라고 하고, 이 규정이 1770년(영조46)에 마련된 것이라고 하였다. 《翰苑故事》

림이 4원이 되지 않으면 6품으로 올려 주지 못한다.

제19항 **승문원은 두 차례의 도목 정사에서 3원을 6품으로 올려 준다.**[549] 〈속〉 ❶ 상위의 박사(博士)는 90일의 근무 일수를 채워야 6품으로 올려 주되 6월에 2원, 12월에 1원을 올려 준다.[550] 〈속〉 〈보〉 ❷ 성균관도 같다.[551] ❸ 교서관은 두 차례의 도목 정사에서 2원을 올려 준다.[552] 〈경〉

제20항 **주서는 30개월의 근무 기간을 채우면 6품으로 올려 준다.**[553] 〈보〉

제21항 **사록, 사학(四學)의 훈도, 문관인 별검과 찰방은 30개월의 근무 기간을 채우면 6품으로 올려 준다.**[554] 〈증〉 〈보〉 ❶ 기로소의 수

549 승문원은……준다 : 《경국대전》 〈이전 경관직(京官職)〉 승문원 조에서는 "1년의 두 차례 도목 정사에서 박사 2원이 거관(去官)한다."라고 하였는데, 《속대전》 〈이전 경관직〉 승문원 조에서는 "참하관은 6월 도목 정사에서 2원, 12월 도목 정사에서 1원을 6품으로 올려 준다."라고 하였다.

550 상위의……준다 : 《속대전》에는 '상위의 박사'라는 구절이 참외관으로 되어 있고, 90일의 근무 일수를 채워야 한다는 조건이 없다. 따라서 이처럼 바뀌거나 추가된 것이 〈보〉의 내용이라고 할 수 있다.

551 성균관도 같다 : 《경국대전》 〈이전 경관직(京官職)〉 성균관 조에서는 "1년의 두 차례 도목 정사에서 박사 3원이 거관한다."라고 하였다.

552 교서관은……준다 : 《경국대전》 〈이전 경관직(京官職)〉 교서관 조에서는 "1년의 두 차례 도목 정사에서 박사 2원이 거관한다."라고 하였다.

553 주서는……준다 : 본조 16항 참조.

554 사록……준다 : 《대전통편》에서는 "문신 참하인 사록, 사학의 훈도, 별검, 찰방은 30개월의 근무 기간을 채우면 6품으로 올려 준다."라고 하여, 사록, 훈도, 별검, 찰방이 모두 문신 참하라고 하였다.

직관(守直官)도 같다.[555] ❷ 도목 정사가 아니더라도 6품으로 올려 주도록 한다.

제22항 **설서는 근무한 달수를 계산하지 않고 6품으로 올려 준다.** ❶ 한림이 설서가 되는 경우에는 이 예를 적용할 수 없다.[556] 〈증〉

제23항 **도목 정사를 친림으로 행하였을 때에는 주서와 상서원의 관원을 6품으로 올려 준다.**[557] ❶ 임금의 명이 있어야만 행한다. 〈보〉

제24항 **경사(京司)의 당하관은 근무 일수 900일을 채우면, 임기가 찬 수령을 체차하는 예에 따라 체차한다.**[558] 〈속〉〈보〉 ❶ 공로가 있

555 기로소의 수직관(守直官)도 같다 : 《대전통편》〈이전 경관직(京官職)〉 기로소 조에서는 "승문원과 성균관의 참외관 각 1원을 수직관으로 차출하여 근무 일수 900일을 채우면 6품으로 올려 준다."라고 하여 30개월을 900일로 표현하였다.

556 한림이……없다 : 한림을 선발하던 방식을 천거에서 권점(圈點)과 소시(召試)로 전환한 뒤로는 한림을 경시하고 설서를 중시하여 한림으로서 6품으로 오르기보다는 설서로서 6품으로 오르려는 자들이 있게 되었다. 그러자 1758년(영조34) 그러한 풍조를 막기 위해서 한림으로서 설서가 되었더라도 한림으로서 정해진 기한을 채운 뒤에야 6품으로 올려 주고 설서로서 6품으로 올려 주지는 못하도록 하였다.《承政院日記 英祖 34年 7月 21日》

557 도목……준다 : 왕이 직접 참석한 가운데 거행하는 도목 정사에서 주서는 이비(吏批)와 병비(兵批)의 어람 정사(御覽政事)를 작성하는 일 등을 맡고, 상서원 관원은 새로 제수된 관원에게 발급할 교지(敎旨)에 어보(御寶)를 찍는 일을 담당하였다.《銀臺便攷 吏房攷 親臨都政》

558 경사(京司)의……체차한다 : 《속대전》〈이전 고과(考課)〉에서는 "서울에 있는 각 관사의 당하관으로서 근무 기간을 채운 자는 임기가 찬 수령을 체차하는 예에 따라 체차한다."라고 하여 '900일'의 근무 일수를 명시하지는

는 사람은 조용(調用)한다.〈속〉 ❷ 삼사(三司), 세자시강원, 감찰은 근무하도록 정해진 달수가 없다. ❸《경국대전》 법에는 "6품 이상이 근무 일수 900일을 채우면 관직을 옮겨 주고 또 자급을 올려 주며, 다섯 차례의 고과에서 세 차례 이상 상고(上考)를 맞은 사람도 자급을 올려 주도록 한다."[559]라고 하였다.〈보〉

제25항 **관찰사는 만 2년,**〈속〉〈증〉 ❶ 절도사, 영장, 우후도 같다.[560]〈경〉〈보〉 **도사는 360일,**〈경〉 ❷ 평사(評事)도 같다.[561] 모두 하직 인사하는 날부터 근무 일수를 계산하기 시작한다.[562]〈속〉〈보〉 **당하 수령은 1800일, 당상 수령 및 가족을 거느리고서 가지 않는 당하 수령과 찰방은 900일의**〈경〉〈보〉 ❸ 도사, 수령, 찰방

않았다. 따라서 '900일'이 〈보〉의 내용이라고 할 수 있다. '임기가 찬 수령을 체차하는 예'는 당상 수령과 가족을 데리고 가지 않는 당하 수령이 900일의 임기를 채우면 체차하는 규정을 가리킨다. 본조 25항 참조.

559 6품……한다 : 《경국대전》〈이전 경관직(京官職)〉에 있다.

560 절도사……같다 : 절도사와 우후의 임기는 《경국대전》〈병전 외관직(外官職)〉에 720일로 기록되어 있다. 영장의 임기는 효종 5년(1654)의 기사에 24개월로 나오는데, 법전에는 《대전회통》〈병전 외관직〉에 처음 24개월로 나온다. 따라서 절도사와 우후의 임기에 대한 규정은 《경국대전》의 내용이고, 영장의 임기에 대한 규정이 〈보〉의 내용이라고 할 수 있다. 《承政院日記 孝宗 5年 3月 15日》

561 평사(評事)도 같다 : 평사의 임기는 《경국대전》〈병전 외관직(外官職)〉에 720일인데, 1670년(현종11)에 1년으로 바뀌었고, 이후 《대전회통》〈병전 외관직〉에 반영되었다. 따라서 평사의 임기를 도사와 마찬가지로 만 1년으로 수정한 것이 〈보〉의 내용이라고 할 수 있다.

562 모두……시작한다 : 《속대전》〈이전 외관직(外官職)〉에 있다.

은 달수로 계산한다.[563] 〈보〉 **임기를 채우면 체차한다.**[564] 〈경〉 **4** 변장(邊將)과 감목관(監牧官)도 같다. 모두 부임하는 날부터 근무 일수를 계산하기 시작한다.[565] 〈경〉 〈속〉 〈보〉 **5** 아산(牙山), 남원(南原), 순천(順天), 보성(寶城), 낙안(樂安), 광양(光陽), 구례(求禮), 곡성(谷城), 흥양(興陽), 진주(晉州), 창원(昌原), 하동(河東), 곤양(昆陽), 고성(固城), 칠원(漆原), 안주(安州), 평양(平壤)의 수령도 900일의 임기가 차면 체차한다.[566] 〈보〉 **6** 숭령전 참

563 도사……계산한다 : 임기를 달로 계산할 경우 도사는 12개월, 당하 수령은 60개월, 당상 수령 및 가족을 거느리고서 가지 않는 당하 수령과 찰방은 30개월이 된다.

564 관찰사는……체차한다 : 관찰사의 임기는 《경국대전》 〈이전 외관직(外官職)〉에서는 360일이고, 《속대전》 〈이전 외관직〉에서는 2년인데 경기 관찰사만 1년이며, 《대전통편》 〈이전 외관직〉에서는 경기 관찰사의 임기도 2년으로 통일되었다. 도사와 수령의 임기는 《경국대전》 〈이전 외관직〉과 동일하다. 찰방의 임기는 인조 때에도 30개월이었던 듯하다. 다만 《대전통편》 〈이전 외관직〉과 《전율통보》 〈이전 고과(考課)〉 21항에서 문신인 참하 찰방의 임기를 30개월이라고 별도로 거론한 점으로 볼 때 여기에서 말한 찰방은 참상 찰방을 가리킨 것으로 보이고, 따라서 찰방의 임기에 대한 규정이 〈보〉의 내용이라고 할 수 있다. 《承政院日記 仁祖 15年 6月 5日》

565 변장(邊將)과……시작한다 : 변장은 첨사와 만호를 가리키는데, 《경국대전》 〈병전 외관직(外官職)〉에서 가족을 데리고 가지 않는 첨사와 만호의 임기가 900일이라고 하였다. 감목관의 임기에 대해서는 《대전회통》 〈병전 외관직〉에 처음 30개월로 나온다. 임기의 시작에 대해서는 《속대전》 〈이전 외관직〉에서 수령, 찰방, 변장은 모두 부임하는 날부터 계산하기 시작한다고 하였다. 따라서 변장의 임기에 대한 규정은 《경국대전》, 변장의 임기 시작에 대한 규정은 《속대전》의 내용이고, 감목관의 임기 및 임기 시작에 대한 규정이 〈보〉의 내용이라고 할 수 있다.

566 아산(牙山)……체차한다 : 평양을 제외하고는 모두 당하 수령이다. 평양은 종2품인 부윤을 두고 평안 감사에게 겸하도록 한 곳인데, 부윤 아래에

봉(崇靈殿參奉), 숭덕전 참봉(崇德殿參奉), 여릉 참봉(麗陵參奉), 각 묘(墓)의 수위관, 개성 교수(開城敎授)는 30개월의 임기가 차면 체차한다.[567] 〈증〉 **7** 역학(譯學)과 훈도(訓導)는 30개월의 임기가 차면 체차한다. 〈경〉 〈보〉 –**1** 양남(兩南)과 옹진(甕津)의 역학과 훈도는 24개월, 관북의 역학과 훈도 및 부산(釜山)의 별차(別差)는 만 1년의 임기가 차면 체차한다.– 심약(審藥)과 검률(檢律)은 15개월의 임기가 차면 체차한다.[568] 모두 부임하는 날부터 근

종4품인 서윤을 두어 부윤 대신 사실상 수령의 역할을 수행하도록 하였으므로 여기에서는 서윤을 가리킨 것으로 보인다. 이상에서 거론한 고을의 수령은 모두 당하관이므로 임기 1800일을 채워야 체차될 수 있지만 예외적으로 임기를 900일로 단축해 준 것이다. 《典律通補 吏典 外官職》

567 숭령전……체차한다 : 숭령전 참봉의 임기는 《대전통편》 〈이전 외관직(外官職)〉 숭령전 조, 숭덕전 참봉의 임기는 《대전통편》 〈이전 외관직〉 숭덕전 조, 여릉 참봉의 임기는 《대전통편》 〈이전 경관직(京官職)〉 숭의전 조, 수위관의 임기는 《대전통편》 〈이전 각 묘(各墓)〉에 있다. 그중 숭덕전 참봉의 임기는 구체적으로 나타나 있지 않고 "정해진 개월 수를 채우면 체차한다."라고만 하였는데, 다른 전(殿)의 참봉과 동일한 규정이 적용된 것으로 보인다. 개성부 교수는 《경국대전》 〈이전 경관직〉 개성부 조에 1원을 두도록 되어 있는데, 1732년(영조8) 개성 유수 박사익(朴師益)의 청에 따라 교수를 혁파하고 대신 분교관(分敎官)을 두면서 분교관의 임기를 60개월로 정하였다. 그 뒤 1739년 분교관을 교수로 바꾸고 훈장(訓長) 한 자리를 분교관으로 바꾸었다. 《대전통편》 〈이전 경관직〉 개성부 조에서는 "본부의 문관을 유수가 자벽하여 아뢰어 차출한다."라고만 하였을 뿐이고 교수의 임기에 대한 규정은 보이지 않는다. 《承政院日記 英祖 8年 12月 8日, 10年 2月 21日·6月 19日, 15年 7月 29日》

568 역학(譯學)과 훈도(訓導)는……체차한다 : 《경국대전》 〈이전 경관직(京官職)〉 사역원 조에서는 "서울과 지방의 여러 역학과 훈도는 900일의 근무 일수를 채우면 체차한다." 하였고, 《경국대전》 〈이전 외관직(外官職)〉에서도 훈도의 경우 900일의 근무 일수를 채우면 체차한다고 하였는데, 《대전

무 일수를 계산하기 시작한다.

제26항 **수령으로서 임기 중에 고과의 횟수를 채우지 못한 자는 정해진 달수를 채우거든 후임을 차출하고, 고과의 횟수를 채운 자는 정해진 달수를 채우지 못했더라도 후임을 차출하되 산정(散政)에서 차출할 수는 없다.**[569] ❶ 추후에 마감된 전최(殿最)를 통해 고과의 횟수를 채우면 산정에서라도 후임을 차출한다.[570] ❷ 《경국대전》에 "수령은 농사철일 경우에는 체차하지 못하나, 춘분 이전에 남은 임기가 50일 이하인 사람은 체차한

통편》〈이전 외관직〉에서는 훈도에 대한 규정을 폐지한다고 하였다. 따라서 《대전통편》에서 폐지한 훈도의 임기에 대한 규정을 다시 실은 것이 ㊣의 내용이다. 《전율통보》가 만들어지기 이전의 법전에는 심약과 검률의 임기에 대한 규정이 보이지 않으므로 이들의 임기에 대한 규정 또한 ㊣의 내용에 해당한다.

569 수령으로서……없다 : 임기가 60개월인 수령과 임기가 30개월인 수령은 1년에 2차례씩 각각 총 10차례와 5차례의 고과를 거치며, 모두 정해진 달수를 채운 뒤에야 후임을 차출하는 것이 원칙이었다. 그러다가 1761년(영조37) 김상복(金相福)과 홍봉한(洪鳳漢)의 건의에 따라 고과의 횟수는 채웠는데 달수는 채우지 못한 수령의 경우에는 도목 정사에서 후임을 차출하도록 하였다. 이는 해당 수령이 추후에 달수를 채우더라도 전조(銓曹)에서 시일을 끌다가 한 차례의 고과를 더 거치기도 하는 폐단이 생긴다는 지적에 따른 것이었다. 《承政院日記 英祖 37年 6月 2日, 21日》

570 추후에……차출한다 : 1762년(영조38) 김치인(金致仁)과 홍봉한(洪鳳漢)의 건의에 따라 정해진 규정이다. 원래는 도목 정사 전에 전최를 행하였는데, 도신이 사정이 있어 전최를 행하지 못하면 도목 정사 전에 고과의 횟수를 채우지 못하는 수령이 생기게 되었다. 이러한 이유로 뒤늦게 고과의 횟수를 채우게 되는 수령을 산정에서 후임을 차출하지 못하도록 한 법에 구애되게 하는 것은 불합리하다는 지적에 따라 이러한 규정이 마련되었다. 《承政院日記 英祖 38年 5月 8日》

다."[571]라는 법이 있다.〈보〉

제27항 고신(告身)을 회수당하거나 파직된 자에 대해서는 매년 겨울과 여름의 마지막 달에 죄명을 갖추어 기록하여 임금에게 보고한다.[572] **1** 병조의 경우도 같다.〈경〉 **2** 사면령이 있으면 임금에게 여쭌 뒤에 별세초(別歲抄)를 써서 들인다. **3** 파직된 자, 파직하고 서용하지 말도록 한 자, 영구히 서용하지 말도록 한 자는 세초 단자(歲抄單子)에 한 차례 낙점하여 내려 주면 서용한다. 삭직(削職)된 자, 정배(定配)되었다가 석방된 자, – **1** 향리(鄕里)로 축출된 자와 전리(田里)로 돌려보낸 자도 죄의 등급을 감해 주면 정배되었다가 석방된 자와 똑같이 처리한다.[573] – 직첩(職牒) 1등을 회수당한 자는 세초 단자에 두 차례 낙점하여 내려 주면 서용한다. 직첩 2등부터 5등까지를 회수당한 자들은 그 등급에 따라 차례차례 낙점하는 횟수를 더해서 서용한다.〈보〉 **4** 함부로 형장(刑杖)을 가하여 사람을 죽게 한 죄로 영구히 서용하지

571 수령은……체차한다 : 《경국대전》〈이전 경관직(京官職)〉에 있다. 임기를 채운 수령이라도 농사철에는 체차하지 않고 가을에 수확할 때까지 기다렸다가 체차하는 것이 원칙이었는데, 체차해야 할 수령을 체차해 주지 않으면 농정(農政)을 게을리할 우려가 있다는 지적에 따라 이러한 규정이 마련되었다.《成宗實錄 3年 1月 26日》

572 고신(告身)을……보고한다 : 《경국대전》〈이전 천거(薦擧)〉에 있다.

573 향리(鄕里)로……처리한다 : 1782년(정조6) 정해진 것이다. 향리로 축출되거나 전리로 돌려보내는 처벌을 받은 자가 사면령이 내릴 때 등급을 감해 주는 혜택을 입으면 그 이후 세초할 때에는 정배되었다가 석방된 자와 마찬가지로 '무슨 죄를 지었다가 석방되었다.'라고 써서 들이도록 한 것이다.《承政院日記 正祖 6年 12月 2日》

말도록 하는 처벌을 받은 자는 세초 단자에 써서 들이지 못한다.[574] ❺ 햇수를 한정하여 금고(禁錮)한 자는 금고 기한이 차기를 기다렸다가 주(註)를 달아 써서 들인다.[575] 〈속〉 ❻ 분양마(分養馬)가 죽어서 자급이 강등된 자는 세초할 때나 사면령이 내릴 때가 되면 세초 단자에 써서 들인다.[576] 〈보〉

제28항 **당상관 및 포폄을 받지 않는 관원으로서 만 1년 안에 5차례 부과(附過)된 자는 임금에게 여쭈어 좌천시킨다.[577]** ❶ 양사(兩

574 함부로……못한다 : 《경국대전》 〈형전 남형(濫刑)〉에서는 "관리가 함부로 형장을 가한 경우에는 장 100을 치고 도 3년으로 정배하되, 사망하게 한 경우에는 장 100을 치고 영구히 서용하지 못하도록 한다."라고 하였고, 《속대전》 〈형전 남형〉에서는 "《경국대전》에서 함부로 형장을 가하여 사람을 죽게 한 자에 대해 영구히 서용하지 못하도록 한 것은 종신토록 금고한다는 의미이니, 세초할 때 써서 들이지 못한다.[原典濫刑殺人者, 永勿敍用, 乃終身禁錮之意, 歲抄勿爲書入.]"라고 하였다.

575 햇수를……들인다 : 《속대전》 〈이전 잡령(雜令)〉에서는 "햇수를 한정하여 금고한 수령에 대해서는 이조에서 햇수가 차기를 기다렸다가 이름 아래에 주를 달아 써서 들인다."라고 하여 이 규정이 적용되는 대상을 수령으로 한정하였다. 《전율통보》에서 '수령'이라는 글자를 삭제한 것은 법전에 규정된 금고의 형률이 대부분 수령에게 적용됐기 때문인 듯하다. 이러한 규정은 1734년(영조10) 무렵 김재로(金在魯)의 건의에 따라 정해졌다. 《承政院日記 英祖 10年 5月 25日》

576 분양마(分養馬)가……들인다 : 분양마 2필이 죽은 경우에는 한 자급을 강등하고, 3필이 죽은 경우에는 두 자급을 강등하도록 하였다. 이처럼 자급이 강등된 자는 세초할 때 포함하기도 하고 포함하지 않기도 하여 일정하지 않았는데, 1664년(현종5)부터는 세초할 때 포함하는 것을 정식으로 삼았다. 《續大典 兵典 廏牧》《承政院日記 顯宗 5年 6月 20日, 21日》

577 당상관……좌천시킨다 : 《속대전》에서는 "당상관 및 포폄이 없는 세자시강원의 관원은 만 1년 안에 5차례 부과된 경우에는 임금에게 여쭈어 좌

司)의 관원은 그렇게 하지 않는다.㊟속 ㊟보

제29항 **각 관사에서 회계(回啓)할 기한을 넘기면 승정원에서 찰추(察推)한다.** ❶ 서울의 관사는 3일을 넘기지 못하고 지방의 관사는 30일을 넘기지 못한다.㊟속

제30항 **돈녕부의 가선대부 이상, 육조·한성부·의금부·성균관의 당상 이상이 제수된 뒤 3일이 지나도록 사은(謝恩)하지 않으면 승정원에서 찰추(察推)한다.**[578] ❶ 겸직은 그렇게 하지 않는다.[579] ❷ 당상 및 시종(侍從)으로서 말미를 받은 자도 들어오고 나서 숙배(肅拜)하지 않으면 찰추한다.㊟보

제31항 **지방에 있다가 관직에 제수된 자가 사은(謝恩)할 기한을 넘기**

천시킨다."라고 하였는데, 여기에서는 '세자시강원'에 대한 언급을 생략하였다. 《전율통보》 〈이전 포폄(褒貶)〉에서 "양사(兩司), 세자시강원, 세손강서원은 등제(等第)가 없다."라고 한 것과 《속대전》의 내용으로 보아 이 조항에서 '포폄을 받지 않는 관원'이라고 한 것은 세자시강원과 세손강서원의 관원을 가리킨다. 《속대전》이 만들어질 당시에는 세손강서원에 대한 규정이 없었으나 《전율통보》가 만들어질 때에는 세손강서원에 대한 규정이 생겼으므로 세자시강원과 세손강서원을 아울러 표현하기 위해 '세자시강원' 부분을 생략한 것으로 보인다. 본서 〈이전 포폄〉 2항 소주 ⓫ 참조.

578 돈녕부의……찰추(察推)한다 : 《경국대전》 〈예전 조의(朝儀)〉에서 "동반 9품 이상과 서반 4품 이상은 제수된 다음 날 대전, 왕비전, 왕세자궁에 사은숙배를 행한다."라고 하였는데, 이를 지키지 않은 관원에 대한 처벌을 명시한 것이 이 조항이다.

579 겸직은……않는다 : 《경국대전》 〈예전 조의(朝儀)〉에서는 겸직에 제수된 자는 대전에만 사은숙배를 행한다고 하였다.

면〈속〉 ❶ **근도(近道)**－❶ 경기이다.－**와 중도(中道)**－❷ 충청도, 강원도, 황해도이다.－**는 30일, 원도(遠道)**〈속〉〈보〉－❸ 전라도, 경상도, 평안도이다. ❹ 함경남도도 같다.〈보〉－**는 40일, 함경북도 및 삼수(三水), 갑산(甲山)은 50일, 육진(六鎭)은 60일이다.**[580]〈속〉〈증〉 **임금에게 아뢰어 개차(改差)한다.**[581]〈속〉 ❷ 지방의 관직에 제수되었거나 당상인 경우는 구애되지 않는다. ❸ 서울에 있으면서 출근하지 않는 자는 30일이 차면 임금에게 아뢰어 체차하되, 삼관(三館)의 참외관은 임금에게 아뢰어 파직한다. ❹ 북도의 여러 능관(陵官)은 숙배(肅拜)를 면제해 준다. ❺《경국대전》 법에 "서울과 지방의 당하 관직에 새로 제수된 자 및 왕명을 받고 나가는 자는 의정부, 이조, 소속된 조(曹)에 참알(參謁)하되 10일을 넘기지 못한다. 서반의 4품 이상은 병조에 참알한다."[582]라고 하였다.〈보〉

580 근도(近道)와……60일이다 :《속대전》〈이전 제수(除授)〉에서는 근도와 원도로만 나누어 근도는 30일, 원도는 40일 안에 사은하도록 하였고,《대전통편》〈이전 제수〉에서는 함경북도 및 삼수와 갑산은 50일, 육진은 60일로 기한을 삼았다. 따라서 근도와 원도에 주를 단 것과 중도를 추가한 것이 〈보〉의 내용이다.

581 지방에……개차(改差)한다 :《속대전》〈이전 제수(除授)〉에 있다.

582 서울과……참알한다 :《경국대전》〈예전 참알(參謁)〉에 있다.

제10조 포폄(褒貶)[583]

제 1 항 서울과 지방의 포폄 계본(褒貶啓本)은 매년 6월 15일과 12월 15일에 임금 앞에서 열어 본다.[584]

제 2 항 서울 관사의 관원은 그 관사의 당상이나 제조 및 그 관사가 소속된 조(曹)의 당상이 등제(等第)한다.[585] 사정이 있는 경우

583 포폄(褒貶) : 해마다 두 차례 정기적으로 관원의 근무 실적을 평가하는 것, 또는 그러한 제도를 가리킨다. 관원의 근무 실적에 대해 상등으로 평가하는 것을 포(褒)나 최(最)라 하고 하등으로 평가하는 것을 폄(貶)이나 전(殿)이라 한데서 유래한 것으로, 이 때문에 포폄을 전최(殿最)라고도 하였다. 《경국대전》, 《속대전》, 《대전통편》에서는 〈이전〉과 〈병전〉에 〈포폄〉을 각각 나누어 실었는데 《전율통보》에서는 〈이전〉에 함께 실어 놓았다.

584 서울과……본다 : 1416년(태종16) 이조에서 올린 포폄에 대한 규정을 보면, 수령에 대한 포폄을 전반기 포폄은 6월 15일 이전에, 후반기 포폄은 11월 15일 이전에 시행하도록 하였다. 이후 1417년 육조와 한성부 낭청에 대해 포폄하는 규정이 마련되었고, 1419년(세종1)에는 서울에 있는 각 관사의 관리들에 대한 포폄도 수령의 예에 따라 1년에 두 차례 시행하도록 하였다. 포폄 계본은 1년에 두 차례 서울과 지방 관원의 근무 실적에 대한 평가 결과를 기록하여 왕에게 올리는 문서로, 전최 계본(殿最啓本)이라고도 하였다. 각 관사에서 올린 포폄 계본은 승정원에서 개봉하지 않고 봉해진 상태로 왕에게 올리면 왕 앞에서 열어 보았는데, 이를 '상전개탁(上前開拆)'이라고 하였다 서울과 지방에서 6월 15일과 12월 15일에 등제(等第)하여 보고한다고 한 내용은 《경국대전》 〈이전 포폄〉에 보이고, 임금 앞에서 포폄 계본을 열어 보았다고 한 것이 ㉾의 내용이다. 《太宗實錄 16年 1月 12日, 17年 11月 22日》《世宗實錄 1年 8月 1日》《肅宗實錄 44年 12月 15日》

585 서울……등제(等第)한다 : 《경국대전》 〈이전 포폄〉에서는 서울 관원과 지방 관원에 대한 포폄을 한 조항에서 같이 언급하였는데, 《전율통보》에서는 조항을 나누어 따로 설명하였다. 서울에 있는 관사는 각각 육조(六曹)에

에는 추후에 행하되,〈경〉〈보〉 ❶ 이조와 병조를 제외하고는 그렇게 하지 않는다.[586] 〈보〉 **전반기와 후반기를** ❷ 춘하등(春夏等)과 추동등(秋冬等)이다. **겸하여 행할 수는 없다.**[587] 〈속〉 ❸ 선혜청과 준천사는 영의정이 없으면 좌의정이나 우의정이 마감한다.[588]

나누어 소속시키고 그 관사가 소속된 조(曹)를 속조(屬曹)라고 하고, 각 조에 소속된 관사를 속사(屬司)나 속아문(屬衙門)이라고 하였다.《경국대전》과《전율통보》에는 각 전(典)의 첫머리에 속아문이 기록되어 있다.

586 이조와……않는다 :《승정원일기》 숙종 25년(1699) 6월 20일과 영조 19년(1743) 6월 20일의 기사를 보면 이조와 병조를 포함한 육조 모두 추후에 포폄을 행할 수 있도록 한 것을 알 수 있으므로, 영조 중반 이후 정조 초반 사이에 이러한 규정이 마련된 듯하다.《양전편고(兩銓便攷)》〈동전 포폄〉에서는 "각 관사의 포폄은 이조와 병조를 제외하고는 추후에 행하지 못한다." 라고 하였다.

587 사정이……없다 :《경국대전》에서는 죄를 지어 기한 안에 등제할 수 없을 경우에는 신문이 끝난 뒤에 등제한다고 하였고,《속대전》에서는 육조와 각 아문이 전반기 포폄과 후반기 포폄을 겸하여 행할 수 없다고 하였다. 또한 1699년(숙종25)에는 이세백(李世白)의 건의에 따라 포폄을 지연하다가 여러 분기의 포폄을 일시에 겸하여 행하는 폐단을 시정하기 위해 전반기 포폄을 기한 안에 행할 수 없으면 후반기 포폄을 행하기 전에 수시로 행하고, 후반기 포폄을 기한 안에 행할 수 없는 경우에도 전반기 포폄을 행하기 전에 수시로 행하도록 하였다.《전율통보》에서는《경국대전》과《속대전》의 조항을 하나로 묶어 기록하면서 1699년의 조치까지 아울러 반영한 것이다.《新補受教輯錄 吏典 褒貶》《承政院日記 肅宗 25年 6月 20日》

588 선혜청과……마감한다 : 선혜청과 준천사는 각각 3명의 도제조를 두고 있는 정1품 아문으로, 도제조 세 자리를 모두 현임 대신(大臣)이 겸하도록 하였다. 1768년(영조44) 김치인(金致仁)이 선혜청과 준천사는 삼정승이 도제조를 겸임하는 관사이므로 의정부와 달리 영의정이 없더라도 다른 대신이 구애되지 말고 기한 안에 포폄을 마감해야 한다고 건의하여, 이를 따라 이러한 규정이 정해졌다. 이후 1785년(정조9)에 이르러서는 이러한 규정이 의정부의 포폄에도 똑같이 적용되었다.《大典通編 吏典 京官職 宣惠廳, 濬川司》《承政院日記 英祖 44年 6月 5日, 正祖 9年 12月 12日》

〈증〉 4 사부(師傅), 교부(敎傅), 교관(敎官)은 예조에서 전최(殿最)한다.〈보〉 5 북도의 능관(陵官)과 전관(殿官), 전주(全州)의 조경묘(肇慶廟)와 경기전(慶基殿) 관원, 강화(江華)의 장녕전(長寧殿) 관원에 대한 포폄 계본은 도신(道臣)과 수신(守臣)이 봉하여 올린다.589 〈증〉 6 감목관(監牧官)은 사복시에서 등제한다.〈보〉 7 서울 관사의 관원은 근무 일수 30일을 채워야 포폄할 수 있다.〈경〉 8 사송(詞訟)을 담당하는 아문과 전곡(錢穀)을 관리하는 아문의 제목(題目)590은 가능한 엄명(嚴明)하게 작성하도록 힘쓴다.591 9

589 북도의……올린다 : 북도에 있는 능(陵)은 목조(穆祖)의 덕릉(德陵), 목조의 비 효공왕후(孝恭王后) 이씨(李氏)의 능인 안릉(安陵), 익조(翼祖)의 능인 지릉(智陵), 익조의 비 정숙왕후(貞淑王后) 최씨(崔氏)의 능인 숙릉(淑陵), 도조(度祖)의 능인 의릉(義陵), 도조의 비 경순왕후(敬順王后) 박씨(朴氏)의 능인 순릉(純陵), 환조(桓祖)의 능인 정릉(定陵), 환조의 비 의혜왕후(懿惠王后) 최씨(崔氏)의 능인 화릉(和陵)을 가리키며, 그중 안변(安邊)에 있는 지릉과 문천(文川)에 있는 숙릉을 제외하고는 모두 함흥(咸興)에 있다. 북도에 있는 전(殿)은 영흥(永興)의 태조가 태어난 곳에 창건한 준원전(濬源殿)을 가리키며, 이곳에는 태조의 영정이 봉안되어 있다. 조경묘는 전주 이씨의 시조인 이한(李翰)과 그 비(妃)의 신위가 봉안되어 있는 곳이고, 경기전은 태조의 영정이 봉안되어 있는 곳이다. 조경묘 관원에 대한 포폄을 도신이 행하도록 한 것은 1771년(영조47) 조경묘를 창건하면서부터이다. 장녕전은 숙종과 영조의 영정이 봉안되어 있는 곳으로, 강화 유수가 이곳 관원의 포폄을 행하였다. 《典律通補 別編 壇廟》《銀臺便攷 禮房攷 陵園墓, 外宮廟殿》《承政院日記 英祖 47年 11月 12日》

590 제목(題目) : 해마다 6월과 12월에 포폄을 행할 때 해당 관원의 근무 성적을 4자씩 1구나 2구로 표현한 글, 또는 어사(御史)가 수령과 감사의 치적을 평가한 글을 가리킨다. 그중 포폄 제목(褒貶題目)은 포목(褒目)과 폄목(貶目)으로 이루지는데, 포목은 관원의 성적을 긍정적으로 평가한 글을, 폄목은 부정적으로 평가한 글을 가리킨다.

591 사송(詞訟)을……힘쓴다 : 《승정원일기》 영조 2년 기사에 의하면 전곡

장악원의 관원에 대해서는 음악을 성실히 익혔는지의 여부로 전최한다. ❿ 각 관사의 제조는 늙고 병든 사람 외에는 직접 해당 조(曹)에 와서 포폄 단자를 마감해야 하나, 도제조가 있는 아문은 해당 조의 당상이 가서 받는다.[592] 〈속〉 ⓫ 양사(兩司), 세자시강원, 세손강서원은 등제가 없다.[593] 〈경〉〈보〉

제3항 **각 군영의 장관(將官)에 대해서는 중군(中軍)을 제외하고 모두 고강하여 전최(殿最)한다.[594]** ❶ 선전관(宣傳官)은 각종 습조(習

을 담당하는 아문의 포폄을 엄명하게 하도록 한 일은 1719년(숙종45)에 있었는데 이때 다시 한 번 신칙하였고, 사송을 담당하는 아문의 포폄을 엄명하게 하도록 한 것은 1733년(영조9)의 일이다. 그리고 1748년에는 전곡이나 사송을 담당하는 아문은 상고(上考), 중고(中考), 하고(下考)를 따지지 않고 모두 제목을 쓰도록 하였지만, 그 외의 아문은 중고와 하고만 제목을 쓰고 상고는 제목 없이 등제만 쓰도록 하였다. 사송을 담당하는 아문은 본서 〈이전 고과(考課)〉 5항, 전곡을 관리하는 아문은 본서 〈이전 고과〉 1항 참조. 《承政院日記 英祖 2年 12月 16日, 9年 11月 22日, 24年 6月 14日》

592 각 관사의……받는다 : 각 관사의 제조가 직접 이조에 와서 마감하는 규정은 1623년(인조 즉위년) 마련되었다. 《受教輯錄 吏典 褒貶》

593 양사(兩司)……없다 : 등제가 없다는 것은 포폄을 하지 않는다는 의미이다. 양사와 세자시강원 관원에 대해 등제하지 않는다는 규정은 《경국대전》에 있고, 세손강서원 관원에 대해서도 등제하지 않는다는 규정은 1787년(정조11) 구윤명(具允明)의 건의에 따라 정해진 것이다. 《承政院日記 正祖 11年 2月 20日》

594 각 군영의……전최(殿最)한다 : 《대전통편》 〈병전 포폄〉에 있다. 각 군영의 장관(將官)은 실질적인 군무(軍務)를 담당하면서 관직 체계 안에 들어오는 자리로 중군, 별장, 천총, 파총, 초관 등을 가리킨다. 중군은 종2품으로 장신(將臣)인 대장(大將)이나 사(使)와 품계가 같고 아장(亞將)으로 불렸기 때문에 포폄 대상에서 제외한 듯하다. 《정해은, 조선후기 무과급제자 연구, 한국정신문화연구원 한국학대학원 박사논문, 2002, 90쪽》

操)의 홀기(笏記)로, 남행(南行)인 부장(部將)은 반차도(班次圖)로 병조 판서가 고강한다.[595] 〈증〉 **2** 경강(京江) 4개 진(津)의 별장에 대해서는 병조가 균역청과 함께 의논하여 전최한다.[596] 〈보〉

제 4 항 **지방의 관원은 관찰사가 등제(等第)한다.** **1** 제주(濟州)의 3개 읍은 목사가 등제하여 관찰사와 절도사에게 보고한다.[597] 〈경〉

595 선전관(宣傳官)은……고강한다 : 병조 판서가 반차도로 남행인 부장을 고강하도록 한 것은 1776년(영조52) 정조가 세손으로서 대리청정할 때 정한 것이고, 선전관을 각종 습조의 홀기로 고강하도록 한 것은 1785년(정조9) 《대전통편》을 간행하기 전 교정하는 과정에서 추가된 것이다. 《承政院日記 英祖 52年 1月 21日》《日省錄 正祖 9年 6月 30日》

596 경강(京江)……전최한다 : 경강의 4개 진(津)은 《만기요람》에서는 송파진(松坡津), 한강진(漢江津), 노량진(鷺梁津), 양화진(楊花津)을 꼽았고, 《양전편고》에서는 송파진 대신 삼전도(三田渡)를 꼽았다. 이 규정은 4개 법전에는 실려 있지 않고 《승정원일기》 영조 30년(1754) 7월 27일 기사에 보이는데, 균역청과 경강 4개 진의 별장이 모두 선세(船稅)를 관장하기 때문에 병조와 균역청이 함께 의논하여 포폄하도록 한 것이다. 《萬機要覽 財用編3 海稅》《兩銓便攷 西銓 褒貶》《承政院日記 英祖 30年 7月 27日》

597 제주(濟州)의……보고한다 : 《경국대전》 〈이전 포폄〉에서는 "제주 3개 읍은 목사가 등제하여 관찰사에게 보고한다."라고 하였고, 〈병전 포폄〉에서는 "제주 3개 읍은 절제사가 등제하여 주진(主鎭)에 보고한다."라고 하였다. 제주 목사는 제주 방어사(濟州防禦使)는 물론이고 병마절제사와 수군절제사를 겸하였다. 따라서 이 조항에서 "관찰사와 절도사에게 보고한다."라고 한 것은 제주 목사가 제주 판관(濟州判官), 대정 현감(大靜縣監), 정의 현감(旌義縣監) 등에 대해 수령으로서의 근무 실적에 대한 포폄 결과는 관찰사에게 보고하고, 제주 진관(濟州鎭管)에 소속된 이들 세 고을의 변장으로서의 근무 실적에 대한 포폄 결과는 주진을 관할하는 병마절도사나 수군절도사에게 보고하였다는 의미로 보인다. 《典律通補 吏典 外官職 全羅道, 兵典 外官職 全羅道》《承政院日記 哲宗 1年 3月 25日》

2 관찰사와 수령은 모두 부임하여 50일을 채워야 등제를 행하되, 경기는 30일을 채우면 행한다.598 〈속〉 3 관찰사는 체차되었더라도 포폄 계본을 봉하여 올린다.599

제5항 육지의 진장(鎭將)은 병마절도사가, 바닷가의 진장은 수군절도사가 등제(等第)하되 모두 관찰사와 함께 의논하여 행한다.600

1 우후와 평사(評事)는 각각 해당 절도사가 등제한다.601 〈경〉

598 관찰사와……행한다 : 포폄 계본을 개봉하는 날까지 포폄의 주체인 관찰사나 절도사가 부임 이후 정해진 날짜를 채우지 못하면 탈이 있어 포폄을 마감할 수 없다는 내용의 장계를 올렸고, 포폄의 대상인 수령이나 변장 등이 부임 이후 정해진 날짜를 채우지 못하면 포폄 계본의 당사자 이름 밑에 '날짜가 모자람[日淺]'이라고 주를 달아서 올렸다. 《銀臺便攷 吏房攷 褒貶》《兩銓便攷 西銓 褒貶》《承政院日記 英祖 14年 12月 18日, 23年 7月 24日》

599 관찰사가……올린다 : 《경국대전》에는 "관찰사가 체차되었더라도 등제하여 아뢴다."라고 하였고, 《속대전》에서는 이 조항과 달리 "관찰사가 체차되어 돌아갔으면 신임 감사가 부임하여 날짜를 채울 때까지 기다렸다가 포폄 계본을 봉하여 올린다."라고 하였는데, 이때 관찰사가 체차되어 돌아갔다는 것은 관찰사가 체차되어 감영을 떠난 것을 가리킨다. 《속대전》이 편찬되기 이전에는 신임 관찰사나 절도사가 날짜를 채우지 못해 포폄을 마감하지 못할 경우에는 전임이 대신 마감하기도 하고 신임이 날짜를 채운 뒤에 마감하기도 하는 등 일정하지 않았던 것으로 보인다. 《承政院日記 景宗 2年 5月 5日, 英祖 2年 11月 26日·11年 7月 10日·26年 1月 20日》

600 육지의……행한다 : 《경국대전》 〈병전 포폄〉에 있다.

601 우후와……등제한다 : 《경국대전》 〈병전 포폄〉에 있다. 우후는 각 병영, 수영, 군영에 두었던 관직으로, 병마우후(兵馬虞候)는 충청 병영, 전라 병영, 평안 병영, 경상 좌병영과 우병영, 함경 남병영과 북병영 각 1명으로 총 7명이고, 수군우후(水軍虞候)는 충청 수영, 전라 좌수영과 우수영, 경상 좌수영과 우수영 각 1명으로 총 5명이며, 통제영에 두었던 통우후(統虞候)는 1명이다. 그중 경상 우수영의 우후는 통우후가 겸임하였다. 평사(評事)의 정식

第6항 의금부가 조율(照律)한 뒤에 부과(附過)하고 본직(本職)으로 돌려보낸 사람은 성적을 고과할 때 참고하여 인사이동에 반영한다. 〈증〉

第7항 사관(四館)의 참외관이 중고(中考)를 맞으면 그 도목 정사 때에는 다른 관직으로 옮겨 주지 못한다.[602] 〈경〉 **1** 옥당 중 시임(時任)이 중고를 맞은 경우는 즉시 후임을 차출한다. 전임으로서 군함(軍銜)을 맡고 있는 사람이 중고를 맞은 경우는 사과(司果)를 수찬에 의망하거나 사직(司直)을 교리에 의망하는 것은 구애되지 않되, 그보다 상위의 관직에 의망할 경우에는 계청하여 탕척(蕩滌)한다.[603] **2** 종부시 정이나 승문원 판교가 중고를 맞으면 그들이 겸임한 춘추관의 직임을 감하한다.[604]

명칭은 병마평사(兵馬評事)로, 함경 북병영에만 1명을 두었다. 《典律通補 兵典 外官職》

602 사관(四館)의……못한다 : 1471년(성종2) 예조에서 《경국대전》에 추가할 사안을 보고할 때 마련된 것이다. 사관의 참외관은 예문관, 성균관, 승문원, 교서관의 7품 이하 관원이다. 《成宗實錄 2年 5月 25日》

603 옥당……탕척(蕩滌)한다 : 《대전통편》 〈이전 고과(考課)〉에 있다. 시임 옥당은 포폄에서 중고를 맞으면 체차하지만, 군직(軍職)을 부여받은 옥당이 중고를 맞으면 같은 품계의 옥당에 의망할 수 있도록 한 것이다. 삼사(三司)의 관원이 잘못 없이 체차되면 서반으로 보내 군직을 부여하는 규례가 있었으므로 원임(原任) 옥당 중에는 군직을 부여받은 옥당이 있었다. 《兩銓便攷 東銓 置處》《承政院日記 仁祖 7年 12月 4日》

604 종부시……감하한다 : 《대전통편》 〈이전 고과(考課)〉에 있다. 《경국대전》 〈이전 경관직〉 춘추관 조에서는 승문원과 종부시의 당하관 각 1원이 춘추관의 관직을 겸한다고 하였는데, 승문원 판교와 종부시 정이 으레 이 관직을 겸하였다. 《承政院日記 英祖 3年 8月 5日, 13年 12月 6日》

〈증〉 ❸ 1년에 네 차례 도목 정사를 거치는 자[605]가 중고를 맞으면 한 차례의 도목 정사를 건너뛰어 취재(取才)하고, 하고(下考)를 맞으면 두 차례의 도목 정사를 건너뛰어 취재한다.

제8항 **무록관(無祿官)과**〈경〉 ❶ 사부(師傅), 교부(敎傅), 교관(敎官), 참하도사, 별검, 감역(監役), 겸인의, 가인의, 수직관, 수봉관, 수위관이다.[606]〈경〉〈보〉 **참외관은 중고(中考)를 맞으면 이전 10개월의 근무 일수를 계산하지 못한다.**[607]〈속〉 ❷ 다음 분기의 전최(殿最)를 행하기 전에 사면 시기를 맞아 탕척(蕩滌)이 되면 근무 일수를 깎지 않는다.[608]

제9항 **육조의 낭관이 중고(中考)를 맞으면 파직한다.**[609]〈증〉

605 1년에……자 : 화원(畫員), 악공(樂工), 악생(樂生) 등의 잡직을 가리킨다.《經國大典 禮典 取才》《續大典 禮典 取才》

606 사부(師傅)……수위관이다 :《경국대전》〈이전 경관직(京官職)〉에서는 "녹이 없는 관원은 360일의 근무 일수를 채우면 서용한다."라고 하고, 해당 관원으로 의금부 당하관, 제거, 제검, 별좌, 별제, 별검 등을 들고 있다. 따라서《경국대전》〈이전 경관직(京官職)〉에 있던 제거, 제검, 별좌, 별제를 빼고 대신 사부, 교부, 교관, 감역, 겸인의, 가인의, 수직관, 수봉관, 수위관을 추가한 것이 〈보〉의 내용이다. 그중 사부, 교관, 감역 등은 숙종 때의 기사에도 녹이 없는 관원으로 나타난다.《承政院日記 肅宗 18年 10月 30日, 30年 9月 20日》

607 무록관(無祿官)과……못한다 : '녹이 없는 관원[無祿官]'에 대한 규정은《경국대전》〈이전 경관직(京官職)〉에 실려 있고, 근무 일수를 계산하지 못하도록 한 규정은《속대전》〈이전〉에 실려 있다.《양전편고(兩銓便攷)》〈동전 포폄〉에서는 '10개월의 근무 일수'를 300일로 규정하였다.

608 다음……않는다 :《대전통편》〈이전 고과(考課)〉에 있다.

609 육조의……파직한다 :《대전통편》〈이전 고과(考課)〉에 있다.

제10항 **10차례의 고과를 거친 자가 3차례 중고(中考)를 맞거나 5차례의 고과를 거친 자가 2차례 중고를 맞으면 파직하고, 1차례 중고를 맞으면 다음 포폄할 때까지**〈경〉〈보〉 ❶ 6월 10일, 12월 10일을 시한으로 삼는다.〈보〉 **상위의 관직이나 청현직(清顯職)에 제수하지 못한다.** 〈경〉〈보〉 ❷ 청현직은 삼사(三司), 세자시강원, 육조의 낭청이다.〈보〉 **당상 수령이 1차례 중고를 맞으면 파직하고, 하고(下考)를 맞으면 당상과 당하 모두 파직한다.**[610] 〈경〉〈보〉 ❸ 하고를 맞아 파직된 자는 2년이 지나야 서용한다.[611] 〈경〉-❶ 24개월로 한정한다.[612] 〈증〉- 의친(議親)과 공신은 1년이 지나야 서용한다. -❷ 당상은 이 제한을 적용받지 않는다.[613] - 〈경〉 ❹ 하고를 맞은 수령은 사면 시기를 만나 탕척(蕩滌)이 되면, 내직(內職)에는 구애되지 않고 의망하고 외직(外職)에는 2년이 지나야 의망한다. ❺ 중고를 맞아 파출된 자는 1차례의 도목 정사가 지나야 서용하는데, 탕척하라는 전지와 서용하라는 전지를 먼저 봉입(捧入)하며 의례적으로 의망할 수는 없다.〈증〉〈보〉 ❻ 무관이나 음관 수령이 하고를 맞으면 2년이 지난 뒤에 자신

610 10차례의……파직한다 : 《경국대전》 〈이전 포폄〉에는 '다음 포폄할 때까지', '하고를 맞으면 당상과 당하 모두 파직한다.' 등의 규정이 없고, 〈이전 고과(考課)〉에서 "하등(下等)을 맞거나 사죄(私罪)를 지어 파직된 자는 2년이 지나야 서용한다."라고만 하였다. 따라서 추가된 규정들이 〈보〉의 내용이다.

611 하고를……서용한다 : 《경국대전》 〈이전 고과(考課)〉에 있다.

612 24개월로 한정한다 : 《대전통편》 〈이전 고과(考課)〉에 있다. 1764년(영조40) 김상철(金尙喆)이 '2년'에 대한 해석이 '4차례의 고과'와 '햇수로 2년'으로 갈라져 혼선을 빚으므로 통일해야 한다고 아뢴 데 따라, 영조가 신하들의 의견을 들은 뒤 24개월로 정하였다. 《承政院日記 英祖 40年 3月 3日》

613 당상은……않는다 : 《경국대전》 〈이전 고과(考課)〉에 있다.

의 본래 품계 이하의 외직에 제수하고, 그 외직에서 1차례의 고과를 거친 뒤에야 품계를 올려 주도록 허락한다.[614] 〈증〉 **7** 중고나 하고를 맞은 자가 그 포폄 계본이 개봉되기 전에 장령(將領)에 제수되면서 자급이 올랐을 경우에는 올려 준 자급을 도로 거두어들인다. 〈속〉 **8** 새로 가자(加資)된 영장이 정해진 근무 달수를 채우기 전에 하고를 맞으면 포폄 계본을 열어 보기 전에 다른 관직으로 옮겨 갔더라도 가자한 자급을 거두어들인다.[615] **9** 서반의 경직과 외직 중 근무 기간이 30개월로 정해진 자리에서 2차례 중고를 맞으면 또한 파직하고, 30개월의 기간이 찬 뒤에야 초기(草記)하여 탕척한다.[616] 〈증〉

제11항 이조가 개탁 좌기(開坼坐起)를 행할 때, 임금이 점을 찍어 내린 자에 대해서는 상고(上考)일 경우에는 중고(中考)로 시행하고, 중고일 경우에는 하고(下考)로 시행한다.[617] 〈증〉 〈보〉 **1** 해당

614 하고를 맞은……허락한다 : 《대전통편》 〈이전 고과(考課)〉에 있다.

615 새로……거두어들인다 : 《대전통편》 〈병전 외관직(外官職)〉에 있다. 《속대전》 〈병전 외관직〉에서는 당상관으로 자급이 올라 영장에 제수된 자가 임기 만료 전에 직무를 제대로 수행하지 못하여 체차되거나 파직되면 근무한 달수를 따지지 않고 자급을 거두어들인다고 하였는데, 《대전통편》에서는 포폄에서 하고를 맞은 경우까지도 적용을 확대한 것이다. 그리고 《속대전》 〈병전 외관직〉에서 "영장은 15개월 이전에 천전(遷轉)하지 못한다."라고 하였으므로 위에서 '정해진 근무 달수'란 15개월을 가리킨다.

616 서반의……탕척한다 : 《대전통편》 〈병전 외관직(外官職)〉에 있다.

617 이조가……시행한다 : 《대전통편》 〈이전 고과(考課)〉에 있다. 왕이 포폄 계본에 점을 찍어 내려 준 자에 대해 한 등급씩 낮추어 시행할 때에는 이조나 병조에서 초기(草記)하여 청하였으며, 그중 하고로 시행하는 자에 대해

관찰사에 대해서는 추고할 것을 청한다. ❷ 포폄의 제목(題目)이 좋지 않은 자에 대해서는 이조에서 상고는 중고로 시행하고, 중고는 파출한다. 관찰사에 대해서는 추고할 것을 청한다. ❸ 병조도 같다.〈보〉

제12항 관찰사가 수령을 포폄하여 올린 계본에 하고(下考)가 없을 경우에는 승정원이 관찰사를 찰추(察推)하기를 청한다.〈속〉 ❶ 임금이 점을 찍어 내린 경우에도 추고할 것을 청한다.〈보〉 ❷ 절도사가 변장(邊將)을 포폄할 경우에도 같으나, 강원도의 경우에는 적용하지 않는다.[618]

제13항 수령으로서 중고(中考)를 맞은 자가 체차되기를 도모하는 경우에는 논죄하여 파직한다.[619]〈속〉

제14항 10차례의 고과 중 10차례 모두 상고(上考)를 맞은 수령은 내직(內職)으로 옮겨 준다.[620]〈증〉

서는 파출할 것을 아울러 청하였다.《兩銓便攷 東銓 褒貶》《承政院日記 英祖 36年 2月 2日, 38年 6月 22日》

618 절도사가……않는다 : 《속대전》〈병전 포폄〉에 있다. 강원도는 변장이 1명뿐이기 때문에 하고가 없더라도 추고하기를 청하지 않았다.

619 수령으로서……파직한다 : 수령이 중고를 맞으면 이를 수치로 여겨 벼슬을 그만두려고 하는 폐단이 일어나자 이러한 규정이 생긴 듯하다.《承政院日記 肅宗 34年 2月 27日, 景宗 1年 閏6月 10日, 英祖 1年 9月 27日》

620 10차례의……준다 : 《대전통편》〈이전 고과(考課)〉에 있다. 이러한 규례는 숙종 때부터 적용되었으나 정식으로 법전에 실린 것은 《대전통편》이 만들어졌을 때로 보인다. 《양전편고(兩銓便攷)》〈동전 과만(瓜滿)〉에 의하면

제11조 노직(老職)[621]

제 1 항 종반(宗班) 부수(副守) 이상으로서 80세인 자와 군(君)에 봉해진 자의 아버지로서 70세인 자는 가자(加資)한다.[622] 〈속〉 1 종친부에서 연초에 이조에 공문을 보낸다.[623] 〈보〉 2 추은(推恩)을

수령의 임기가 만료되었더라도 10차례의 고과를 채워야 내직으로 옮겨 주었는데, 내직에 자리가 없을 경우에는 서반으로 보내 군직을 부여하기도 하였다.《承政院日記 肅宗 39年 5月 11日, 英祖 17年 1月 12日·19年 8月 9日》

621 노직(老職) : 나라에서 일정한 연령에 이른 노인에게 주는 자급이나 관직, 또는 봉작을 가리킨다.《경국대전》,《속대전》,《대전통편》에는 '노인직(老人職)'으로 되어 있다. 노직으로 가자(加資)된 사람에게는 3개월 동안 한정적으로 중추부의 동지중추부사나 첨지중추부사 등의 관직을 주었다. 이때의 관직은 실질적인 직무가 없는 영직(影職)의 일종이었다.《經國大典 吏典 老人職》《續大典 吏典 老人職, 兵典 京官職 中樞府》《大典通編 吏典 老人職》

622 종반(宗班)……가자(加資)한다 :《경국대전》에는 종친에게 가자하는 규정이 별도로 있지 않았으므로 종친부에서 왕에게 물어 허락을 받은 뒤에 가자하였다. 그러다가 1717년(숙종43) 종친부의 건의에 따라 예조의 회계(回啓)를 거쳐 종신(宗臣)으로서 부수 이상은 80세가 되면 연초에 가자하도록 하였다. 그 뒤 1720년(경종 즉위년) '부수 이상'과 '80세'로 제한한 것은 기존의 관례보다 가자 대상을 제한한 것이므로 종신으로서 감(監)이나 영(令) 이상은 70세가 되면 가자하자고 종친부에서 건의한 데 따라 규정을 변경하였으나,《속대전》에는 숙종 때 정해진 대로 규정되어 있다. 군(君)에 봉해지는 자로는 왕비의 아버지, 2품 이상의 종친과 공신, 공신을 승습한 자 등이 있다. 그중 종친의 경우에는 1724년(영조 즉위년) 정6품부터 정3품 도정(都正)까지 종친의 아버지에게도 시종신(侍從臣)과 곤수(閫帥)의 아버지처럼 70세가 되면 연초에 가자해 주도록 하였다.《經國大典 吏典 京官職》《承政院日記 肅宗 43年 1月 27日, 景宗 卽位年 8月 8日, 英祖 卽位年 11月 21日》

623 종친부에서……보낸다 : 1720년(경종 즉위년) 종신을 가자할 때에는 해마다 종친부에서 대상을 뽑아 이조로 보내면 이조에서 녹계(錄啓)하여 하비(下批)하도록 하였고, 1724년(영조 즉위년) 종친의 아버지에게 가자할 때

받아야 할 자가 입춘 뒤의 나이로 행세(行世)하더라도 하나같이 태어난 해를 기준으로 계산한다.[624]

제2항 **시종신(侍從臣)의 아버지나 곤수(閫帥)의 아버지로서 70세인 자는 가자(加資)한다.**[625] **1** 이조와 병조에서 새해 초에 초계(抄啓)하되, 새로 추은(推恩)해야 할 사람이 있으면 새해 초가 아니더라도 임금에게 여쭈어 시행한다.[626] **2** 시종신의 양부가 이

에는 연초에 종친부에서 대상을 뽑아 이조로 보내 가자하도록 하였다.《承政院日記 景宗 卽位年 8月 8日, 英祖 卽位年 11月 21日》

624 추은(推恩)을……계산한다 : 입춘이 드는 시기를 음력으로 계산해 보면 해가 바뀌기 전에 드는 경우와 해가 바뀌고 나서 드는 경우가 있다. 이에 따라 나이를 계산할 때에도 해가 바뀌는 날짜를 기준으로 계산하기도 하고 입춘이 드는 날짜를 기준으로 계산하기도 하였는데, 가자할 때에는 해가 바뀌는 날짜를 기준으로 나이를 계산한다는 것이다. 《속대전》에는 이 규정이 종친에 대한 가자 조항에 들어 있지 않고 시종신과 곤수의 아버지에 대한 가자 조항에 들어 있다.《承政院日記 英祖 17年 2月 3日, 42年 1月 2日》

625 시종신(侍從臣)의……가자(加資)한다 : 시종신의 아버지가 70세가 되면 가자해 준 사례는 1668년(현종9) 세자의 입학(入學)을 기념하여 70세 이상을 뽑아서 보고하도록 한 뒤 일부는 가자해 주고 일부는 옷감과 음식물을 하사한 데에서부터 보이기 시작하며, 숙종 때에는 시종신의 아버지는 물론 곤수(閫帥)의 아버지까지도 포함하여 70세가 되면 가자해 주는 것이 관례가 되었는데 이는 모두 신하의 요청에 의하거나 왕의 특명에 따른 것이었다. 그러다가 1701년(숙종27)부터는 연초에 정기적으로 가자하는 것을 정식으로 삼았다.《顯宗實錄 9年 1月 23日》《承政院日記 顯宗 9年 2月 3日, 肅宗 1年 5月 3日·3年 12月 11日·4年 1月 18日·27年 2月 21日》

626 이조와……시행한다 : 연초에 시종신의 아버지는 이조가 대상을 뽑아서 보고하고, 곤수의 아버지는 병조가 대상을 뽑아서 보고하였다. 1726년(영조2)부터는 연초가 아니더라도 시종신의 아버지가 70세가 되면 이조에서 곧바로 청하여 가자하도록 하였는데, 이후의 기사를 참고해 보면 이러한 규

미 자궁(資窮)이 되었으면 생부에게 추은을 허락한다. 승중(承重)한 손자의 조부에 대해서도 같다.[627] 〈속〉

제3항 **조관(朝官)으로서** 1 사부(士夫)는 한 번 이상 제수를 받은 자이고, 중인과 서얼은 동반이나 서반의 정직(正職)[628]을 지낸 자이며, 중관(中官)은 입사(入仕)하여 녹을 받은 자이다.[629] **80세**

정은 곤수의 아버지에게도 동일하게 적용된 듯하다.《承政院日記 肅宗 27年 2月 21日, 英祖 2年 6月 16日·19年 1月 28日》

627 시종신의 양부가……같다 : 시종신이 다른 집에 양자로 들어간 경우에는 양부에게 추은하는 것이 원칙이었으나, 양부가 사망하고 생부만 생존해 있을 경우에는 생부에게 추은하였고, 시종신이 승중손일 경우에도 이 규례를 적용하여 시종신의 할아버지에게 추은하였다. 그러나 이는 그때그때 사안이 있을 때 신하의 요청에 따라 왕이 허락하는 형식이었는데,《속대전》이 만들어지면서 법제화되었다.《속대전》이 만들어지고 나서 곤수에게도 이러한 규정이 적용된 사례가 보인다.《承政院日記 肅宗 41年 3月 28日, 英祖 4年 1月 30日·7年 1月 4日·29年 1月 20日》

628 정직(正職) : 정직계(正職階)에 의거하여 제수되는 동반과 서반의 모든 관직을 가리킨다. 동반과 서반의 관계(官階)는 각각 정직계, 잡직계(雜職階), 토관직계(土官職階)로 나뉘었다. 이러한 관계는 조선 시대의 동서 양반 관직을 각각 정직, 잡직, 토관직으로 나누어 규정한 데 따른 것이다. 넓은 의미의 정직은 실직(實職)은 물론이고 겸직(兼職)과 군직(軍職), 무록직(無祿職)까지 포괄하였고, 좁은 의미의 정직은 실직과 동일한 개념이었다. 기존에는 동반의 정직계를 문산계(文散階)나 동반계(東班階)라 하였고, 서반의 정직계를 무산계(武散階)나 서반계(西班階)라 하였다.《이강욱, 조선후기 東西 兩班 官職의 분류, 한국문화 89집, 서울대 규장각한국학연구원, 2020, 491~498쪽》《이성무, 朝鮮初期 兩班硏究, 일조각, 1985, 73~85쪽》《윤국일 新編 經國大典, 신서원, 2005, 86~87쪽》

629 사부(士夫)는……자이다 : 1752년(영조28) 4품 이상의 실직을 거친 사람으로서 80세 이상인 자에게는 법에 따라 당연히 가자해 주고 그 외에는 100세가 되어 자손의 상언이 있을 경우에 가자해 주도록 규정한 것은 불합

인 자와〈증〉 **2** 조관은 해당 조(曹)에서 연초에 아뢴다.[630]〈속〉〈보〉 **사부나 서인(庶人)으로서 90세인 자는 가자(加資)한다.**[631]〈속〉〈증〉 **3** 서울의 오부와 지방의 각 읍에서 한성부나 순영에 보고하면 한성부와 순영에서 해가 바뀌기 전에 임금에게 보고하고, 이조에서 연초에 노직의 가자에 대해 임금에게 여쭈어 정한다.[632]〈속〉〈보〉

리하다고 하여, 한 번 이상 벼슬을 받은 사부, 직명(職名)이 있는 중인과 서얼, 입사하여 녹을 받은 중관으로서 80세 이상인 자에게도 가자해 주도록 하고 직명이 없는 자는 한 자급만 올려 주도록 하였다. 이 조항이 《대전통편》에 반영되었는데, 원래 '조관(朝官)'에 대한 주석이 아니라 《대전통편》의 독립된 조항이던 것을 《전율통보》에서 조관에 대한 주석으로 삽입한 것이다. 《承政院日記 英祖 28年 5月 21日》

630 조관은……아뢴다 : 《속대전》에 "동반이나 서반 4품 이상의 실직을 거친 자로서 80세 이상인 자에게 해당 조에서 연초에 가자하도록 한다."라고 한 조항을 《전율통보》에서 이처럼 요약한 것이다.

631 조관(朝官)으로서……가자(加資)한다 : 1719년(숙종45) 숙종이 기로소에 들어간 것을 기념하여 조관은 70세 이상, 사부와 서인은 80세 이상에게 가자하도록 하였다가, 이건명(李健命)의 건의에 따라 조관 중 4품 이상은 70세 이상, 조관 중 5품 이하로부터 사부와 서인까지는 80세 이상에게 가자하도록 하였고, 1744년(영조20) 영조가 기로소에 들어간 뒤에도 숙종 때의 전례대로 가자하도록 하였다. 그 뒤 《속대전》에는 조관과 사부·서인에 대한 가자 규정이 2개의 조항으로 나뉘어 반영되었는데 하나는 동반이나 서반 4품 이상의 실직을 거친 자로서 80세 이상인 자에게 이조에서 연초에 가자하도록 한 것이고, 또 하나는 사부와 서인으로서 100세 이상인 자의 가자에 대해 자손의 상언을 허락한 것이다. 1753년 사부와 서인의 나이가 90세이면 자손의 상언을 허락하는 것으로 변경하였고, 이후 《대전통편》에 반영되었다. 《肅宗實錄 45年 2月 13日, 14日》《英祖實錄 20年 9月 10日, 29年 10月 27日》

632 서울의……정한다 : 《속대전》에서는 "서울은 한성부, 지방은 관찰사가 연초에 방문하여 아뢴다."라고 하였는데, 1786년(정조10)부터 서울은 오부가 수소문하고 지방 고을은 각 해당 지방관이 몸소 방문하여 한성부나 순영에

제 4 항 사족(士族)의 부녀(婦女)로서 90세인 자는 봉작(封爵)한다.[633]

〈속〉 **1** 한성부와 순영에서 또한 해가 바뀌기 전에 임금에게 보고한다.[634] 〈보〉 **2** 남편은 처로 인하여 증직(贈職)될 수 없다.[635] 〈속〉

제 5 항 상민과 천민에게는 노직으로 숭정대부를 줄 수 없다.[636] 〈증〉

보고하면 한성부와 순영에서 해가 바뀌기 전에 보고하는 것으로 바뀌었다. 그리고 정조는 그다음 해부터 해마다 1월 2일에 이조에서 노직 가자의 하비정사(下批政事)에 대해 묻도록 하였다. 《承政院日記 正祖 10年 1月 25日》

633 사족(士族)의……봉작(封爵)한다 : 90세 이상의 사족 부녀에게 봉작하는 문제는 숙종 때부터 논란이 되어 봉작한 경우도 있고 봉작하지 않은 경우도 있어 일정하지 않았는데, 1719년(숙종45) 이이명(李頤命)과 민진원(閔鎭遠)의 건의에 따라 유명한 사족의 부인에게는 봉작하고 그 외의 경우에는 다른 물품을 하사하도록 하였다. 그 뒤 1743년(영조19)에는 송인명(宋寅明)의 건의에 따라 전조(銓曹)에서 90세의 부인을 초계(抄啓)하여 봉작하도록 하였다. 《肅宗實錄 17年 9月 13日》《承政院日記 肅宗 23年 3月 13日, 45年 1月 12日·3月 24日, 英祖 19年 1月 25日》

634 한성부와……보고한다 : 1786년(정조10) 가자(加資)할 노인을 한성부와 순영에서 해가 바뀌기 전에 보고하도록 정하면서 부인의 경우도 똑같이 시행하도록 하였다. 《承政院日記 正祖 10年 1月 25日》

635 남편은……없다 : 1719년(숙종45) 90세가 된 김세정(金世楨)의 처 이씨(李氏)를 봉작할 때 그의 사망한 남편에게도 추증(追贈)하도록 하였다가 이조와 영의정 김창집(金昌集)의 반대로 처를 봉작한 일로 남편에게까지 증직하지는 못하도록 하였고, 이후 《속대전》에 반영되었다. 《承政院日記 肅宗 45年 1月 19日, 英祖 7年 4月 5日·14年 10月 1日》

636 상민과……없다 : 1763년(영조39) 노직 가자를 할 때 상한(常漢) 중에 정헌대부로서 숭정대부로 올려 주어야 할 자가 있었는데, 홍봉한(洪鳳漢)의 건의에 따라 이와 같은 경우에는 숭정대부로 올려 주지 못하도록 하였다. 《承政院日記 英祖 39年 1月 17日》

제6항 80세 이상인 사람에게는 양인이나 천인을 막론하고 한 자급을 제수하되, 원래 자급이 있던 자에게는 한 자급을 더해 준다.[637] 〈경〉

637 80세……준다 : 80세 이상인 사람에게 노직을 제수한 사례는 세종 때부터 보이기 시작하는데, 이를 정식으로 삼아 《경국대전》에 반영하기로 한 것은 1476년(성종7)의 일이다. 《世宗實錄 25年 7月 12日》《成宗實錄 7年 11月 13日》

제12조 **추증(追贈)**[638] 증시(贈諡)[639] 항목을 붙임

제 1 항 대왕 사친(私親)[640]의 아버지에게는 영의정을, 조부에게는 좌찬성을, 증조부에게는 판서를 추증한다. 대원군 사친의 아버지에게는 우의정을 추증한다. 세자 사친의 아버지에게는 좌찬성을 추증한다.[641]

638 추증(追贈) : 나라에서 죽은 사람에게 품계(品階), 관작(官爵), 시호(諡號), 공신호(功臣號) 등을 내려 주는 것을 가리킨다. 《경국대전》에서는 종친 및 문무관으로서 실직 2품 이상에 대해서는 3대를 추증하고, 친공신(親功臣)은 관직이 낮더라도 죽은 뒤에 정2품을 추증하며, 1등에서 3등 공신의 아버지는 군(君)으로 봉하고 공신호를 내려 주도록 하였다. 그 외에 《경국대전》과 《속대전》에는 왕과 왕실 구성원의 친인척에게 추증하는 규정이 자세히 실려 있다. 《경국대전》, 《속대전》, 《대전통편》에서는 〈추증〉과 〈증시(贈諡)〉를 각각 별개의 편으로 싣고 있는데, 《전율통보》에서는 두 편을 〈추증〉에 함께 정리하였다.

639 증시(贈諡) : 나라에서 죽은 신하에게, 또는 중국에서 조선의 승하한 왕에게 시호(諡號)를 내려 주는 것을 가리킨다. 《경국대전》에서는 원칙적으로 종친 및 문무관으로서 실직 정2품 이상에게 시호를 주도록 하였고, 친공신(親功臣)은 관직이 낮더라도 시호를 주도록 하였다. 《속대전》에서는 대제학의 경우 종2품이라도 시호를 주고 유현(儒賢) 및 절의를 위해 죽은 자로서 특출한 자에게는 정2품이 아니더라도 시호를 주도록 예외 규정을 두었다.

640 사친(私親) : 왕이나 세자의 생모로서 왕비가 아닌 자 및 대원군·왕대비·왕비의 친어머니 등을 가리킨다.

641 대왕……추증한다 : 이러한 규정은 영조가 신하들과 의논하여 정한 뒤 《속대전》에 반영한 것이다. 영조는 1734년(영조10) 인조의 아버지 원종(元宗)을 낳은 인빈(仁嬪) 김씨(金氏)의 아버지 김한우(金漢祐)에게 영의정을 추증한 전례에 따라 사친인 숙빈(淑嬪) 최씨(崔氏)의 아버지에게 영의정을 추증하도록 하였는데, 1744년에는 사친의 아버지만 추증하던 것을 3대 모두에게 추증하는 것으로 확대하였다. 대원군 사친의 아버지에게 추증한 것은 선조의 아버지 덕흥대원군(德興大院君)을 낳은 창빈(昌嬪) 안씨(安氏)의 아

제 2 항 **왕비의 아버지에게는 영의정을,** 1 왕비 아버지의 위로 3대를, 국구(國舅 왕의 장인)에 대해 추은(推恩)하도록 한 예에 따라 추증한다.[642] **세자빈의 아버지에게는 좌의정을, 세손빈의 아버지와 대군의 장인에게는 우의정을, 왕자의 장인에게는 좌찬성을 추증한다.**[643] 〈속〉

버지에게 우의정을 추증한 것이 시초로, 덕흥대원군이 왕자의 신분이기 때문에 영의정보다 1등급 아래인 우의정을 추증한 것이다. 세자 사친의 아버지에게 좌찬성을 추증하도록 한 규정은 효장세자(孝章世子)를 낳은 정빈(靖嬪) 이씨(李氏)의 아버지에게 후일 지나치게 높은 관직을 추증할까 우려한 영조가 직접 정한 것이다.《承政院日記 英祖 10年 2月 18日, 20年 1月 19日·9月 7日, 22年 3月 19日》

642 왕비……추증한다 : 왕이 즉위하였을 때 장인이 생존해 있지 않은 경우에도 생존해 있는 국구(國舅)의 3대를 추증하는 것처럼 장인의 아버지, 조부, 증조부에게 똑같이 추증한다는 것이다. 정조의 경우 즉위한 뒤 장인인 김시묵(金時默)을 영의정으로 올려 추증하면서 그의 아버지 김성집(金聖集)도 좌의정에서 영의정으로 올려 추증하고, 조부 증 이조 판서 김도제(金道濟)는 좌찬성을 예겸하도록 하고 증조부 증 이조 참판 김만주(金萬胄)는 이조 판서를 예겸하도록 하여 장인의 3대를 추증하였다.《承政院日記 英祖 20年 1月 19日, 正祖 卽位年 4月 7日》

643 왕비의……추증한다 : 세자빈이나 세제빈(世弟嬪)의 아버지는《속대전》에 이러한 규정이 마련되기 전에는 우의정에 추증된 듯하다. 그 예로 경종의 비(妃)인 단의왕후(端懿王后) 심씨(沈氏)의 아버지 심호(沈浩)는 경종이 세자일 때, 영조의 비인 정성왕후(貞聖王后)의 아버지 서종제(徐宗悌)는 영조가 세제(世弟)일 때 각각 우의정에 추증되었다가 경종과 영조가 즉위한 뒤에 각각 영의정으로 올려 추증되었다. 세손빈의 아버지에 대해서는 정조의 비인 효의왕후(孝懿王后) 김씨의 아버지인 김시묵(金時默)이 정조가 세손일 때 좌의정에 추증되었다가 정조가 즉위한 뒤에 영의정으로 올려 추증된 예가 있다. 대군과 왕자는 세종 때부터 각각 그 장인에게 정1품과 종1품을 추증하도록 하여 이것이《경국대전》에 반영되었고,《속대전》에서는 각각 우의정과 좌찬성을 추증하는 것으로 변경되었다.《世宗實錄 25年 11月 25日》《肅宗實錄

제3항 **종친 및 문무 실직 2품 이상은 3대를 추증한다.** ❶ 부모는 당사자와 같은 품계로 추증하고, 조부모와 증조부모는 1등급씩 차례로 내려서 추증하며, 죽은 처는 남편의 관직을 따라 추증한다.[644] 〈경〉 ❷ 부인이 남편에게 잘못을 저질러 남편의 집과 의절한 경우에는 아들과 같은 관직과 품계로 추증할 수 있다.[645] 〈율〉 ❸ 1등 공신의 아버지에게는 순충적덕병의보조 공신(純忠積德秉義補祚功臣)을 추증하고, 2등 공신의 아버지에게는 1등 공신에서 병의를 빼고 추증하며, 3등 공신의 아버지에게는 1등 공신에서 적덕병의를 빼고 추증하고, 모두 군(君)으로 봉한다.[646]

30年 4月 23日》《承政院日記 景宗 卽位年 7月 5日·2年 1月 10日, 英祖 卽位年 9月 22日·20年 1月 19日·22年 3月 19日, 正祖 卽位年 4月 7日》

644 부모는……추증한다 : 이러한 규정은 1396년(태조5) 처음 추증에 관한 규정을 마련할 때부터 정해졌다. 다만 초기에는 강등하도록 한 '1등급'의 구체적인 기준이 정해지지 않아 정(正)과 종(從)을 구분해서 각각 1등급으로 적용하기도 하고, 정과 종을 구분하지 않고 매 '품(品)'을 1등급으로 적용하기도 하다가 단종 때부터는 정과 종을 구분하여 각각 1등급으로 적용하도록 하였다. 《太祖實錄 5年 5月 20日》《端宗實錄 1年 8月 23日》

645 부인이……있다 : 《대명률》 〈명례율(名例律)〉 이리거관(以理去官) 조에 있다. 남편이 살아 있을 때 큰 잘못을 범하여 이혼하거나 칠거지악을 범하여 쫓겨난 부인이 남편의 집과 관계를 끊은 경우에 남편이 사망하고 난 뒤에도 재혼하지 않았으면 아들과 같은 관직과 품계로 추증한다는 것이다. 부인이 남편과의 관계가 끊어졌더라도 자식과의 관계까지 끊어진 것은 아니기 때문에 이러한 조항이 생겼다.

646 1등 공신의……봉한다 : 태조 때에는 공신에게 추증할 때 2등급을 올려서 추증하도록 하였다가 태종 때부터는 일반 관원과 똑같이 추증하도록 하였다. 공신의 아버지에게도 공신의 칭호를 붙이고 이들을 군(君)으로 봉한 기록은 1471년(성종2)부터 보이기 시작한다. 《太祖實錄 5年 5月 20日》《太宗實錄 6年 2月 11日》《成宗實錄 2年 5月 5日, 25日》

〈경〉 **4** 공신은 관직이 낮더라도 그 아버지에게 정2품을 추증하고, 조부 이상에게는 일반인의 예를 따라 추증한다.[647] 〈보〉 **5** 원종공신 1등은 부모만 추증하되, 부모가 살아 있을 때의 관직보다 1등급을 올려서 추증한다. 사족(士族)일 경우에는 통정대부를 추증하되, 원래 추증한 관직이 있는 자에게는 등급을 올려서 추증한다.[648] 〈증〉 〈보〉

제 4 항 봉조하는 자급이 올라가면 실직을 거쳤는지를 막론하고 품계에 따라 3대를 추증한다.[649] 〈증〉

제 5 항 왕명을 봉행하다가 다른 나라에서 죽은 자는 품계를 올려 추증한다. 〈속〉

647 공신은……추증한다 : 여기에서 공신은 친공신(親功臣)을 가리킨다. '일반인의 예'란 공신이 아닌 2품 이상 관원의 조부모와 증조부모에게 1등급씩 차례로 내려서 추증하는 것을 가리킨다. 《成宗實錄 2年 閏9月 3日》

648 원종공신……추증한다 : 《대전통편》에는 "원종공신 1등의 아버지는 살아 있을 때 역임한 관직보다 한 등급을 올려서 추증한다."라고 되어 있다. 따라서 원종공신 1등 중 사족에 대한 규정이 〈보〉의 내용이다.

649 봉조하는……추증한다 : 1760년(영조36) 봉조하 박필기(朴弼琦)가 자급은 올랐으나 실직을 거치지 않아 3대를 추증할 수 없게 되었을 때 김상로(金尙魯)가 건의하여 만들어진 규정으로, 이후 《대전통편》에 반영되었다. 봉조하는 원래 통정대부 이상으로서 벼슬을 그만둔 사람에게 녹봉을 주기 위해 부여하던 관직이었으나, 조선 후기에는 정계에서 은퇴한 사람에게 부여하는 명예직으로 그 성격이 바뀌었다. 《大典通編 吏典 奉朝賀》《承政院日記 英祖 36年 1月 13日》

제6항 **친공신이 사망하면 품계를 올려 추증한다.**[650] 〈보〉 ❶ 관직이 낮더라도 정2품을 추증한다.[651] 〈경〉 ❷ 원종공신이 녹권(錄券)[652]을 나누어 주기 전에 사망한 경우에도 추증한다.[653] 〈증〉

제7항 **승전(承傳)을 받들었으나 관직에 제수하기 전에 사망한 사람과 과거에 급제하였으나 분관(分館)하기 전에 사망한 사람은 상당직(相當職)을 추증한다.**[654] ❶ 전시(殿試)에 응시하기 전에

650 친공신이……추증한다 : 1613년(광해군5) 이조에서 친공신에게 추증할 때의 규례가 일정하지 않으므로, 1자급만 올려서 추증할 것인지 2자급 이상을 올려서 추증할 것인지를 대신(大臣)에게 물어서 정할 것을 청한 일이 있었다. 이러한 점으로 미루어 보아 친공신에게 올려 주는 품계가 일정하지 않았는데 이때 논의해서 결정된 듯하다.《光海君日記[正草本] 5年 3月 18日》

651 관직이……추증한다 :《경국대전》에서 "친공신은 관직이 낮더라도 정2품을 추증한다."라고 하여 3품 이하인 공신에게도 추증할 수 있도록 예외를 인정하였는데, 이는 1471년(성종2) 이조의 건의에 따라 정식으로 삼은 것이다.《成宗實錄 2年 閏9月 3日》

652 녹권(錄券) : 공신도감(功臣都監)에서 왕명을 받아 공신에게 발급한 공신 증서를 가리킨다. 조선 초기 개국(開國), 정사(定社), 좌명(佐命)의 정공신(正功臣)에게는 교서와 녹권을 모두 주고 원종공신에게는 녹권만 주었으나, 정난 공신(定難功臣) 이후로는 정공신에게는 교서만 주고 원종공신에게는 녹권만 주었다. 녹권에는 공신의 등급, 공신 및 그 가족과 후손에게 주어지는 혜택 등이 기록되어 있다.《大典通編 吏典 追贈》《太祖實錄 1年 9月 21日》《최승희, 增補版 韓國古文書研究, 지식산업사, 1995, 116쪽》

653 원종공신이……추증한다 :《대전통편》에서는 "원종공신이 녹권을 나누어 주기 전에 사망한 경우에는 당사자만 추증한다."라고 하였고, 그에 대한 주(註)에서는 1등, 2등, 3등이 모두 동일하다고 하였다. 생존해 있는 원종공신 1등은 아버지까지 추증하도록 한 것과 차이를 둔 조항이다.

654 승전(承傳)을……추증한다 : 1699년(숙종25) 민진원(閔鎭遠)의 건의에 따라 사진인(私賑人)이나 승전을 받은 사람으로서 관직에 제수되지 못한

사망한 사람도 같다.〈속〉

제8항 **학행(學行)이나 절의(節義)가 뛰어난 사람은 특별히 추증하는 경우 이외에는 남대(南臺)를 추증할 수 없다.**[655] **1** 증직(贈職)을 받는 자가 자의를 거쳤으면 찬선이나 쇄주를 품계에 따라 겸한다.[656]〈보〉

제9항 **추은(推恩)되는 사람과 증직(贈職)을 받는 사람 중 이조나 옥**

사람에게 추증하는 문제를 대신(大臣)에게 물어 처리하도록 하였는데, 이때 승전을 받았으나 관직에 제수하기 전에 사망한 사람에게 추증하는 규정이 정해진 듯하다. 1694년 박규문(朴奎文)의 사례와 1698년 어사상(魚史商)의 사례를 참고해 보면, 과거에 급제하였으나 분관하기 전에 사망한 사람에게 상당직을 추증하는 규정은 관례적으로 시행되다가 《속대전》에 반영된 것으로 보인다. 《양전편고(兩銓便攷)》 〈이전 추증〉에서는 상당직으로 홍문관의 수찬이나 정자, 승정원의 주서를 들고, 6품으로 오른 사람일 경우에는 전한, 응교, 교리를 들었다. 《承政院日記 肅宗 20年 5月 13日, 24年 3月 15日, 25年 9月 18日》

655 학행(學行)이나……없다 : 1761년(영조37) 증직(贈職)에 관한 규정을 새로 정비할 때 만들어진 조항이다. 《承政院日記 英祖 37年 4月 23日》

656 증직(贈職)을……겸한다 : 1761년(영조37) 새로 정해진 규정이다. 자의는 세자시강원의 정7품, 찬선은 세자시강원의 정3품, 쇄주는 성균관의 정3품 버슬인데 《대전통편》에서는 종1품까지도 찬선을 겸직할 수 있도록 하였고, 1품과 2품도 쇄주를 겸직할 수 있도록 하였다. 이 세 관직은 주로 경학(經學)에 뛰어난 선비를 초빙하기 위하여 활용되었다. 영조 때에는 경학에 뛰어난 사람을 선발하여 경연관이나 서연관으로 임명하였는데, 남대와 자의를 뽑을 때에는 반드시 이때 선발된 사람을 후보로 올리도록 하였다. 《大典通編 吏典 京官職 世子侍講院, 成均館》《承政院日記 英祖 37年 4月 23日》《英祖實錄 23年 8月 22日, 39年 2月 24日》《正祖實錄 8年 閏3月 1日》

당을 거친 사람에게는 이조의 관직을 추증한다.[657] 〈증〉 ❶ 증직을 받는 자가 무신이면 종1품 이하는 판중추부사, 병조 판서, 호조 판서, 병조 참판, 호조 참판을 넘지 못하고, 승지나 병조 참의나 호조 참의나 공조 참의나 장악원 정이나 훈련원 정을 겸임한다.[658] 〈보〉

제10항 **의관과 역관, 중인과 서얼에게 증직할 때에는 참판과 총관(摠管)을 허락하지 않고, 가설동지중추부사(加設同知中樞府事)에게 증직할 때에는 좌윤과 우윤을 허락하지 않는다.**[659] 〈속〉

제11항 **종친 및 문관과 무관으로 실직 정2품 이상에게는 시호를 내린**

657 추은(推恩)되는……추증한다 : 추증할 때에는 추은되는 사람과 증직(贈職)을 받는 사람이 거친 관직을 기준으로 삼아 이조를 거쳤으면 이조의 관직을 추증하고 삼사(三司)의 관직을 거쳤으면 삼사의 관직을 추증하는 것이 원칙이었는데, 1764년(영조40) 김상철(金尙喆)의 건의에 따라 추은되는 사람과 증직을 받는 사람의 3대 중에 이조나 옥당을 거친 사람이 있으면 이조의 관직을 추증하는 것을 예외로 인정하였다.《承政院日記 英祖 40年 3月 3日, 41年 11月 18日·21日》

658 증직을 받는 자가……겸임한다 : 1761년(영조37) 새로 정해진 규정에 의하면 추은되는 사람과 증직을 받는 사람 모두 무신일 경우에는 곤수(閫帥) 이상을 지냈을지라도 판중추부사, 병조 판서, 병조 참판, 호조 참판을 넘어 추증되지 못하고 겸임하는 관직도 승지나 호조 참의, 장악원 정이나 훈련원 정으로 제한되었다.《承政院日記 英祖 37年 4月 23日》

659 의관과……않는다 : 1713년(숙종39) 이만성(李晩成)과 조태채(趙泰采)의 건의에 따라 의관과 역관, 중인과 서얼에게는 참판 겸 총관(摠管)을 추증하지 말고 동지중추부사를 추증하도록 정하였으며, 같은 날 숙종의 지시로 가설동지중추부사에게는 좌윤이나 우윤을 추증하지 못하도록 하였다.《肅宗實錄 39年 2月 5日》

다.[660] ❶ 친공신은 관직이 낮더라도 시호를 내린다.[661] 〈경〉 ❷ 유현(儒賢) 및 절개를 위해 목숨을 바친 행적이 뛰어난 자는 정2품이 아니더라도 시호를 내린다. 대제학은 종2품이라도 시호를 내린다.[662] 〈속〉

제12항 봉상시 정과 옥당의 동벽(東壁)이 시호를 의논하고, 의정부와 양사(兩司)가 서경(署經)한다.[663] 〈보〉 ❶ 통정대부 이상의 문망

660 종친……내린다 : 《경국대전》 〈이전 증시(贈諡)〉에 있다. 2품 이상에게 시호를 내리는 규정은 1405년(태종5) 정해졌고, 1412년에는 왕의 특별 지시가 있을 경우 왕자군(王子君) 이상에게도 시호를 내리도록 하였다. 《太宗實錄 5年 12月 21日, 12年 5月 11日》

661 친공신은……내린다 : 《경국대전》 〈이전 증시(贈諡)〉에 있다. 종2품 이하의 친공신에게도 시호를 내릴 수 있는 예외를 인정한 규정으로, 1471년(성종2) 이조의 건의에 따라 정식으로 삼은 것이다. 《成宗實錄 2年 閏9月 3日》

662 유현(儒賢)……내린다 : 《속대전》 〈이전 증시(贈諡)〉에 있다. 1743년(영조19) 김재로(金在魯)의 말에 의하면, 명신(名臣)은 관직과 품계가 낮더라도 시호를 내리다가 숙종 말년에 유현 및 절개를 위해 목숨을 바친 사람 이외에는 내리지 못하도록 금지하였다고 한다. 1741년 송인명(宋寅明)이 종2품 대제학을 지낸 정홍명(鄭弘溟)과 조석윤(趙錫胤)이 사후에 시호를 받은 전례를 들어 이를 정식으로 삼자고 청하니 영조가 전례를 살펴보도록 한 뒤에 허락하였다. 《속대전》에 의하면 대제학의 품계를 정2품으로 보기 때문에 종2품인 사람이라도 시호를 내리는 것이다. 《承政院日記 英祖 17年 2月 15日·4月 8日, 19年 2月 22日》

663 봉상시……서경(署經)한다 : 1651년(효종2) 승정원의 계사에 의하면 홍문관과 봉상시에서 각각 3개의 시호를 마련한 뒤 두 관사의 관원이 합동 회의를 열고 6개의 시호 중 3개의 후보를 뽑아 정한다고 하였다. 의정부의 서경은 홍문관과 봉상시가 의논하여 정한 3개의 시호 후보에 대해 사인이나 검상 중 1인이 행하고, 양사의 서경은 3개의 시호 후보 중 왕의 낙점을 받은 뒤 이조의 하비(下批)를 거친 것에 대해 행하였다. 《承政院日記 孝宗 2年 4月 6日》

(文望)이 있는 사람으로 관직이 높은 사람이나 관각(館閣)의 관원 및 구경(九卿)을 거친 사람이 행장(行狀)을 지어 예조에 올리면, 예조가 점검하여 살펴본 뒤 봉상시에 넘겨준다. 봉상시에서 홍문관으로 행장을 이송하면 홍문관의 동벽 이하 3원이 회의하여 삼망(三望)을 갖추고, 동벽이 또 봉상시 정 이하와 다시 의논해서 최종적으로 시호 삼망을 정한다. 의정부의 사인과 검상 중 1원이 정한 시호 삼망에 대해 서경을 행하고 행장과 함께 이조에 보고하면, 이조에서 입계하여 낙점을 받은 뒤에 양사에서 서경한다.[664] 〈속〉〈증〉 **2** 시장(諡狀)을 지어 올린 사람이 예조에 올릴 때 아무 문제가 없던 경우에는 계하를 받는 시점에 죽었거나 죄를 입었더라도 계하한다.[665] 〈속〉

664 통정대부……서경한다 : 이 조항 처음부터 이조에서 입계하여 낙점을 받는다는 규정까지는 《대전통편》 〈이전 증시(贈諡)〉에 있고, 낙점을 받은 뒤에 양사에서 서경한다는 규정은 《속대전》 〈이전 서경(署經)〉에 있다. 《은대편고》에서는 《전율통보》나 《대전통편》과는 달리 의정부에서 사인이나 검상이 서경을 행한 뒤에 바로 검상이 시호 망단자와 행장을 첨부하여 연명으로 계목(啓目)을 올리고, 임금의 재가를 받은 뒤에도 승정원에서 의정부로 보내오면 의정부에서 이조로 보낸다고 하였다. 《銀臺便攷 吏房攷 朝臣諡號》《弘文館志 館規 議諡》

665 시장(諡狀)을……계하한다 : 《속대전》 〈이전 증시(贈諡)〉에 있다. 1713년(숙종39) 이이명(李頤命)의 건의에 따라 정해진 규정으로, 본가(本家)에서 시장을 예조에 바친 후에 홍문관과 봉상시에서 시호를 의논하여 정하는 동안 시장을 지은 사람이 사망하거나 죄를 짓는 일이 발생하자 마련된 것이다. 《承政院日記 肅宗 39年 3月 26日》

제13조 급가(給暇)[666]

제 1 항 **사정이 있는 자에게는 임금에게 아뢰어 휴가를 준다.**〈경〉 ❶ 문관이나 무관으로 당상관 이상은 실함(實銜)이나 군함(軍銜)을 막론하고 승정원에 문서를 올리고, -❶ 승지를 거치지 않은 자는 정경(正卿)이라도 본인이 직접 올린다.- 삼사(三司), 세자시강원, 세손강서원, 감찰도 같으며, 당하관은 어버이의 병환 때문에 휴가를 청하는 경우 이외에는 이조에 문서를 올린다.-❷ 사부(師傅), 교부(敎傅), 교관(敎官)은 예조에 문서를 올리고, 서반은 병조에 문서를 올린다.-[667]〈보〉 휴가를 주기를 청하는 계목(啓目)에서는 3인을 넘겨 청할 수 없다.[668] 종친은 종부시에 문서를

666 급가(給暇) : 관원, 종친, 유생, 군사, 죄인, 노비 등에게 휴가를 주는 것을 가리킨다.《경국대전》,《속대전》,《대전통편》에는〈이전〉,〈예전〉,〈병전〉에 각각 급가 조항이 있는데《전율통보》에는〈이전〉에만 급가 조항이 있고 대신〈별편 본조문자식(本朝文字式)〉에 정사식(呈辭式)이 규정되어 있다. 이 편에는 휴가의 명목과 시기, 휴가를 받는 절차 및 제한 사유, 휴가 대상자와 휴가 기간, 휴가 기간이 지난 뒤에도 돌아오지 않는 자의 처벌, 연로한 부모를 둔 관원이 귀향하여 봉양하는 일에 대한 규정 등이 실려 있다.

667 문관이나……올린다 :《태종실록》 14년(1414) 기사에서는 휴가를 받을 동반 관원은 의정부에 보고하도록 한다 하였는데,《세종실록》 5년(1423)의 기사에서는 문관은 이조에서, 무관은 병조에서 주관한다고 하였다.《경국대전》〈이전 급가〉에는 종친에게 휴가를 줄 경우 종부시가 보고한다는 규정이 있을 뿐이고 '급가'에 대한 규정을〈이전〉과〈병전〉에 나누어 실은 점으로 보아,《경국대전》 이전에는 이조, 병조, 종부시 등이 휴가에 대한 사무를 관장하다가《경국대전》 이후에 이처럼 정해진 듯하다.《太宗實錄 14年 3月 14日》《世宗實錄 5年 1月 20日》

668 휴가를……없다 :《양전편고(兩銓便攷)》〈동전 급가〉에서는 "휴가를 청하는 계목에서는 3인이나 2인을 넘겨 청할 수 없다."라고 하였고,《은대편

올린다.[669] 〈경〉 〈보〉

제2항 해마다 1차례씩 어버이를 만나기 위한 휴가를 주고, 2년마다 1차례씩 부모의 묘소를 살피기 위한 휴가를 준다.[670]

고(銀臺便攷)》〈이방고 정사(呈辭)〉와 《육전조례》〈이전 승정원〉 정사 조에서는 "정사를 바칠 때에는 동반과 서반이 1원씩 바치며 한 관사에서 2원이 바치지 못한다."라고 하였다. 한 관사에서 2원이 정사를 바치지 못하도록 한 규정은 1618년(광해군10) 정해진 것이다. 이러한 규정을 참고하면 승정원에 직접 문서를 바치는 당상관 등은 각 관사에서 1원, 그리고 동반과 서반 각 1원만 문서를 바칠 수 있었고, 이조나 병조에 문서를 바치는 당하관 등은 이조와 병조가 이들의 문서를 받아 왕에게 계목을 올릴 때 각각 3원까지만 휴가를 청했던 듯하다. 《光海君日記[正草本] 10年 4月 27日, 13年 1月 17日》

669 종친은……올린다 : 종학(宗學)에 입학한 종친이 휴가를 청할 때에는 승정원에 보고하다가 1433년(세종15)부터 종부시에 보고하는 것으로 바뀌었다. 1455년(세조1)에는 종친이 전첨사(典籤司)에 보고하여 전첨사가 대군(大君)들과 유사(有司)에게 보고하면 대군들이 사실 여부를 조사한 뒤에 왕의 허락을 받아 휴가를 주도록 하였고, 1461년에는 지방에 있는 종친의 부모나 처자가 병을 앓을 때에는 수령이 종부시에 공문을 보내면 종부시에서 왕에게 보고한 뒤 휴가를 주도록 하였다. 1478년(성종9)에는 종친 자신이 병을 앓거나 복제(服制)를 당한 경우에 본인이 종친부에 보고하면 종친부에서 종부시로 공문을 보내던 것을 본인이 직접 종부시에 보고하면 종부시에서 왕에게 보고한 뒤에 휴가를 주도록 변경하였다. 《世宗實錄 15年 閏8月 25日》《世祖實錄 1年 11月 25日, 7年 4月 17日》《成宗實錄 9年 6月 9日》

670 해마다……준다 : 1442년(세종24) 관원이 어버이를 만나기 위해 고향에 내려갈 때의 휴가는 만 36개월마다 1차례 주던 것을 3년마다 1차례 주도록 하였고, 부모의 묘소를 살피기 위해 고향에 내려갈 때의 휴가는 만 60개월마다 1차례 주던 것을 5년마다 1차례 주도록 하였다. 이러한 규정은 그대로 《경국대전》에 반영되었는데 《대전통편》에서 각각 매년과 격년으로 바뀌었다. 《世宗實錄 24年 1月 11日》

제3항 **정경(正卿) 이외에는 침을 맞거나 뜸을 뜨기 위해 정사(呈辭)할 수 없다.**[671] 〈증〉 ❶ 부모의 묘소를 보수하는 일로는 당상관 이상과 삼사(三司)의 관원은 휴가를 청할 수 있다.〈보〉 ❷ 자급이 낮은 종친은 침을 맞거나 뜸을 뜨기 위한 휴가, 또는 온천에서 목욕하며 병을 치료하기 위한 휴가를 청할 수 없다. ❸ 종친 중에 신병이 있는 자에게는 종부시에서 사실을 조사하여 아뢴 뒤 10일까지로 한정하여 휴가를 주되 기한이 지나면 단속한다.

제4항 **수령에게는 정기적으로 어버이를 만나러 가기 위한 휴가, 병을 앓는 어버이를 문안하고 간호하기 위한 휴가, 정기적으로 부모의 묘소를 살피기 위한 휴가, 죽은 처나 처부모의 장례를 치르기 위한 휴가, 자식의 혼례를 치르기 위한 휴가 이외에는 휴가를 주지 않는다.**[672] ❶ 수령이 과거에 응시할 때에도 휴가를 허락한다. ❷ 8월부터 12월까지는 병을 앓는 어버이를 문안

671 정경(正卿)……없다 : 신병을 치료하려고 침을 맞거나 뜸을 뜨기 위해 휴가를 청할 수 있는 관원은 으레 정경 이상으로 제한을 두어 오다가 1758년(영조34) 김상로(金尙魯)의 건의를 따라 정식으로 정해졌다. 《承政院日記 英祖 34年 3月 5日》

672 수령에게는……않는다 : 1727년(영조3) 이광좌(李光佐)의 건의를 따라 정식으로 삼은 것이고, 이후 《속대전》에 반영되었다. 다만 이광좌는 수령이 휴가를 청할 수 있는 사안을 여섯 가지로 제시하면서 수령의 자식이 혼인하는 경우 대신에 수령이 과거에 응시할 경우를 포함하였는데, 《속대전》에서는 수령의 자식이 혼인하는 경우를 여섯 가지 사안 중 하나로 제시하고 수령이 과거에 응시할 경우는 주(註)로 처리하였다. 《承政院日記 英祖 3年 11月 28日》

하고 간호하기 위한 휴가 이외에는 허락하지 않는다.[673]

제5항 **특교(特敎)로 외직(外職)에 보임된 수령 및 변지의 수령과 찰방에게는 휴가를 허락하지 않는다.**[674] ■1 어천도 찰방(魚川道察訪)도 같다.[675] 〈속〉 ■2 진휼을 시행하는 고을의 수령에게도 휴가를 허락하지 않는다. 〈보〉 ■3 외직에 보임된 수령으로서 연로한 어버이가 있는 자에게는 휴가를 허락한다. 〈증〉

제6항 **정기적으로 어버이를 만나러 갈 때, 정기적으로 부모의 묘소를 살피러 갈 때, 과거에 급제하여 어버이에게 잔치를 베풀러 갈 때, 과거에 급제하여 부모의 묘소에 제사 지내러 갈 때, 부모와 조상의 묘소에 추증 교지를 바치고 교지의 사본을 불사르러 갈 때, 자식의 혼례를 치르러 갈 때는 7일을 머무르도록 하고, 처나 처부모의 장례를 치르러 갈 때는 15일을 머무르도**

673 8월부터……않는다 : 《속대전》 〈이전 급가〉에 의하면 군정(軍政)과 전정(田政)을 시행하는 시기에 수령이 자리를 비워 제때 시행하지 못하는 폐단을 방지하기 위해 이러한 규정이 마련된 것이다.

674 특교(特敎)로……않는다 : 특교로 외직에 보임된 사람에게 휴가를 주지 못하도록 한 법은 1734년(영조10) 정해졌고, 이후 《속대전》에 반영되었다. 《속대전》에는 '외직에 보임된[補外]'이라는 글귀 아래에 '수령(守令)' 2자가 있다. 《承政院日記 英祖 10年 4月 18日》

675 어천도 찰방(魚川道察訪)도 같다 : 어천도는 평안도에 있던 쇠잔한 역참(驛站)으로, 1659년(현종 즉위년) 찰방이 휴가를 받아 왕래하는 과정에서 폐단이 많다는 이유로 휴가를 주지 못하게 하였다. 《承政院日記 顯宗 卽位年 12月 28日》

록 한다.[676]

제 7 항 병을 앓는 어버이를 문안하고 간호하기 위한 휴가는 원도(遠道) 70일, 근도(近道) 50일, 경기 30일이다.[677] 〈경〉

제 8 항 휴가를 받고서 기한이 지나도록 돌아오지 않으면 임금에게 아뢰어 체차한다.[678] ❶ 삼관(三館)의 참외관은 임금에게 아뢰어 파직한다. 〈보〉 ❷ 지방 관원에게는 관찰사가 거리를 계산하여 휴가를 주고, 기한이 지나도록 돌아오지 않으면 개차(改差)한다.[679] 〈경〉 ❸ 대소(大小)의 관원이 별다른 사정 없이 도성(都城) 안에 있으면서도 조참(朝參)에 참석하지 않거나, 지방에 있으

676 정기적으로 어버이를……한다 : 여기에서 머무르는 기간은 왕복하는 데 걸리는 기간을 제외하고 순수하게 머무르는 기간만을 가리킨다. 《양전편고(兩銓便攷)》〈동전 급가〉에서는 왕복할 때 걸리는 시간을 하루에 80리씩 가는 것으로 계산하였다.

677 병을……30일이다 : 본서 〈이전 고과(考課)〉에서 근도는 경기라고 하였으나, 여기에서 근도는 충청도, 강원도, 황해도를 가리킨다. 본서 〈이전 고과〉 31항 참조.

678 휴가를……체차한다 : 이러한 처벌 조항은 시종(侍從)과 당상관을 제외한 당하관에게만 적용하다가 1733년(영조9)부터는 시종과 당상관에게도 적용하였다. 《承政院日記 英祖 9年 12月 13日》

679 지방……개차(改差)한다 : 1447년(세종29) 수령이나 만호의 부모가 병이 있을 경우에는 각각 해당 도의 감사에게 보고하면 감사가 서울 관원의 예에 따라 거리를 계산하여 3일 이상 거리면 30일, 6일 이상 거리면 40일, 10일 이상 거리면 50일, 15일 이상 거리면 70일의 휴가를 준 뒤 해당 관사인 이조나 병조에 관문(關文)을 보내고, 휴가 기한을 넘긴 자는 체차하도록 하였다. 《世宗實錄 29年 2月 2日》

면서 좌기(坐起)에 참석하지 않거나, 관리가 휴가를 받고서 기한이 차도록 돌아오지 않으면 1일에 태(笞) 10대이고, 3일마다 1등급을 더하되 장(杖) 80에 그친다.[680] 〈율〉

제9항 **당상관 이하는 실직이나 군직을 막론하고 휴가를 받지 않고 고향으로 내려가면 의금부에 내려 추고한다.**[681] 〈속〉〈보〉

제10항 **복제(服制)는 기년복(朞年服)이면 15일, 대공복(大功服)이면 10일, 소공복(小功服)이면 7일, 시마복(緦麻服)이면 4일의 휴가를 주고,** 〈속〉 **1** 외조부모나 처부모의 상에는 15일이다.[682] 〈증〉

680 대소(大小)의……그친다 : 《대명률》 〈이율 직제(職制)〉 무고불조참공좌(無故不朝參公坐) 조에 있다. 별다른 사정이란 상을 당하거나 병을 앓거나 모종의 직임에 차임되었을 때 등을 가리킨다. 《大明律集解附例 吏律 職制 無故不朝參公坐》

681 당상관……추고한다 : 1724년(경종4) 우의정 이광좌(李光佐)가 전강(殿講)에 응시해야 할 문관 중 휴가를 받지 않고 고향으로 내려간 관원에 대해 처벌하기를 청하면서 정식으로 삼은 것으로, 원래는 시관(試官)에게 적용하던 규정을 모든 당하관에게 확대 적용한 것이다. 《속대전》에는 '당상관 이하[堂上以下]'가 '당하관(堂下官)'으로 되어 있다. 《承政院日記 景宗 4年 4月 13日》

682 외조부모나……15일이다 : 《대전통편》 〈예전 오복(五服)〉에 있다. 조선의 풍습이 중국과 달라서 남자가 신부의 집으로 가서 혼인을 치르고 자손을 낳으면 외가에서 기르기 때문에 고려 때부터 외조부모와 처부모의 상에는 기년복을 입고 휴가도 30일을 주었다. 1415년(태종15) 복제를 새로 정하면서 외조부모의 복은 대공복으로 정하고 20일의 휴가를 주며 처부모의 복은 소공복으로 정하고 15일의 휴가를 주도록 하였다. 1430년(세종12)에는 처부모의 복을 시마복으로 정하고 휴가 10일을 주도록 하였다. 그 뒤에 제정된 《경국대전》 〈예전 오복〉에서는 외조부모의 복은 소공복으로 하고 15일

❷ 경연관은 기년복이면 7일, 대공복이면 4일이다.[683] **그 기한이 지난 뒤에 임금에게 청하여 출사하게 한다.**[684] ❸ 종친에게는 적용하지 않는다.[685] 〈속〉

제11항 **식가(式暇)는 시제(時祭)일 경우에는 제사를 주관하는 자 및 중자(衆子)에게 2일을 주고, 장손**〈경〉 ❶ 중장손(衆長孫)도 같다. 〈해〉 **및 증조가 같은 자손으로서 아버지가 죽은 중장손(衆長孫)에게**〈경〉 ❷ 현중장손(玄衆長孫)도 같다.〈해〉 **1일을 주며, 기제(忌祭)일 경우에는 모두 2일을 준다.** ❸ 외조부모와 처부모의 기제일 경우에도 같다.

제12항 **어버이가 70세 이상이면 한 아들이, 80세 이상이면 두 아들이, 90세 이상이면 모든 아들이 고향으로 돌아가서 봉양한**

의 휴가를 주며 처부모의 복은 시마복으로 하고 23일의 휴가를 준다고 하였는데, 《대전통편》에서는 모두 15일의 휴가를 준다고 하였다. 《太宗實錄 11年 閏12月 23日, 15年 1月 15日》《世宗實錄 12年 6月 19日》

683 경연관은……4일이다 : 《속대전》 〈예전 급가〉에 있다. 《속대전》에서는 "경연관은 기년복이면 7일의 휴가를 주고, 대공복 이하면 4일의 휴가만 준다."라고 하였다.

684 복제(服制)는……한다 : 《경국대전》 〈예전 오복(五服)〉에서는 기년복은 30일, 대공복은 20일, 소공복은 15일, 시마복은 7일의 휴가를 준다고 하였는데 《속대전》 〈예전 급가〉에서 대문(大文)과 같이 바뀌었다.

685 종친에게는 적용하지 않는다 : 《속대전》 〈예전 급가〉에 있다. 조선 전기의 실록에서는 종친에게도 복제를 적용한 기사가 보인다. 《世宗實錄 12年 6月 24日, 13年 12月 24日》《成宗實錄 9年 6月 9日》

다.[686] 〈경〉 **1** 조부모나 부모가 80세 이상이거나 독질(篤疾)이고 당사자 이외에는 대신 모실 장정이 없는데도 어버이를 버리고 임소(任所)로 간 자는 장(杖) 80이다.[687] 〈율〉

686 어버이가……봉양한다 : 1432년(세종14) 부모가 80세 이상인 관원은 고향으로 돌아가서 부모를 봉양하게 하되 부모가 계속 벼슬하기를 원하더라도 한두 명의 자식은 돌아가서 봉양하게 하였고, 부모가 90세 이상인 경우에는 모든 자식이 돌아가서 봉양하게 하였다. 이러한 규정은 《경제속육전(經濟續六典)》에 반영되었고, 이후 《경국대전》에 위와 같이 바뀌어 반영되었다. 《世宗實錄 14年 8月 29日, 29年 12月 10日》《成宗實錄 5年 5月 16日》

687 조부모나……80이다 : 《대명률》〈예율 의제(儀制)〉 기친지임(棄親之任) 조에 있다. 독질은 악질(惡疾)이 있는 경우, 미치광이 증세가 있는 경우, 두 눈이 먼 경우, 사지 중 두 곳이 부러진 경우 등을 가리킨다. 《大明律集解附例 名例 老小廢疾收贖》

제14조 상피(相避)[688]

제 1 항 **자기 집안의 대공복 이상을 입는 친척 및 사위·손녀사위·자형·매부, 외가의 시마복 이상을 입는 친척, 처가의 장인·처조부·처남·동서,** 〈경〉 1 이상은 대문상피(大文相避)라고 한다. 〈보〉 **자기 집안의 삼촌 고모부와 조카사위 및 사촌 자형과 매부, 외가의 삼촌 숙부, 처첩의 동성(同姓) 삼촌 숙부와 조카, 처첩의 삼촌 고모부와 조카사위, 처첩의 사촌 형제는 모두 상피한다.** 〈경〉 2 이상은 소주상피(小註相避)라고 한다.[689] 〈보〉 3 혼인한 집안끼리는 모두 상피한다. 4 양자로 나간 사람은 본가의 친척과도 모두 상피한다.[690] 〈속〉 5 관직에 제수할 때의 상피, 송사를 심리할 때의 상피,[691] 시관〈경〉〈속〉〈보〉 –1 응시자와 시관의 상피이

688 상피(相避) : 일정한 범위의 친인척이 동일한 관사나 업무상 관련이 있는 관사에서 같이 근무할 수 없는 것을 가리킨다. 1428년(세종10) 《경제육전(經濟六典)》의 내용을 수정하면서 서울과 지방의 관직에 제수할 때 친인척이 상피하도록 하는 법을 마련하였고, 1432년 이를 더욱 구체화하였다. 《世宗實錄 10年 2月 1日, 14年 3月 25日·26日, 4月 19日·20日·25日》

689 자기……한다 : 《경국대전》 〈이전 상피〉의 조항 중 대문(大文)에 규정된 것과 소주(小註)에 규정된 것을 각각 '대문상피'와 '소주상피'로 나누어 정리하였다.

690 양자로……상피한다 : 1661년(현종2) 정관(政官)은 사촌 이내까지 상피하는데 양자로 나간 사람은 본가의 사촌이라도 상피하지 않는 경우가 있다는 우의정 원두표(元斗杓)의 문제 제기에 따라 양자로 나갔는지의 여부에 상관없이 모두 상피하도록 하였다. 《受教輯錄 吏典 相避》《顯宗改修實錄 2年 12月 16日》

691 송사를……상피 : 소송을 담당하는 관원과 소송 당사자가 친인척일 때 그 관원이 해당 소송을 맡지 못하도록 하거나 다른 곳으로 옮겨 심리하도록

다. 〈속〉 – 의 상피[692]는 대문상피와 소주상피를 모두 적용한다. 동일한 관사 안에서의 상피와 교대하는 관원끼리의 상피[693]는 대문상피를 적용하고, 지방의 관원, 의정부·의금부·이조·병조·형조·도총부·한성부·사헌부의 관원, 오위장, 겸사복장, 내금위장, 승정원·사간원·종부시의 관원, 부장(部將), 사관(史官)은 소주상피를 적용한다. 〈경〉 〈속〉 〈증〉 〈보〉 **6** 학관(學官) – **2** 홍문관, 시강원, 강서원, 성균관, 사학(四學)이다. – 과 군관(軍官) – **3** 충훈부도 같다. – 은 제수할 때만 상피를 적용한다.[694] 〈경〉 〈보〉 **7** 내승

하는 것을 가리킨다.

692 시관의 상피 : 시관과 응시자가 상피하는 법은 1432년(세종14)부터 마련되기 시작하였고, 1435년에는 세종이 전지를 내려 응시자가 시관과 친인척일 경우에는 응시하지 못하도록 하였다. 시관과 응시자가 상피해야 할 경우에 대문상피와 소주상피를 모두 적용하도록 한 규정은 1666년(현종7) 정태화(鄭太和)의 건의에 따라 정해진 것으로, 《수교집록》과 《속대전》에도 반영되었다. 《顯宗改修實錄 7年 7月 13日》

693 교대하는 관원끼리의 상피 : 전임자와 후임자가 친인척일 때 상피하는 것을 가리킨다. 1555년(명종10) 교대하는 관원끼리의 상피를 어디까지 적용할지에 대해 신하들의 의견을 수렴한 뒤 전곡(錢穀)을 관리하는 아문 및 전임자와 후임자 사이의 인수인계가 중요한 아문은 교대하는 관원끼리의 상피를 적용하도록 하고, 그 이외의 아문은 적용하지 말도록 하였다. 《수교집록》에는 이상의 아문 이외에도 수령, 첨사, 만호도 교대할 때 전임자와 후임자 사이에 상피하도록 한 규정이 들어 있는데, 이 규정들은 모두 1555년에 정해진 것이라고 밝혀져 있다. 《속대전》에는 전곡을 관리하는 아문 및 전임자와 후임자 사이의 인수인계가 중요한 아문에 대한 언급은 없고, "관찰사, 절도사, 수령, 첨사, 만호는 모두 교대하는 관원끼리의 관계에 따라 상피 제도를 적용한다."라고 하였다. 《明宗實錄 10年 12月 22日》

694 학관(學官)과……적용한다 : 《경국대전》 대문상피의 소주에는 "학관과 군관은 상피하지 않는다."라고만 하였는데, 이후 이처럼 개정된 듯하다.

(內乘)은 학관과 군관의 예에 따른다.[695] 8 승보시(陞補試)와 사학 학제(四學學製) 시관의 상피는 다른 과시(科試) 시관의 예를 따른다.[696] ㉨ 9 송사를 심리하는 관원이 스승이나 원수의 혐의가 있는 사람과 상피하는 것에 대해서는 〈형전〉의 〈청리(聽理)〉 조에 보인다.[697] ㉯

제 2 항 **이방 승지나 이조의 관원과** 1 병방 승지나 병조의 관원도 같다. **상피해야 할 사람은 관직에 제수하지 못한다.**[698] 2 당상관은 관직에 제수될 때 이 제한을 받지 않으며, 근무 기간을 채운 자는 으레 천전(遷轉)한다.[699] ㉮ 3 한림과 주서 및 서장관,

695 내승(內乘)은……따른다 : 1749년(영조25) 내승은 군관의 부류이고 외사복시와 관계도 없으므로 상피하는 법을 적용하지 말아야 한다는 정우량(鄭羽良)의 건의를 받아들여 정한 것이다. 《承政院日記 英祖 25年 9月 29日》

696 승보시(陞補試)와……따른다 : 1699년(숙종25) 승보시와 사학 학제의 시관에게도 상피하는 법을 적용할 것인지에 대해 신하들의 의견을 수렴하였으나, 새로운 법을 만들 필요 없이 추후에 서서히 의논하는 것으로 결론을 내렸다. 그 후 《대전통편》에서 이들에게도 상피하는 법을 적용한다고 하였다. 《大典通編 禮典 諸科》《承政院日記 肅宗 25年 3月 18日》

697 송사를 심리하는……보인다 : 《전율통보》〈형전 청리(聽理)〉에서는 "송사를 심리하는 관원은 수업한 스승이나 옛날부터 원수의 혐의가 있는 사람이 소송 당사자일 경우에는 공문을 보내 심리를 회피한다."라고 하였다. 《전율통보》〈형전 청리〉 33항 참조.

698 이방……못한다 : 이조 및 병조의 관원과 상피 관계에 있는 사람을 관직에 제수하지 못하도록 한 규정은 1432년(세종14) 정해진 것이다. 《世宗實錄 14年 3月 26日》

699 당상관은……천전(遷轉)한다 : 당상관이 관직에 제수될 때 이러한 제한을 적용하지 않은 예가 1452년(단종 즉위년)부터 실록의 기록에 나타나고, 1477년(성종8)에는 정식으로 정해졌다. 근무 기간을 채운 사람에게 이러한

경시관(京試官), 경차관(敬差官)을 겸직 대간에 으레 부직(付職)할 때는 구애되지 않는다.[700] 〈속〉〈증〉〈보〉 ❹ 옥당, 세자시강원, 세손강서원의 관직에 제수될 사람이 상피 관계에 있으면 계청하여 의망한다.[701] 〈증〉

제3항 한 관사에 상피해야 할 관원이 있으면 하위 관원을 체차한다.[702] 〈속〉 ❶ 한림이 춘추관 관원과 상피 관계이면 지춘추관사

제한을 적용하지 못하도록 예외를 둔 규정은 1432년(세종14) 정해진 것이다. 《世宗實錄 14年 3月 26日》《端宗實錄 卽位年 5月 23日, 1年 11月 17日》《成宗實錄 8年 5月 2日》

700 한림과……않는다 : 《속대전》이 성립되기 이전에 이미 사안에 따라 서장관이 전관(銓官)과 상피 관계이더라도 겸직 대간을 허용하는 예가 있었는데 《속대전》에서 "서장관이 전관과 상피 관계이더라도 겸직 대간에 으레 부직하는 것은 구애되지 않는다."라고 명문화하였고, 《대전통편》에서는 경시관과 경차관도 똑같이 적용한다고 하였다. 이러한 관원들은 모두 왕명을 봉행하기 위해 외국이나 지방에 특별히 파견되는 사람들이기 때문에 상피 규정을 적용하지 않은 듯하다. 《承政院日記 英祖 5年 10月 8日, 15年 1月 5日》

701 옥당……의망한다 : 《대전통편》에는 "옥당, 세자시강원, 세손강서원의 관직에 제수될 사람이 이조의 당상·낭청과 상피 관계이면 계청하여 의망한다."라고 하였다. 《大典通編 吏典 相避》

702 한 관사에……체차한다 : 1472년(성종3) 한명회(韓明澮)가 병조 관원과 도총부 관원이 상호 간에 상피하는 것은 인재를 등용하는 데 방해가 되므로 동일한 아문 이외에는 상피하지 말게 할 것을 청하여 허락받았고, 이때 동일한 관사에서 상피 관계인 관원이 있게 되면 아래에 있는 자를 체차하는 것이 상피의 법이라고 언급하였다. 이러한 규정이 《경국대전》에는 보이지는 않으나, 이후 실록 기사를 보면 동일한 관사에서 상피 관계인 관원이 있게 되면 하위 관원을 체차하는 것이 《경국대전》의 취지인 것으로 이해하고 있었다. 소주 ❶, ❷, ❸은 대문(大文)의 규정에 대한 예외 규정들이다. 《成宗實錄 3年 12月 3日》《燕山君日記 2年 11月 26日》《中宗實錄 27年 10月 7日》《宣祖實

이하를 체차하고, 한림이 영춘추관사나 감춘추관사와 상피 관계이면 한림을 체차한다. 주서의 경우도 같다.[703] **2** 대리청정 때에 세자시강원 관원으로서 춘추관의 관직을 겸임한 자는 한림과 지춘추관사 이하의 경우처럼 상피하고, 영춘추관사 또는 감춘추관사와 상피 관계이면 세자시강원 관원을 본직까지 아울러 체차한다.〈증〉 **3** 아직 부임하지 않은 도사가 수령과 상피 관계이면 도사를 체차한다. 아직 부임하지 않은 우후가 변장(邊將)과 상피 관계인 경우도 같다.[704]〈속〉

제 4 항 **육승지(六承旨)는 육조의 당상관과 상피한다.**[705] **1** 임금에게 여쭈어 담당 승지방(承旨房)을 바꾼다.〈증〉

錄 40年 6月 5日》

703 한림이 춘추관……같다 : 한림이 지춘추관사 이하와 상피 관계이면 하위인 한림을 체차해야 하지만 예외적으로 지춘추관사 이하를 체차하도록 한 것이다. 1753년(영조29)에는 주서가 지춘추관사와 상피 관계일 경우에도 이 규정을 적용하도록 하였다.《承政院日記 英祖 29年 2月 8日》

704 아직 부임하지 않은 도사가……같다 : 현종 때에 이미 관례가 되어 있었는데, 1703년(숙종29) 이러한 관례에 따라 우후가 도내의 변장과 상피 관계일 때에도 이러한 규정을 적용하는 것을 정식으로 삼았고, 이후 《속대전》에 반영되었다.《承政院日記 顯宗 11年 2月 13日, 肅宗 29年 11月 5日》

705 육승지(六承旨)는……상피한다 : 승정원의 여섯 승지는 왕의 재가를 받아 이방(吏房), 호방(戶房), 예방(禮房), 병방(兵房), 형방(刑房), 공방(工房)을 각각 나누어 맡았는데, 각각의 승지방은 육조와 업무상 긴밀한 연관이 있을 수밖에 없었다. 따라서 각 승지방의 담당 승지가 업무상 관련이 있는 해당 조의 당상과 상피하도록 한 것이다.《大典通編 吏典 京官職 承政院》

제5항 서장관은 사신(使臣)과 상피한다.[706] 〈속〉

제6항 오위장과 부장(部將)은 총관(摠管)과 상피한다.[707] ❶ 부장은 오위장과 상피한다. 겸사복장, 내금위장, 우림위장은 이들끼리 상피한다.[708] 〈보〉

제7항 병조는 도총부의 관원과 통틀어서 상피한다. 〈경〉

706 서장관은 사신(使臣)과 상피한다 : 1650년(효종1) 대간(臺諫)과 겸직 대간 사이의 상피를 적용할지에 대해 논의할 때 서장관과 사신 사이의 상피도 적용할지를 함께 논의하여 모두 적용하도록 하였다. 《受教輯錄 吏典 相避》《承政院日記 孝宗 1年 6月 5日, 6日》

707 오위장과……상피한다 : 《경국대전》에서는 "병조 당상, 도총부 당상, 겸사복장, 내금위장, 오위장은 같은 아문이 아니더라도 통틀어 상피한다."라고 하였는데 이후 도총부가 유명무실해지고 아문 사이의 관계에 변화가 생기면서 상피를 계속 적용하는 경우와 적용하지 않는 경우로 나뉘었다. 그중 오위장은 계속 총관과 상피하도록 하였고, 부장은 총관과 상피한다는 조항이 《경국대전》에는 없으나 1469년(성종 즉위년) 기사에 이미 상피한 기록이 보인다. 《成宗實錄 卽位年 12月 14日》

708 부장은 오위장과……상피한다 : 이 조항은 《경국대전》에 없으나 실제로는 1477년(성종8) 기사에 이미 상피한 기록이 보인다. 부장과 오위장은 모두 오위도총부 소속으로 동일한 관사 안에 속한 관직이기 때문에 별도의 규정을 두지 않은 듯하다. 《경국대전》에서는 겸사복장, 내금위장, 도총부 당상은 같은 아문이 아니더라도 상호 간에 상피하도록 하였는데 이후에는 우림위장을 포함한 내삼청(內三廳)의 장(將)이 모두 도총부 당상인 총관과 상피하였다. 1669년(현종10) 내삼청은 도총부 관할이 아니므로 상피할 필요가 없다는 홍중보(洪重普)의 건의에 따라 내삼청의 장과 총관의 상피를 인정하지 않게 되었고, 이는 《수교집록》과 《속대전》에 반영되었다. 그러나 내삼청장 사이의 상피는 계속 유지되었다. 《成宗實錄 8年 5月 29日》《承政院日記 顯宗 10年 1月 10日》

제8항 내삼청장(內三廳將)과 오위장은 병조 판서와 통틀어서 상피한다.[709] 〈경〉〈속〉

제9항 주서와 한림이 상피 관계이면 주서를 체차한다.[710] 〈증〉

제10항 대간이 겸직 대간과 상피 관계이면 대관을 체차한다.[711] 〈속〉〈보〉

제11항 양도(兩都)의 유수와 경기 관찰사가 상피 관계이면 유수를 체차한다.[712] **1** 양도의 경력도 경기 관찰사와 상피한다.〈속〉

709 내삼청장(內三廳將)과……상피한다 : 《경국대전》에서는 겸사복장, 내금위장, 오위장, 병조 당상관은 같은 아문이 아니더라도 상피한다고 하였다. 《수교집록》에서는 1681년(숙종7)의 승전(承傳)이라고 하면서 "병조 판서 이외의 다른 당상은 내삼청장 및 오위장에 대해 관장할 일이 없으므로 상피하지 않는다."라고 하며 우림위장까지 내삼청장에 포함하였다. 이 조항이 《속대전》에는 "내삼청장 및 오위장에 대해서는 병조에서 관장하는 일이 없으므로 병조 판서 이외의 다른 당상은 상피하지 않는다."라고 반영되었다. 앞의 주708 참조.

710 주서와……체차한다 : 주서와 한림이 상피 관계이면 한림을 체차하는 것이 관례였는데 1698년(숙종24) 신완(申琓)의 건의를 받아들여 주서를 체차하는 것을 정식으로 삼았다. 《肅宗實錄 24年 9月 14日》

711 대간이……체차한다 : 254쪽 주700, 256쪽 주706 참조.

712 양도(兩都)의……체차한다 : 양도는 개성부와 강화부를 가리킨다. 개성부와 강화부에는 유수가 각 2명씩인데 그중 각 1명은 모두 경기 관찰사가 겸한다. 따라서 실유수(實留守)와 겸유수(兼留守)가 상피하도록 한 것이다. 인조 때 기사에 의하면 유수와 경기 관찰사가 상피 관계이면 일반적인 원칙에 따라 아래에 있는 관원을 체차하였는데, 숙종 때 기사에 의하면 유수를 체차하는 것이 관례가 되었고, 이후 《속대전》에 반영되었다. 경기 관찰사의 임기가 얼마 남지 않았을 경우에는 유수 대신 경기 관찰사를 체차하기도 하였다. 《大典通編 吏典 京官職 開城府, 江華府》《承政院日記 仁祖 18年 7月 22日,

제12항 병마절도사, 수군절도사, 영장, 우후, 평사(評事), 도사, 수령, 찰방, 변장(邊將)은 감사(監司)와 상피한다. 〈속〉〈증〉〈보〉 ❶ 영장, 병마우후(兵馬虞候), 수령, 찰방, 변장은 병마절도사와 상피하고, 수군우후(水軍虞候)는 수군절도사와 상피하며, 평사는 북병사(北兵使)와 상피하고, 수령과 찰방은 도사와 상피한다. 〈증〉〈보〉 ❷ 수령이 절도사와 상피 관계일 경우에는 도(道)를 바꾸어 부임하면 상피하지 않는다. 남관 수령이 북평사와 상피 관계일 경우에도 같다.[713] 〈속〉 ❸ 교대하는 관원끼리 상피 관계일 경우에는 영장, 우후, 도사, 평사는 상피하지 않는다.[714] 〈보〉

제13항 삼남(三南)의 수군절도사는 수군통제사와 상피하고,[715] 경기

孝宗 9年 4月 20日, 肅宗 5年 7月 21日》

713 수령이……같다 : 《속대전》에서는 이 경우 수령의 범위를 남관과 북관 및 양남(兩南)의 좌도(左道)와 우도(右道)의 수령으로 한정하였다. 따라서 남관의 수령이 남병사와 상피 관계라서 북관 수령으로 바꾸어 부임되거나, 좌도의 수령이 좌병사와 상피 관계라서 우도의 수령으로 바꾸어 부임되면 상피 관계가 해소되는 것이다.

714 교대하는……않는다 : 《속대전》에 교대하는 관원끼리 상피하도록 규정된 관찰사, 절도사, 수령, 첨사, 만호를 제외한 나머지 지방의 관원들은 교대할 때 상피하지 말도록 규정한 것이다. 교대하는 관원끼리의 상피에 대해서는 252쪽 주693 참조.

715 삼남(三南)의……상피하고 : 삼남의 수군절도사가 수군통제사와 상피하도록 한 규정은 1739년(영조15) 송인명(宋寅明)의 건의에 따라 정해진 것으로, 이후 《속대전》에 반영되었다. 《전율통보》 〈병전 외관직(外官職)〉에 의하면 삼남의 수사는 충청도, 전라 좌도, 전라 우도, 경상 좌도, 경상 우도의 수군절도사 각 1명을 가리키는데 그중 경상우도 수군절도사는 수군통제사가 겸하였다. 《承政院日記 英祖 15年 8月 10日》

고을의 겸영장인 수령은 수어사·총융사와 상피하며,[716] **전선(戰船)이나 주사(舟師)가 있는 고을의 수령은 수군절도사와 상피하고,**[717]〈속〉 **1** 다른 도의 수군절도사와는 상피하지 않는다.

〈보〉 **해당 진영에 소속된 고을의 수령은 영장과 상피한다.**[718]

〈속〉 **2** 수군통어사는 수군통제사의 예를 따른다.[719]〈증〉

716 경기……상피하며 : 경기 고을의 겸영장인 수령이 총융사와 상피하도록 한 규정은 1670년(현종11) 수어사와 상피하도록 한 규정은 1678년(숙종4) 정해진 것으로, 이후 《속대전》에 반영되었다. 겸영장인 수령이란 각 도의 전영(前營), 후영(後營), 좌영(左營), 우영(右營), 중영(中營) 등의 진영장(鎭營將)을 겸한 수령을 가리킨다. 《전율통보》 〈병전 외관직(外官職)〉에 의하면 경기의 영장을 겸한 수령은 전영인 광주(廣州), 좌영인 남양(南陽), 중영인 양주(楊州), 별중영(別中營)인 수원(水原), 우영인 장단(長湍), 후영인 죽산(竹山)의 수령을 말한다. 《受教輯錄 吏典 相避》

717 전선(戰船)이나……상피하고 : 1684년(숙종10) 사촌 친척인 충청 수사 한간(韓侃)과 한산 군수(韓山郡守) 정협(鄭悏)에 대하여 상피 관계를 적용하여 정협을 체차할 것인지 논의한 뒤에 수령의 성적을 고과하는 책임은 감사에게 있으므로 수군절도사와 수령은 상피하지 않는 것을 정식으로 삼고 이를 《수교집록》에도 반영하였다. 그러나 한 달 뒤 김수항(金壽恒)이 수군절도사는 주사를 관할하므로 전선이 있는 고을의 수령과 수군절도사에게는 상피 관계를 적용해야 한다고 건의하여 이것이 정식으로 정해지고, 이후 《속대전》에도 반영되었다. 전선이 있는 고을과 전선의 숫자는 《속대전》 〈병전 제도병선(諸道兵船)〉에 있고, 주사가 있는 고을은 《전율통보》 〈병전 외관직〉 5항에 있다. 《承政院日記 肅宗 10年 5月 13日》《肅宗實錄 10年 6月 13日》

718 해당……상피한다 : 진영장은 군무(軍務)를 관장하므로 해당 진영에 소속된 고을 수령과 상피하도록 하였다. 이는 1686년(숙종12) 정식으로 삼은 것으로, 《수교집록》에도 반영되었다. 《受教輯錄 吏典 相避》

719 수군통어사는……따른다 : 1758년(영조34) 신회(申晦)와 유척기(兪拓基)가 수군통어사도 수군통제사와 똑같이 3도를 관할하는데 상피를 적용하지 않는 것은 일관성이 없는 조치라고 이의를 제기함에 따라, 경기·충청·황해의 수군절도사 및 3도의 전선(戰船)이 있는 고을의 수령과 변장(邊將)은

제14항 으레 겸임하는 제조는 도제조나 제조와 상피하지 않는다.[720]

1 선혜청 낭청도 으레 겸임하는 제조와 상피하지 않는다.[721] 〈속〉

통어사와 상피하도록 하였다.《承政院日記 英祖 34年 10月 16日》

720 으레……않는다 : 1732년(영조8) 호조 판서 김동필(金東弼)이 건의하기를 호조 판서가 으레 겸임하는 제조와 의정이 으레 겸임하는 도제조 사이에 상피 관계를 적용할 것인지를 관사별로 정해야 한다고 하니, 영조가 신하들과의 논의를 거쳐 상피하지 않는 것으로 정하였다.《承政院日記 英祖 8年 3月 25日, 閏5月 3日·18日, 12年 2月 30日》

721 선혜청……않는다 : 1737년(영조13) 호조 판서가 겸임하는 선혜청 제조는 의정이 겸임하는 도제조와 상피하지 않는 예를 따라 낭청과도 상피하지 않는 것을 정식으로 삼았다.《承政院日記 英祖 12年 2月 30日, 13年 6月 14日》

제15조 잡령(雜令)[722]

제 1 항 3년마다 서울과 지방의 관원은 출신(出身)과 내력(來歷)을 기록하여 이조에 올리고 이조에서는 정안(政案)에 기록한다.[723]

제 2 항 고신(告身)을 잃어버린 자가 이조에 보고하면 이조에서 사실을 조사한 뒤에 입안(立案)을 발급한다. 1 병조의 경우도 같다.[724] 〈경〉

722 잡령(雜令) : 법전 조목 중의 하나로 육전의 특정 조목에 포함하기 어려운 잡다한 규정을 각 전별로 모아 놓은 것이다. 《경국대전》에는 〈호전〉, 〈예전〉, 〈공전〉에만 〈잡령〉이 있는데 《속대전》부터는 육전 모두에 〈잡령〉이 있다. 이 편에는 정안(政案)과 입안(立案)의 작성, 대간(臺諫)의 피혐(避嫌) 제한, 패초(牌招)를 받은 관원의 패(牌)의 반납, 공명첩의 발급 제한, 개명(改名), 걸군(乞郡), 전패(殿牌), 규정을 어긴 수령의 처벌, 경아전의 정원에 대한 규정 등이 실려 있다.

723 3년마다……기록한다 : 《경국대전》 〈이전 정안(政案)〉에 있다. 1472년(성종3) 이조에서 옛 규례에 따라 3년마다 정안을 작성하여 보관할 것을 청하여 받아들여졌고, 《경국대전》에도 반영되었다. 《대전통편》 〈이전 정안〉에서는 "문관, 무관, 음관으로서 실직을 거친 사람이 지방에서 사망할 경우에 지방관이 관찰사에게 보고하면, 시종(侍從) 이상에 대해서는 상(上)에게 보고하고 나머지는 이조와 병조에 보고한다."라고 하였다. 《成宗實錄 3年 1月 25日》

724 고신(告身)을……같다 : 《경국대전》 〈이전 고신(告身)〉에 있다. 1455년(세조1) 병조에서 《경제속육전(經濟續六典)》 〈병전〉의 "고신을 잃어버린 자들에게는 병비(兵批)와 대간의 문서를 고찰한 뒤에 입안을 발급한다."라고 한 조항을 인용하며 이 조항대로 시행할 것을 청하여 세조의 허락을 받았다. 이런 점으로 볼 때 세조 이전부터 고신을 잃어버린 자에게 입안을 발급해 주는 제도가 있었던 듯하다. 《世祖實錄 4年 2月 15日》

제3항 대간은 한 가지 일로 재차 인피(引避)하는 것을 허용하지 않는다. ❶ 양사(兩司)의 대간(臺諫)은 추고의 죄를 지닌 채 공무를 행하는 동료 대간에 대해 상호 감률(勘律)하고,[725] 이를 이유로 인피하는 것을 허용하지 않는다. 감찰도 같다. ❷ 양사의 관원은 사은(謝恩)을 지체했거나 직임을 맡은 상태에서 강외(江外)로 나갔거나 참알(參謁)에 불참했다는 이유로 인피하지 못한다.[726]

제4항 패초(牌招)하면, 대신(大臣) 이외에는 사정이나 질병이 있더라도 궐문 밖에 와서 패(牌)를 직접 반납한다. ❶ 이를 어기면 2품 이상은 엄하게 추고하고 통정대부 이하는 의금부에 내려 추고한다.[727] 패를 반납하기만 하고 나아오지 않으면 2품 이상은 추고하고 통정대부 이하는 파직한다.

725 양사(兩司)의……감률(勘律)하고 : 1683년(숙종9년) 영의정 김수항(金壽恒)이 대간이 자주 체차되는 폐단을 구제하는 방법의 하나로 제시하면서 마련된 것이다. 즉 추고하라는 명을 받은 대간은 추고의 죄를 지닌 채 공무를 행하고 피혐하지 못하도록 하였으며, 추고하라는 명을 받은 대간에 대한 감률은 양사가 상호 행하도록 한 것이다. 그 이전에는 추고하라는 명을 받은 대간에 대한 감률을 사헌부에서만 행하였는데, 이때부터 사간원도 감률할 수 있게 하였다.《承政院日記 肅宗 9年 3月 2日, 35年 1月 15日》

726 참알(參謁)에……못한다 : 대간이 참알례를 행하지 않았을 경우에는 피혐하는 사유가 되었는데, 이로 인해 대간이 자주 체차되는 폐단이 발생하자 1685년(숙종11)부터는 참알례를 행하지 않은 것을 이유로 피혐하지 못하도록 하였다.《承政院日記 肅宗 11年 12月 18日》

727 패초(牌招)하면……추고한다 : 1741년(영조17) 영조가 왕명을 존중하지 않는 풍조를 개탄하면서 전지를 내려 정식으로 삼은 것이다.《承政院日記 英祖 17年 3月 27日》

제5항 각 관사가 변통에 관계된 사안인데 묘당을 거치지 않고 직접 아뢰면 해당 관원을 파직한다.[728]

제6항 공명첩은 일절 발급을 허용하지 않는다.[729] **1** 비록 큰 흉년을 만나 어쩔 수 없이 허용하더라도 동지중추부사(同知中樞府事)와 첨지중추부사(僉知中樞府事), 찰방 등의 공명첩은 일절 발급을 허용하지 않는다.[730] 〈속〉

728 각 관사가……파직한다 : 1723년(경종3) 황해 감사 송성명(宋成明)이 칙수고(勅需庫)에 보태 쓸 재원을 마련하는 사안을 묘당에 보고하지도 않고 경종에게 직접 요청하자, 당시 우의정 최석항(崔錫恒)이 이후로 변통할 일이 있는 관원은 묘당에 보고하도록 의무화하면서 정해진 것이다. 《承政院日記 景宗 3年 5月 25日》

729 공명첩은……않는다 : 공명첩의 발급은 매관매작(賣官賣爵)과 같은 것으로 인식되었기 때문에 부득이한 경우를 제외하고는 발급하지 못하게 하였는데 《속대전》이 만들어지기 이전 영조 때에는 크게 3차례에 걸쳐 공명첩의 발급을 제한하였다. 1726년(영조2)에는 서울과 지방 백성을 진휼하기 위해 어쩔 수 없는 경우 이외에는 공명첩을 절대로 매매하지 못하도록 하였고, 1731년에는 통정대부와 절충장군의 공명첩 이외에 군직과 찰방 등의 공명첩은 일절 발급하지 못하도록 하였으며, 1745년에는 승려에게 발급하는 것이나 속인(俗人)에게 발급하는 것을 막론하고 큰 흉년이 든 경우를 제외하고는 공명첩 발급을 엄히 금하였다. 이러한 과정을 거쳐 《속대전》 〈이전 잡령〉에 이 조항이 마련된 것이다. 《承政院日記 英祖 2年 3月 10日, 7年 4月 11日, 21年 5月 28日》

730 비록……않는다 : 1661년(현종2) 동지중추부사와 첨지중추부사의 공명첩을 발급하지 못하게 하는 것을 진휼청의 사목에 반영하도록 한 기록이 처음 보이고, 1687년(숙종13) 큰 흉년이 아니면 첨지중추부사의 공명첩을 발급하지 못하도록 승전(承傳)을 받들었다는 기록이 보인다. 찰방의 공명첩을 발급하지 못하도록 제한한 기록은 《승정원일기》 숙종 31년, 36년, 40년 등의 기사에 보이는데, 찰방은 실직이기 때문에 더욱 엄격히 제한한 것이다.

제7항 **개명(改名)한 사람에 대해서는 이조에서 임금에게 아뢴 뒤 예문관에 공문을 보내면 예문관에서 장부를 비치해 두고서 첩문(帖文)을 발급한다.**[731] 〈경〉 1 그의 조상이나 종재(宗宰)나 죄인과 명백하게 이름이 같은 경우 이외에는 개명을 허락하지 않는다.[732] 〈속〉

제8항 **걸군(乞郡)은 양자로 들어간 집이나 본래 태어난 집이나 모두 시행하도록 허락한다.**[733] 〈증〉

제9항 **전패(殿牌)에 변고가 일어난 읍은 읍호(邑號)를 강등하지 않고 수령도 파직하지 않는다.**[734] 1 향교(鄕校)의 위판(位版)이 파손

《承政院日記 顯宗 2年 11月 22日, 肅宗 12年 3月 13日·31年 12月 6日·36年 4月 20日·40年 8月 29日》

731 개명(改名)한……발급한다 : 《경국대전》 〈이전 개명(改名)〉에 있다. 1449년(세종31) 관원이 함부로 개명하는 것을 금하되 어쩔 수 없이 개명해야 하는 관원은 이조에 정장(呈狀)하고, 이조가 의정부에 보고하면 의정부가 임금에게 보고한 뒤 예문관에 공문을 보내 예문관에서 첩문을 발급하게 하였다. 그 뒤 1471년(성종2) 《경국대전》에 추가할 조항을 마련하면서 개명할 사람에 대해서는 임금에게 보고한 뒤 예문관에서 개명 판장(改名版狀)을 작성해 주게 하였다. 《世宗實錄 31年 3月 19日》《成宗實錄 2年 5月 25日》

732 그의……않는다 : 《속대전》 〈이전 개명(改名)〉에 있다.

733 걸군(乞郡)은……허락한다 : 1762년(영조38) 수찬 홍수보(洪秀輔)가 먼 시골에 있는 생가의 부모를 모실 수 있도록 고을 수령으로 내려보내 주기를 청하자, 영조가 양자로 들어간 집이나 본래 태어난 집이나 따지지 않고 양쪽 부모를 위해 모두 걸군할 수 있도록 하였다. 《承政院日記 英祖 38年 1月 26日, 2月 5日·10日》

734 전패(殿牌)에……않는다 : 전패를 부수거나 불태운 경우와 전패를 훔치거나 모욕한 경우에는 당사자를 역적과 동일하게 간주하여 사형에 처하는

된 고을의 수령도 파직하지 않는다.[735]

第10항 수령으로서 집안 식구를 지나치게 많이 데리고 간 자와 읍비(邑婢)와 은밀히 간통한 자는 파출한다.[736] 〈속〉

것은 물론이고, 죄인의 집을 헐어 못으로 만들고 죄인의 처와 자식을 노비로 삼으며, 해당 고을의 수령을 파직하고 해당 고을을 강등하였다. 그러나 백성이 수령을 축출하려는 불순한 의도로 전패에 변고를 일으키는 사례가 자주 발생하자 1660년(현종1)부터는 수령을 파직하지 말도록 하였고, 1663년과 1671년에는 고을을 강등하지 말도록 하였다. 《顯宗實錄 1年 11月 13日, 4年 11月 3日》

735 향교(鄕校)의……않는다 : 각 지방의 향교에는 성균관의 대성전(大成殿)과 마찬가지로 공자를 비롯한 중국과 한국 성현의 위판을 봉안해 두었다. 《속대전》〈형전 추단(推斷)〉에서는 대성전의 위판을 부수거나 훔친 자를 모두 참형에 처하도록 하였으므로, 향교의 위판을 부수거나 훔친 자도 동일한 처벌을 받도록 하였다. 1638년(인조16)과 1645년에 고을의 수령을 축출하기 위해 고의로 향교의 위판을 부수거나 훔치는 일이 발생하였을 때 수령을 파직하지 말도록 처분한 기사가 보이는 것으로 보아 이 조항은 《속대전》〈이전 잡령〉에 반영되기 이전부터 관례적으로 시행되었던 듯하다. 《仁祖實錄 16年 2月 4日, 23年 7月 29日》

736 수령으로서……파출한다 : 수령이 가족을 거느리고서 부임하는 것을 엄격히 제한한 것은 가족을 부양하는 데 들어가는 물자나 인력 등의 부담이 온전히 고을 백성에게 전가되기 때문이었다. 1600년(선조33)에는 감사와 수령으로서 가족을 지나치게 많이 거느리고서 부임하는 자를 법사(法司)에서 적발하도록 하였고, 1697년(숙종23)에는 가족을 지나치게 많이 거느리고서 부임하는 수령을 감사가 적발하여 왕에게 보고하도록 하였다. 읍비와 은밀히 간통한 자를 파출한 사례는 1603년(선조36) 처음 보이고, 이후 실록과 《승정원일기》에 자주 보인다. 특히 《승정원일기》 숙종4년(1678)과 숙종6년 기사에 이에 대한 나라의 금령(禁令)이 있다는 내용이 보이는 것으로 보아 숙종 초년을 전후하여 이러한 규정이 정식화된 듯하다. 《宣祖實錄 33年 2月 20日, 36年 2月 23日》《仁祖實錄 10年 1月 29日, 11年 6月 4日》《承政院日記 肅宗 4年 10月 3日, 6年 9月 2日·10月 3日, 23年 12月 22日, 英祖 38年 9月 14日》

제11항 **수령으로서 공무 때문이 아닌데 경내(境內)를 벗어난 자는 제서유위율(制書有違律)로 논한다.**[737] 〈경〉

제12항 **제멋대로 직무에서 이탈하면 태(笞) 40이다.** ❶ 처리하기 어려운 일을 회피해서 도망하면 장(杖) 100이다.[738] 〈율〉

제13항 **경아전(京衙前)**[739]**은** ❶ 각 아문의 녹사(錄事), 서리, 서사(書寫), 서원(書員)이다.[740] **모두 정해진 인원수가 있다.** ❷ 인원수는 《대전통편》에 실려 있으나, 지금 《전율통보》에서는 녹사의 수만 아문 아래에다 기록하였다.[741] 〈보〉 ❸ 서리에 대해 근무 기간을 계산하여 거관(去官)하도록 한 《경국대전》의 법은 지금은 폐지되었다. 서리는 오부(五部)의 방민(坊民) 가운데서 뽑아 정하되, 정해진 인원수 외에 더 뽑을 경우에는 제서유위율로 논한다.[742] 〈속〉

737 수령으로서……논한다 : 《경국대전》 〈형전 금제(禁制)〉에 있다.

738 제멋대로……100이다 : 《대명률》 〈이율 직제(職制)〉 천리직역(擅離職役) 조에 있다.

739 경아전(京衙前) : 《경국대전》, 《속대전》, 《대전통편》의 〈이전〉에서는 모두 〈경아전(京衙前)〉 항목을 별도로 두어 각 아문별로 경아전의 숫자를 정리해 놓았는데 《전율통보》에서는 〈경아전〉을 없애고 〈이전 잡령〉과 〈병전 잡령〉에 필요한 사항만 간략하게 서술하였다.

740 각 아문의……서원(書員)이다 : 《경국대전》 〈이전 경아전(京衙前)〉에서는 녹사와 서리만 각 아문별로 정리해 놓았는데, 《속대전》 〈이전 경아전〉에서 서원을 추가하였고, 《대전통편》의 〈이전 경아전〉에서 서사를 추가하였다.

741 인원수는……기록하였다 : 경아전의 인원수는 《대전통편》 〈이전 경아전(京衙前)〉에 있다. 녹사에 대해서는 본서 〈이전 경관직〉 3항 의정부(議政府), 《전율통보》 〈병전 경관직(京官職)〉 1항 중추부(中樞府) 참조.

742 서리에……논한다 : 《속대전》 〈이전 경아전(京衙前)〉에 있다.

典律通補

전율통보 호전

제2권

호전 목록(戶典目錄)

호전(戶典)

1 속아문(屬衙門)은 내자시(內資寺), 내섬시(內贍寺), 사도시(司䆃寺), 군자감(軍資監), 제용감(濟用監), 사재감(司宰監), 광흥창(廣興倉), 전설사(典設司), 평시서(平市署), 의영고(義盈庫), 장흥고(長興庫), 사포서(司圃署), 양현고(養賢庫), 오부(五部)이다.〈경〉

2 경상비(經常費)는 〈횡간(橫看)〉[1] 및 〈공안(貢案)〉,[2] 〈대동사목(大同事目)〉,[3] 《탁지정례(度支定例)》[4]를 따라 쓴다.〈경〉〈속〉〈증〉

---

1 횡간(橫看) : 〈경비식례횡간(經費式例橫看)〉의 준말로, 국가 운영에 필요한 경상비를 매년 또는 사안에 따라 고정적으로 지출되는 구체적인 사항과 그에 따른 물목(物目), 수량, 사양 등을 규정해 놓은 식례 표이다. 《經國大典註解 後集 戶典 經費》《成宗實錄 5年 閏6月 18日》《仁祖實錄 8年 7月 3日》

2 공안(貢案) : 공물(貢物)과 진상(進上) 등에 대해 상납하는 곳과 상납받는 곳, 물목(物目), 수량을 규정해 놓은 장부이다. 상납하는 각 읍과 각 도, 상납받는 각 관사 및 통합하는 호조에서 각기 작성하여 보관하였는데, 여기서는 호조의 공안을 가리킨다. 호조의 공안은 국가 경상비의 세입(歲入) 내역으로 세출(歲出)과 관련된 〈횡간〉과 대를 이룬다.

3 대동사목(大同事目) : 대동법의 운영 시행 세칙으로, 이전의 〈공안〉을 기준으로 각 도의 사정에 맞추어 내용이 정해졌다. 1608년(광해군 즉위년) 경기에, 1624년(인조2)부터 강원도에, 1651년(효종2)부터 충청도에, 1658년부터 전라도에, 1677년(숙종3)부터 경상도에 대동법이 시행되고, 1708년부터 황해도에 상정법(詳定法)이 시행되면서 각기 그에 따른 사목이 만들어졌다. 《속대전》 때부터 경상비의 세입(歲入) 내역 잠고 기준으로 자리삽았나. 《承政院日記 肅宗 6年 10月 5日》

4 탁지정례(度支定例) : 1749년(영조25) 박문수(朴文秀) 등이 편찬한 호조의 경상비 지출 정례를 모은 규정집이다. 《만기요람(萬機要覽)》 〈재용편(財用編) 4 호조각장사례(戶曹各掌事例) 별례방(別例房)〉에는 《탁지정례》가 〈각전궁공상정례(各殿宮供上定例)〉 6권, 〈국혼정례(國婚定例)〉 2권, 〈각사정례(各司定例)〉 12권, 〈상방정례(尙方定例)〉 3권으로 이루어졌다고 하였다.

제1조 **호적(戶籍)** 호패(號牌) 항목을 붙임

제1항 **식년(式年)마다** 1 간지(干支)에 자(子), 오(午), 묘(卯), 유(酉)가 들어 있는 해이다.〈속〉 **호적을 새로 작성하여 한성부(漢城府), 해당 도(道), 해당 읍(邑)에 보관한다.**〈경〉 2 식년의 이듬해 봄에는 새 호적을 강화부(江華府)에도 보관하고 이어 예전 호적을 꺼내어 포쇄(曝曬)한다.〈증〉 3 《경국대전》에는 새로 작성한 호적을 호조에도 보관하도록 되어 있다.[5]〈보〉

제2항 **호적을 작성할 때 지방 읍(邑)에서는 각 면(面)의 감관(監官)[6]을 사부(士夫)로 가려 차임한다.**〈속〉

정조 때 규장각(奎章閣), 경모궁(景慕宮), 혜경궁(惠慶宮)에 대한 경상비 지출 관련 정례를 모은 규정집도 아울러 《탁지정례》라 지칭한다. 《탁지정례》는 조선 전기의 〈횡간(橫看)〉과 같이 국가 경상비의 세출(歲出) 명세서로 기능하였다.

5 경국대전에는……있다 : 식년에 호적을 새로 작성할 때 지방은 4건을 작성하여 해당 읍과 감영, 호조, 한성부에 각각 보관하고, 서울은 2건을 작성하여 한성부와 호조에 각각 보관하였다. 그러나 1678년(숙종4) 한성부 판윤 오정위(吳挺緯)가 호적 작성에 드는 비용과 상납할 때의 어려움, 호조에 보관한 호적을 사용하지 않는 점 등을 들어 문제를 제기하자, 이후 호조에 보관하던 1건을 지방에서는 올려보내지 말도록 하고 서울에서는 호조가 아닌 강화부로 보내 보관하도록 하교하였다. 《經國大典 戶典 戶籍》《承政院日記 肅宗 4年 1月 23日》

6 감관(監官) : 지방 각 영(營)·읍(邑)·진(鎭)에서 호적(戶籍), 양전(量田), 군적(軍籍), 조세(租稅), 대동(大同), 조운(漕運), 환곡(還穀), 개시(開市) 등의 정기적인 특정 실무를 감독, 수행하도록 차출된 담당자이다.

제3항 **서울과 지방 모두 5호(戶)를 1통(統)으로 한다.**〈경〉 **1** 사대부와 서민 모두 집이 위치한 차례에 따라서 통을 정한다. **2** 옮겨 가고 옮겨 오는 부류는 원래 거주지 관아와 새로운 거주지 관아의 공문을 대조한 후 거주를 허락한다.〈속〉 **3** 통마다 통주(統主)[7]를 둔다. 서울은 방(坊)마다 관령(管領)[8]을 두고, 지방은 5개 통마다 이정(里正)[9]을, 면(面)마다 권농관(勸農官)[10]을 두

7 통주(統主) : 서울과 지방에서 일정한 민호로 편성되는 한 통(統)의 제반 사안을 관장하는 자리로, '통수(統首)'라고도 하였다. 이들에게는 통상 관장하는 통 내의 인적 변동, 도망, 퇴폐한 풍속, 수재나 화재, 도적의 변고 등을 관령 또는 이정에게 보고하여 해당 부(部)나 읍 수령에게 전달되도록 하는 책임이 있었다.《世宗實錄 19年 12月 22日》《成宗實錄 16年 6月 21日》《耳溪外集 牧民大方 什伍相聯之制》

8 관령(管領) : 조선 초기 오가작통법의 시행으로 서울 오부(五部)의 하부 단위인 각 방(坊)에 두었던 직역이다. 관할 구역 안에서 군역을 회피하는 일, 은닉한 아동을 키워 사노비로 삼는 일, 도성 내 도로를 불법 점거하는 일 등이 있을 때 책임을 지고 처벌받았다.《世宗實錄 10年 閏4月 8日》《經國大典 兵典 番次都目》《續大典 兵典 軍士還屬, 刑典 私賤》《承政院日記 正祖 14年 8月 13日》《正祖實錄 16年 9月 8日》

9 이정(里正) : 오가작통법의 시행으로 지방 각 이(里)의 5개 통(統)을 관장하던 향임(鄕任)이다. 이사와 출생, 사망 현황 등을 조사하고, 강상(綱常)에 관련된 범죄, 도망친 사민(徙民), 피역자(避役者) 등을 찾아내 권농관에게 보고하여 읍 수령에게 전달되도록 하는 책임이 있었다.《經國大典 刑典 逃亡》《成宗實錄 21年 閏9月 5日》《肅宗實錄 1年 9月 26日》《承政院日記 正祖 8年 閏3月 25日, 高宗 3年 9月 16日》

10 권농관(勸農官) : 오가작통법의 시행으로 지방 각 면(面)에 두었던 직역이다. 1395년(태조4) 주(州), 부(府), 군(郡), 현(縣)에 거주하는 청렴하고 능력 있는 한량(閑良)이나 품관(品官)을 권농관으로 임명하여 제방 수축과 물 관리를 맡도록 하였으며, 《경제육전(經濟六典)》에서부터 면 단위로 1명씩 두고 농무(農務)를 독려하는 일을 하게 하였다. 《경국대전》 이후로는 통주, 이정을 총괄하고 보고 내용을 읍 수령에게 전달하는 일을 담당하였다.《太祖

되, 지역이 넓고 가호(家戶)가 많으면 참작하여 더 둔다.〈경〉 **호적에 오른 자에게는 호구(戶口)[11]를 작성하여 발급한다.** 4 호적에 올랐는데도 호구가 없는 자는 제서유위율(制書有違律)[12]로 논한다.[13] 5 호구의 글자를 칼로 긁어 고치거나 인문(印文)을 고친 자는 육부의 인신을 훔쳐 찍은 데 대한 율[14]로 논한다. 6 서울과 지방의 송사를 심리하는 관원이 호적을 조사해야 할 일이 있을 경우에는 서울에서는 한성부에, 지방에서는 해당 읍에 공문을 보내면, 원고와 피고가 함께 보는 자리에서 호적

實錄 4年 7月 30日》《世宗實錄 22年 5月 17日》《孝宗實錄 卽位年 11月 11日》

11 호구(戶口) : 여기서는 준호구(準戶口)의 준말로, 서울은 한성부에서, 지방은 소속 각 읍에서 호적의 내용을 베껴 적어 지급하는 문서이다. 작성한 연월일과 지급해 주는 관부, 의거한 장적, 주소, 호주(戶主)의 직역(職役)·성명·나이·본관, 호주의 사조(四祖)인 부(父)·조(祖)·증조·외조, 호주 처의 성씨·나이·본관·사조, 데리고 사는 자녀의 나이, 노비의 나이 등이 적혀 있으며, 발급자의 수결(手決), 정정(訂正)의 유무 표시와 답인(踏印) 등이 있었다. 연도는 중국 연호로 적고, 기재 사항은 행을 구분하지 않고 연결하여 적었다.《經國大典 禮典 戶口式, 準戶口式》《典律通補 別編 戶口單子式, 準戶口式》

12 제서유위율(制書有違律) : 《대명률》〈이율 공식(公式)〉 제서유위(制書有違) 조의 율이다. "제서를 받들어 시행할 때에 어기면 장 100이다." 제서는 황제의 명을 적은 조서(詔書)와 칙서(勅書) 등이다.

13 호적에……논한다 : 1675년(숙종1) 시행한 〈오가통사목(五家統事目)〉에 있다. 호적에 등재된 16세 이상의 남정에게 신상 호구(身上戶口)를 발급하였는데 거주지와 직역(職役), 성명, 나이를 두꺼운 종이에 써서 이정(里正)과 이유사(里有司)가 착함(着銜)하고 관사의 인장을 찍어 주었으며, 주머니에 넣어 차고 다니도록 하였다. 관문(官門)에 들어가거나 송사를 행할 때 등에 신분을 확인하는 근거가 되었다. 호구를 지니지 않은 자는 제서유위율로 논하였다.《肅宗實錄 1年 9月 26日》 제서유위율에 대해서는 위의 주12 참조.

14 육부의……율 : 《대명률》〈형률 사위(詐僞)〉 사위제서(詐僞制書) 조의 율이다. 처벌은 장 100 유 3000리이다.

을 베껴서 보여 주고 회답해야 하며 장적(帳籍) 원본을 보내서는 안 된다.〈속〉

제4항 **매년 연말에 서울과 지방의 호(戶)와 구(口)의 실제 수효를 한성부가 입계하고, 계하되면 사관(史官)에게 넘긴다.**[15]〈속〉〈증〉

제5항 **새로 작성한 호적을 기한 내에 한성부로 올려보내지 않으면 관찰사는 추고하고 수령은 파출한다.** ❶ 한성부에서 각 도(道)의 거리를 살펴보고 기한을 정하여 통지한다.

제6항 **호(戶)를 누락시키거나,** ❶ 주호(主戶)[16]가 사족(士族)이면 무기한으로 정배(定配)하고, 평민이면 충군(充軍)하고, 공천(公賤)이나 사천(私賤)이면 도배(島配)한다. 통수(統首)[17]나 임장(任

15 매년……넘긴다 : 《속대전》에는 "식년마다 서울과 지방의 인호 별단(人戶別單)은 계하받은 후에 사관에 넘긴다."라고 하였고, 《대전통편》의 주에는 "《주례(周禮)》의 헌민수(獻民數) 제도에 따라 매년 연말에 서울과 지방의 호구의 실제 수효를 한성부에서 입계하면 사관에 넘긴다."라고 하였다. 《정조실록》 등의 기사에 따르면 전국의 호수와 구수, 한성부와 팔도로 구분한 호수와 구수, 이전 식년과의 증감 등을 기록하였다. 《續大典 戶典 戶籍》《正祖實錄 1年 12月 29日》《大典通編 戶典 戶籍》

16 주호(主戶) : 호적에 호주(戶主)로 올라 있는 사람을 말한다. 사족이나 평민, 공사천이 모두 주호가 될 수 있었다.

17 통수(統首) : 통주(統主)와 같은 의미이다. 273쪽 주7 참조.

掌)[18] –❶ 서울의 별문서(別文書)[19]·별유사(別有司),[20] 지방의 면임(面任)[21]·이임(里任)[22]·감고(監考)[23]이다. –은 누락한 호가 1호이면 장(杖) 80 도(徒) 2년, 3호이면 장 100 도 3년이고, 5호 이상이

18 임장(任掌) : 서울의 각 방(坊), 계(契), 동(洞), 이(里)나 지방의 읍(邑), 면(面), 이, 동 등에서 호적, 양전(量田), 경비(警備), 진휼 등의 특정 실무를 맡아서 관장하던 직역(職役)을 총칭한다. 호적을 개정할 때의 임장은 서울의 별문서와 별유사, 지방의 면임, 이임, 감고를 지칭하였다.《新補受教輯錄 戶典 戶籍》《承政院日記 英祖 6年 8月 5日·8年 9月 24日, 正祖 10年 2月 14日》

19 별문서(別文書) : 식년에 호적을 개정할 때 서울 각 방(坊) 이하의 행정 단위에서 문서 관련 실무를 관장하던 직역의 하나로, 별유사와 함께 1684년(숙종10) 한성부 〈호적사목(戶籍事目)〉에서부터 확인할 수 있다.

20 별유사(別有司) : 식년에 호적을 개정할 때 서울 각 방(坊) 이하의 행정 단위에서 실무를 관장하던 직역의 하나이다. 별문서와 함께 1684년(숙종10) 한성부 〈호적사목(戶籍事目)〉에서부터 확인할 수 있다.

21 면임(面任) : 지방 각 읍의 면(面) 단위에서 행정 실무를 관장하던 향임(鄕任)의 총칭이다. 1675년(숙종1) 〈오가통사목(五家統事目)〉 이후로는 조선 초기 권농관(勸農官)의 행정적 역할을 면윤(面尹)이 맡도록 하였는데, 이 면윤이 면임을 뜻하게 되었다. 면임은 조선 후기 향소(鄕所)의 임원 가운데 좌수(座首)나 별감(別監) 아래의 풍헌(風憲), 약정(約正), 향갑(鄕甲) 등을 가리켰고, 면 단위의 실질적인 행정 실무를 담당하였다.《肅宗實錄 1年 9月 26日》《牧民心書 吏典 御衆, 兵典 簽丁》

22 이임(里任) : 지방 각 이(里)의 호적, 연분(年分), 수세(收稅) 등 각종 행정 실무를 관장하던 향임으로, 이정(里正)이 대표적인 예이다. 서울 각 이의 이임으로는 관령(管領)이 대표적이다. 이정은 273쪽 주9 참조.《續大典 戶典 收稅, 刑典 濫刑》

23 감고(監考) : 각 읍에서 호적 개정, 양전(量田), 수세(收稅) 등의 보조, 제언(堤堰), 천택(川澤), 봉수(烽燧), 마장(馬場), 어물을 진상하는 어장(漁場), 진상하는 죽전(竹田) 등의 관리를 수행하던 하급 직역을 말한다.《承政院日記 仁祖 13年 1月 27日》《續大典 兵典 烽燧》《牧民心書 戶典 戶籍》《靜觀齋集 復命後陳沿路聞見啓》

면 주호에 대한 율[24]에 따라 논한다. 수령이나 오부의 관원은 누락한 호가 5호 이상이면 파출하고, 10호부터 50호까지이면 장 60 도 1년이고, 50호 이상이면 의금부로 잡아다 추문(推問)하고 정배한다. 감관과 색리(色吏)[25]는 30호 이하이면 장 100 도 3년, 30호 이상이면 장 100 유(流) 3000리이다. **장정(壯丁)을 누락시키거나,** ❷ 가장(家長)은 누락한 장정이 1구(口)이면 장 100 도 3년이며, 3구 이상이면 사족은 무기한으로 정배하고, 평민은 충군하고, 공천과 사천은 도배한다. 통수와 임장은 1구이면 장 80, 3구 이상이면 장 100, 5구 이상이면 장 100 도 3년이다. 감관과 색리는 5구 이상이면 장 80, 10구 이상이면 장 80 도 2년이다. 수령은 10구 이상이면 파직한다.〈속〉 ❸ 은폐하여 누락한 대상이 아직 장정이 되지 않은 나이이면 3구에서 5구까지는 태(笞) 40이고, 5구마다 1등급을 더하되 장 70에 그친다. 타인의 정구(丁口)를 은폐한 자도 죄가 같다. 은폐된 자도 죄가 같고 본호(本戶)에 도로 편입시킨다.[26]〈율〉 **호적에서 누락시키거나,** ❹ 호적에서 누락된 당사자는 호를 누락시킨 주호

24 주호에 대한 율 : 호적을 작성할 때 호를 누락한 주호를 처벌하는 율이다. 주호가 사족이면 무기한으로 정배하고 평민이면 충군하고 공천이나 사천이면 도배한다. 본항 소주 ❶ 참조.

25 색리(色吏) : 서울 각 관사의 서리나 각 도(道)·읍(邑)·진(鎭)·영(營) 등의 이속(吏屬) 가운데 특정 실무를 담당하는 인원을 지칭한다. 여기서는 각 읍의 호적 실무를 담당한 이속을 가리킨다. 《溫陽郡邑誌》《順天府邑誌》

26 은폐하여……편입시킨다 : 《대명률》 〈호율 호역(戶役)〉 탈루호구(脫漏戶口) 조에 있다. 호적에서 누락된 사람이 장정이 아닌 경우에 대한 율이다.

에 대한 율[27]에 따라 논하되, 60세가 넘었으면 속전(贖錢)을 거두고, 충의(忠義)[28]는 군역에 충정(充定)한다. 70세 이상이거나 결혼한 여자는 아들이 호적에 올랐으면 속전을 거두고 아들은 죄주지 않는다. 사부(士夫)의 미혼인 딸은 가장을 도배(徒配)한다. **나이를 늘리거나 줄이거나,** [5] 당사자와 가장은 늘리거나 줄인 나이가 1세이면 장 80, 3세 이상이면 장 100, 5세 이상이면 장 80 도 2년, 10세 이상이면 장 100 도 3년이다. 통수와 임장은 나이를 늘리거나 줄인 사람이 6명이면 장 60 도 1년이고, 차례로 등급을 더하여 10명 이상이면 장 100 도 3년이다. **호를 허위로 부풀리거나,** [6] 호를 누락시킨 데 대한 율[29]과 같다. 호적의 총계를 허위로 늘린 것이 5명 이상이면 해당 수령이나 오부의 관원은 파출하고 감관과 색리는 장 80 도 2년이며, 10명 이상이면 해당 수령이나 오부의 관원은 고신(告身)을 빼앗고 감관과 색리는 장 100 도 3년이다. **거짓으로 등록하거나 기록한 경우는** [7] 다른 사람의 노비를 자기의 노비로 몰래 등록하면 장 100 유 3000리이다. 각기 다른 호인데도 자기의 솔정(率

27 호를……율 : 주호가 사족이면 무기한으로 정배하고 평민이면 충군하고 공천이나 사천이면 도배하는 율이다. 본항 소주 [1] 참조.

28 충의(忠義) : 충의위(忠義衛)에 입속(入屬)된 공신의 자손이다. 적장(嫡長)이나 승중한 첩자손(妾子孫)은 대수(代數)의 구애 없이 입속될 수 있고, 중자손(衆子孫)은 9대까지 입속될 수 있었다. 이들은 충의청(忠義廳)에 장번(長番)으로 입직하고, 체아직을 받을 수 있었다. 군역 등을 면제받고, 보인(保人)을 지급해 주는 대신에 동거하는 족친(族親) 중 2인에게 다른 역을 부과하지 않도록 해 주었다. 《經國大典 兵典 番次都目 忠義衛》《續大典 兵典 給保》《典律通補 兵典 屬衛, 名簿》

29 호를……율 : 호를 누락한 주호에 대한 율이다. 본항 소주 [1] 참조.

丁)[30]으로 합쳐 등록하여 방역(坊役)을 지우고 자신은 피한 주호, 권세 있는 지방의 품관(品官)[31]으로서 타인의 호구나 양인(良人)인 장정을 자신의 고공(雇工) 또는 비부(婢夫)라며 솔정으로 합쳐 등록한 자는 장 100을 치고 정배하며, 해당 통수와 임장은 장 100이다. 간사한 백성이 각종 역(役)을 피하기 위해 유향 품관(留鄕品官)의 가솔로 들어가면 장 100이다. **8** 직역(職役)과 성명(姓名)을 사실대로 기록하지 않은 자는 장 100 도 3년이다. 호구(戶口)와 호패도 같다. **9** 공천이나 사천이 그 어머니의 주인 이름을 모호하게 적었거나, 모른다고 적었거나, 적지 않았는데, 속임수라는 단서가 분명하면 장 100을 치고 정배한다. 〈속〉 **10** 거짓으로 속여 본래의 역에서 벗어나 무거운 역을 피하고 가벼운 역을 지려 하면 장 80이다. 해당 관사가 원하는 대로 벗어나게 해 주면 죄가 같다. 군인이라 사칭하여 본래의 군

30 솔정(率丁) : 호주(戶主)의 자손이 아닌 노(奴), 고공, 비부 등으로서 한 집에 동거하는 것으로 호적에 오른 남자 장정을 말한다. 솔정의 수는 소유한 전결의 면적과 함께 요역 부과의 면제 대상이 되는 기준으로, 호주의 신분이나 직역에 따라 일정 기준 이하이면 요역을 면제해 주었다. 《經國大典 兵典 復戶》《續大典 兵典 給保》《迂書 卷6 論戶口格式》

31 품관(品官) : 중앙의 문무 9품계 체계에 들어 있는 관인의 총칭이나 통상은 유향 품관(留鄕品官) 즉 향품관(鄕品官)을 지칭하였다. 유향 품관은 향족(鄕族)으로도 불렸으며, 향안(鄕案)에 이름이 오른 뒤에는 향회(鄕會)의 결정에 따라 좌수(座首) 이하의 향임(鄕任)을 맡을 수 있었다. 선조 이후 유향소의 명칭 자체가 향사당(鄕射堂), 향청(鄕廳) 등으로 바뀌고 향임의 역할이 수령의 행정을 보좌하는 것으로 굳어져 가자 이들이 향임을 기피하는 경향이 강해졌다. 《承政院日記 肅宗 12年 1月 4日, 英祖 5年 11月 28日》《續大典 兵典 烽燧, 刑典 禁制》《牧民心書 戶典 戶籍》

역이나 민역(民役)을 지지 않으면 장 100을 치고 변원(邊遠)[32]에 충군한다.[33] 〈율〉 **호적을 작성한 후 1개월 내에 자수하면 그 죄를 면제해 준다.**

제 7 항 **16세 이상의 남정(男丁)은 호패(號牌)를 찬다.** **1** 2품 이상의 동반과 서반 및 내관(內官)은 아패(牙牌)[34]를 차고, 3품 이하 및 삼의사(三醫司)와 잡과 출신 인원은 각패(角牌)[35]를 차며, 생원과 진사는 황양목패(黃楊木牌)[36]를 차고, 유품(流品)인 잡직, 사인(士人), 서인(庶人), 서리, 향리는 소목방패(小木方牌)[37]를 차

32 변원(邊遠) : 원도(遠道)인 전라도, 경상도, 평안도, 함경도의 바닷가 지역이나 변경 지역을 가리킨다.

33 거짓으로 속여……충군한다 : 《대명률》 〈호율 호역(戶役)〉 인호이적위정(人戶以籍爲定) 조에 있다.

34 아패(牙牌) : 상아로 만든 호패로, 길이 2치, 너비 7푼이다. 문관은 홍색, 무관은 청색으로 글자의 음각 부분을 메웠다. 앞면에는 성명(姓名), 생년(生年), 등과명(登科名)을 적고, 뒷면에는 만든 연도를 기록하고 낙인하였다. 《號牌事目》《備邊司謄錄 肅宗 3年 1月 8日》《增補文獻備考 卷162 戶口考2 附錄 號牌》

35 각패(角牌) : 뿔로 만든 호패로, 길이 2치, 너비 7푼이다. 종실과 문관은 홍색, 무관은 청색, 음관은 황색, 잡류(雜流)는 백색으로 글자의 음각 부분을 메웠다. 앞면에는 성명, 생년과 함께 급제자는 등과명(登科名)을, 기타는 입사한 연조를 쓰고, 뒷면에는 만든 연도를 기록하고 낙인하였다. 《太宗實錄 13年 9月 1日》《承政院日記 仁祖 3年 8月 5日, 11月 17日》《號牌事目》《備邊司謄錄 肅宗 3年 1月 8日》

36 황양목패(黃楊木牌) : 황양목 즉 회양목으로 만든 호패로, 길이 2치, 너비 7푼이다. 앞면에는 성명, 생년, 진사 또는 생원에 입격한 연도를 새겨 넣고, 뒷면에는 만든 연도를 기록하고 낙인하였다. 《號牌事目》《備邊司謄錄 肅宗 3年 1月 8日》《秋官志 考律部 定制 號牌事目》

37 소목방패(小木方牌) : 잡목으로 만든 호패 가운데 크기가 작은 것이다.

며, 공천(公賤)과 사천(私賤), 가리(假吏)[38]는 대목방패(大木方牌)[39]를 찬다. 서울은 한성부에서, 지방은 각기 해당 고을에서 낙인을 찍어 준다. 호패를 차지 않은 자는 제서유위율(制書有違律)로 논하며, 남의 것을 빌려서 찬 자는 호적에서 누락된 데 대한 율[40]로 논하고, 빌려준 자는 장(杖) 100 도(徒) 3년이다. 〈속〉

2 군병은 요패(腰牌)를 차는데, 수군(水軍)과 조졸(漕卒)은 원패(圓牌)를 찬다.[41] 〈경〉〈속〉

앞면에는 성명, 역명(役名), 생년을 적고, 뒷면에는 낙인 밑에 읍의 이름과 패를 만든 연도를 기록하였다. 《號牌事目》《備邊司謄錄 肅宗 3年 1月 8日》《秋官志 考律部 定制 號牌事目》

38 가리(假吏) : 각 읍 관아의 이속(吏屬) 가운데 향리(鄕吏)와 달리 공사천으로서 이역(吏役)을 수행하던 사람들의 명칭이다. 양리(良吏)와 대가 되는 말이기도 하다. 《弼雲稿 弼雲詩稿 冊2》《承政院日記 仁祖 12年 6月 29日, 13年 6月 21日》《備邊司謄錄 肅宗 3年 1月 8日》

39 대목방패(大木方牌) : 잡목으로 만든 호패 가운데 크기가 큰 것이다. 성명, 역명(役名), 생년, 신장(身長)과 파기(疤記), 주인의 이름을 반드시 기재하도록 하였다. 《號牌事目》《備邊司謄錄 肅宗 3年 1月 8日》《秋官志 考律部 定制 號牌事目》

40 호적에서……율 : 호적에서 누락된 당사자는 호적을 작성할 때 호를 누락시킨 주호(主戶)에 대한 율을 적용하는데, 주호가 사족이면 무기한으로 정배하고 평민이면 충군하고 공천이나 사천이면 도배한다. 본조 6항 소주 **1**, **4** 참조.

41 수군(水軍)과……찬다 : 《경국대전》〈병전 번차도목(番次都目)〉 수군(水軍) 조, 조졸(漕卒) 조에 있다. 1447년(세종29) 선군(船軍)이 다른 사람으로 자신을 대신하게 하는 폐단을 막기 위하여 이들에게 신원을 밝힌 패를 차도록 한 데서 시작되었다. 이후 수군에게 주척(周尺)으로 지름 3치의 원형 목패를 차도록 하고, 이 패의 한 면에는 '모포수군(某浦水軍)', 이름, 나이, 용모, 거처를 적고 다른 면에는 연월일을 적으며 두 면에 모두 '수군(水軍)'이라 낙인을 찍게 하였다. 1474년(성종5)에는 조창(漕倉)의 조졸들도 수군과

제2조 양전(量田) 제언(堤堰) 항목을 붙임

제1항 **모든 전지(田地)는 6등급으로 나누어**[42] 〈경〉 ❶ 경기는 수전(水田) – ❶ 속칭은 논이다. – 은 4등급을 제일 높은 등급으로 하고, 한전(旱田)은 6등급에 둔다. 〈속〉 **20년마다 다시 측량하고 양안(量案)을 작성하여 호조와 해당 도(道), 해당 읍(邑)에 보관한다.** ❷ 정전(正田) – ❷ 매년 경작하는 전지이다. – 인데도 토질이 척박하여 곡식이 잘 여물지 않는 곳과 속전(續田) – ❸ 경작하기도 하고 묵히기도 하는 전지이다. – 인데도 토질이 비옥하여 소출이 다른 속전에 비해 배가 넘는 곳은 수령이 장부에 기록해서 관찰사에게 보고하여 식년에 바로잡는다.[43] 〈경〉 ❸ 각 위전(位

같은 원형의 목패를 차도록 하였는데, '모창조졸(某倉漕卒)'이라 적고 두 면에 모두 '조졸(漕卒)'이라 낙인하는 것만 달랐다. 《端宗實錄 2年 9月 12日》《成宗實錄 5年 9月 11日》

42 전지(田地)는 6등급으로 나누어 : 전지를 비옥한 정도에 따라 1등급부터 6등급까지 나누는 전분육등법(田分六等法)으로, 1444년(세종26) 전제상정소(田制詳定所)의 의견을 받아들여 시행된 제도이다. 동일한 면적을 가정하였을 때 1등급은 산출량이 가장 많고 6등급은 가장 적기 때문에 동일한 산출량을 내려면 실제 면적은 6등급이 가장 크고 1등급이 가장 작게 된다.

43 정전(正田)인데도……바로잡는다 : 실제 경작 여부와 소출량을 고려하여 정전과 속전의 분류를 다음 식년 때 재조정할 수 있도록 한 《경국대전》의 규정이다. 그런데 식년은 양전하는 주기인 20년마다로 볼 수도 있고, 일반적인 식년의 의미인 4년마다로 볼 수도 있는데, 이는 식년이 조선 초기에는 '일정한 주기'의 개념으로 쓰이다가 후기에는 과거나 호적을 개정하는 4년마다의 의미로 굳어졌기 때문이다. 《世宗實錄 26年 11月 13日》《成宗實錄 5年 1月 25日》《承政院日記 英祖 11年 5月 14日》《經世遺表 地官修制 田制考6》

田)[44]과 관둔전(官屯田)은 예전에 정한 등급이 있으므로 모두 등급을 올리거나 내리지 못한다.

제2항 **전지를 측량할 때는 모두 1등척(等尺)[45]을 기준으로 써서** 〈속〉 ■1 주척(周尺)으로 4자 7치 7푼 5리에 준한다. 〈경〉 **차례로 등급에 따라 낮추어 결부(結負)를 산정한다.** ■2 2등척 이하의 치수도 《경국대전》에 실려 있으나, 지금은 사용하지 않는다. 등급에 따라 차례로 낮추어 결부를 산정하는 방법은 《경국대전》에 실린 각 등급의 치수와 딱 들어맞는다. 1등급의 전지 1부(負)는 2등급이면 8속(束) 5파(把), 3등급이면 7속, 4등급이면 5속 5파, 5등급이면 4속, 6등급이면 2속 5파로 산정하니, 등급마다 1부에서 1속 5파씩 줄이는 것이다. 1등급 전지 10부는 2등급이면 8부 5속이 되고, 나머지 등급도 이와 같은 방법으로 산정한다. 〈속〉 ■3 실제 면적 1자 평방(平方)이 1파(把)이니 10파가 1속이 되고, 10속이 1부가 되고, 100부가 1결이 된다. 6파 미만은 버린다.[46] 〈경〉 〈속〉 **진전(陳田)인지 기경전(起耕田)인지 막론하고**

44 위전(位田) : 세(稅)로 거두거나 자체 경작한 소출을 봉록이나 운영비 등의 공적인 용도에 쓰도록 설정하여 각 읍, 역(驛), 능(陵), 원(園), 묘(墓), 묘(廟), 아문(衙門), 사찰, 관학(館學), 향교, 사액 서원 등에 떼어 준 전답이다.

45 1등척(等尺) : 양전할 때 1등전을 측량하는 기준이 되는 자이다. 1등척 1자의 길이는 주척으로 4자 7치 7푼 5리이다. 주척 1자는 《경국대전》을 기준으로 현재 단위로 환산하면 21.028cm이므로, 1등척 1자의 길이는 100.4087cm이다. 1등척으로 사방 1자의 면적이 1등전 1파(把)인데, 현재 단위로 환산하면 약 100.819cm^2이다.

46 6파 미만은 버린다 : 전지의 면적 단위로는 파(把), 속(束), 부(負), 결(結)이 있지만 실제 전지의 면적은 결(結), 부(負), 속(束)으로 표기하므로, 6파

5결(結)을 채우면 하나의 자호(字號)를 써서 표시한다. ❹ 천자문(千字文)의 차례대로 쓰고, 하나의 자호 안에서는 다시 1, 2, 3 따위의 숫자로 차례를 매긴다. ❺ 전지의 형태가 분명하지 않은 곳은 방전(方田)이나 직전(直田)으로 재단하고, 경계선이 비스듬하거나 한쪽이 떨어져 나간 곳은 별도로 전지 형태를 만들어 측량한다.[47] **전지의 동서남북 사방 경계의 표지와 주인 이름을 양안(量案)에 기록한다.** ❻ 소송 중이어서 아직 판결이 나지 않은 전지에는 우선 시집(時執)을 주인 이름으로 기록하며, 추후에 조사하여 판별할 때에는 양안에 기록한 이름에 구애되지 않는다. ❼ 진전에 대해서도 주인 이름을 기록하는데, 주인이 없는 곳은 '주인 없음'이라고 기록한다. ❽ 놀고 있는 땅을 개간하여 경작한 경우에는 개간하여 경작하고 있는 자를 주인으로 한다. 혹 미리 입안(立案)만 받아 두고는 자신이 개간하여 경작하지 않고 입안을 빙자해서 실제 개간하여 경작하는 자에게서 빼앗거나, 입안을 사사로이 매매한 자는 타인의 전지나 가옥을 침범하여 차지한 데 대한 율[48]로 논한다. ❾ 문적

이상은 올림하여 1속으로 계산하고 6파 미만은 버린다는 것이다.

47 전지의 형태가……측량한다 : 다양한 형태의 전지 면적은 대표적인 전지 형태인 정사각형의 방전(方田), 직사각형의 직전(直田), 직각삼각형의 구고전(句股田), 사다리꼴의 제전(梯田), 이등변삼각형의 규전(圭田), 마름모꼴의 사전(梭田) 등으로 재단하여 측량한다. 전지 면적을 측량하는 법은《전율통보》〈별편 양전법(量田法)〉과《목민심서》〈호전육조(戶典六條) 전정(田政)〉에 자세하다.

48 타인의……율 :《대명률》〈호율 전택(田宅)〉 도매전택(盜賣田宅) 조에 있다. "타인의 전지(田地)나 가옥을 몰래 팔거나, 몰래 바꾸거나, 자신의 것이라고 사칭하거나, 돈은 지불하지 않고 서류만 작성하여 전매(典買)하거나,

(文籍)도 없이 허위로 자신의 전지라며 주인으로 이름을 기록하면 장(杖) 100을 치고 원지(遠地)에 정배(定配)한다. ⑩ 본래의 주인이 멀리 있는 틈을 타서 몰래 자기 이름을 주인으로 기록한 경우에는 장 100 유(流) 3000리이다.

제3항 **속전(續田)이나 가경전(加耕田) 중 매년 경작하는 전지가 된 것은 정전(正田)에 의거하여 등급을 나눈다. 화전(火田)은 모두 6등급에 둔다.** 〈속〉 ❶ 가경전은 이웃한 전지의 등급에 준하여 측량한다. 〈경〉 ❷ 이미 양안에 등재된 진전(陳田)이나 조사 결과 판정된 진전이나 천번(川反), 포락(浦落)이 된 전지 가운데 새로 개간한 전지는 환기전(還起田)이라 하며, 양안에 아직 등재되지 않은 개간한 전지는 양외가경전(量外加耕田)이라 한다. 양안에 등재된 진전 가운데 등급이 높은 것을 차례로 1등급씩 감한 전지는 사진강등전(査陳降等田)[49]이라 하고, 6등급에 이르러 더 이상 등급을 낮출 수 없는 전지는 강속전(降續田)이라 한다. 〈보〉 ❸ 전지의 등급을 올리거나 내릴 때 수령이 사실대로 하

침범하여 차지하면 전지 1무나 가옥 1칸 이하는 태 50이다. 전지 5무나 가옥 3칸마나 1등급을 더하되, 죄는 장 80 도 2년에 그친다. 관의 것이면 각각 2등급을 더한다."

49 사진강등전(査陳降等田) : 양안에 등재된 전지가 묵어 진전이 되었다가 다시 경작하게 되면 양안의 기준대로 전세를 내야 하기 때문에 아예 경작하지 않으려는 경향이 있었다. 그래서 등급을 낮추어 전세 부담을 줄여 다시 경작하도록 권장하였는데, 이렇게 등급을 낮춘 전지를 말한다. 《萬機要覽 財用編2 田結 量田法》

지 않았으면 의금부로 잡아다 신문하여 죄목을 정한다.[50] **4** 화전(火田)은 25일 갈이를 1결(結)로 하며, 양안과는 별도로 성책(成冊)하고 자호(字號)를 배정하지 않아 양안에 등재된 전지와 뒤섞이지 않게 한다.

제 4 항 균전사(均田使)가 수령을 논죄하여 감처(勘處)하는 경우 해당 수령이 통훈대부 이하이면 스스로 판단하여 처리하고, 통정대부 이상이면 장계로 임금에게 보고한다. **1** 도감관(都監官)[51] 이하를 형추(刑推)해야 할 경우 조관(朝官)이면 신본(申本)[52]으로 보고하고, 조율(照律)해야 하는 자이면 배소(配所)로 보낸 뒤에 신본으로 보고한다.[53] **2** 다시 측량하여 양안을 작성할 때

50 전지의……정한다 : 1717년(숙종43)에 마련한 〈강희정유양전사목(康熙丁酉量田事目)〉의 조항으로, 양전 과정에서 각 읍의 수령이 전지의 등급을 실제보다 낮게 정하여 백성에게 유리하도록 한 것이 적간(摘奸)하는 과정에서 적발되면 처벌하도록 하였다.《新補受敎輯錄 戶典 量田》

51 도감관(都監官) : 각 읍의 양전, 연분(年分) 등의 정기적인 각종 공무와 송전(松田)의 관리 등을 총괄적으로 맡아 감독, 수행하도록 차출되는 실무 담당자이다. 양전의 경우 사목에서는 도감관을 해당 읍의 수품관(首品官)으로 차출하도록 규정하였는데, 통상 그 읍의 품관으로서 향임(鄕任) 가운데 우두머리인 좌수(座首)로 차출하였다.《承政院日記 顯宗 11年 9月 18日, 英祖 6年 11月 12日》《度支志 版籍司 田制部2 節目》

52 신본(申本) : 왕세자가 대리청정할 때 각 관사가 올리는 계본(啓本)을 신본이라 칭한다. 이 내용은 〈강희정유양전사목(康熙丁酉量田事目)〉에 들어 있는데 사목을 만든 1717년(숙종43)이 왕세자가 대리청정하고 있던 시기였기 때문에 신본이라 하였고, 이 내용이 그대로 《속대전》에 수록되었다.《銀臺便攷 吏房攷 代聽》

53 조율(照律)해야……보고한다 : 도감관은 한 읍의 수품관(首品官)으로, 감관은 생원, 진사나 좌수(座首)를 역임한 사람으로 차출하도록 하였는데,

감관 등이 기경전(起耕田)을 진전(陳田)으로 기록하거나, 진전을 기경전으로 기록하거나, 전지의 모양을 사실과 다르게 기록하거나, 사적인 이익을 위해 전지를 누락시키거나, 고의로 허위 기재하면 1부(負)당 태(笞) 10이고 장(杖) 100에 그친다. 이렇게 처리한 전결이 1결(結)이 되면 장 100 유(流) 3000리이다. 토호(土豪)가 전부(佃夫)[54]와 한통속이 되어 농간을 부리면 조관인지를 막론하고 똑같이 죄목을 정한다. 전지 전체를 누락시키면 해당 전지를 국가에 귀속한다. ❸ 도감관과 감관은 사부(士夫)로 가려 차임하는데, 이를 싫어하여 회피하는 자는 도피차역률(逃避差役律)[55]로 논한다. ❹ 각 읍의 성책(成冊) 끝에는 전지의 면적을 계산한 사람의 성명을 기록한다. 추후에 다시 계산하여 착오가 있으면[56] 감관이 전지를 누락시키거나 허위 기재한 데 대한 율[57]에 따라 논하되, 고의가 아니면 등급

감관에 차임되지 않기 위하여 다른 읍으로 이접(移接)하는 등 회피하는 이는 처벌하였다. 이때 생원, 진사 이하이면 곧바로 전가사변(全家徙邊)에 처하였고, 전가사변에 처해야 할 자는 먼저 평안도나 함경도의 극변(極邊)에 정배한 뒤에 장계로 보고하게 하였다.

54 전부(佃夫) : 전지의 소유자인 전주(田主)와 대비되는 개념으로 현재 전지를 경작하고 있는 사람을 가리킨다. 《牧民心書 戶典六條 稅法》

55 도피차역률(逃避差役律) : 《대명률》 〈호율 호역(戶役)〉 도피차역(逃避差役) 조에 있다. "민호(民戶)가 이웃한 주(州)나 현(縣)으로 도망하여 역(役)에 차출되는 것을 피하려고 한 경우, 장 100에 처하고 원적지(原籍地)로 돌려보내 차출된 역을 담당하도록 한다."

56 추후에……있으면 : 각 읍의 양전 성책을 균전청(均田廳)으로 올려보내면, 균전청에서 다시 전지의 면적을 계산하고 착오가 있으면 양안을 작성할 때 면적을 계산한 사람을 처벌하였다.

57 감관이……율 : 본항 소주 ❷에 "전지를 누락시키거나, 고의로 허위 기

을 낮춘다. **5** 토호가 결부를 속여 숨기고서 그 죄를 면하려고 자기 노비의 이름을 전부(佃夫)로 기록하면 조관인지를 막론하고 장 100 도(徒) 3년이다. **6** 전지를 측량할 때 일을 관장하는 사람 - **1** 서원(書員)이나 지시인(指示人) 따위이다. - 이 백성에게서 함부로 물품을 거두면 - **2** 음식 대접을 핑계로 술과 고기를 마련해 내게 하는 따위이다. - 은결(隱結)에 대한 율[58]로 논한다. **7** 양전하는 과정에서 죄를 범한 자는 죄의 경중을 막론하고 물간사전(勿揀赦前)한다. 양전하는 일로 파직된 수령은 5년이 지나야 서용할 수 있다.〈속〉

제5항 **제언(堤堰)[59]은 매년 봄과 가을에 해당 수령이 관찰사에게 점검 내용을 보고하고 수축(修築)한다.** **1** 신축하는 곳은 관찰사가 장계로 임금에게 보고한다.[60]〈경〉

재하면 1부당 태 10인데 장 100에 그친다. 이렇게 처리한 전결이 1결이 되면 장 100 유 3000리이다."라고 하였다.

58 은결(隱結)에 대한 율 : 《전율통보》 〈형전 율명(律名)〉에서 은결에 대한 율은 "〈호전〉의 〈연분(年分)〉 조에 보인다."라고 하였다. 본서 〈호전 연분〉 4항 대문(大文)에 "수령이……실결(實結)을 숨기거나 누락시키면 연한을 한정하여 금고하되, 모두 본율(本律)을 시행하고 나서 추가로 시행한다."라고 하였는데, 그 소주 **4**에 "실결을 숨기거나 누락시키면 기은전량률(欺隱田糧律)이다."라고 하였다. 기은전량률은 《대명률》 〈호율 전택(田宅)〉 기은전량 조의 율이다.

59 제언(堤堰) : 산골짜기를 막아 계곡의 물을 가두어 농사에 이용하게 만든 저수 시설이다. 하천을 막아서 만든 천방(川防), 즉 보(洑)와는 다르다. 《太祖實錄 4年 7月 30日》

60 제언(堤堰)은……보고한다 : 《경국대전》 〈호전 전택(田宅)〉에 있다.

제6항 **제언은 한결같이 이전의 양안(量案)에 따라 측량하며,** ❶ 포백척(布帛尺)[61]을 사용한다. **제언사가 간간이 낭청을 보내 대상을 무작위로 추출하여 적간(摘奸)한다.** ❷ 연분(年分)을 복심(覆審)할 때 도사와 경차관도 적간하여 문서로 보고한다. ❸ 제언의 범위 안에서 경작하면 경작을 중지하고 도로 묵히도록 한다. 함부로 경작한 자 및 감관과 색리는 장(杖) 100을 치고 정배(定配)하며, 수령은 제서유위율(制書有違律)[62]로 논한다. ❹ 제언을 제때 수리하지 않아 못 쓰게 된 경우 수령 및 감관과 색리는 불수하방률(不修河防律)[63]로 논한다.[64] 〈속〉 ❺ 제언 안쪽과 바깥쪽에는 나무를 심어 터지거나 훼손되지 않게 하는데, 제언의 안쪽과 바깥쪽에 조성한 숲의 나무를 베고 그 땅에 농사를 지으면 장 80이고, 농사지어 얻은 이익은 추징하여 관청에서 몰수한다.[65] 〈경〉 ❻ 도랑을 파서 물을 끌어오는 곳에 다른 사람의 전지가 일부 편입되어 피해를 입히면 물을 끌어와 이익을 보게 되는 토지 중에서 떼어 대신 지급해 준다. ❼ 보(洑)나

61 포백척(布帛尺) : 제언을 측량할 때 사용하는 포백척 1자는 현재의 단위로 환산하면 46.776cm에 해당한다.

62 제서유위율(制書有違律) : 《대명률》 〈이율 공식(公式)〉 제서유위 조의 율이다. "제서를 받들어 시행할 때에 어기면 장 100이다." 제서는 황제의 명을 적은 조서(詔書)와 칙서(勅書) 등이다.

63 불수하방률(不修河防律) : 《대명률》 〈공률 하방(河防)〉 실시불수제방(失時不修隄防) 조의 율이다. "하천의 제방을 수축(修築)하지 않았거나 수축하였더라도 제때에 하지 않은 경우에 제조관(提調官)과 제조리(提調吏)를 각각 태 50에 처한다."

64 제언을……논한다 : 《속대전》 〈호전 전택(田宅)〉에 있다.

65 제언……몰수한다 : 《경국대전》 〈호전 전택(田宅)〉에 있다.

제언을 신축하게 해 달라는 사안은 백성이 와서 호소할 수 있도록 한다. 수령이 직접 살펴보고 과연 많은 백성이 혜택을 볼 수 있는 곳이면 제언사에 보고한 뒤 인력과 물자를 대 주어 역사를 돕는다.[66] 〈속〉 **8** 여러 궁방(宮房)과 각 아문이 제언을 쌓는다거나 통(筒)을 수리한다는 명목으로 연군(煙軍)의 조발을 청하는 것은 엄히 막으며, 이를 범하는 자는 엄중하게 감처(勘處)한다.[67] 〈증〉

제7항 **하천 제방을 몰래 터뜨리면 장(杖) 100이고, 물막이 둑[68]이나 저수지 둑을 몰래 터뜨리면 장 80이다.** **1** 인가(人家)가 훼손되거나, 재물이 떠내려가 유실되거나, 농작물이 잠기면, 물건값을 계산하여 죄가 무거우면 좌장률(坐贓律)로 논한다.[69] 이로 인하여 사람을 죽거나 다치게 한 경우에는 투살상률(鬪殺傷律)[70]에서 1등급을 줄인다. 하천 제방을 고의로 터뜨리면 장

66 보(洑)나……돕는다 : 《속대전》〈호전 전택(田宅)〉에 있다.

67 여러……감처(勘處)한다 : 《대전통편》〈호전 전택(田宅)〉에 있다.

68 물막이 둑 : 수면보다 낮은 지대의 전지를 보호하거나 물을 막아 전지를 만들기 위해 쌓은 둑이다.

69 죄가……논한다 : 손상된 재물의 값을 계산하여 좌장으로 죄목을 정하는데, 그 죄가 하천 제방을 몰래 터뜨린 장 100이나 물막이 둑 혹은 저수지 둑을 몰래 터뜨린 장 80보다 무거우면 좌장으로 논한다. 좌장률은 《대명률》〈형률 수장(受贓)〉 좌장치죄(坐贓致罪) 조의 율이다.

70 투살상률(鬪殺傷律) : 《대명률》〈형률 인명(人命)〉 투구급고살인(鬪毆及故殺人) 조와 《대명률》〈형률 투구(鬪毆)〉 투구 조의 법률을 합칭한 것이다. 전자는 싸우다가 때려 살인한 경우 교형에 처하는 규정이고, 후자는 싸우다가 다친 경우 싸운 방식이나 다친 정도에 따라 다르게 적용하여 처벌하는

100 도(徒) 3년이고, 물막이 둑이나 저수지 둑을 고의로 터뜨리면 2등급을 감한다. 떠내려가 유실되면[71] 장(贓)으로 죄목을 정하고, 죄가 무거우면 절도율(竊盜律)[72]에 준하여 논한다. 이 일로 인하여 사람이 죽거나 다치면 고살상률(故殺傷律)[73]로 논한다.[74] 2 하천 제방을 수리하지 않거나 수리하였어도 제때에 하지 않은 경우에는 제조관(提調官)과 제조리(提調吏)는 각각 태(笞) 50이다. 인가를 훼손하거나 재물을 떠내려가게 하면 장 60이고, 이 일로 인하여 인명을 상하게 하면 장 80이다. 물막이 둑을 수리하지 않거나 수리하였어도 제때에 하지 않은 경우에는 태 30이고, 이로 인하여 곡식이 물에 잠기면 태 50이다.[75] 〈율〉

규정이다.

71 떠내려가 유실되면 : 인가가 훼손되거나, 재물이 떠내려가 유실되거나, 농작물이 잠긴 경우를 포괄한다.

72 절도율(竊盜律) : 《대명률》 〈형률 도적(盜賊)〉 절도(竊盜) 조의 율이다. 훔친 재물의 규모에 따라 처벌해서 최고 장 100 유 3000리에 처할 수 있고, 삼범(三犯)이 되면 교형에 처하는 규정이다.

73 고살상률(故殺傷律) : 《대명률》 〈형률 인명(人命)〉 투구급고살인(鬪毆及故殺人) 조에 있다. 고의로 죽이면 참형이다.

74 하천 제방을 몰래……논한다 : 《대명률》 〈공률 하방(河防)〉 도결하방(盜決河防) 조에 있다.

75 하천……50이다 : 《대명률》 〈공률 하방(河防)〉 실시불수제방(失時不修隄防) 조에 있다.

제3조 연분(年分)

제1항 **매년 호조가 그해 농사의 풍흉을 살펴 각 도(道)에 연분 사목(年分事目)을 반포하는데, 재해가 든 해에는 재해 명칭을 명시하여 반포한다.**[76] 〈속〉 **1** 재해 명칭은 전혀 파종을 하지 못한 초불낙종(初不落種), 전혀 수확하지 못한 전불괘겸(全不掛鎌), 모내기를 하지 못한 미이앙(未移秧), 늦게 모내기를 한 만이앙(晩移秧), 이삭이 패지 않은 미발수(未發穗), 벌레로 인해 손상된 충손(蟲損), 게로 인해 손상된 해손(蟹損), 바람으로 인한 재해인 풍재(風災), 서리로 인한 재해인 상재(霜災), 우박으로 인한 재해인 박재(雹災), 바닷물이 넘어 들어온 해일(海溢), 물에 잠긴 수침(水沈), 논밭이 내로 바뀐 천번(川反), 물가의 전답이 유실된 포락(浦落), 모래가 논밭을 뒤덮은 복사(覆沙), 도로 묵힌 땅이 된 환진(還陳), 계속해서 묵힌 땅이 된 속진(續陳)이 있다. 그 가운데 천번, 포락, 복사 및 환진은 영재(永災)[77]인데, 천번과 포락은 이쪽의 포락된 곳을 탈로 기록하였으면 저쪽의 진흙이 생긴 곳은 조사하여 양안에 추가로 기록해야 하며, 복사는 모래를 파낸 후에는 전세를 거두며, 환진은 다시 경작한 후에는 전세를 거둔다. 밭은 영재만 인정하지만, 목화밭 가운

76 매년……반포한다 : 《속대전》 〈호전 수세(收稅)〉에 있다.

77 영재(永災) : 영구히 재해를 입은 전지로 인정해 주는 것이다. 이와 반대로 한 해만 재해를 입은 전지로 인정해 주는 것은 당년재(當年災)라 한다. 조문에 언급된 4가지 영재, 즉 천번, 포락, 복사, 환진을 제외하면 모두 당년재이다. 《萬機要覽 財用編2 年分》

데 전혀 수확하지 못했는데도 전세를 거두게 된 경우에는 재해를 인정해 준다.[78] [79] 〈속〉〈증〉〈보〉 2 전체가 재해를 입은 전재상(全災傷)과 전혀 파종을 못한 초불부종(初不付種)은 비록 풍년이 들었더라도 재해를 인정해 준다. **수령이 재해를 입었는지 혹은 충실히 여물었는지와 진전인지 경작한 전지인지를 현장에 나가 자세히 살펴서 관찰사에게 보고하면 관찰사가 순행하여 살핀 후에 장계로 보고한다.** 3 연분의 등급을 정하는 일을 아직 거행하지 못하였더라도 재해로 피해를 입은 곳이 있으면 먼저 장계로 보고한다. 9월 초에 경차관을 파견한다. **경차관과 도사가** 4 경기, 관동, 양서(兩西)에는 도사를 파견하며, 삼남(三南)의 우도(右道)에는 도사를 파견하고 좌도(左道)에는 경차관을 파견하며, 함경남도에는 도사를, 함경북도에는 평사(評事)를 파견한다. **무작위로 추출한 표기(標記)를** 5 아무 읍, 아무 자호(字號)의 전지이다. **호조에서 받아서 복심(覆審)을 행한다.** 6 연분을 조사하는 수령과 복심하는 경차관이나 도사는 비록 깊은 산골의 궁벽한 골짜기에 있는 전지라도 직접 가서 조사하여야 한다. 각 읍의 연분 성책(成冊)에 재해와 결실이 사실과 다른 곳이 있으면, 경차관이나 도사는 한편으로는 장계로 보고하고 한편으로는 연분 성책을 바로잡는다. 7 연분 사목

78 재해 명칭은………준다 : 《속대전》 〈호전 수세(收稅)〉와 《대전통편》 〈호전 수세〉에 있다.

79 목화밭……준다 : 밭은 대개 그루갈이로 한 해에 2종 이상의 작물을 재배하지만, 목화는 생육 기간이 길어 그루갈이가 불가능하기 때문에 목화를 수확하지 못한 경우에는 그해에 한하여 재해를 인정해 주는 것이다.

에서 인정한 것 외에 마음대로 재해 명칭을 인정해 준 경차관이나 도사는 먼저 파직하고 나서 의금부로 잡아다 처리한다. **복심을 마치고 연분 성책을 마감하여 장계로 보고하면 호조에서 연분 성책에 의거하여 계산해서 세액을 정한다.** 〈속〉 **8** 새로운 가경전(加耕田), 재해를 입은 전지, 진전(陳田)에 대해 전부(佃夫)가 정장(呈狀)하여 권농관(勸農官)에게 보고하면 권농관은 직접 살펴서 8월 15일 이전에 수령에게 보고한다. -**1** 전부가 사고로 인하여 하지 못할 경우에는 권농관이 정장하여 수령에게 보고한다.- 새로운 가경전은 수령이 직접 답사하여 살펴보고 측량해서 관찰사에게 보고한다. 관찰사는 사실을 조사하여 장부에 기록한 뒤 수령이 보고한 입안(立案)을 수령에게 돌려주고 9월 15일 이전에 장계로 보고한다. 조정 관원을 보내어 기록한 장부와 입안에 근거하여 복심한 뒤 계문하여 전세의 세액을 정한다. 전부가 재해를 입었다고 거짓으로 신고한 경우 및 해당 아전과 권농관, 서원(書員)이 한통속이 되어 거짓으로 처리한 경우에는 다른 사람이 고발하는 것을 허락한다. 거짓으로 신고하거나 처리한 전지가 1부(負)이면 태(笞) 10이고, 1부가 늘어날 때마다 1등급을 더하되 장(杖) 100을 치고 충군(充軍)하는 데 그친다. 해당 전지는 고발한 사람에게 주고 그 전지에서 얻은 이익은 관청에서 몰수한다. 수령은 거짓으로 처리한 것이 10부 이상이면 파출하고, 사정을 알고도 거짓으로 처리하면 고신(告身)을 빼앗고 영구히 서용하지 않는다. 〈경〉 **9** 면세전(免稅田)과 복호(復戶) 및 이전부터 내려오는 재결(災結)의 수효를 임의로 증가시킨 자는 《경국대전》의 망모전결률(妄冒田結律)[80]로 논한다. 전결의 자호를 사실과 다르게 기재하면 장 100이다. 재상 도목(災傷都目)을 다시 계산할 때 술수를 쓴 주원(籌員)[81]은 답험서원누부율(踏驗書員漏負律)[82]에 따라, 낭청은 불응위율(不應爲律)[83]로 논한다.〈속〉

제2항 **복심할 경차관과 도사를 차출하여 보내는 것은 호조에서 때가 되면 여쭈어 정한다. 간혹 도신(道臣)이 복심하라고 명하면 비총(比摠)으로 한다.** 1 8월에 호조가 팔도의 농형 장계(農形狀啓)[84]를 살펴서 비슷한 해의 비총으로 계하받는다. **관찰사가**

80 망모전결률(妄冒田結律) : 재해를 입은 전지를 허위로 보고한 데 대한 처벌이다. 본항 소주 8에 "거짓으로 신고하거나 처리한 전지가 1부이면 태 10이고, 1부가 늘어날 때마다 1등급씩 더하되 장 100을 치고 충군하는 데 그친다. 해당 전지는 고발한 사람에게 주고 전지에서 얻은 이익은 관청에 몰수한다. 수령은 거짓으로 처리한 것이 10부 이상이면 파출하고, 사정을 알고도 거짓으로 처리하면 고신(告身)을 빼앗고 영구히 서용하지 않는다."라고 한 것이 그 처벌 내용이다.《經國大典 戶典 收稅》

81 주원(籌員) : 호조의 주학(籌學), 즉 산학(算學)에 소속된 기술관이다.《대전통편》에는 정원은 30명이고 종7품 주사 이하가 체아직으로 근무한다고 하였다.《전율통보》에는 현재 근무하는 인원이 60명이라고 하였다. 원래는 산원(算員)이었으나 정조의 이름 '祘'의 음인 '산'을 피하여 고쳤다.《正祖實錄 卽位年 5月 22日》《大典通編 吏典 京官職》《典律通補 吏典 京官職》

82 답험서원누부율(踏驗書員漏負律) : 연분이나 재상(災傷)을 조사하는 서원이 허위로 보고한 데 대한 처벌로, 망모전결률을 적용한다. 망모전결률은 위의 주80 참조.

83 불응위율(不應爲律) :《대명률》〈형률 잡범(雜犯)〉 불응위(不應爲) 조의 율이다. "마땅히 해서는 안 되는데 하면 태 40이다."

84 농형 장계(農形狀啓) : 농사의 작황에 대한 장계이다.《전율통보》에서는 각 도의 농사 작황과 강수량을 관찰사가 그때그때 장계로 보고한다고 하였고,《육전조례》에서는 농사 작황과 강수량을 하지부터 입추 전까지 잇달아

가을철 순행할 때에 살핀 후에 연분(年分)의 등급을 나누어 장계로 보고한다.〈증〉 **2** 재해가 든 해에는 재해의 정도를 기준으로 초실(稍實)한 읍, 지차(之次)인 읍, 우심(尤甚)한 읍으로 나누는데 재해가 든 해가 아니면 우심은 인정하지 않고, 풍년이 든 해에는 재해의 등급을 나누는 일이 없다. **3** 서북은 원래 전세의 3분의 1을 줄여 주기 때문에[85] 재해를 인정해 주지 않는다. 만약 큰 흉년이 들면 묘당이 재해를 인정해 주는 일을 여쭌다. 〈보〉 **4** 인정받은 재결(災結)의 수효가 부족하면 관찰사가 늘려 주기를 청한다. 만약 임의대로 재결을 나누어 주면 의금부로 잡아다 처리한다.〈증〉〈보〉 **5** 《경국대전》에는 수령이 연분의 등급을 살펴 정할 때에 읍내와 4개 면으로 각각 등급을 나누면 관찰사가 다시 살펴서 장계로 보고하고, 의정부와 육조가 함께 논의하여 다시 임금에게 아뢰도록 되어 있다. 연분은 9등급으로 나누고, 재해를 인정해 주는 것도 등급을 나눈다. 연분은 전체인 10분이 결실을 맺은 것을 상상년(上上年)으로 하여 1결당 20말을 거두고, 1등급이 내려갈 때마다 2말씩 줄여 10분의 2가 결실을 맺은 하하년(下下年)은 4말을 거두고, 10분의 1이 결실을 맺은 경우는 전세를 면제한다. 재해를 인정해 주는 것은 전체가 재해를 입거나 전체가 진전(陳田)이 되면 전세를 면제해 주고, 절반이 넘게 재해에 손상된 것은 10분의 6이 재해

조보(朝報)에 낸다고 하였다. 《典律通補 戶典 雜令》《六典條例 吏典 承政院》

85 서북은……때문에 : 평안도는 논은 4말, 밭은 3말 2되를 거두는데 논밭 모두 3분의 1을 줄여 주고, 함경도는 논과 밭 각각 4말을 거두는데 모두 3분의 1을 줄여 준다. 《典律通補 戶典 田稅》

를 입으면 전세의 10분의 6은 면제해 주고 10분의 4는 거둔다. 10분의 9가 재해를 입은 것까지 이런 방식으로 처리한다.〈보〉

제3항 **매년 진전(陳田)을 새로 개간한 곳은 호조에 보고해야 하고, 호조는 전세를 줄여 준다.**〈속〉 1 3년 동안 전세를 줄여 준다.〈증〉 **개간하였다가 도로 진전이 되면 전세를 거두지 않는다.**〈속〉 2 속전(續田)과 가경전(加耕田)은 경작하는 대로 전세를 거둔다.〈경〉 3 북도는 양전(量田)한 후 새로 경작하는 전지를 원결(元結)에 추가하여 넣지 말고 속전으로 간주하여 경작하는 대로 전세를 거둔다.[86]〈속〉 4 진전은 백성이 관에 고하고 나서야 경작하는 것을 허락한다. 경작한 지 3년이〈증〉 –1 3년이 지난 진전에 대해서만 백성이 관에 고하고 나서 경작하는 것을 허락한다. 갯벌은 10년이 지나야 한다.〈경〉 – 지난 후에 전세를 납부한다. 만약 전주(田主)가 와서 분쟁이 벌어지면 경작한 전지의 3분의 1을 전주에게 주고, 경작한 지 10년이 지난 뒤에야 똑같이 나누는 것을 허락한다. 5 화전(火田)은 경작하는 대로 전세를 거둔다.〈증〉 6 일구어 경작하다가 도로 묵히게 된 곳인 것처럼 속이고 뒤섞어 넣은 수령과 감관, 색리는 망모전결률(妄冒田結律)[87]로 논한다.

86 북도는……거둔다 : 함경도의 양전은 1665년(현종6)부터 시행하였다. 이후 매년 가을 도사가 연분을 복심(覆審)할 때 새로 경작한 전지도 모두 원전(元田)에 포함하여 전세를 부과하자, 민폐를 염려하여 새로 개간한 전지는 속전으로 취급하여 경작하는 대로 전세를 거두도록 하였다. 《顯宗實錄 6年 7月 23日》《顯宗改修實錄 6年 7月 23日》《承政院日記 顯宗 11年 3月 3日》《受敎輯錄 戶典 諸田》

87 망모전결률(妄冒田結律) : 295쪽 주80 참조.

7 양안에 기록된 진전인데 다시 경작한 곳은 전주가 전에 비록 경작하고 있으면서 진전이라 했더라도 자수하면 죄를 면제해 준다. 숨긴 것이 발각되면 재해 입은 전결을 사실과 다르게 기재한 예[88]에 따라 처리한다. 8 실결(實結)을 재결(災結)로 속인 것이 10부(負) 이상이면 전부(佃夫) 및 한통속인 면임(面任)과 이임(里任)은 장(杖) 100 유(流) 3000리이고, 감관과 색리는 장 100을 치고 충군(充軍)한다. 착오를 일으켜 줄어든 전세가 쌀이나 콩 50섬 이상이면 색리는 무기한 정배(定配)한다. 속임수를 써서 줄인 수효가 10섬이면 실결 10부 이상을 재결로 만든 예에 따라 처리한다. 진전을 경작한 전지라고 하거나 재결을 실결이라고 한 것이 50부 이상이면 잘못 처리한 관리는 실결 10부 이상을 재결로 만든 예에 따라 논하고, 전부(佃夫)는 용서한다.

제 4 항 **수령이 재해를 입은 전결의 수효를 실제보다 부풀려 보고하여 개인적으로 유용하면 무기한 금고(禁錮)하고,** 1 감영을 속이고 재결(災結)과 실결(實結)을 뒤섞어 보고하면 감사(監司)가 장계로 보고하여 논죄한다. 경차관과 도사가 사정(私情)에 따라 적발하지 않으면 같은 죄이다. 2 수령이 문서를 마감한 뒤에 드러난 여결(餘結)이라 하면서 마음대로 처리하면 비록 민역(民役)의 비용에 보태거나 혹은 공용(公用)으로 귀결시켰더라도 개인적으로 유용한 것으로 논한다. **실결을 숨기거나 누**

88 재해……예 : 실결을 재결로 속인 데 대한 형률이다. 본항 소주 8 참조.

락시키면 연한을 한정하여 금고하되, 3 10결(結) 이상은 3년, 50결 이상은 5년, 100결 이상은 10년이다. **모두 본율(本律)을** ⟨속⟩ 4 재해를 입은 전결의 수효를 실제보다 부풀려 보고하면 감수자도율(監守自盜律)[89]이고, 실결을 숨기거나 누락시키면 기은전량률(欺隱田糧律)[90]이다.⟨보⟩ **시행하고 나서 추가로 시행한다.** 5 은결(隱結)이나 여결을 자수하면 전임 관원까지 모두 죄주지 않고, 은폐한 것이 드러나면 전임 관원까지 모두 본율로 다스린다. 6 전결을 마음대로 팔면 수효의 다소를 막론하고 장률(贓律)[91]로 논한다.⟨속⟩

89 감수자도율(監守自盜律) : 《대명률》 〈형률 도적(盜賊)〉 감수자도창고전량(監守自盜倉庫錢糧) 조의 율이다. "감림(監臨)이나 주수(主守) 자신이 창고의 돈이나 식량이나 그 밖의 물건을 훔치면, 수범과 종범을 구분하지 않고 병장(倂贓)으로 죄를 논한다.……1관 이하는 장 80, 1관을 넘어 2관 500문에 이르면 장 90, 5관이면 장 100, 7관 500문이면 장 60 도 1년, 10관이면 장 70 도 1년 반, 12관 500문이면 장 80 도 2년, 15관이면 장 90 도 2년 반, 17관 500문이면 장 100 도 3년, 20관이면 장 100 유 2000리, 22관 500문이면 장 100 유 2500리, 25관이면 장 100 유 3000리, 40관이면 참형이다."

90 기은전량률(欺隱田糧律) : 《대명률》 〈호율 전택(田宅)〉 기은전량 조의 율이다. "전량을 속이거나 숨겨 판적(版籍)에서 빠뜨리면 1무에서 5무까지는 태 40이고, 5무마다 1등급을 더하되 죄는 장 100에 그친다. 그 전토는 관에 들이며, 숨긴 세량은 그 수량만큼 징수하여 거둔다."

91 장률(贓律) : 《대명률》 〈형률 수장(受贓)〉 좌장치죄(坐贓致罪) 조의 율이다. "관리나 일반인이 일과 관련 없이 재물을 받으면 좌장으로 죄를 지은 것이다. 각 관련자로부터 받은 재물을 통틀어 계산하여 절반으로 과죄한다. 재물을 준 사람은 5등급을 줄인다. 받은 재물이 1관 이하이면 태 20이고 차차 증가하여 500관 이상이면 장 100 도 3년이다."

제 4 조 전세(田稅)

제 1 항 **전세는 논은 쌀로, 밭은 콩으로** ❶ 황두(黃豆)이다. **거둔다.**〈속〉 **삼남**(三南)**은 9등급**[92]**으로 나누고,** ❷ 1결(結)당 하하년(下下年)은 4말이고, 차례대로 2말씩 더해 상상년(上上年)에는 20말에 이른다.〈보〉 ❸ 공주(公州), 영암(靈巖), 고부(古阜)는 콩으로 거두는데, 콩 2섬을 쌀 1섬으로 환산한다.[93]〈증〉 **경기,** ❹ 경성(京城) 주변 10리 안[94]은 전세가 없다. 양주(楊州), 고양(高陽)은 영구히 없앴다.[95]〈증〉〈보〉 **관동, 해서는** ❺ 한광전(閑曠田)[96]은 원전(元田)[97]과 동일하다.〈보〉 **1결당 4말이다. 관서는 논은 4말이고, 밭**

92 9등급 : 한 해의 작황을 기준으로 전세를 거두는 연분구등법(年分九等法)을 말한다. 작황은 10등급으로 나누는데 전부 결실한 상상년(上上年)부터 10분의 2가 결실한 하하년(下下年)까지 9등급에 대해 상상년이면 1결당 20말을 거두며 1등급마다 2말씩 줄여 하하년이면 4말을 거두고, 10분의 1분이 결실하면 전세를 면제한다.《經國大典 戶典 收稅》

93 공주(公州)……환산한다 : 충청도 공주와 전라도 영암, 고부는 전세를 모두 콩으로 내도록 한 읍인데, 콩 대신 쌀로 내게 하면서 콩 2섬을 쌀 1섬으로 환산하도록 하였다.《大典通編 戶典 收稅》

94 경성(京城) ……안 : 도성을 기준으로 성 밖에서부터 10리 이내에 해당하는 지역으로, 성저십리(城底十里)라고도 하며 한성부에 속하는 지역이다. 자세한 범위는《대전통편》〈형전 금제(禁制)〉참조.

95 양주(楊州)……없앴다 : 양주와 고양은 모두 능침을 봉안한 읍이므로, 각각 1693년(숙종19)과 1694년에 특별히 전세를 영구히 없애고 거두지 않았다.《肅宗實錄 19年 2月 20日, 20年 1月 4日》《萬機要覽 財用編2 收稅》

96 한광전(閑曠田) : 양안(量案)에 등록되지 않은 새로 경작한 전답이다. 가경전(加耕田)과 같은 개념인데, 황해도에서 한광전이라 불렀다.《萬機要覽 財用編2 田結 量田法》《六典條例 戶典 戶曹 土田》

97 원전(元田) : 호조의 양안에 등재된 전답을 가리킨다. 원결(元結)과 같

은 콩밭과 조밭을 합하여 3말 2되인데, 논밭 모두 3분의 1을 줄여 준다. ⟨경⟩ ⟨속⟩ ⟨보⟩ **6** 압록강 가의 7개 읍과 평양(平壤)[98]은 논은 3분의 1을 줄여 1결당 실제 납부하는 것은 2말 6되 6홉 6사 남짓이고, 밭은 10분의 6은 콩밭으로, 10분의 4는 조밭으로 계산하여 콩밭은 1부(負)당 4홉이고 조밭은 1부당 2홉이니, 1결당 도합 콩 2말 4되와 좁쌀 8되이다. 여기에서 3분의 1을 줄이면 실제 납부하는 것은 콩 1말 6되와 좁쌀 5되 3홉 3사 남짓이다. 이를 단갑(單甲)이라 한다. 그 나머지 읍은 이갑(二甲)이라 하는데, 단갑의 2배이다. -**1** 갑(甲)은 배수(倍數)를 말한다.- 논은 1결당 2갑의 쌀에서 쌀 2말을 도로 줄이니, 실제 납부하는 것은 3말 3되 3홉 3사 남짓이다. 조밭은 조밭과 콩밭을 합해 2갑의 좁쌀에서 좁쌀 5되를 도로 줄인 것이 실제 납부하는 수량이며, 콩밭은 콩밭과 조밭을 합해 2갑의 콩에서 콩 1말 5되를 도로 줄인 것이 실제 납부하는 수량이다. 그러므로 1결당 좁쌀 5되 6홉 7사와 콩 1말 7되이다. ⟨속⟩ ⟨보⟩ **관북은 논과 밭 각각 4말인데, 모두 3분의 1을 줄여 준다.** ⟨경⟩ ⟨속⟩ **7** 1결당 2말 6되 6홉 6사 남짓인데, 논에서 내는 쌀은 3분의 2는 생조미(生糙米)[99]로, 3분의 1은 본조미(本糙米)로 납부한다. 본조미 가운데

은 개념이다.

98 압록강……평양(平壤) : 압록강 가의 7개 읍인 의주(義州), 강계(江界), 초산(楚山), 창성(昌城), 삭주(朔州), 위원(渭原), 벽동(碧潼)과 평양은 토지가 척박하여 평안도의 다른 읍보다 전세를 적게 거두었다. 《萬機要覽 財用編2 收稅》

99 생조미(生糙米) : 벼의 겉껍질인 왕겨만을 벗긴 쌀을 조미(糙米)라고 하는데, 지금의 현미에 해당한다. 생조미는 조미의 한 종류이다.

서 10분의 1은 정조미(精糙米)로, 10분의 9는 증조미(蒸糙米)[100]로 납부한다. 밭은 5분의 1은 본색(本色)인 콩으로, 5분의 4는 좁쌀로 납부하는데, 좁쌀 가운데 3분의 2는 생좁쌀로, 3분의 1은 찐 좁쌀로 납부한다.〈속〉〈보〉 **제주 3읍[101]은 4말에서 반을 줄여 2말이다.**〈경〉〈속〉 **8** 광주(廣州)는 군향(軍餉)으로 회록(會錄)하고, 양도(兩都)는 월봉(月俸)과 방료(放料)로 사용하기 위하여 해당 부(府)에 귀속한다.〈속〉〈증〉 **9** 호서 태안(泰安)은 군향으로 회록하여 강도(江都)에 납부한다.[102]〈증〉 **10** 영남의 연해읍인 경주(慶州), 성주(星州), 영해(寧海), 선산(善山), 울산(蔚山), 동래(東萊), 인동(仁同), 칠곡(漆谷), 초계(草溪), 흥해(興海), 대구(大邱), 영덕(盈德), 청하(淸河), 고령(高靈), 연일(延日), 장기(長鬐), 기장(機張)은 왜관(倭館)에 하납(下納)[103]한다. **11** 관동 회양(淮陽), 금성(金城)은 북관으로 가는 직로(直路)이므로 왕명을 받든 사신의 접대를 위해 해당 읍의 창고에 회록한다. 춘천(春川)과 원주(原州)는 상정(詳定)[104]의 부족분을 보충하기 위해 원전(元

100 증조미(蒸糙米) : 벼의 겉껍질인 왕겨만을 벗긴 조미를 쪄서 말린 것이다.

101 제주 3읍 : 제주목(濟州牧), 대정현(大靜縣), 정의현(旌義縣)이다.

102 호서……납부한다 : 충청도 서산(西山)과 태안의 전세를 강화부로 납부하여 군향으로 삼게 하였다가 1638년(인조16) 이후 경비가 부족하여 서산의 전세는 호조로 납부하게 하고 태안의 전세만 강화도로 납부하게 하였다.《孝宗實錄 3年 9月 15日》

103 하납(下納) : 경주 등 경상도 17개 연해읍의 전세를 호조에 납부하지 않고 일본과의 교역을 위한 재원으로 부산창(釜山倉)에 납부하는 것을 가리킨다.《萬機要覽 財用編5 公貿 公木》

104 상정(詳定) : 황해도와 함경도에서는 대동법의 성격으로, 강원도에서

田)과 속전(續田)의 전세를 해당 부(府)에 귀속시킨다. 영월(寧越), 평창(平昌), 홍천(洪川), 양구(楊口), 횡성(橫城) 및 영동 9개 읍인 강릉(江陵), 양양(襄陽), 삼척(三陟), 평해(平海), 통천(通川), 고성(高城), 간성(杆城), 흡곡(歙谷), 울진(蔚珍)은 진상하는 삼가(蔘價)에 보충하기 위해 원전과 속전의 전세를 강원도에 떼어 준다.〈증〉〈보〉 ⓬ 서북은 본도(本道)에 남겨 두고 제멋대로 옮기지 못하게 하며, 함흥(咸興)은 함경 감영과 해당 읍에 떼어 준다.[105]〈속〉〈보〉 ⓭ 제주 3읍은 해당 읍에 남겨 둔다.〈증〉

제 2 항 **삼수(三手)는**〈속〉 ❶ 포수(砲手), 살수(殺手), 사수(射手)이다.〈보〉 **쌀을** ❷ 경기와 서북은 없다. **관동과 해서는 1결당 2말 2되를 거두고,** ❸ 밭은 좁쌀로 거둔다. **삼남(三南)은 1말을 줄여 준다.** 〈속〉 ❹ 논과 밭에서 모두 쌀로 거두는데, 청풍(淸風), 단양(丹陽), 제천(堤川), 영춘(永春)은 좁쌀로 거둔다.[106]〈속〉〈보〉 ❺ 다섯 도[107]의 원결(元結)에 포함되지 않은 화전(火田)에서는 거두지 않는

는 대동법과 병행하여 실시된 제도인 상정법(詳定法)을 가리킨다. 상정법은 지역적 특성 등을 고려하여 해당 감영과 읍의 관수(官需)에 쓸 수 있도록 떼어 주는 것을 위주로 하고, 공물가(貢物價)의 상납을 부차적 목적으로 한 제도이다. 강원도에서는 대동미를 영서의 양전(量田)하지 않은 읍은 1결당 16말, 양전한 읍은 12말을 거두고 이 가운데 6말을 남겨 두어 공용에 사용하도록 하였다.

105 함흥(咸興)은……준다 : 함흥의 전세 가운데 5분의 3은 함경 감영에 귀속시키고, 5분의 2는 함흥부에 귀속시켰다. 《萬機要覽 財用編2 收稅》

106 삼수(三手)는……거둔다 : 《속대전》〈호전 수세(收稅)〉에 있다.

107 다섯 도 : 삼수미(三手米)를 거두는 충청도, 전라도, 경상도, 황해도, 강원도를 가리킨다.

다.〈보〉

제3항 **삼남(三南)과 관동의 산군(山郡)은**〈속〉 ❶ 그중에는 물길이 닿는 읍도 있다. 아래도 같다.〈보〉 **무명이나 베로 바꾸어 거둔다.**〈속〉 ❷ 호서의 옥천(沃川)·문의(文義)·회인(懷仁)·회덕(懷德)·진잠(鎭岑)·보은(報恩)·영동(永同)·황간(黃澗)·청산(靑山), 호남의 무주(茂朱), 영남의 청송(靑松)·함양(咸陽)·거창(居昌)·합천(陜川)·청도(淸道)·영천(永川)·김산(金山)·경산(慶山)·의성(義城)·개령(開寧)·삼가(三嘉)·하양(河陽)·언양(彦陽)·진보(眞寶)·지례(知禮)·안의(安義)·산청(山淸)·군위(軍威)·의흥(義興)·신녕(新寧)·자인(慈仁)·영양(英陽)은 무명으로 거두는데, 쌀 1섬은 무명 3필 반으로, 콩 1섬은 무명 2필 반으로, 삼수미(三手米) 1섬은 무명 3필로 환산한다. ❸ 영서의 정선(旌善)·평창(平昌)·평강(平康)·김화(金化)와 영동의 9개 읍은 삼베로 내는데, 쌀 1섬은 삼베 3필 반으로, 콩 1섬은 삼베 2필 반으로, 삼수미 1섬은 삼베 3필로 환산한다.〈속〉〈증〉〈보〉 ❹ 영남의 공작목(公作木)은 전세에 비하여 반 필을 줄여 준다.〈증〉 ❺ 전세와 삼수미를 무명으로 바꾸어 거둘 경우 무명은 정목(正木)인 5새, 길이 35자, 너비 7치이다. 삼베도 같다.〈속〉 **해서의 산군과** ❻ 장산곶(長山串) 이북도 같다. **영남의 조령(鳥嶺)과 죽령(竹嶺) 부근 읍은 돈으로 바꾸어 거둔다.**〈증〉 ❼ 해서의 산군인 서흥(瑞興)·곡산(谷山)·수안(遂安)·신계(新溪)는 영구히 돈으로 바꾸어 거두는데, 쌀 1섬은 5냥으로, 콩 1섬은 2냥 5전으로, 좁쌀 1섬은 4냥으로 환산한다. 장산곶 이북의 읍인 황주(黃州)·풍

천(豐川)·장연(長淵)·봉산(鳳山)·안악(安岳)·재령(載寧)·신천(信川)·문화(文化)·장련(長連)·송화(松禾)·은율(殷栗)은 특별히 돈으로 바꾸어 거두는데,[108] 쌀 1섬은 4냥 5전으로, 콩 1섬은 1냥 7전으로,〈증〉〈보〉 –**1** 봉산은 2냥 5전으로 환산한다.〈보〉– 좁쌀 1섬은 3냥 5전으로 환산한다. **8** 영남의 조령 부근 읍인 안동(安東)·상주(尙州)·예천(醴泉)·용궁(龍宮)·문경(聞慶)·함창(咸昌)·비안(比安)과 죽령 부근 읍인 순흥(順興)·영천(榮川)·풍기(豐基)·봉화(奉化)·예안(禮安)은 영구히 돈으로 바꾸어 거두는데, 쌀 1섬은 5냥으로, 콩 1섬은 2냥 5전으로 환산한다.〈증〉〈보〉 **9** 삼수미도 모두 같다.〈보〉

제 4 항 **여러 도(道)의 화전(火田)에서 세를 거두고, 해서의 노전(蘆田)에서도 세를 거둔다.**〈증〉〈보〉 **1** 해서의 양안에 등재된 화전은 1결(結)당 좁쌀 100말을 거두었는데, 순영이 좁쌀 100말 거두는 것을 혁파하고 화전에 대해 절반의 세를 거두어 1결당 좁쌀과 콩 각각 25말을 거두고, 양안에 등재되지 않은 추가로 경작한 화속전(火續田)[109]은 1결당 좁쌀 15말을 거둔다. 영남의 화전은 1결당 무명 10필을 거두는데, 돈으로 대신 거두는 경우

108 장산곶 이북의……거두는데 : 황해도 장산곶 이북의 황주 등 11개 읍은 전세를 쌀이나 콩 대신 무명이나 베로 내게 하는 산군(山郡)에 해당되지 않는다. 그러나 전세를 운반하는 과정에서 장산곶을 경유하는 해로가 험난하여 자주 치패(致敗)되는 문제가 생기자 특별히 돈으로 바꾸어 거두고 육로로 운반하게 하였다.《承政院日記 英祖 28年 12月 19日》

109 화속전(火續田) : 지력(地力)이 약하여 해마다 농사를 짓지 못하고 묵혔다 지었다 하는 화전(火田)을 말한다.

에는 무명 1필당 2냥 3전으로 환산한다. 경기, 호서, 호남의 화전은 1결당 콩 8말을 거두고, 관동, 관서, 관북의 화전은 원전(元田)에 포함되어 있다. ❷ 노전(蘆田)은 1결당 무명 1필을 거둔다.[110] 〈증〉

제5항 **8결(結)을 1부(夫)로 하여** ❶ 혹은 4결을 1부로 하기도 하는데, 간혹 남는 수가 있어도 구애되지 않고 다만 전부(佃夫)가 사는 곳에서 부근의 전결을 획정하여 1부의 역가(役價)를 부과한다. ❷ 면세전(免稅田)은 1부의 역가를 부과하는 대상에 넣지 않는다. **8결에서 응당 납부해야 하는 역가는 호수(戶首)가** ❸ 전부(佃夫) 가운데 부유하고 근면 성실한 사람을 택하여 맡긴다. **8결에 해당하는 전부(佃夫)에게 거두어서 바치게 한다.** 〈속〉 ❹ 감납관(監納官)은 곡(斛), 말[斗], 되[升]를 법에 맞게 교정하여 낙인을 찍는다.[111] 〈경〉 ❺ 받아들일 때 규격보다 큰 말[大斗]을 사용하는 것을 엄금한다. ❻ 토호(土豪)와 관속들이 자신이 경작하고 있는 전지를 백성의 전지에 합하여 기록하고 전세를 거둘 때 평민에게서 더 거두어 자신들이 내야 할 전세의 수량을 채우거나, 백성의 전지를 겁탈하여 역가를 강제로 받아 내면 -❶ 속칭 양호(養戶)[112]이다.- 착복한 수량을 계산하여 장오죄

110 여러 도(道)의……거둔다 : 《대전통편》 〈호전 수세(收稅)〉에 있다.

111 감납관(監納官)은……찍는다 : 《경국대전》 〈호전 조전(漕轉)〉에 있다.

112 양호(養戶) : 두 가지 뜻이 있다. 하나는 힘 있는 집이 잔약한 집을 숨겨 개인적으로 부리면서 공역(公役)에 응하지 않도록 해 주는 것이고, 다른 하나는 간악한 아전이 작부(作夫)할 때 백성의 전지를 역(役)을 면제받은 마

(贓汚罪)로 논하는데, 장형(杖刑)부터 유형(流刑)까지이다. **7** 감관과 서원(書員)들이 거짓으로 허위 전지를 만들어 놓고 그에 대한 전세를 백성의 전지에 나누어 징수하면 장(杖) 100 유(流) 3000리이다. 수령이 발각하지 못하면 논죄한다. **8** 토호가 전세를 납부하지 않거나 방납하면 장 100 유 3000리이다. **9** 세곡(稅穀)을 받아들일 때 쌀의 색깔이 깨끗하지 않거나 백토(白土)를 섞어 찧어 색을 입히면 받아들이는 것을 감독한 차원(差員)과 해당 수령은 제서유위율(制書有違律)[113]로 논한다.〈속〉

제 6 항 각 도(道)의 수조안(收租案)[114]은 새해 전에 마감하여 호조로 올려보낸다. **1** 기한이 지나면 관찰사를 논책한다.[115]〈증〉

을로 옮겨 기록하고 그 백성에게는 방납의 방식으로 쌀을 바치게 하여 자신이 전세와 대동을 납부하고 나머지를 착복하는 것인데, 여기서는 두 번째 의미이다.《牧民心書 吏典六條 馭衆 稅法》

113 제서유위율(制書有違律) : 《대명률》〈이율 공식(公式)〉 제서유위 조의 율이다. "제서를 받들어 시행할 때에 어기면 장 100이다." 제서는 황제의 명을 적은 조서(詔書)와 칙서(勅書) 등이다.

114 수조안(收租案) : 매년 각 도에서 거둘 전세를 쌀, 콩, 무명, 베로 구별한 수효를 기록한 책자로, 호조에서 전세를 거두는 근거가 되는 문서이다. 각 도에서 작성하여 연말 전에 어람용(御覽用) 1건을 올리고 이를 베껴 1부를 호조에도 보낸다. 호조에서 이를 확인하고 이에 근거하여 전세를 거둔다.《萬機要覽 財用編2 年分》

115 각 도(道)의……논책한다 : 《대전통편》〈호전 조전(漕轉)〉에 있다.

제5조 **대동(大同)** 토공(土貢) ○상정(詳定) 항목을 붙임

제1항 **경기,** 〈속〉 ❶ 경성(京城) 주변 10리 안에는 공물(貢物)이 없다. 〈보〉 **호서, 호남, 영남, 관동에는 대동법(大同法)을 시행하여, 경각사(京各司)의 공물로 5개 도에 나누어 지정한 것과 5개 도의 영(營)과 읍(邑)의 관수(官需) 중에서 민역(民役)에서 나오는 것은 모두 쌀로 바꾸어 거둔다.** ❷ 간혹 본색(本色)으로 바치지 않을 수 없는 것은 대동미(大同米)로 사서 바친다. ❸ 각 읍에서 바치는 것 가운데 오직 꿩과 닭, 땔감과 꼴, 얼음은 예전과 마찬가지로 백성이 부담하는 역(役)이고 쌀로 바꾸어 거두는 대상에 포함되지 않지만, 칙사의 행차가 아니면 거듭 징수하지 못한다. ❹ 위미(位米)와 위태(位太)는 –❶ 전세로 내는 주(紬), 면포(綿布), 저포(苧布), 정포(正布) 등을 쌀과 콩으로 바꾸어 선혜청으로 보내는데, 이것을 위미, 위태라고 한다.– 〈속〉 삼남(三南)과 관동에 있다. 경기의 생초(生草)와 곡초(穀草)도 쌀로 바꾸어 거두는데,[116] 내관(內官) 및 효자, 열녀, 향교 등의 면부전(免賦田)[117]에서만 거두어 선혜청에 납부한다. 〈속〉 〈보〉 **논과 밭을 통틀어 1결(結)당 쌀 12말을 거둔다.** 〈속〉 ❺ 강원도의 영동 9개 읍[118]은 2말

116 경기의……거두는데 : 생초는 마르지 않은 풀이고, 곡초는 볏짚이다. 대동법 시행 이후에는 현물을 납부하는 대신 초미(草米)라는 명목으로 1결당 쌀 2말 9되를 거두었는데, 봄에 1말 5되, 가을에 1말 4되를 거두었다. 《萬機要覽 財用編3 大同作貢 各道應捧》

117 면부전(免賦田) : 공물(貢物), 즉 대동(大同)을 면제받은 전지를 가리킨다. 《典律通補 戶典 諸田》

118 영동 9개 읍 : 강릉(江陵), 양양(襄陽), 삼척(三陟), 평해(平海), 통천(通

을 더 거두고, 양전(量田)하지 않은 10개 읍인 회양(淮陽), 철원(鐵原), 이천(伊川), 금성(金城), 평강(平康), 김화(金化), 낭천(狼川), 양구(楊口), 인제(麟蹄), 안협(安峽)은 4말을 더 거둔다. 〈속〉 〈보〉 **삼남과 관동의 산군(山郡)은 무명이나 삼베로 바꾸어 거둔다.** 〈속〉 [6] 호서의 청풍(淸風), 단양(丹陽), 괴산(槐山), 옥천(沃川), 문의(文義), 회인(懷仁), 연풍(延豐), 회덕(懷德), 진잠(鎭岑), 영춘(永春), 보은(報恩), 영동(永同), 황간(黃澗), 청산(靑山)은 무명으로 바꾸어 거두고, 청주(淸州), 청안(淸安), 진천(鎭川), 목천(木川), 전의(全義), 연기(燕岐)는 절반을 무명으로 바꾸어 거둔다. 호남의 광주(光州), 능주(綾州), 남원(南原), 담양(潭陽), 무주(茂朱), 순창(淳昌), 금산(錦山), 진산(珍山), 창평(昌平), 용담(龍潭), 금구(金溝), 옥과(玉果), 고산(高山), 태인(泰仁), 남평(南平), 구례(求禮), 곡성(谷城), 임실(任實), 진안(鎭安), 동복(同福), 화순(和順)은 무명으로 바꾸어 거두고, 운봉(雲峯), 장수(長水)는 베로 바꾸어 거둔다. 영남의 경주(慶州), 안동(安東), 상주(尙州), 성주(星州), 영해(寧海), 선산(善山), 청송(靑松), 인동(仁同), 순흥(順興), 칠곡(漆谷), 합천(陜川), 초계(草溪), 청도(淸道), 영천(永川), 예천(醴泉), 영천(榮川), 흥해(興海), 김산(金山), 풍기(豐基), 대구(大邱), 영덕(盈德), 경산(慶山), 의성(義城), 개령(開寧), 삼가(三嘉), 하양(河陽), 용궁(龍宮), 봉화(奉化), 청하(淸河), 언양(彦陽), 진보(眞寶), 문경(聞慶), 함창(咸昌), 지례(知禮),

川), 고성(高城), 간성(杆城), 흡곡(歙谷), 울진(蔚珍)이다. 본서 〈호전 전세(田稅)〉 1항 소주 [11] 참조.

고령(高靈), 군위(軍威), 비안(比安), 의흥(義興), 신녕(新寧), 예안(禮安), 연일(延日), 장기(長鬐), 자인(慈仁), 영양(英陽)은 무명으로 바꾸어 거두고, 함양(咸陽), 거창(居昌), 안의(安義), 산청(山淸)은 마포(麻布)로 바꾸어 거둔다. 호서는 쌀 6말, 호남은 쌀 8말, 영남은 쌀 7말을 무명 1필로 환산하는데, 베도 같다. 강원도의 영서 읍인 춘천(春川), 영월(寧越), 정선(旌善), 평창(平昌), 원주(原州), 홍천(洪川), 횡성(橫城)과 영동 9개 읍은 베로 바꾸어 거두는데, 쌀 5말을 베 1필로 환산한다. 본읍(本邑)에서 사용할 것은 쌀로 받아들이는데, 물길과 먼 영서의 읍은 무명이나 베로 바꾸어 거두기를 원하면 들어준다. 〈속〉〈증〉〈보〉 **7** 위미와 위태를 무명으로 바꾸어 거두는 것은 삼남은 세곡을 무명이나 베로 바꾸어 거두는 예[119]대로 하며, 관동은 콩 1섬을 무명 1필 반으로 환산하는데, 마포도 같다. **8** 대동과 위미, 위태를 무명이나 베로 바꾸어 거둘 때의 샛수와 치수는 전세와 같다.[120] **선혜청이 경각사의 공물값으로 1년 동안 지급해야 할 수효를 계산하여 각 도에 통지하여 본청(本廳)에 실어다 바치게 하고, 선혜청이 분등(分等)하여 공인(貢人)에게 내준다.**[121] **9** 오부(五部)의 방민(坊民)을 택하여 공

119 삼남은……예 : 충청도, 전라도, 경상도의 전세를 무명이나 베로 바꾸어 내는 읍은 쌀 1섬은 무명 3필 반으로, 콩 1섬은 무명 2필 반으로 환산한다. 본서 〈호전 전세(田稅)〉 3항 참조.

120 대동과……같다 : 전세를 무명이나 베로 바꾸어 낼 경우 무명과 베의 규격은 샛수는 5새, 길이 35자, 너비 7치이다. 새는 날실의 올수를 가리키는 말로 1새는 80올이므로, 5새는 400올이다. 《典律通補 戶典 田稅》

121 선혜청이 분등(分等)하여……내준다 : 선혜청이 공인에게 공물가를 일

물 주인(貢物主人)으로 삼아 물품의 값을 넉넉하게 정하고 공물 주인에게 미리 마련하여 바치게 하고, 돈이나 쌀, 베 가운데 비싼 것으로 값을 지급한다.〈속〉 **10** 원래 지정한 공물이 부족하면 호조가 별무(別貿)한다. **11** 경기의 전세 명목으로 바치는 공물은 -**2** 사도시, 봉상시, 내자시, 내섬시에 납부하는 것 가운데 대동법 시행 이전에 이미 공물로 만든 것은 호조가 구관(句管)한다. 그러므로 대동법 시행 이후에 '전세 명목으로 바치는 공물[田稅貢物]'이라 칭하였다.- 호조가 해당 관청에 지급한다.〈보〉 **12** 별지정(別卜定)은 -**3** 대내(大內)를 수리할 때 사용하는 종이와 자리의 값, 칙사를 접대하는 데 필요한 잡물(雜物) 등속이다.- 호조가 공목(貢木)과 모곡(耗穀)을 선혜청으로 보내면, 선혜청이 대동미를 공인(貢人)에게 지급하여 준비해서 납부하게 한다. **13** 공물의 연조(年條)를 미리 사고파는 것[122]은 공인(公人)이나 개인을 막론하고 호조와 선혜청이 엄하게 막는다. 범하면 산 자와 판 자는 같은 죄이고, 주관하는 당상도 죄를 준

정한 주기를 정하여 내주는데, 이 주기를 등(等)이라 한다. 1년에 한 차례 내주는 단등(單等), 두 차례로 나누어 내주는 양등(兩等)이 대표적이고, 그 외에도 7, 8등으로 나누어 내주거나 매달 내주는 경우도 있어 일정하지 않았다.《萬機要覽 財用編3 大同作貢 大同法》

122 공물의……것 : 공인이 선혜청에서 공물의 값을 받을 권리를 다른 관청이나 개인에게 팔면, 권리를 산 관청이나 개인이 미리 공물의 값보다 적은 금액의 은(銀)이나 포목 등을 공인에게 지급하는 것이다. 공인은 공물값을 미리 받는 이익이 있지만 원래 금액보다 적게 받으므로 공물을 사서 바쳐야 할 때 손해를 보는 경우가 생기고 몇 년 후의 공물값까지 사고파는 등 폐단이 있기 때문에 금지하였다.《承政院日記 肅宗 12年 閏4月 26日, 34年 3月 28日》《肅宗實錄 44年 12月 16日》

다. ⑭ 별례(別例)로 더 지정한 공물에 대하여 각사는 작지가(作紙價)를 거두지 못한다. 〈속〉 -④ 원공(元貢)에 대해서만 작지가를 받는다. 해당 관사에 작지가를 바치는데 금액은 일정하지 않다. 〈보〉 - 작지가를 바치라고 요구하면 관원은 추고하고 파출하며, 색리는 장(杖) 100을 치고 조례(皁隷)로 정속(定屬)한다. **또 영(營)과 읍(邑)이 1년 동안 지급해야 할 수를 계산하여 떼어 준다.** 〈속〉 ⑮ 사객(使客)의 접대 및 영과 읍의 관수(官需) 따위이다. 〈보〉 ⑯ 광주(廣州)는 군향(軍餉)에 보태는 용도로, 동래(東萊), 울산(蔚山), 기장(機張)은 왜관(倭館)에 공급하는 용도로, 양산(梁山)은 사포량(射砲糧)[123]으로 떼어 준다. 〈증〉 〈보〉 **남는 쌀은 각기 해당 읍에 저치(儲置)하여 갑작스러운 공용의 수요로 삼는다.** ⑰ 관동은 해마다 경작하는 전결의 수효에 따라 1결당 6말을 거두어 각기 해당 읍에 남겨 두어 공용으로 삼고, 또 영의 관수를 제하고 나머지는 모두 상납한다. ⑱ 남는 쌀이 부족한 읍은 인근의 여유 있는 읍에서 떼어 준다. ⑲ 저치미(儲置米)로 회감(會減)하는 규정은 〈대동사목(大同事目)〉을 따른다. 〈속〉 ⑳ 저치미는 절대로 환곡으로 운용하지 못

123 사포량(射砲糧) : 임진왜란 이후 경상도 연해를 방수(防戍)하는 군사에게 양식을 지급하기 위하여 사포량이라는 명목으로 민결(民結)에서 별도로 거두어 지급하였다. 대동법을 시행한 후로 별도로 거두는 것은 혁파하고, 저치한 새 쌀로 매년 2338섬을 떼어 주어 바다가 잔잔한 6개월 동안 날짜를 계산하여 지급하고 윤달이 든 경우에는 추가로 마련하였다. 양산의 대동을 사포량으로 떼어 준 것은 1759년(영조35) 경상 감사 조엄(趙曮)의 요청에 따른 것이다. 《承政院日記 肅宗 3年 12月 25日》《萬機要覽 財用編3 大同作貢 各道劃給》

한다. 이를 어기고 환곡으로 운용하면 도(徒) 3년으로 정배(定配)하고 7년 동안 금고(禁錮)하며, 저치미를 받아들이지 못한 수량이 10섬 이상이면 의금부로 잡아다 신문하고, 100섬 이상이면 도 3년이다. 마음대로 빌려주거나 분급한 것이 50섬 이상이면 도 2년으로 정배하고 5년 동안 금고하며, 10섬 이상이면 도 1년으로 정배하고 3년 동안 금고하며, 10섬 이하이면 논하지 않는다. 관찰사가 마음대로 각 읍으로 하여금 빌려주게 하면 추고하고, 다른 물품으로 대신 받아들이면 마음대로 빌려준 데 대한 율[124]로 논한다. 허록(虛錄)하면 도형(徒刑)으로 정배하고 허록한 수효를 채워 넣을 때까지 금고한다.[125] 사사로이 제멋대로 매매하고 다른 물품으로 채워 넣으면 비록 진휼을 핑계 대더라도 일체 장률(贓律)로 논한다.〈속〉〈증〉

제 2 항 **해서는 상정법(詳定法)을 시행하는데, 대동법의 규정에 따라 1결(結)당 쌀** ❶ 밭은 좁쌀이다. **15말을 거두어** ❷ 원래 거두는 쌀이 12말이고, 별도로 거두는 쌀이 3말이다.〈속〉 ❸ 황주(黃州),

124 마음대로……율 : 환곡을 마음대로 빌려주거나 분급한 데 대한 형률을 말한다. 환곡을 마음대로 빌려주거나 분급한 것이 50섬 이상이면 도 2년으로 정배하고 5년 동안 금고하며, 10섬 이상이면 도 1년으로 정배하고 3년 동안 금고하며, 10섬 이하이면 논하지 않는다.

125 허록(虛錄)하면……금고한다 : 《대전통편》 〈호전 창고(倉庫)〉에 "허록한 수령은 도 3년으로 정배하고 또 5년 동안 금고하되, 10섬 이하는 논하지 않는다. 전임 수령의 허록을 덮어 둔 후임 수령과 허록을 확인하지 않고 마감한 겸관(兼官)은 도형으로 정배하며 물간사전(勿揀赦前)한다."라고 하였으며, 또 "허록으로 금고된 자는 사면령이 있어도 용서하지 않는다."라고 하였다.

서흥(瑞興), 풍천(豐川), 곡산(谷山), 장연(長淵), 봉산(鳳山), 안악(安岳), 재령(載寧), 수안(遂安), 신천(信川), 신계(新溪), 문화(文化), 장련(長連), 송화(松禾), 은율(殷栗), 토산(兎山)은 쌀과 좁쌀로, 그 나머지 읍은 좁쌀로 거두는데, 모두 돈으로 바꾸어 거둔다. 쌀 1섬은 4냥 5전으로, 좁쌀 1섬은 3냥 5전으로 환산한다. 〈증〉〈보〉 **영(營)과 읍(邑)의 1년 동안의 관수(官需)로 삼고, 진상가미(進上價米)는** ❹ 1500섬 남짓이다. **선혜청에 납부하고, 공물가미(貢物價米)는** ❺ 즉 별도로 거둔 쌀로, 호조가 지정한 수대로 상납하는데, 결수가 호조가 지정한 수보다 많으면 남는 쌀은 저치해 두고, 결수가 모자라면 남은 쌀로 부족한 것을 채운다. **호조에 납부하고, 나머지는 저치한다.**〈속〉

제3항 **관북은 정전(正田)과 속전(續田)에서 마포(麻布)와 좁쌀을 거두어 경각사(京各司)의 공물값과 진상하는 물종(物種)을 사는 값으로 삼는데, 공물값은 상평청에 납부한다. 또 정전에서 쌀, 콩, 잡물(雜物)을 거두어**〈속〉〈보〉 ❶ 안변(安邊)은 정전과 속전을 통틀어 균등하게 낸다. **영(營)과 읍(邑)의 공수(公需)로 삼는다.** ❷ 마포의 샛수와 필수 및 쌀, 콩, 잡물의 정해진 수효는 읍마다 각각 다른데, 상정안(詳定案)에 수록되어 있다. ❸ 북도의 공삼(貢蔘) 110근은 생포(生布)로 대신 납부하는데, 길주(吉州), 안변(安邊), 영흥(永興), 북청(北靑), 함흥(咸興)은 공삼 1근당 생포 37필로, 명천(明川), 덕원(德源), 정평(定平), 문천(文川), 고원(高原), 홍원(洪原), 이성(利城)은 공삼 1근당 생포 30필로 환산한다. 단천(端川)은 전세와 토산물 공납을 모두 면제하는 대신

은(銀)을 호조에 납부한다.〈속〉 4 은 500냥을 봄가을로 나누어 납부한다.〈보〉

제4항 **관서는 전결(田結)에서 쌀을 거두고**〈속〉 1 직로(直路)인 중화(中和), 평양(平壤), 순안(順安), 숙천(肅川), 안주(安州), 정주(定州), 가산(嘉山), 곽산(郭山), 선천(宣川), 철산(鐵山), 용천(龍川), 의주(義州) 및 박천(博川)은 1결(結)당 5말을, 그 나머지 29개 읍은 1결당 6말을 거두는데 관향곡(管餉穀)이라 칭한다.〈보〉 **모속(募屬)에게 베를 거두어서 본도(本道)에 남겨 두어 국역(國役)과 공수(公需)의 비용으로 삼는다.**〈속〉〈보〉 2 본도(本道)는 선혜청에 상납하지 않으므로 공물값은 호조가 공인에게 지급한다.〈속〉

제6조 균역(均役)

제1항 **양정(良丁)의 역은 1필을 줄이고, 공천(公賤)의 신공(身貢)은 반 필을 줄이고, 결역(結役)과 해세(海稅)[126]에서 나오는 것과 군관(軍官)에게서 거두는 것으로 급대(給代)한다.** ❶ 또 병조의 상번(上番)을 줄여서 급대하는 수효를 줄인다. 또 각 영문(營門)과 각 아문 및 각 도(道)의 군보(軍保) 등속을 줄이거나 없애서 이를 여보(餘保)라고 이름하는데, 양인인 여보에게서 쌀과 무명을 거두어서 급대에 보충한다. ❷ 감필(減匹)에 대한 급대는 그해 10월부터 이듬해 4월 내에, 어세(漁稅)와 염세(鹽稅)에 대한 급대는 6월부터 7월 내에 지급한다. 만일 먼저 지급하면 균역청의 당상과 낭청 및 해당 관원을 논죄한다.

제2항 **결전(結錢)은 1결(結)당 5전(錢)을 거둔다.** ❶ 서북 및 양도(兩都)는 거두지 않는다.

제3항 **여결(餘結)에 대해** ❶ 또 면세결(免稅結)이라고 칭하는데, 바로 은루결(隱漏結)이다. ❷ 관북에는 없다. **세를 거두는 것은 원결(元結)의 예대로 한다.** ❸ 비록 재해가 든 해라도 늘리거나 줄이지 못한다.

126 해세(海稅) : 선박에 대한 선세(船稅), 염전과 염분(鹽盆)에 대한 염세(鹽稅), 태전(苔田)·곽전(藿田)·해의전(海衣田)에 대한 세, 어살(漁箭) 등에 대한 어세(漁稅)를 통칭하는 말이다.

제4항 **선무 군관(選武軍官)에게서** ❶ 서북은 없다. **1인당 베 1필을 거둔다.** ❷ 사족(士族) 및 유음(有蔭) 외에 한산(閑散) 가운데 군보(軍保)로 삼기 아까운 자는 15세 이상이면 소속시키고, 60세가 지나면 안(案)에서 제외한다. ❸ 폐질(廢疾)이 있는 자 외에 함부로 탈면(頉免)하면 군역(軍役)에 강정(降定)하고, 수령은 논죄하여 파직한다. ❹ 상을 당한 자는 복상(服喪)을 마칠 때까지는 베를 거두는 것을 면제한다.

제5항 **선박에 대해 세를 거두고,** ❶ 선박의 상판(上板)에 '모 읍(邑), 모 인(人), 모 등(等), -❶ 발(把) 수로 등급을 나눈다. ❷ 10자가 1발이다.- 몇 발의 선(船)'이라 새기고, '균(均)' 자 낙인을 찍는다. 또 장표(掌標)를 지급하는데, 연말에 내년의 장표를 각 읍에 나누어 주며, 올해의 세를 모두 납부한 후에 선인(船人)에게 지급하고 예전 장표는 거두어서 올려보낸다. ❷ 경기는 5등급으로 나누는데, 대선(大船) 25냥부터 소소정(小小艇) 1냥 또는 5전까지이다. 강화(江華)의 별고 어공선(別庫御供船)과 각 진(鎭)의 대변선(待變船), 여주(驪州)의 수참선(水站船), 경강(京江)의 진선(津船), 삼군문(三軍門)의 선박은 세를 면제한다. 선혜청에 소속된 경강의 조운선(漕運船)은 세를 줄여 준다. ❸ 호서는 10등급으로 나누는데, 1등급 30냥부터 10등급 3냥까지이다. 또 소소선(小小船), 간수선(看水船), 시선(柴船), 광선(廣船), 강선(江船)이 있는데 세를 거둔다. 진상 채복선(進上採鰒船), 각 진의 대변선, 조선(漕船), 조운 호송선(漕運護送船), 수영(水營)의 사선(梭船)은 세를 면제한다. ❹ 호남은 9등급으로 나누는데,

대선 40냥부터 소선(小船) 3냥까지이다. 또 소소선, 간수선, 시선, 광선이 있는데 세를 거둔다. 진상선(進上船)과 조선은 세를 면제한다. 5 영남은 바다에는 삼선(杉船), 통선(桶船)[127]이 있고, 강에는 노선(櫓船), 광선이 있는데, 지토세(地土稅)를 거둔다. 삼선은 반 발에 5전인데, 반 발마다 차례로 더한다. 통선과 노선은 삼선과 비교하여 각각 차례로 줄인다. 예를 들어 3발짜리 삼선이 3냥이면 통선은 2냥 5전, 노선은 2냥이다. 나머지도 이 예를 적용한다. 광선은 6등급으로 나누는데, 대광선(大廣船) 6냥부터 소소광선(小小廣船) 1냥까지이다. 행상세(行商稅)는 3발짜리 삼선은 5냥이고, 3발 이상은 지토세의 2배이고, 3발 이하는 청어(青魚) 등을 잡는 철에만 2냥이다. 통선은 삼선과 같으며, 3발 이하의 노선과 광선은 혹 행상(行商)을 하면 지토세와 같다. 또 협선(挾船)과 어정(漁艇)이 있는데 세를 거둔다. 통영(統營)의 진상 채복선, 조선, 산산창(蒜山倉)의 운염선(運鹽船), 진주(晉州) 목장(牧場)의 운고선(運藁船)은 세를 면제한다. 6 관동의 강선(江船)은 중수상선(中水上船) 4냥부터 소어정(小漁艇) 5전까지이다. 삼선과 통선은 예를 들면 3발짜리 삼선이 3냥이면 통선은 차례로 5전을 감하고, 나머지도 이 예를 준용한다. 협선은 발 수를 논하지 않고 모두 1냥이다. 진상선은 세를 면제한다. 7 해서는 5등급으로 나누는데, 대선 20냥부터 소소정 3냥 또는 2냥이다. 또 부선(桴船)이 있는데 세를 거둔다.

127 삼선(杉船), 통선(桶船) : 삼선은 뱃전이 있는 배이고, 통선은 말구유 모양의 뱃전이 없는 배이다.《經世遺表 卷14 均役事目追議2 船稅》

관청과 개인의 추포선(追捕船)은 세를 면제하고, 진상어물사역선(進上魚物使役船)은 세를 줄여 준다. **8** 관서는 1발짜리 선박은 1냥이고, 2발 이상은 차례로 더한다. 목마 간양선(牧馬看養船), 농토선(農土船), 급수선(汲水船)은 세를 면제한다. **9** 관북은 삼선, 아상선(丫尙船), 이선(耳船), 소이선(小耳船)의 4등급으로 나누는데, 삼선 10냥부터 소이선 2냥까지이다. 함흥 본궁(咸興本宮)과 영흥 본궁(永興本宮)의 선박, 준원전(濬源殿)의 호종선(扈從船), 교제창(交濟倉)의 관선(官船), 북병영의 운향선(運餉船)은 세를 면제한다. 상선세(商船稅)와 점선세(點船稅)는 절반을 본도(本道)에 속하게 하되, 본도에 속한 세(稅) 가운데 500냥을 남병영과 북병영에 나누어 준다. 육진(六鎭)은 모두 본읍(本邑)에 남겨 두어 백성 구휼에 대비할 재원으로 삼는다. 흉년에는 미상선(米商船)은 세를 면제한다. **10** 경강의 선박은 4개 진(津)의 별장[128]이 나누어 관장하고, 양도(兩都)는 유수가 관찰사의 예에 따라, 경력이 수령의 예에 따라 관장한다. **11** 사고판 선박은 산 자가 현재 살고 있는 읍에 기록하고, 세 낸 선박은 그대로 본래의 주인이 살고 있는 읍에 기록하되, 세 낸 자에게 장표를 옮겨 주고 두 읍이 공문을 보내 세를 중첩하여 거두거나 탈루하는 것을 막는다. **12** 낙인이 없는 경우에 해당 선박은 속공(屬公)하고, 선주는 형장을 치고 정배(定配)한다. 장표가 없는 경우에 선박과 짐은 속공하고 선주는 엄히 형추하고 변지

128 4개 진(津)의 별장 : 송파 별장(松坡別將), 한강 별장(漢江別將), 노량 별장(露梁別將), 양화도 별장(楊花渡別將)이다. 《續大典 工典 舟車》

에 정배한다. 뇌물을 받고 숨겨 준 감고(監考)도 같은 죄이다. 관아에 고발한 자에게는 속공한 물품의 3분의 1을 지급한다. ⓭ 선박을 측량하면서 규식을 어기고 발 수를 줄이면 수령은 중하게 논죄하고 선주와 감관, 색리는 엄히 형추하고 원지(遠地)에 정배한다. ⓮ 새로 만든 선박과 개조한 선박 가운데 예전에 비해 크기가 커지거나 작아진 것은 해당 읍이 감영에 보고하고 감영이 균역청에 보고하며, 경강에서는 선주가 균역청에 보고한다. 사실대로 보고하지 않으면 선주와 감고는 엄히 형추하고 변지에 정배하며 해당 선박은 속공한다. 해당 진(鎭)과 각 읍이 즉시 거행하지 않으면 논죄한다. ⓯ 선박에는 지토세와 행상세가 있는데, 지토세와 행상세에 대한 장표를 받으면 그해 안에는 여러 도의 여러 읍을 아무 장애 없이 다닐 수 있다. 만일 다시 침탈하면 해당 수신(帥臣)과 수령, 변장에게는 장오율(贓汚律)[129]을 시행한다. ⓰ 궁방(宮房)과 상급 관사, 세력 있는 사부(士夫)가 만들어 준 선박인지 다른 선박인지를 막론하고, 선세를 납부하지 않고 장표를 받아 내려고 하거나 장표가 없는데도 속공을 면하려고 도모하면 해당 궁을 구관(句管)하는 중관(中官)과 해당 관사의 당상과 낭청, 사부의 가장(家長)은 무겁게 감죄(勘罪)한다. ⓱ 세를 면제받은 선박이 장표 없이 운항하면 해당 관원은 잡아다 신문하여 죄목을 정하

129 장오율(贓汚律) : 왕법(枉法), 불왕법(不枉法), 감수자도(監守自盜), 좌장(坐贓) 등을 범죄의 내용에 따라 조율하여 감죄한다고 하였는데, 처벌은 장형(杖刑)부터 유형(流刑)까지이다. 본서 〈호전 전세(田稅)〉 5항 소주 ❻, 《전율통보》 〈형전 율명(律名)〉 참조.

고, 선인은 형장을 치고 정배한다. 18 치패(致敗)될 경우 지방관이 균역청과 감영에 보고하면 탈(頉)을 허락한다. 직접 적간하지 않고 대강 논보(論報)한 지방관은 논죄한다. **염분(鹽盆)과**

19 경기는 3등급으로 나누는데, 대부(大釜) 12냥부터 소부(小釜) 1냥까지이다. 남양(南陽)은 정(井)의 대, 중, 소로 세를 정하고, 광주(廣州)는 정의 등급을 나누지 않는다. 20 호서는 8등급으로 나누는데, 고전(膏田) 1등급 10냥부터 척전(瘠田) 4등급 4냥까지이다. 21 호남은 토분(土盆)과 철분(鐵盆)을 각각 대, 중, 소 3등급으로 나누고, 매 등급마다 또 각기 등급을 나누는데 토질의 좋고 나쁨과 땔감의 귀하고 흔함에 따라 차등을 둔다. 가장 토질이 좋고 땔감이 흔한 읍의 대일등(大一等) 22냥부터 소소등(小小等) 1냥까지이다. 22 영남은 토분과 철분은 6냥, 동토분(童土盆)과 동철분(童鐵盆)은 2냥이다. 23 관동은 토분과 철분은 6냥이다. 24 해서는 4등급으로 나누는데, 대분(大盆) 16냥부터 가협분(加挾盆) 4냥까지이다. 25 관서는 5등급으로 나누는데, 대부 10냥부터 협부(挾釜) 1냥까지이다. 26 관북은 토분은 10냥, 철분은 6냥이고, 반이 파괴된 것은 3냥이다. 문천(文川)의 토분은 4등급으로 나눈다. 함흥 본궁과 영흥 본궁의 염분은 세를 면제한다. 27 경기는 양도(兩都), 광주, 영종(永宗)의 변란에 대비하여 비축하는 장(醬)과 소금의 값으로 288냥을, 관서는 개시염(開市鹽)과 각 진(鎭)의 식염가(食鹽價)로 925냥 남짓을, 관북은 개시염, 삼수(三水)·갑산(甲山)의 인구염(人口鹽), 진(鎭)과 보(堡)에 으레 지급하는 소금, 함흥 본궁과 영흥 본궁의 금화염(禁火鹽)의 값으로 444냥을 떼어 준다. 28 문천(文川)

의 염세(鹽稅)는 절반을 본읍(本邑)에 주고, 육진은 전부를 본읍에 남겨 두어 백성 구휼에 대비할 재원으로 삼는다. **태전**(苔田), **곽전**(藿田), **해의전**(海衣田),[130] 29 호남의 태전, 곽전, 해의전은 경작하는 대로 세를 거두는데, 세는 일정하지 않다. 30 영남 곽전의 세는 1동(同)당 7냥 5전인데, 울산(蔚山)은 10냥이다. 31 관동 곽전의 세는 1동당 7냥 5전인데, 울진(蔚珍)과 평해(平海)는 4냥 4전이다. 32 50조(條)가 1속(束)이고, 50속이 1동(同)이다. **어살**(漁箭)[131]**에 대해서도 세를 거둔다.** 〈보〉 33 경기는 고기잡이의 이익에 따라 세의 다소를 정한다. 어살은 1곳마다 이익이 많은 곳은 24냥, 이익이 적은 곳은 7, 8냥이다. 어조(漁條),[132] 망기(網基),[133] 어기(漁基),[134] **방렴**(防簾), **온돌**(溫

130 태전(苔田), 곽전(藿田), 해의전(海衣田) : 김, 미역 등이 자라는 곳을 가리킨다. 태(苔)는 해태(海苔)로, 감곽(甘藿), 감태(甘苔)라고도 한다. 태는 여러 종류인데, 자태(紫苔), 청태(靑苔) 등 조금씩 다른 5, 6종이 있으며 그중 자태의 속명이 해의(海衣)이고, 방언으로는 짐(眹)이라고도 한다. 곽(藿)은 미역이고, 해대(海帶)라고도 하는데 속명은 마욕(麻欲)이다.《經世遺表 卷14 均役事目追議1 藿稅》

131 어살(漁箭) : 대나무를 벌여 세워서 좌우 울타리를 만들고 윗부분까지 책(柵)을 촘촘하게 하여 물길을 잃고 오갈 데 없는 고기를 잡는 장치이다.《經世遺表 卷14 均役事目追議 魚稅》

132 어조(漁條) : 물고기 떼가 몰려오는 길목에 배를 대고 그물을 쳐서 물고기를 잡는 것으로, 어수(漁隧)라고도 한다.《經世遺表 卷14 均役事目追議1 漁稅》

133 망기(網基) : 살기(箭基)라고도 한다. 어살의 이익과 비슷하다는 것을 통하여 어살과 비슷한 개념으로 볼 수 있을 듯하다. 당초 균역법을 시행할 때 수세(收稅) 대상에서 누락되었다가 추후에 포함되었다.《承政院日記 英祖 30年 5月 4日》

134 어기(漁基) : 지세가 편리하여 고기잡이에 알맞은 곳에 모선(母船)을

堧)은 곳마다 이익이 많은 곳은 13냥, 이익이 적은 곳은 2, 3냥이다. 강화 연자진(燕子津)의 어기(漁磯) 7곳과 교동(喬桐) 서도(黍島)의 어기 1곳은 각각 해당 부에 속하고, 남양(南陽) 줄박서(乼朴嶼)의 어기 1곳은 화량진(花梁鎭)에 속하는데, 모두 세를 면제한다.〈증〉〈보〉 34 호서는 어살을 별(別), 후(厚), 박(薄), 변소(邊小), 주박(注朴) 5가지로 나누고, 또 각기 등급을 나누는데 별 1등 40냥부터 주박 3등 1냥까지이다. 어조(漁條), 어장(漁場),[135] 어기(漁基)는 대선(大船) 8냥부터 소소선(小小船)까지 차례로 2냥씩 줄인다. 35 호남은 어살을 대, 중, 소 3등급으로 나누고 또 각기 등급을 나누는데, 이익이 가장 많은 어살이 70냥이고 가장 적은 어살이 3냥이다. 또 소소전(小小箭)이 있는데 세를 거둔다. 어조, 어장, 어기는 이익이 가장 많은 배는 40냥, 가장 적은 배는 20냥이고, 1등선(等船) 100냥부터 7등선 40냥까지이다. 방렴, 호통(扈桶 통발), 망고(網罟) 따위에 대해 세를 거두는데, 일정하지 않다. 36 영남의 어장과 청어장(靑魚場)은 선박의 대중소를 논하지 않고 휘리선(揮罹船)은 15냥이고 세망선(細網船)은 5냥이고, 큰바다의 거휘리선(擧揮罹船)은 20냥이고, 또 5분의 1을 세로 거두는 곳도 있다. 어조와 방렴은 3등급으로 나누고 또 각각 9등급으로 나누는데, 상1등 90냥부터 상

띄우고 모선 좌우에 여러 배를 날개처럼 벌인 것이다.《經世遺表 卷14 均役事目追議1 漁稅》

135 어장(漁場) : 넓은 바다에서 어족(魚族)이 모이는 장소로, 크고 작은 어선이 그물을 치는 곳을 말한다.《牧民心書 卷6 戶典六條 平賦》《經世遺表 卷14 均役事目追議 魚稅》

9등 10냥까지, 중1등 9냥부터 중9등 1냥까지, 하1등 9전부터 하9등 1전까지이다. 통영과 좌수영의 진상을 위한 어조와 방렴은 세를 면제한다. 경상도의 세(稅) 가운데 1만 냥은 통영에 지급한다. [37] 관동은 어살은 18냥, 휘리선은 대 10냥, 중 7냥 5전, 소 5냥, 소소 3냥이다. [38] 해서는 고기잡이의 이익에 따라 세(稅)의 다소를 정한다. 어살은 어살마다 이익이 많은 곳은 20냥, 적은 곳은 2, 3냥이고, 청어살(青魚箭)은 어살마다 이익이 많은 곳은 250냥, 적은 곳은 4, 5십 냥이다. 망기, 방렴, 온돌은 곳마다 이익이 많은 곳은 10냥, 적은 곳은 4, 5전이다. 휘리선은 선박마다 이익이 많은 것은 20냥, 적은 것은 1, 2냥이다. [39] 관서는 7등급으로 나누는데, 어살은 1등 15냥부터 7등 2냥까지이고, 망기, 어망은 1등 12냥부터 7등 1냥까지이고, 어장은 5분의 1을 세로 거둔다. [40] 관북은 휘리는 1좌(坐)마다 청어를 잡으면 10냥, 잡어(雜魚)를 잡으면 12냥 또는 6냥이다. 덕원(德源)은 절반을 본읍(本邑)에 지급하고, 육진은 전부를 본읍에 남겨 백성 구휼에 대비할 재원으로 삼는다. [41] 어살, 어조, 어장, 어기는 설치하기도 하고 폐지하기도 하며, 선박이 고기잡이하는 기간은 길고 짧음이 있으나 한결같이 세안(稅案)에 따라 세를 거둔다. [42] 어세, 염세, 선세의 10분의 1을 해당 읍과 해당 진(鎭)에 지급한다.〈보〉 [43] 균역법을 시행한 후 사옹원이 거두는 세금 역시 없애고, 천신(薦新)하는 백어(白魚)와 공상(供上)하는 생게[生蟹]는 공물로 만들어 급대한다.〈증〉 [44] 어살 등의 장표도 매년 나누어 주되 혹 다른 읍의 망선(網船)은 물고기를 잡는 읍에서 장표를 받고 선박이 등록된 읍에 반납한다. 45 선박, 염분, 곽전, 어살, 어조, 어장, 어기, 방렴을 막론하고 혹 숨기거나 누락하고 등록하지 않으면 수령은 누결률(漏結律)[136]에 따라 처리하고, 감관과 색리, 본주(本主)는 엄히 형추하고 변지에 정배한다.〈보〉 46 각 영, 읍, 진(鎭)이 정해진 세(稅) 외에 마음대로 거두면 장률(贓律)로 논한다. 무역한다고 일컫고서 싼 값으로 강제로 취하는 경우도 같다.〈증〉

제6항 **선박, 염분(鹽盆), 곽전(藿田), 어살(漁箭) 등속은 매년 초봄에 선혜청 낭청을 보내 대상을 무작위로 추출하여 적간하며, 세안(稅案)은 식년마다 1차례 개정한다.** 1 식년의 전해 가을과 겨울 사이에 감영이 차원(差員)을 정하여 선척을 점검하고 치수를 재며, 염분 등속도 묵히는지 사용하는지 살핀 후 각 읍으로 하여금 세안을 수정하게 하여 감영이 식년 2월에 올려보낸다. 기한을 넘기면 논책한다.

제7항 **여러 도(道)에 회록(會錄)한 쌀과 무명과** 1 삼남(三南)과 양서(兩西)에 회록한다. 2 무명 80동(同), 쌀 500섬, 벼 5200섬을 각 도가 해마다 회록하되, 쌀과 벼는 절반을 환곡으로 운용한다.

136 누결률(漏結律) : 실결(實結)을 숨기거나 누락시킨 데 대한 형률로, 본율인 기은전량률(欺隱田糧律)을 시행하고 추가로 숨기거나 누락시킨 결수에 따라 10결 이상은 3년, 50결 이상은 5년, 100결 이상은 10년 동안 금고한다. 기은전량률은 《대명률》 〈호율 전택(田宅)〉 기은전량(欺隱田糧) 조의 율이다. "전량을 속이거나 숨겨 판적(版籍)에서 빠뜨리면 1무에서 5무까지는 태 40이고, 5무마다 1등급을 더하되 죄는 장 100에 그친다. 그 전토는 관에 들이며, 숨긴 세량은 그 수량만큼 징수하여 거둔다." 본서 〈호전 연분(年分)〉 4항 참조.

군작미(軍作米)는 ❸ 경기와 삼남에 회록한다. ❹ 10만 섬을 환곡으로 운용하여 모곡(耗穀)을 취한다. 비록 가져다 사용할 일이 있더라도 원래의 수효를 축내지 않는다. **해당 도에 남겨 두어 급대(給代)의 부족에 대비하는 재원으로 삼는다.**〈보〉

제7조 조전(漕轉) 대동(大同)과 균역(均役)의 상납 항목을 붙임

제1항 여러 도(道)에 조창(漕倉)을 설치하여 조운(漕運)하는데, ⟨경⟩ ■1 조선(漕船)이 소속된 읍의 세곡(稅穀)은 수령이 영솔하여 조창에 납부한다. ⟨증⟩ ■2 11월 1일에 조창을 열고, 이듬해 1월에 거두어들이는 것을 마친다. ⟨경⟩ ■3 해운(海運)은 다음과 같다. 아산(牙山) 공진창(貢津倉)은 소속된 읍이 아산, 청주(淸州), 천안(天安), 온양(溫陽), 목천(木川), 전의(全義), 연기(燕岐)이고, 조선이 15척이며, 아산 현감을 차사원(差使員)으로 정한다. 함열(咸悅) 성당창(聖堂倉)은 소속된 읍이 함열, 남원(南原), 익산(益山), 금산(錦山), 진산(珍山), 용담(龍潭), 고산(高山), 운봉(雲峯)이고, 조선이 14척이다. 영광(靈光) 법성창(法聖倉)은 소속된 읍이 영광, 광주(光州), 담양(潭陽), 장성(長城), 순창(淳昌), 창평(昌平), 옥과(玉果), 정읍(井邑), 고창(高敞), 곡성(谷城), 동복(同福), 화순(和順)이고, 조선이 29척이다. 옥구(沃溝) 군산창(群山倉)은 소속된 읍이 옥구, 전주(全州), 금구(金溝), 태인(泰仁), 장수(長水), 임실(任實), 진안(鎭安)이고, 조선이 23척이다. 법성창과 군산창은 해당 첨사를 차사원으로 정하며, 성당창은 군산창의 차사원이 겸하여 영솔한다. 창원(昌原) 마산창(馬山倉)은 좌조창(左漕倉)으로, 소속된 읍이 창원, 김해(金海), 거제(巨濟), 함안(咸安), 고성(固城), ⟨경⟩ ⟨속⟩ ⟨증⟩ ⟨보⟩ –■1 동면(東面)과 남면(南面)이다. ⟨보⟩ – 의령(宜寧), 칠원(漆原), 진해(鎭海), 웅천(熊川)이고, 조선이 23척이며, 구산 첨사(龜山僉使)를 차사원으로 정한다. 진주(晉州) 가산창(駕山倉)은 우조창(右漕倉)으로, 소속

된 읍이 진주, 하동(河東), 곤양(昆陽), 고성(固城), 〈증〉〈보〉 -❷ 서면(西面)과 북면(北面)이다. 〈보〉 - 남해(南海), 단성(丹城), 사천(泗川)이고, 조선이 20척이며, 적량 첨사(赤梁僉使)를 차사원으로 정한다. 밀양(密陽) 삼랑창(三浪倉)은 후조창(後漕倉)으로, 소속된 읍이 밀양, 양산(梁山), 현풍(玄風), 영산(靈山), 창녕(昌寧)이고, 조선이 15척이며, 제포 만호(薺浦萬戶)를 차사원으로 정한다. 수운(水運)은 다음과 같다. 충주(忠州) 가흥창(可興倉)은 소속된 읍이 충주, 괴산(槐山), 연풍(延豐), 음성(陰城), 청안(淸安), 진천(鎭川)이고, 수참선(水站船)이 15척이며, 충주 목사(忠州牧使)가 도차사원(都差使員)이 되어 수참선을 정돈하고 뱃사람을 검속하며, 소속된 읍의 수령을 돌아가며 차사원으로 정하여 수참선에 승선하여 영솔하고 납부하게 한다. 〈경〉〈속〉〈증〉〈보〉

❹ 양호(兩湖)의 조선은 1척당 조군(漕軍) 48명인데, 사공 1명과 격군(格軍) 15명을 그중에서 택하여 정한다. 조군 1명당 조복(漕復)[137] 2결(結)을 지급하고, 조선을 새로 건조하는 해에는 1결을 더 지급한다. 조복 1결당 쌀 15말을 거두고 조군 1명당 신포(身布) 2필을 거두어 -❸ 사공과 격군은 신포를 면제한다. 〈속〉 ❹ 면제한 사공과 격군의 신포 2필 가운데 1필은 균역청이 급대(給代)한다. 〈보〉 - 조복미(漕復米)와 함께 해당 조창에 납부하여 사공의 삭료(朔料)와 〈속〉 -❺ 매달 6말인데, 조선에 승선

137 조복(漕復) : 조군에게 지급하는 전지에서 거두는 쌀과 신포를 말한다. 조군 1명당 2결을 지급하여 전세를 면제하는 대신 1결당 쌀 15말을 거두고, 신역을 면제해 주는 대신 신포 1필을 거두어 사공의 삭료와 조선(漕船)의 비용으로 삼는데, 이를 조복 미포(漕復米布)라 한다.

할 때에는 지급하지 않는다.〈보〉– 조선(漕船)의 비용으로 삼는다.〈속〉 ❺ 조운할 때 조선 1척당 기선량(騎船糧)으로 쌀 16섬을 지급하는데 법성창은 2섬 2말을 더 지급하며, 잡비(雜費)로 쌀 4섬 남짓과 콩 5섬, 재가량(在家糧)으로 쌀 32섬, 의자(衣資)로 무명 16필, 경성에 체류하는 비용으로 쌀 37섬, 수장(修裝)으로 쌀 10섬과 – ❻ 조선을 새로 건조한 해에는 지급하지 않는다. 아래의 무명도 같다. – 무명 15필을 지급하는데, 모두 조복미와 신포에서 나오는 것이다. ❻ 영남은 조선 1척당 사공 1명, 격군 15명인데, 조복은 없지만 양호에서 조복을 지급하는 규례에 따라 사공과 격군의 복미(復米) 등의 명색(名色)이 있으며 아래의 선가(船價) 지급에 대한 조항[138]에 보인다.〈보〉 ❼ 수참선은 1척당 사공 1명, 격군 4명인데, 1명당 봉족(奉足)으로 수부(水夫) 3명을 지급하고[139] 수부에게서 각각 신역(身役)으로 벼 3섬을 거둔다.〈속〉〈보〉 ❽ 전세(田稅)를 수납할 때 공리(貢吏)[140]가 납부하는 자를 침탈하여 혹 마질할 때 기준보다 많이 받아들이거나, 혹은 납부하는 자와 공모하여 먼저 자

138 선가(船價)……조항 : 본조 8항 참조.

139 1명당……지급하고 : 수부는 수운(水運)을 담당하는 수참(水站)에 소속된 사람으로, 경기 좌도에 360명, 경기 우도에 292명이 소속되어 1명당 1결 35부의 토지를 지급받았다. 수참선의 사공과 격군 1명당 봉족으로 지급하는 수부는 《속대전》에서는 2명이었다가 《대전통편》에서 3명으로 바뀌었다. 《經國大典 戶典 諸田》《經國大典註解》《續大典 戶典 漕轉》《大典通編 戶典 漕轉》

140 공리(貢吏) : 각 읍의 전세와 공물의 징수 및 납부를 담당하는 향리이다. 향리 가운데 수호장(首戶長), 기관(記官) 등 지식이 있고 부유한 자로 택하여 정하도록 하였다. 《成宗實錄 2年 5月 25日》

기 집에서 몰래 뇌물을 받은 다음 조운하는 세곡을 받는 곳에 와서는 남는 것으로 수효를 채우면, 타인의 고발을 허락하고 무겁게 논죄한다.[141] 고발한 자에게는 범인의 재산을 지급하고, 공리를 제어하지 못한 감납관(監納官)[142]은 논죄한다.[143]

〈경〉 9 공선(公船)의 양식과 비용은 낱낱이 점검하여 배에 실어야 하는데, 유의하여 점검하지 않은 차사원은 파출한다. 10 조복미(漕復米)를 관찰사에게 보고하지 않고 임의대로 개색(改色)하기 위해 빌려주면 저치미를 함부로 빌려준 데 대한 율[144]에 따라 처리한다. 11 조군(漕軍)의 궐액(闕額)이 가장 많은 읍

141 전세(田稅)를……논죄한다 : 전세를 규정보다 많이 받아들인 공리에 대한 처벌은 《증보전록통고》에 "《대명률》 다수세량곡면률(多收稅糧斛面律)로 논하여 장 60이고, 남은 세곡의 수효를 장(贓)으로 계산하여 죄가 장 60보다 무거우면 좌장률(坐贓律)로 논하되, 장 100에 그친다. 남은 세곡을 착복하면 감수자도율(監守自盜律)로 논하여 1관 이하이면 장 80이고 차차 등급을 더하여 40관이면 참수한다."라고 하였다. 《성종실록》에는 규정보다 많이 받아들이거나 뇌물을 받은 공리에 대해 전가입거(全家入居) 또는 전가사변(全家徙邊)에 처한다고 하였다. 《成宗實錄 2年 12月 1日, 3年 8月 14日》《增補典錄通考 戶典 雜令》

142 감납관(監納官) : 조세, 공물 등의 납부를 감독하는 관원을 통칭하는 말이다. 지방에서 전세나 공물 등을 받아들일 때는 해당 수령이 맡기도 하고 별도로 차사원을 정하거나 조관을 파견하기도 하였다. 《成宗實錄 3年 8月 14日》

143 공리를……논죄한다 : 공리의 불법 행위를 제어하지 못한 감납관(監納官)에 대한 처벌은 《대명률》 제서유위율(制書有違律)에 의거하여 장 100이다. 《增補典錄通考 戶典 雜令》

144 저치미를……율 : 대동 저치미(大同儲置米)와 전병선 저치미(戰兵船儲置米)를 함부로 빌려주거나 분급한 것이 50섬 이상이면 도 2년으로 정배하고 5년 동안 금고하며, 10섬 이상이면 도 1년으로 정배하고 3년 동안 금고하며, 10섬 이하이면 논하지 않는다. 본서 〈호전 대동(大同)〉 1항 소주 20 참조. 《續大典 戶典 徭賦》

은 수령은 계청하여 파직하고 색리는 잔폐한 역(驛)에 3년 동안 정속(定屬)시킨다.〈속〉 **12** 조선에 실제로 싣는 양[145]은 양호는 800섬, 영남은 1000섬으로 제한한다.〈증〉 **13** 수참선에 싣는 양은 많아도 200섬을 넘을 수 없다.〈보〉 **14** 규정된 수효보다 더 실으면, 수령과 차사원은 수십 섬이면 3년 동안 금고(禁錮)하고, 100섬이면 5년 동안 금고하며, 선인(船人)은 논죄한다. 개인 물건을 더 실으면 수량의 많고 적음을 막론하고 수령과 차사원은 10년 동안 금고하고, 조졸(漕卒)과 물주(物主)는 장(杖) 100 유(流) 3000리이며, 개인 물건은 속공(屬公)한다.〈속〉〈증〉 **15** 호서는 2월 20일 전에 조선을 출발시켜 3월 10일까지 상납하고, 호남은 3월 15일 전에 출발시켜 4월 10일까지 상납하며, 영남은 3월 25일 전에 출발시켜 5월 15일까지 상납한다. **16** 정해진 기한보다 늦게 실어 출발시키면 수령은 고신(告身)을 빼앗고, 차사원은 논죄하여 파직한다. 정해진 기한 내에 조선을 출발시켰는데도 기한을 넘겨 상납하면 감관과 색리, 사공과 격군은 장 100을 치고 정배(定配)한다.〈속〉 **17** 1월에 조창이 있는 포구에 나오지 않은 수령과 조선을 정돈하여 대기하지 않은 차사원은 파출한다.〈속〉〈보〉 **18** 조운하는 세곡을 싣는 곳 근처에서 장사를 하는 사람이 있으면 지닌 물건은 관청에서 몰수하고 머물게 해 준 자와 단속하지 못한 수령은 논죄한

145 조선에……양 : 조선에 싣는 세곡의 양만을 가리키는 것으로, 각종 잡비(雜費)는 포함되지 않는다.《六典條例 戶典 戶曹 漕轉》

다.[146] 〈경〉 **각 조창의 차사원(差使員)이 조선을 점검하고 영솔하며, 각 읍의 감관과 색리가 함께 조선에 탄다.** 〈속〉 〈보〉 **19** 감관은 세곡을 받아들인 감관을 그대로 보낸다. 만약 구차히 충원하면 세곡의 흠축 유무를 막론하고 수령은 파출하고 좌수(座首)는 장 100을 치고 정배한다. **20** 감관과 색리가 조선에 타지 않고 타인을 대신 보내면 장 100 유 3000리이고, 수령과 숨겨두고 보고하지 않은 차사원은 잡아다 신문하여 죄목을 정한다. 만약 조선이 화재를 입거나 침몰하면 대신 승선한 자는 도신(道臣)에게 무겁게 죄주게 하고 흠축난 세곡은 추징한다. **조선은 일제히 대열을 이루고,** **21** 30척이 하나의 대열이 되어 정박하거나 돌아갈 때에도 차례를 바꾸지 못한다. 어기면 사공은 형추하여 태거(汰去)하고, 압령관(押領官)은 불응위율(不應爲律)[147]로 논한다. **안흥(安興)에서 점고를 받으며,**[148] 〈속〉 **22** 수군우후(水軍虞候)에게 점고를 받는데, 세곡을 내리지는 않고 단지

146 머물게……논죄한다 : 조창 부근에서 장사하는 사람을 머물게 한 자와 단속하지 못한 수령에 대한 처벌은 《대명률》 제서유위율(制書有違律)에 의거하여 장 100이다. 《增補典錄通考 戶典 雜令》

147 불응위율(不應爲律) : 《대명률》 〈형률 잡범(雜犯)〉 불응위 조의 율이다. "마땅히 해서는 안 되는데 하면 태 40이다."

148 안흥(安興)에서 점고를 받으며 : 《속대전》에서는 원산(元山)과 안흥에서 각각 점고를 받도록 규정하였다. 1779년(정조3) 3월에 안흥진(安興鎭)을 혁파하고 홍충 수사(洪忠水使)의 행영(行營)을 안흥에 설치하여 수군우후(水軍虞候)가 관장하도록 하였는데, 조선이 원산을 경유하지 않고 모두 안흥을 경유하므로 원산에서 점고를 받는 것은 불필요하다는 건의에 따라 원산에서 점고하는 것은 폐지하였다. 《續大典 戶典 漕轉》 《正祖實錄 3年 3月 8日》 《日省錄 正祖 3年 3月 9日, 6月 1日》

선척만 점고하고[149] 이어 표지(標紙)를 발급받는다.㉚ 23 점고를 받았다는 첩문(帖文)이 없으면 비록 무사히 경강(京江)에 도착하더라도 감관과 색리, 사공과 격군 등은 장 100을 치고 원지(遠地)에 정배하고, 차사원은 잡아다 신문하여 죄목을 정하고, 수령은 논죄한다. -7 이는 바닷길로 운반하는 삼남(三南)의 경우를 가리킨다.- **지나는 부근 읍에서 호송하고,**㊎ 24 각 읍은 경내의 서초(嶼草)의 위와 아래, 안과 밖에 표지를 세우며, 조선 1척당 물길을 잘 아는 사람 2, 3인이 함께 승선하여 길을 안내하고 차례로 다음 읍에 이관하는데, 문서를 주어 증명하게 한다. 호송하는 데 유의하지 않은 수령과 변장은 파출한다. 치패(致敗)된 곳이 변장의 관할 구역 안이면 변장을 파출하고, 변장이 없는 읍이면 지방관을 파출한다.㊎㉚ 25 역풍을 만나 머물러 있으면 지방관은 감관을 정하여 군사를 거느리고 가서 수호하게 하며 관찰사에게 보고하고, 관찰사는 지방관이 보고한 문서를 첨부하여 호조에 공문을 보낸다. 아무 이유 없이 오

149 세곡을……점고하고 : 태안(泰安)의 안흥 부근은 물살이 빠르고 암초가 많아 조선의 치패(致敗)가 잦았다. 1669년(현종10) 굴포(掘浦)의 남쪽과 북쪽에 각각 안민창(安民倉)을 설치하여 5월 1일 이후 원산에서 점고를 받은 조선은 안흥에서 세곡을 내려 남창에 납부하게 하고, 내린 세곡은 10리쯤 되는 북창까지 육로로 운반하는 한편 조선은 빈 배로 바다를 지나 북창에서 다시 세곡을 싣게 하였으며, 단 4월 그믐 이전에 원산에서 점고를 받은 조선은 곧바로 서울로 납부하도록 하였다. 그러나 안민창의 설치로 조선의 치패는 막을 수 있었으나, 세곡을 내려 육로로 운반하여 다시 조선에 싣는 과정에 동원되는 백성의 고충과 운송 비용의 부담, 시일의 지체 등을 이유로 이는 중지하였다.《備邊司謄錄 顯宗 10年 2月 10日 安民倉事目》《承政院日記 肅宗 2年 5月 11日, 3年 5月 6日》《燃藜室記述 別集 卷11 政教典故 漕運》

랫동안 머무르는데도 즉시 독촉하여 보내지 않으면 수령은 파출하고 향소(鄕所)는 엄히 형추(刑推)하고 죄를 준다. 연미정(燕尾亭)은 강화 유수(江華留守)가 근처의 변장을 택해서 차사원으로 정하여 호송을 주관하게 하고, 차사원의 성명을 미리 호조에 보고한다. 봉상포(鳳翔浦)는 통진 부사(通津府使)가 호송을 주관한다. 연미정과 봉상포에 도착하여 지체하면 차사원과 통진 부사를 무거운 쪽으로 논죄한다. 26 상납하는 모든 선박에 대해 똑같이 거행한다. **경강(京江)에 도착하면 즉시 호조의 당상과 낭청이 점검한다.** 27 양천(陽川)의 물길을 안내하는 선인(船人)이 영솔하여 경강에 넘긴 후에 즉시 초면(初面)의 관령(管領)에게 보고하면, 관령은 곧바로 수본(手本)으로 호조와 해당 아문에 보고한다. 어기는 자는 엄히 형추한다.〈속〉 28 해당 읍의 세곡 품질을 살피기 위해 포대에 넣어 봉한 곡대봉(斛帒封)[150]을 모두 말로 되어 곡대봉의 곡식이 세곡보다 품질이 낮고 수량이 흠축났으면 수령을 논죄하고, 조선에 실은 세곡의 품질이 낮고 수량이 흠축났으면 감관과 색리, 사공을 무겁게 감죄(勘罪)한다. 29 조선에 실은 대동미도 같은 방식으로 점검한다.〈보〉

제2항 조선으로 운송하는 것 외에는 선박을 임대하여 운송한다.〈증〉

150 곡대봉(斛帒封) : 배 1척마다 1곡(斛)의 세곡을 포대에 넣어 봉하고 도장을 찍은 다음 궤(櫃)에 넣고 자물쇠로 잠가 세곡의 품질 검사에 대비한 것이다. 경강에 도착한 후 배에 실린 세곡을 무작위로 추출한 것과 비교하여 품질과 양을 검사한다.《萬機要覽 財用編2 漕轉 漕規》

1 조창에 소속되지 않은 여러 읍은 지토선(地土船)이 없으면 선박을 임대하여 상납한다. 조창에 소속되지 않은 읍은 다음과 같다. 경기는 여주(驪州), 파주(坡州), 수원(水原), 남양(南陽), 이천(利川), 장단(長湍), 풍덕(豐德), 통진(通津), 교동(喬桐), 죽산(竹山), 양근(楊根), 삭녕(朔寧), 안성(安城), 마전(麻田), 김포(金浦), 교하(交河), 가평(加平), 진위(振威), 지평(砥平), 적성(積城), 연천(漣川), 음죽(陰竹), 양성(陽城), 양지(陽智)이다. 호서는 홍주(洪州), 청풍(淸風), 임천(林川), 단양(丹陽), 한산(韓山), 서천(舒川), 면천(沔川), 서산(瑞山), 대흥(大興), 공주(公州), 홍산(鴻山), 제천(堤川), 덕산(德山), 평택(平澤), 직산(稷山), 정산(定山), 청양(靑陽), 은진(恩津), 연산(連山), 이성(尼城), 부여(扶餘), 석성(石城), 비인(庇仁), 남포(藍浦), 결성(結城), 보령(保寧), 해미(海美), 당진(唐津), 신창(新昌), 예산(禮山), 영춘(永春)이다. 호남은 나주(羅州), 능주(綾州), 장흥(長興), 순천(順天), 여산(礪山), 보성(寶城), 고부(古阜), 영암(靈巖), 진도(珍島), 낙안(樂安), 김제(金堤), 임피(臨陂), 만경(萬頃), 광양(光陽), 용안(龍安), 부안(扶安), 함평(咸平), 강진(康津), 남평(南平), 흥덕(興德), 무장(茂長), 무안(務安), 구례(求禮), 흥양(興陽), 해남(海南)이다. 해서는 장산곶(長山串) 이남 읍인 연안(延安), 평산(平山), 옹진(甕津), 배천(白川), 금천(金川), 해주(海州), 강령(康翎), 토산(兎山)이다. 강원도는 영서(嶺西) 읍인 춘천(春川), 철원(鐵原), 영월(寧越), 이천(伊川), 원주(原州), 낭천(狼川), 홍천(洪川), 양구(楊口), 인제(麟蹄), 횡성(橫城), 안협(安峽)이다.〈속〉〈증〉〈보〉 2 지토선이 없는 읍은 경강(京江)의 선박을 막론하고 선주(船主), 사공(沙工), 선졸(船卒)

등을 근각(根脚)이 있는 자를 택하여 세곡을 싣도록 허락하고, 거주지와 아비의 이름, 가구(家口)를 베껴 호조에 보고한다. 이를 어긴 수령은 잡아다 신문하여 죄목을 정한다. ⟨속⟩ **3** 지토선 상판의 균(均) 자 낙인과 선박을 등록한 읍 이름 및 선박의 길이 및 너비의 치수를 새겨 넣은 것에 착오가 있으면 선주는 형추하고 원지(遠地)에 정배한다. **4** 훈련도감의 선박이 2차로 운송하는 것은 5월 초순으로 한정한다. 기한이 지나면 해당 읍으로 하여금 사선(私船)을 모집하여 실어 보내게 한다.[151] ⟨증⟩ **5** 실제로 싣는 수량은 1000섬으로 한정한다. 각 읍 간 거리의 멀고 가까움을 살펴서 4, 5개 읍마다 1명의 차사원을 정하여, 나누어 싣는 것을 점검하고 선박이 출발한 날짜를 먼저 호조에 보고하게 한다. 보고한 날짜가 사실과 다르면 차사원은 보상불실률(報上不實律)[152]에 따라 처리한다. 상납할 기한, 감관과 색리가 함께 승선하는 것 등의 일은 모두 조선과 같다. **6** 기준 수량을 초과하여 추가로 실으면 수령과 선인(船人)은

151 훈련도감의……한다 : 세곡을 운송하는 훈련도감의 선박은 강화의 대변선(待變船) 10척으로, 봄과 여름에는 삼남의 세곡을 운송하여 그 운임을 군수에 보충하도록 하였다. 주로 전라도의 세곡을 운송하였는데, 상납 기한이 지난 5, 6월 이후에 세곡을 운송하여 치패(致敗)되는 폐단이 심하였기 때문에 2차 운송의 기한을 5월 초순으로 한정하고 이후에는 사선(私船)을 이용하도록 하였다. 《承政院日記 正祖 7年 7月 12日》《萬機要覽 軍政編2 訓鍊都監 舟車》

152 보상불실률(報上不實律) : 《대명률》〈형률 사위(詐僞)〉 대제상서사불이실(對制上書詐不以實) 조의 율이다. "대제(對制)나 주사(奏事), 상서(上書)를 할 때, 속이고 사실대로 하지 않으면 장 100 도 3년이다." 대제는 임금 앞에서 직접 질문에 대답하는 것이다.

논죄하고, 사곡(私穀)을 추가로 실으면 선졸(船卒)과 물건 주인은 장(杖) 100 유(流) 3000리이고, 단속하지 못한 차사원은 잡아다 신문하여 죄목을 정하고 사곡은 속공(屬公)한다. 사곡을 추가로 싣는 데 대한 처벌은 상납하는 모든 선박에 똑같이 적용한다. 7 경강의 부유한 사람이 도사공(都沙工)이라 칭하면서 맨손으로 삼남으로 내려가 각 읍에 부탁하여 세미(稅米)를 미리 받고, 선가(船價)를 가지고 배를 사고 사람을 고용한 다음 그 나머지 세미를 돈으로 바꾸어 육로로 올라오면[153] 도사공은 한강 가에서 효시(梟示)하고, 수령은 무거운 쪽으로 논죄한다.[154] 8 세곡을 선박에 실은 후 마음대로 선박을 바꾸면 감관과 색리, 사공과 격군(格軍)은 고의로 선박을 치패(致敗)시킨 죄[155]에 따라 처리하되 1등급을 감한다. 〈속〉 9 경기의 육로로 운송하는 9개 읍인 인천(仁川), 부평(富平), 안산(安山), 용인

153 경강의……올라오면 : 도사공은 선가로 낡은 선박을 산 후 걸식하는 포구 백성들을 모아 사공, 격군이라 칭하며 세곡의 일부를 운송하게 하고 자신은 세곡의 일부를 돈으로 바꾸어 육로로 올라왔는데, 이 과정에서 해로로 운송하는 선박이 대부분 치패되어 세곡이 손실되는 것은 물론 세곡을 건져내고 개색(改色)하는 과정에서 연해 백성들이 입는 피해가 매우 컸다. 《承政院日記 英祖 11年 12月 25日》

154 수령은……논죄한다 : 도사공이 세미를 미리 받아서 돈으로 바꾸어 육로로 올라오는 과정에서 수령이 일 처리를 소홀히 한 잘못이 있으면, 해당 수령은 《대명률》 불응위율(不應爲律)에 따라 장 80으로 논죄한다. 《增補典錄通考 戶典 漕轉》

155 고의로……죄 : 세곡을 실은 선박을 고의로 치패시키면 감관, 색리, 사공, 선주는 모두 효시하고, 격군은 종신토록 절도(絶島)의 종으로 삼고 치패된 세곡을 모두 징수하였다. 본조 5항 참조.

(龍仁), 영평(永平), 양천(陽川), 포천(抱川), 과천(果川), 금천(衿川)은 수령이 백성을 영솔하여 직접 경창(京倉)에 납부한다. 핑계를 대고 오지 않은 수령은 제서유위율(制書有違律)[156]로 논한다. 대동(大同)도 같다.〈속〉〈증〉〈보〉 **10** 경기는 3월 내에 상납하는데, 육로로 운송하는 읍은 연말까지를 기한으로 한다. 해서는 2월 20일 전에 선박을 출발시켜 3월 10일 내에 상납하며, 관동은 4월 내에 상납한다.〈속〉〈보〉 **11** 경기의 육로로 운송하는 읍이 연말까지 모두 납부하지 않으면 수령은 초기(草記)하여 논죄한다.〈증〉 **12** 전세(田稅)를 무명이나 돈으로 바꾸어 거두는 경우 양호와 해서는 3월 내에, 영남과 관동은 4월 내에 상납한다.〈보〉

제 3 항 **대동(大同)도 선박을 임대하거나 혹은 조선에 싣는다.** **1** 경기의 22개 읍[157]과〈증〉 – **1** 선박을 임대하여 전세를 운송하는 읍과 같지만, 파주(坡州)와 교하(交河)는 제외되었다.〈보〉 – 호서의 33개 읍[158]〈증〉 – **2** 선박을 임대하여 전세를 운송하는 읍와 같지만, 청풍(淸風), 단양(丹陽), 영춘(永春)은 제외되었고, 충추(忠州), 태안(泰安), 천안(天安), 온양(溫陽), 음성(陰城)이 추가되었다.〈보〉 – 및 절반을 쌀

156 제서유위율(制書有違律) : 《대명률》〈이율 공식(公式)〉 제서유위 조의 율이다. "제서를 받들어 시행할 때에 어기면 장 100이다." 제서는 황제의 명을 적은 조서(詔書)와 칙서(勅書) 등이다.

157 경기의 22개 읍 : 조창에 소속되지 않은 경기의 24개 읍 가운데 파주(坡州)와 교하(交河)를 제외한 읍이다. 24개 읍은 본조 2항 소주 **1** 참조.

158 호서의 33개 읍 : 조창에 소속되지 않은 홍주(洪州)를 비롯한 31개 읍 가운데 3개 읍이 제외되고 5개 읍이 추가되었다. 31개 읍은 본조 2항 소주 **1** 참조.

로 바꾸어 내는 6개 읍[159]**과**〈증〉-3 무명으로 바꾸어 내는 읍[160] 도 같다.〈보〉- **호남의 23개 읍**[161]**과**〈증〉-4 선박을 임대하여 전세를 운송하는 읍과 같지만, 능주(綾州), 구례(求禮), 남평(南平)은 제외되었고, 정읍(井邑)이 추가되었다.〈보〉- **해서의 7개 읍**[162]**과**〈증〉-5 선박을 임대하여 전세를 운송하는 읍과 같지만, 토산(兎山)은 제외되었다.〈보〉- **관동의 10개 읍**[163]**은**〈증〉-6 선박을 임대하여 전세를 운송하는 읍과 같지만, 인제(麟蹄)는 제외되었다.〈보〉- **선박을 임대하여 상납하는데, 호서의 아산(牙山)은 조선에 추가로 싣는다. 호남의 세 조창(漕倉)에 소속된 7개 읍인 장성(長城), 전주(全州), 영광(靈光), 익산(益山), 고창(高敞), 옥구(沃溝),**

159 절반을……읍 : 대동 가운데 절반은 쌀로, 절반은 무명으로 내는 청주(淸州), 청안(淸安), 진천(鎭川), 목천(木川), 전의(全義), 연기(燕岐)를 말한다. 본서 〈호전 대동(大同)〉 1항 소주 6 참조.

160 무명으로……읍 : 대동을 모두 무명으로 내는 읍인 청풍(淸風), 단양(丹陽), 괴산(槐山), 옥천(沃川), 문의(文義), 회인(懷仁), 연풍(延豐), 회덕(懷德), 진잠(鎭岑), 영춘(永春), 보은(報恩), 영동(永同), 황간(黃澗), 청산(靑山)을 말한다. 본서 〈호전 대동(大同)〉 1항 소주 6 참조.

161 호남의 23개 읍 : 조창에 소속되지 않은 나주(羅州) 등 25개 읍 가운데 3개 읍이 제외되고, 1개 읍이 추가되었다. 25개 읍은 본조 2항 소주 1 참조.

162 해서의 7개 읍 : 장산곶(長山串) 이남의 8개 읍 가운데 토산(兎山)을 제외한 읍이다. 8개 읍은 본조 2항 소주 1 참조.

163 관동의 10개 읍 : 강원도 영서(嶺西)의 춘천(春川) 등 11개 읍 가운데 인제(麟蹄)를 제외한 읍이다. 11개 읍은 본조 2항 소주 1 참조.

함열(咸悅)[164]과 영남의 세 조창에 소속된 19개 읍[165]은〈증〉〈보〉 –[7] 조선으로 전세를 상납하는 읍과 같지만 양산(梁山)은 제외되었다.〈보〉 – 전세와 비율을 나누어 함께 싣는다.〈증〉 [2] 경기의 육로로 운송하는 13개 읍[166]도〈속〉〈증〉 –[8] 전세를 육로로 운송하는 읍과 같지만, 파주(坡州), 양주(楊州), 고양(高陽), 교하(交河)가 추가되었다.〈보〉 – 수령이 영솔하여 상납한다.〈속〉 [3] 대동으로 거두는 쌀은 봄과 가을 2차로 나누어 거두는데, 이듬해 봄에 한꺼번에 모아 상납한다. 해서, 호서, 관동은 2월 20일 전에 선박을 출발시켜 3월 10일 내에 상납하며, 호남은 3월 15일 전에 선박을 출발시켜 4월 10일 내에 상납하며, 영남은 3월 25일 전에 선박을 출발시켜 5월 15일 내에 상납한다. 경기는 봄과 가을로 나누어 상납하는데, 가을에 상납하는 것은 육로로 운반하는 읍과 선박으로 운반하는 읍 모두 10월 내에, 봄에 상납하는 것은 이듬해 3월 내에 상납한다.〈속〉〈보〉 [4] 선박을 임대하여 운반하는 등의 절차는 선박을 임대하여 전세를 상납하는 절차와 같

164 호남의……함열(咸悅) : 호남의 세 조창은 함열(咸悅) 성당창(聖堂倉), 영광(靈光) 법성창(法聖倉), 옥구(沃溝) 군산창(群山倉)이다. 7개 읍 가운데 함열과 익산(益山)은 성당창, 장성(長城), 고창(高敞), 영광은 법성창, 전주(全州), 옥구는 군산창 소속이다. 본조 1항 소주 [3] 참조.

165 영남의……읍 : 창원(昌原) 마산창(馬山倉) 소속 9개 읍, 진주(晉州) 가산창(駕山倉) 소속 7개 읍, 밀양(密陽) 삼랑창(三浪倉) 소속 5개 읍으로 도합 21개 읍이다. 여기서 서면, 북면은 가산창에, 동면, 남면은 마산창에 소속되어 중복된 고성을 1개 읍으로 계산하고 양산(梁山)을 제외하면 19개 읍이다. 세 조창의 소속 읍은 본조 1항 소주 [3] 참조.

166 경기의……읍 : 전세를 육로로 운송하는 경기의 9개 읍에 4개 읍이 추가되었다. 9개 읍은 본조 2항 소주 [9] 참조.

다.〈보〉 **5** 전세와 대동, 군보미(軍保米)를 하나의 선박에 함께 실은 경우에는 호조에 납부한 후에 비로소 다른 아문에 납부한다. 납부하는 순서를 어기면 감관과 색리, 사공과 격군은 무겁게 감죄(勘罪)하고, 수령은 초기(草記)하여 논죄한다.〈증〉 **6** 납부하지 않은 양이 가장 많은 읍의 수령은 임금에게 아뢰어 처치한다.〈속〉 **7** 대동을 무명이나 돈으로 바꾸어 거두는 경우는 모두 1월에 상납한다.〈보〉

제 4 항 **영솔하는 차사원이 50척 이상을 치패(致敗)하지 않으면 논상(論賞)하고,** **1** 자궁(資窮)[167]이 되지 않았으면 준직(準職)[168]에 제수하고, 자궁이면 가자(加資)한다.〈속〉 **2** 아산 현감(牙山縣監)과 법성 첨사(法聖僉使), 군산 첨사(群山僉使)가 2년 동안 조선에 승선하여 무사히 영솔하여 운반하면 아산 현감은 우직(右

167 자궁(資窮) : 관원의 자급이 당하관으로서 가장 높은 당하 정3품까지 올라가 더 이상 올라갈 수 없는 경우로, 문관은 통훈대부, 무관은 어모장군까지 오른 것을 가리킨다. 자궁이 된 당하관은 원칙적으로 준직(準職)을 거친 뒤에 당상관으로 올려 주었으나, 준직을 거치지 않고 곧바로 당상관으로 올려 주기도 하였다. 자궁은 계궁(階窮)이라고도 불렀다. 《經國大典註解 吏典 薦擧》《磻溪隨錄 卷13 任官之制 褒貶》

168 준직(準職) : 정3품 당하관이 당상관으로 올라가기 전에 거치도록 한 당하 정3품의 관직을 가리킨다. 《전율통보》에서는 "봉상시 정, 종부시 정, 종부시 판교, 통례원 좌통례는 만 30개월을 근무하면 당상관으로 올려 준다."라고 하였고, 《양전편고》에서는 "통례원 좌통례, 승문원 판교, 봉상시 정, 교서관 판교, 군기시 정은 만 30개월을 근무하면 당상관으로 올려 준다." 라고 하였다. 《續大典 吏典 外官職》《大典通編 吏典 除授》《典律通補 吏典 京官格式》《兩銓便攷 東銓 陞資》

職)[169]에 승진시켜 서용하고, 법성 첨사와 군산 첨사는 변지의 수령[170]에 제수한다. 구산 첨사(龜山僉使)와 적량 첨사(赤梁僉使), 제포 만호(薺浦萬戶)가 2차례 흠축 없이 영솔하여 운반하면 감영이 장계로 가자하기를 청한다. 〈증〉 **3척 이상을 치패하면 논죄한다.** ❸ 3척 이상은 장(杖) 80, 6척 이상은 장 80을 치고 자급을 강등하고, 8척 이상은 파출한다. ❹ 차사원이 물길로 운반하는 것을 싫어하여 마음대로 육로로 올라오다가 100섬 이상을 흠축나게 하면 파출한다.

제5항 조선이 치패(致敗)되면 지방관은 보고를 듣는 즉시 저녁이든 밤이든 따지지 말고 직접 가서 건져 낸다. ❶ 치패 후 2일 내에 직접 가지 않은 자와 향소(鄕所)를 대신 보낸 자, 개색(改色)을 꺼려서 모두 건져 내지 않아 바닷가 백성이 훔쳐 먹도록 내버려 둔 자는 의금부로 잡아다 신문하여 죄목을 정한다. 바닷

169 우직(右職) : 높은 직위를 가리키는 말이다. 품계가 높은 직위는 물론이고, 동일한 품계의 직위라도 소속 관사의 품계가 높은 관직도 우직에 해당되었다. 이와 반대로 낮은 관직은 좌직(左職)이라고 하였다. 육조와 사헌부, 사간원은 우직을 거쳤으면 다시 같은 관사의 좌직에 의망하지 못하도록 규정하였지만, 홍문관과 세자시강원은 구애되지 않았다. 《經國大典註解》《增補文獻備考 卷195 選擧考12 銓注4》

170 변지의 수령 : 변경 지역 가운데 수령, 첨사, 방어사를 지내면 그 이력을 인정하여 특정한 자리로 옮겨 주는 혜택을 주는 곳을 변지라고 불렀다. 수령이 임명되는 변지는 평안도의 강계(江界), 위원(渭原), 초산(楚山), 벽동(碧潼), 창성(昌城), 삭주(朔州), 의주(義州)와 함경도의 부령(富寧), 회령(會寧), 종성(鍾城), 온성(穩城), 경원(慶源), 경흥(慶興), 무산(茂山), 삼수(三水), 갑산(甲山)이다. 《典律通補 兵典 外官職》

가 백성이 치패된 것을 보고도 즉시 달려가 지방관에게 고하지 않으면 엄히 형벌하고, 수령이 평소 신칙하지 않은 죄는 불응위율(不應爲律)[171]로 논한다. **2** 치패된 곳이 지방관의 관아와 거리가 다소 멀면 물길을 안내하는 선박이 먼저 근처의 변장(邊將)에게 급히 가서 고한다. 변장이 즉시 건져 내지 않으면 의금부로 잡아다 신문하여 죄목을 정한다.〈속〉 **3** 치패된 선박의 쌀 1말은 물에 젖으면 4되 5홉이 불어나는데, 쪄서 말리면 3되 9홉 2사가 줄어드니, 만약 1섬이면 열미(劣米)는 5말 8되 8홉이다.[172]〈속〉〈보〉 **4** 치패된 곳과 세곡을 낸 본읍(本邑)의 거리가 1일 노정이면 증미(拯米)와 열미(劣米)를 모두 본읍이 단독으로 담당하여 개색(改色)하고, 2일 노정이 넘으면 증미는 치패된 곳의 지방관이 담당하여 개색하고, 열미는 세곡을 낸 본읍이 준비하여 납부한다.〈속〉 -**1** 가령 원래 쌀이 1섬이면 건져 말린 쌀에 해당하는 9말 1되 2홉은 백성에게 나누어 주어 개색하고, 열미 5말 8되 8홉은 민결(民結)에서 거두어 납부한다.〈보〉 - **5** 부패하여 먹을 수 없는 증미는 백성에게 나누어 주지 말고 관찰사에게 보고하면 관찰사가 장계로 보고한다. 즉시 건져 내지 않아

171 불응위율(不應爲律) : 《대명률》〈형률 잡범(雜犯)〉 불응위 조의 율이다. "마땅히 해서는 안 되는데 하면 태 40이다."

172 치패된 선박의……8홉이다 : 치패된 선박에서 건져 낸 쌀을 증미(拯米), 이를 쪄서 말리는 과정에서 줄어드는 실체가 없는 쌀을 열미(劣米)라 한다. 쌀 1말이 물에 젖으면 4되 5홉이 불어나고, 이를 건져 내어 쪄서 말리면 3되 9홉 2사가 줄어든다. 1섬 즉 15말의 쌀이 물에 젖으면 6말 7되 6홉이 불어나지만 쪄서 말리면 9말 1되 2홉밖에 얻지 못하므로, 이 과정에서 줄어드는 5말 8되 8홉이 열미가 된다.

고의로 부패하게 만들면 수령과 조선을 호송하는 차사원은 추고하고 파출한다. **건져 내지 못한 수량은 해당 선박의 감관과 색리, 사공과 격군(格軍) 등을 엄히 형추한 뒤 징수한다.** ❻ 옥에 가두고 엄히 10차례 형추하며 3년이 지난 뒤에 원래 곡물의 주인인 읍으로 이송하고 기한을 정하여 징수한다. 비록 옥에서 굶주려 죽더라도 징수할 수 없는 형편이면 당사자를 종신토록 절도(絶島)[173]의 종으로 삼는다. ❼ 큰 바다에서 치패되어 사람이 빠져 죽으면 사실을 조사하여 곡식의 징수를 면제하되, 자연적으로 치패된 것인지 의심스러운 경우에는 당사자가 죽은 후에야 징수를 면제한다. ❽ 같은 장소에서 치패된 선박이 3척 이상이면 수호(守護)를 담당한 해당 지방의 임장(任掌)은 장(杖) 100을 치고 정배(定配)한다.[174] **고의로 치패시키면 감관과 색리, 사공, 선주는 모두 효시한다.** ❾ 격군은 종신토록 절도의 종으로 삼고 세곡을 낱낱이 징수한다. 뱃사람이 아니면서 함께 모의한 자도 똑같이 효시한다. 〈속〉 ❿ 뱃사람이 국곡(國穀)을 훔쳐 먹고 고의로 치패시키면 선주는 사형을 용

173 절도(絶島) : 육지에서 멀리 떨어진 섬으로, 죄인을 정배(定配), 충군(充軍)하거나 노비로 삼을 때 대상이 되는 섬이다. 전라도의 제주목(濟州牧), 정의현(旌義縣), 대정현(大靜縣), 진도군(珍島郡)과 경상도의 거제부(巨濟府), 남해군(南海郡)이 대표적이다.

174 같은……정배(定配)한다 : 같은 장소에서 3척 이상의 치패가 일어나는 경우, 바닷가 백성이 증미(拯米)를 받아먹고는 탕감(蕩減) 등의 조치가 내려지는 것을 바라 선인(船人)과 공모를 하였거나 공모를 하지 않았더라도 고의로 치패시키는 정황을 모르지 않았을 것이라는 이유로 해당 지방의 수호를 담당한 임장을 엄히 형추하고 정배하도록 하였는데, 1732년(영조8)의 승전(承傳)이다.《增補典錄通考 戶典 漕轉》

서하여 종신토록 흑산도(黑山島)의 종으로 삼는다. 선박에 세곡을 실을 때 바닷가에 있는 창고에 나오지 않은 수령은 제서유위율(制書有違律)[175]을 시행하고 5년 동안 금고(禁錮)한다. 백성들에게 토색질하는 관리를 단속하지 않은 수령은 불응위율(不應爲律)로 논하고 3년 동안 금고한다.〈증〉

제 6 항 **물에 불리면 주모자는 효시한다.** ❶ 한 배의 선인은 모두 엄히 형추한다. 물에 불린 사실을 안 사람은 극변(極邊)[176]에 정배(定配)하되, 노약자는 도(徒) 3년으로 정배한다.[177] 〈속〉 ❷ 물에 불렸는지가 의심스러운 경우에 범한 자는 엄히 형추하고 정배한다.〈증〉 ❸ 물에 불린 곡식을 받아들인 창고의 관원은 원래 세

175 제서유위율(制書有違律) : 《대명률》〈이율 공식(公式)〉 제서유위 조의 율이다. "제서를 받들어 시행할 때에 어기면 장 100이다." 제서는 황제의 명을 적은 조서(詔書)와 칙서(勅書) 등이다.

176 극변(極邊) : 북쪽의 평안도와 함경도의 변경 지역과 남쪽의 경상도와 전라도의 바닷가 지역 중 거리가 가장 멀고 생활 환경이 좋지 않은 지역을 말한다. 《승정원일기》에 나타난 극변 정배의 사례를 보면 평안도의 의주(義州), 용천(龍川), 강계(江界), 위원(渭原), 삼화(三和), 구성(龜城), 창성(昌城), 벽동(碧潼), 함경도의 갑산(甲山), 삼수(三水), 무산(茂山), 회령(會寧), 부령(富寧), 경원(慶源), 경흥(慶興), 경성(鏡城), 종성(鍾城), 온성(穩城), 이산(理山), 경상도의 곤양(昆陽), 고성(固城), 웅천(熊川), 낙안(樂安), 사천(泗川), 하동(河東), 칠원(漆原), 기장(機張), 전라도의 광양(光陽), 흥양(興陽), 해남(海南), 강진(康津) 등이 해당된다.

177 물에 불린……정배한다 : 세곡을 물에 불린 정황을 안 사람에 대한 처벌은 극변 정배(極邊定配)이지만 연로한 자와 나이가 어린 자는 구별하여 도 3년으로 정배하도록 하였는데, 1732년(영조8)의 승전(承傳)이다. 《增補典錄通考 戶典 漕轉》

곡을 낸 읍에 무기한 정배한다. **10섬 이상을 훔친 자는 효시하며,** ❹ 5섬 이상을 훔친 자는 장(杖) 100 유(流) 3000리, 5섬 이하를 훔친 자는 장 100이다. **흠축난 곡식은 선박을 영솔한 사람과 사공, 격군(格軍) 등에게 고르게 징수한다.** ❺ 당사자가 거주하는 읍에 공문을 보내 받아 내며, 3년이 지났는데도 징수하지 못한 수령은 파출한다. **창고에 납부할 때 감관과 색리, 사공과 격군이 고의로 지연시키며 농간을 부리면 무겁게 논죄한다.** ❻ 창고에 들이지 않은 곡식이 10섬 이상이면 장 100을 치고 정배하고, 20섬 이상이면 절도(絶島)에 정배한다.〈속〉

제 7 항 **전세와 대동을 상납할 때 잡비(雜費)가 있다.**〈보〉 ❶ 전세의 잡비는 1섬당 가승(加升)과 곡상(斛上) 각각 3되, 인정(人情) 2되, 이가(二價)〈속〉〈보〉 -❶ 하선가(下船價)와 입창가(入倉價)이다.- 7홉 5사,〈속〉 -❷ 여러 관사의 거리에 따라 더하거나 줄이는데, 거리가 멀면 3되이다.〈보〉- 창 공인(倉貢人)의 역가(役價) 6되, 창작지가(倉作紙價) 5되인데 -❸ 콩일 경우에는 3되이다.- 2섬에서 그친다. 호조 공인의 역가와 호조의 작지가(作紙價)는 각각 1말 2되 5홉인데, -❹ 콩일 경우에는 7되 5홉이다.- 모두 5섬에서 그친다.[178] 잡비는 원래의 수효 외에 추가로 거두는데, 양호와 영남의 조령과 죽령 부근 12개 읍[179]의 이가는 원래의 수효 내

178 창작지가(倉作紙價)……그친다 : 상납하는 수효가 1000섬이 넘더라도 창작지가는 2섬을, 호조 공인의 역가와 작지가는 각각 5섬을 넘지 않도록 한 규정이다.《大典通編 戶典 收稅》

179 영남의……읍 : 조령 부근 읍인 안동(安東), 상주(尙州), 예천(醴泉), 용

에서 마련한다.〈속〉〈보〉 2 삼수미(三手米)의 잡비는 곡상과 인정만 있는데, 원래의 수효 외에 추가로 거둔다. 3 대동의 잡비는 양호는 1000섬당 66섬 10말, -5 13섬 남짓은 선인(船人)에게 축미(縮米)로 지급한다.- 영남은 60섬인데, -6 30섬은 뱃사람에게 축미로 지급한다.- 원래의 수효 이외에 추가로 거둔다. 입창가는 3되인데 창고의 거리에 따라 더하거나 줄이며, 원래의 수효에 포함되어 있다. 관동은 읍마다 각기 다른데, 입창가는 삼남과 같다. 경기는 잡비가 없는데, 다만 강창(江倉)에서 받아들일 때에는 입창가가 3되이며, 원래의 수효 이외에 추가로 거둔다. 4 별수미(別收米)의 곡상, 인정, 이가는 전세와 같은데, 원래의 수효 내에서 마련한다. 5 화전에 대한 전세의 잡비는 원전(元田)과 같은데, 다만 창작지가는 없다. 전세를 무명으로 바꾸어 거두는 경우도 같다.〈보〉 6 치패(致敗)된 선박의 세곡을 다시 납부하는 경우에는 가승이 없다.〈속〉 7 전세를 무명으로 바꾸어 거둘 때의 잡비는 1필당 인정은 돈 2푼이며, 호조의 작지가는 무명 1자 7치 5푼인데 10필에 그치며, 또 1필을 유치하고, -7 유치하는 법은 아래 〈잡세(雜稅)〉 조에 보인다.180 - 역가는 무명 2자 6치 2푼 5리인데 15필에 그치며, 창역가는 1필당 4자 2치이다. 잡비는 원래의 수효 외에 추가로 거둔다. 8 삼수미를 무명으로 바꾸어 거둘 때의 잡비는 인

궁(龍宮), 문경(聞慶), 함창(咸昌), 비안(比安)과 죽령(竹嶺) 부근 읍인 순흥(順興), 영천(榮川), 풍기(豐基), 봉화(奉化), 예안(禮安)을 말한다. 본서 〈호전 전세(田稅)〉 3항 소주 8 참조.

180 유치하는……보인다 : 본서 〈호전 잡세(雜稅)〉 9항 소주 참조.

정만 있는데, 전세를 무명으로 바꾸어 거둘 때의 인정과 같다. 9 전세를 돈으로 바꾸어 거둘 때와 화전의 전세를 돈으로 바꾸어 거둘 때의 잡비는 전세의 잡비와 같지만, 잡비도 돈으로 바꾸어 거둔다. 영남은 이가가 없고, 해서의 산군(山郡)[181]은 곡상, 가승, 이가가 없고, 별수미의 잡비는 인정만 있다. 10 대동을 무명으로 바꾸어 거둘 때의 인정은 돈 3푼인데 원래의 수효 외에 추가로 거둔다. 대동을 돈으로 바꾸어 거둘 때도 같다. 〈보〉 11 관북의 공물가(貢物價)와 진상물종가(進上物種價)의 쇄마가(刷馬價) 및 공용의 잡비는 원래의 수효 안에서 마련한다. 12 전세와 대동을 전용(轉用)하거나 방납하는 것을 엄히 막는다.[182] 〈속〉 13 위미와 위태를 방납하는 것과 각 군문(軍門)이 위미와 위태를 요청하여 취득하는 것을 일절 금지한다.[183] 〈증〉 14 무명으로 바꾸어 거두는 전세와 대동을 수령이 돈으로 받아들여 무명으로 바꾸어 내면 수령은 탐오율(貪汚律)[184]로 논하고 종신토록 금고(禁錮)한다.[185] 〈속〉 15 무명으로 바꾸

181 해서의 산군(山郡) : 신계(新溪), 곡산(谷山), 수안(遂安), 서흥(瑞興) 네 읍이다. 본서 〈호전 전세(田稅)〉 3항 소주 7 참조. 《萬機要覽 財用編2 收稅 山郡田稅作木布錢》

182 전세와……막는다 : 《속대전》 〈호전 요부(徭賦)〉에 있다.

183 위미와 위태를 방납하는……금지한다 : 《대전통편》 〈호전 요부(徭賦)〉에 있다.

184 탐오율(貪汚律) : 장오율(贓汚律)이다. 장오율은 왕법(枉法), 불왕법(不枉法), 감수자도(監守自盜), 좌장(坐贓) 등을 범죄의 내용에 따라 조율하여 감죄(勘罪)한다고 하였다. 《전율통보》 〈형전 율명(律名)〉 참조.

185 무명으로 바꾸어 거두는……금고(禁錮)한다 : 《속대전》 〈호전 요부(徭賦)〉에 있다.

어 거두는 읍의 방납을 부탁받은 해당 낭관은 도형(徒刑)으로 정배(定配)하고, 부탁한 수령은 5년 동안 금고한다.[186] 16 무명, 베, 돈으로 바꾸어 거둔 전세를 육로로 운송하지 않으면 수령은 의금부로 잡아다 처리하고, 감관과 색리는 형장을 치고 정배한다.[187] 〈증〉 17 전세가 창고에 도착했을 때 색리가 뇌물의 유무를 살펴서 뒤에 도착한 것을 먼저 창고에 들이고 먼저 도착한 것을 오래 지체시키면 받은 뇌물을 장(贓)으로 계산하여 논죄하고 잔폐한 역(驛)에 역리(驛吏)로 소속시키며, 뇌물로 받은 물건은 관에 몰수하고 적발하지 못한 감납관은 율에 따라 논한다.[188] 〈속〉 –8 도착한 선후를 비교하여 차례대로 하지 않은 데 대한 율은 태(笞) 40이다.[189] 〈보〉 –

제8항 **조선이 아니면 선가(船價)를 지급한다.** 〈속〉 1 선가는 거리의 원근에 따라 차등이 있는데, 쌀과 콩 각 10섬당 선가가 아주 가까운 읍은 쌀 각 1섬이고, 아주 먼 읍은 3섬이다. 〈보〉 2 조선에 대동(大同)을 실으면 선가를 전부 지급하고, 위미(位米)와 위태(位

186 무명으로 바꾸어 거두는 읍의……금고한다 : 《대전통편》 〈호전 요부(徭賦)〉에 있다.

187 무명……정배한다 : 《대전통편》 〈호전 수세(收稅)〉에 있다.

188 전세가……논한다 : 《속대전》 〈호전 잡령(雜令)〉에 있다. 적발하지 못한 감납관에 대한 처벌은 제서유위율(制書有違律)에 의거하여 장 100이다. 《增補典錄通考 戶典 雜令》

189 도착한……40이다 : 《대명률》 〈호율 창고(倉庫)〉 수지유난(收支留難)조의 "물건을 받으러 오거나 납부하러 온 사람이 도착에 선후가 있는데, 주관하는 관사의 담당관이 순서대로 받거나 지급하지 않으면 태 40이다."에 의거한 처벌이다.

太)를 실으면 3분의 1을 지급한다. 영남은 양호의 조복(漕復)의 규례를 모방하여 사공과 격군(格軍) 1명당 복미(復米) 2섬과 베 2필 대신 쌀 1섬 5말과 의자(衣資) 3냥,〈속〉〈보〉 –❶ 사공은 5냥이다.– 가해량(駕海糧) 5섬, 호궤미(犒饋米) 1말을 지급하고, 선박 1척당 콩 3섬을 제류미(除留米)로 지급하는데, –❷ 전세는 10섬당 2섬을, 대동은 10섬당 3섬 혹은 2섬 10말, 혹은 2섬 5말을 덜어내어 해당 읍에 남겨 두어 조선의 잡비와 조선을 고칠 때의 비용으로 비축하며, 그 나머지는 환곡으로 나누어 주어 모곡(耗穀)을 취하는데, 이를 제류미라 칭한다.– 〈보〉 선혜청이 구관(句管)한다.〈증〉 ❸ 수참선(水站船)은 쌀과 콩 1섬당 선가가 각각 쌀 7홉 5사이고 회량미(回糧米)는 1척당 3섬 3말이다. ❹ 전세의 선가는 원래의 수효 외에 추가로 거둔다. 대동의 선가와 마가(馬價)는 원래의 수효에 포함되어 있는데, 경기는 원래의 수효 이외에 추가로 거둔다.〈속〉〈보〉 ❺ 선가는 각 창(倉)의 지방관이 차사원과 함께 전세를 받아들일 때 한꺼번에 거두어 출발할 때 뱃머리에서 지급한다.〈속〉 ❻ 무명으로 바꾸어 거둔 전세의 쇄마가(刷馬價)는 원래의 수효 외에 추가로 거두고, 무명으로 바꾸어 거둔 대동의 쇄마가는 저치미(儲置米)로 회감(會減)한다.〈보〉 ❼ 선가를 규정보다 줄여 지급하여 곡물이 흠축나게 하면, 수령은 파직한다. 인정(人情)을 요구하여 거둔 색리와 고자(庫子), 선가를 탈취한 채주(債主)는 장(杖) 100을 치고 정배(定配)한다.〈속〉 ❽ 선가조(船價條)를 상납하기 전에 먼저 손을 대면, 신칙하지 않은 수령은 5년 동안 금고(禁錮)하고, 향소(鄕所)와 색리는 국

곡(國穀)을 훔친 데 대한 율[190]에 따라 처리한다.〈증〉

제9항 본색(本色)으로 상납하는 여러 도(道)의 공물은 상납 기한에 맞춘다.〈속〉 ❶ 잡비(雜費)는 원래의 수효 내에서 마련한다.〈보〉 ❷ 진헌할 석자(席子), 표피(豹皮), 수달피(水獺皮) 등의 물품은 관찰사가 감봉(監封)하여 그해 안에 납부를 마친다. ❸ 여러 읍의 공리(貢吏)는 지식이 있는 자로 택하여 정한다. 수령은 공물의 수효와 상납받는 관사의 이름, 출발한 날짜와 시간, 공리의 성명을 진성(陳省)에 기록하여 호조에 올린다. 호조는 거리의 원근을 살펴서 기한 내에 올라오지 못하였으면 공리를 논죄한다. 진성이 도착한 뒤에 주인(主人)과 사통하여 이득을 보기 위하여 판매하고 즉시 상납하지 않으면 율(律)에 따라 무겁게 논하고,〈경〉 –❶ 나이율(挪移律)[191]로 장(贓)을 계산한다.〈보〉 – 모두 공리와 주인에게 나누어 징수한다.[192] ❹ 지방의 공물에 대한 진

190 국곡(國穀)을……율 : 국곡을 훔치면 훔친 수량을 장(贓)으로 계산하여 처벌하였다. 일반인이 훔치면 《대명률》 〈형률 도적(盜賊)〉 상인도창고전량(常人盜倉庫錢糧) 조에 의거하여, 관리를 맡은 관원이나 아전 등이 훔치면 《대명률》 〈형률 도적〉 감수자도창고전량(監守自盜倉庫錢糧) 조에 의거하여 처벌하였다. 《典律通補 刑典 律名》

191 나이율(挪移律) : 《대명률》 〈호율 창고(倉庫)〉 나이출납(挪移出納) 조에 있다. "각 아문에서 전량(錢糧) 등의 물건을 수납하거나 지급할 때 이미 문안(文案)과 감합(勘合)이 구비되어 있는데, 만약 감림(監臨), 주수(主守)가 정식으로 수납하거나 지급하지 않고 다른 항목으로 전용해서 출납하여 관용(官用)에 충당하면, 모두 장(贓)을 계산해서 감수자도(監守自盜)에 준하여 논한다. 죄는 장 100 유 3000리에 그치며, 자자(刺字)는 면해 준다."

192 여러 읍의……징수한다 : 《경국대전》 〈호전 잡령(雜令)〉에 있다.

성을 호조에 제출하면, 호조는 제출한 날짜, 공물의 이름과 수효를 기록하여 진성과 대조한 후 여러 관사로 넘기되, 여러 관사의 관원이 직접 받아가게 한다. 여러 관사에서 공물을 받아들였다는 명문(明文)을 감봉(監封)하여 호조에 제출한다. 호조가 치부(置簿)와 대조한 후 명문을 공리에게 준다. **5** 호조는 연말에 여러 관사에 상납한 공물의 수효를 살펴 6개 이상의 관사에 납부하지 않은 읍의 수령은 계청하여 파직한다. 〈경〉 **6** 봉상시에 상납하는 공물의 기한을 넘기면 수령은 자급을 강등하되, 통훈대부 이하는 제서유위율(制書有違律)[193]로 논한다. **7** 진상하는 물선(物膳)을 중도에 지체하여 부패하게 되면 외역(外驛)[194]의 찰방은 파출하고, 가지고 온 사람과 역리(驛吏)는 장(杖) 80이다.[195] **8** 지방의 공물을 상납할 때 각사의 사주인(私主人)과 본읍(本邑)의 경주인(京主人) 등이 공리를 침탈하며 폐단을 만들면 장 100이고, 매우 심한 자는 장 100 도(徒) 3년이다. 공리가 진성을 즉각 직접 바치지 않아도 무겁게 논죄한다. **9** 각사의 공물을 방납하는 자는 장률(贓律)로 논하되, 방납을 허락한 서울과 지방의 해당 관원은 1등급을 줄인다.[196] 〈속〉

193 제서유위율(制書有違律) : 《대명률》 〈이율 공식(公式)〉 제서유위 조의 율이다. "제서를 받들어 시행할 때에 어기면 장 100이다." 제서는 황제의 명을 적은 조서(詔書)와 칙서(勅書) 등이다.

194 외역(外驛) : 병조가 직할하는 경역(京驛)인 청파(靑坡), 노원(蘆原)을 제외한 지방의 역을 통칭하는 말이다. 《續大典 兵典 給保》《萬機要覽 財用編3 結錢 收納式》

195 진상하는……80이다 : 《속대전》 〈예전 잡령(雜令)〉에 있다.

196 지방의 공물을……줄인다 : 《속대전》 〈호전 잡령(雜令)〉에 있다.

제10항 균역청에 납부하는 여러 세(稅)는 상납 기한에 맞춘다. ■1 결전(結錢)과 여결세(餘結稅)로 거두는 쌀, 콩, 무명, 돈의 상납 기한은 전세(田稅)를 무명이나 돈으로 바꾸어 거두는 것의 상납 기한[197]과 같은데, 경기의 결전은 2월에, 여결세는 3월에 상납하며, 관서의 여결세는 4월 내에 상납한다. 선무군관포(宣武軍官布)는 10월 내에 상납한다. 어세(漁稅), 염세(鹽稅), 선세(船稅)는 2차례로 나누어 상납하는데, 춘등(春等)은 4월에서 6월 내에, 추등(秋等)은 10월에서 12월 내에 상납한다. 간혹 한꺼번에 상납하는 읍이 있는데, 영남은 이듬해 3월 내에 한꺼번에 상납한다. ■2 기한 내에 상납하지 않거나 선박의 출발 기한을 어기거나 선박에 규정된 수량을 초과하여 적재하면, 수령을 논죄하는 것은 전세와 대동의 상납과 같다.[198] ■3 결전의 쇄마가(刷馬價)는 1바리당 1참(站)마다 5전(錢)이고, 600리가 넘으면 1전을 추가하는데, 원래의 수효 안에서 마련한다. 잡비(雜費)는 쇄마가 1냥당 2푼인데, 원래의 수효 이외에 추가로 마련한다. 선무군관포의 쇄마가도 같지만, 잡비는 없다. 어세, 염세, 선세의 잡비는 쇄마가 1냥당 5푼인데, 원래의 수효 외에 추가로 거둔다. 여결세의 잡비는 결전에 대한 규례를 따른다. ■4 결전의

197 전세(田稅)를……기한 : 충청도와 전라도, 황해도는 3월 내에, 경상도와 강원도는 4월 내에 상납한다. 본조 2항 소주 ■12 참조.

198 기한……같다 : 상납 기한을 어기거나 선박의 출발 기한은 어긴 수령은 고신(告身)을 빼앗는다. 본조 1항 소주 ■16 참조. 규정된 수량을 초과하여 적재한 수령은 수십 섬이면 3년 동안 금고하고 100섬이면 5년 동안 금고한다. 본조 1항 소주 ■14 참조.

잡비를 추가로 받아들이면 색리와 호수(戶首)는 엄히 형추하고 원지(遠地)에 정배(定配)하며 수령은 고신(告身)을 추탈하고 2년이 지난 뒤에 서용한다. **5** 쌀, 돈, 무명을 막론하고 다른 물품으로 바꾸어 상납하면 수령은 10년 동안 금고(禁錮)하고, 색리는 엄히 형추하고 원지에 정배하며, 방납한 사람은 투비(投畀)한다.〈보〉

제11항 **조선은 5년이 되면 피새(皮槊)[199]를 바꾸고,**〈증〉 **1** 피새를 바꾸는 값은 쌀 15섬과 무명 15필이다.〈보〉 **10년이 되면 새로 건조한다.**〈증〉 **2** 새로 건조하는 값은 쌀 48섬과 무명 5동(同)인데, 조복미(漕復米)와 조복포(漕復布)로 지급한다. 피새를 바꿀 때도 같다. **3** 영남의 조선은 3년이 되면 피새를 바꾸는데 값이 쌀 40섬이고, 6년이 되면 삼판(杉板)[200]을 바꾸는데 값이 쌀 30섬이며, 10년이 되면 새로 건조하는데 값이 돈 600냥과 쌀 40섬이고, 모두 제류미(除留米)로 지급한다.〈보〉 **수참선(水站船)은 7년이 되면 피새를 바꾸고,**〈속〉 **4** 피새를 바꾸는 값은 400냥이다.〈보〉 **14년이 되면 새로 건조한다.**〈속〉 **5** 새로 건조하는 값

199 피새(皮槊) : 삼판(杉板) 또는 현판(舷板)이라고 하는 외판(外板)을 고정하기 위하여 삼판을 관통하여 끼운 사각 단면의 뾰죽한 참나무 못이다. 국립해양문화재연구소, 《우리배 용어사전》(dic.seamuse.go.kr/bbs/), 검색일 2021. 9. 24.

200 삼판(杉板) : 둥근 선체의 모양을 이루는 판으로, 배밑 또는 밑판이라 부르는 저판(底板)의 좌우에서 차례로 붙여 올라간다. 삼판끼리는 피새라는 참나무 못을 관통시켜 고정하였다. 국립해양문화재연구소, 《우리배 용어사전》(dic.seamuse.go.kr/bbs/), 검색일 2021. 9. 24.

은 600냥이다. 6 선박을 건조할 목재는 관동과 호서의 목재가 나는 읍에 나누어 지정하는데, 관동은 상정(詳定)으로, 호서는 저치미(儲置米)로 회감(會減)하되, 부족한 수량은 해당 읍에서 더하여 지급한다. 피새를 바꿀 때도 같다.〈보〉 7 조선과 수참선을 기한 내에 피새를 바꾸지 않을 수 없는 경우에는 해당 읍에서 적간하여 보고한다. 8 조선이 기한 내에 훼손되거나 파손되면 사공에게 햇수를 계산하여 생징(生徵)하고, 상납할 때 큰 바다에서 치패(致敗)되면 읍에서 건조하여 지급한다. 돌아오다가 삼가지 않아서 치패되면 사공과 격군(格軍)에게 생징한다. 돌아올 때 거짓으로 치패되었다고 하여 관청의 입지(立旨)[201]를 받아 내어 임의로 내다 팔면 선척(船隻)은 생징하고 범한 자는 사형으로 논죄한다.〈속〉

201 입지(立旨) : 관아에서 개인에게 발급해 주는 일종의 증명서이다. 물건 또는 문권(文券)을 분실하였거나 사람이나 마소를 잃어버렸을 경우, 각종 군사가 탈(頉)을 인정받을 경우, 황무지를 개간할 경우 등에 대하여 관아에서 사실을 인정하고 발급해 주었다.《牧民心書 赴任六條 莅事, 吏典六條 馭衆 稅法》《各司謄錄 嘉林報草 英祖 15年 3月 17日, 忠清水營啓錄 高宗 2年 閏5月 12日》

제8조 **잡세(雜稅)** 신공(身貢) 항목을 덧붙임

제1항 **여러 도(道)의 은이 생산되는 곳에는 은점(銀店)을 설치하고 세를 거둔다.**[202] ❶ 사사로이 은을 채굴하면 종신토록 해도(海島)에 정배(定配)한다. ❷ 호조와 군문(軍門) 및 지방의 각 영(營)과 각 읍을 막론하고 조정에 품의(稟議)하지 않고 새로 은점이나 연점(鉛店)을 설치하면 도신(道臣) 이상은 파직하고, 수령 이하는 의금부로 잡아다 신문한다.[203] ❸ 백성에게 폐해를 끼치는 은점은 혁파한다.

제2항 **삼상(蔘商)이 강계(江界)로 내려갈 때, 호조는 황첩(黃帖)을 주고 세를 거둔다.** ❶ 황첩 1장당 돈 3냥을 세로 거두는데, 송도(松都)에서 청하여 얻는 황첩의 세도 같다. ❷ 황첩 없이 강계로 들어가는 자는 잠상률(潛商律)[204]로 논하고, 원래의 짐바

202 여러……거둔다 : 조선에서 본격적으로 은광을 개발하기 시작한 것은 임진왜란 이후로, 선조 때 단천(端川)에 은점을 설치하고 전세와 공물을 모두 은으로 대신 납부하게 하였다. 1651년(효종2)에는 관에서 파주, 교하, 곡산, 춘천, 공주 등지에 은점을 설치한 후 백성을 모집하여 채취하도록 하고 수세(收稅)하게 하였다. 1687년(숙종13)에는 호조가 은점을 전적으로 관장하고, 별장을 보내 간검하고 수세하게 하였다. 이후로 더욱 많이 설치되어 68개 읍에 은점이 있었다. 본서 〈호전 대동(大同)〉 3항 소주 ❸ 참조. 《萬機要覽 財用編4 金銀銅鉛》

203 호조와……신문한다 : 조정의 관문(關文) 없이 은점과 동점을 개설할 경우 관찰사에게는 제서유위율(制書有違律)을 시행하고, 지방관은 도배(徒配)하고 또 3년 동안 금고(禁錮)하도록 하였다. 《日省錄 正祖 11年 3月 21日》

204 잠상률(潛商律) : 관의 허가를 받지 않고 법으로 금지되어 있는 물품을

리[205]는 속공(屬公)한다. ❸ 관서 감영과 희천(熙川), 운산(雲山), 신광(神光) 등의 진(鎭)은 고개 부근의 요로(要路)에서 황첩을 살핀 후 강계로 들어가는 것을 허락한다. 황첩 없이 개인적으로 삼을 사고팔면 산 자와 판 자 모두 잠상률로 논한다. ❹ 사상(私商)이 강계 사람과 몰래 삼을 사고팔면 다른 사람이 잡아 고발하는 것을 허락하되, 몰래 매매한 삼화(蔘貨)는 전부 고발한 사람에게 준다.[206] ❺ 삼이 생산되는 읍의 수령이 경내에서 몰래 삼을 사고파는데도 발각하지 못하였다가 다른 일로 인하여 드러나면 수령을 엄하게 감처한다. 알지 못하여 금하지 못하면 불찰죄(不察罪)[207]로 논한다. ❻ 관동 각 읍은 진상하는 삼을 사는 삼상 외에 다른 도의 사람이 삼을 사면 본도(本道)에서 장(杖) 100을 치고 정배한다.

제3항 삼상이 왜관(倭館)에 피집(被執)[208]하기 위하여 내려가면, 동

비밀리에 매매한 자를 처벌하는 법률을 말한다.

205 원래의 짐바리 : 황첩 없이 거래한 삼을 가리킨다.

206 사상(私商)이……준다 : 금삼 절목(禁蔘節目)의 한 조항이다. "황첩이 없는 사상이 강계 백성과 몰래 삼을 매매하면, 황첩이 있는 자와 민간의 고발을 들어주어 삼은 모두 고발한 자에게 주고 범인은 죄주지 않는다."《備邊司謄錄 英祖 14年 7月 2日》

207 불찰죄(不察罪) : 해당하는 율명은 없으나《대명률》〈호율 창고(倉庫)〉 전량호상각찰(錢糧互相覺察) 조의 "관의 전량을 횡령하거나, 훔쳐서 쓰거나, 빌리거나 빌려주어서 창고에서 빠져나간 사실을 알고도 숨기고 적발하지 않거나 고의로 묵인하면 모두 범인과 더불어 같은 죄이다. 각찰을 제대로 하지 못하면 3등급을 줄이며, 죄는 장 100에 그친다." 등을 참고할 수 있다.

208 피집(被執) : 동래부에서 차출하고 호조에서 승인받은 상역(商譯)들이

래부(東萊府)는 호조의 공문에 준하여 세를 거둔다. ❶ 10분의 1을 세로 거둔다. ❷ 호조의 공문 없이 몰래 사고팔면 전부를 속공(屬公)한다. 공모한 훈도(訓導)와 별차(別差)는 법에 준하여 감단(勘斷)한다. ❸ 왜관의 상고(商賈)는 동래부가 신원이 확실하고 사리를 조금 아는 자를 택하여 호조에 후보자로 보고하면, 호조가 차첩(差帖)을 작성하여 지급한다. 30명의 정원 가운데 우수한 자를 택하여 6명을 행수(行首)로 삼고, 행수가 각각 4명을 거느리는데, 거느리는 자가 죄를 범하면 행수는 범인보다 1등급을 감하여 논죄한다. ❹ 호조의 성책(成冊)에 누락된 삼상과 성책에 이름이 오른 뒤에 피하려고 도모한 삼상과 제멋대로 방납한 자는 종신토록 변원(邊遠)에 정배한다. ❺ 공문(公文) 없이 몰래 삼화(蔘貨)를 왜관으로 보낸 자는 경성부터 동래부까지의 대로(大路), 중로(中路), 소로(小路)와 주변 지방에서 타인이 고발하는 것을 허락하는데, 삼화의 절반은 속공하고 절반은 고발한 자에게 준다. 1근 이상을 고발한 자는 명화적(明火賊)을 체포한 예에 따라 논상(論賞)한다.[209] 미처 동래부에 도착하지 못하고 고발당하면 감죄(勘罪)하지 않는다.

왜관의 개시(開市)를 통해 은을 사기 위하여 저들에게 먼저 그 값으로 백사(白絲)나 인삼(人蔘)을 잡히던 일을 말한다.《萬機要覽 財用編5 單蔘 附被執蔘》

209 명화적(明火賊)을……논상(論賞)한다 : 명화적 5명 이상을 지시하거나 체포한 자는 출신(出身)과 한량(閑良)이면 가자(加資)하고, 공천과 사천은 면천하고, 향리와 역리(驛吏)는 면역(免役)한다. 1, 2명을 지시하거나 체포하면 출신은 6품직으로 천전(遷轉)하고, 양인과 천인은 쌀과 베로 시상한다.《續大典 刑典 捕盜》

제 4 항 경강(京江)에 도착한 공용(公用)과 사용(私用)의 목재는 세를 거둔다.[210] ■1 10분의 1을 세로 거둔다. ■2 판상(板商)도 호조의 첩문(帖文)을 받는다.

제 5 항 지방의 무녀(巫女)에게 세를 거둔다.[211] 〈속〉 ■1 1명당 무명 1필을 거두는데, 샛수는 5새를 초과해야 하고 길이는 40자이며,[212] 돈으로 대신 납부하면 3냥 5전이다. 또 3필 이상이면 1필을 유치한다. 〈속〉〈보〉 –■1 유치하는 법은 아래에 보인다.[213] – 역가(役價)는 6냥을 초과할 수 없고, –■2 무명으로 거두는 경우에는 3필을 초과할 수 없고, 3필 미만이면 작지가(作紙價)와 역가 모두 없다. – 작지가는 1명당 1전이다. 〈보〉 ■2 함경도 명천(明川) 이남은 베

210 경강(京江)에……거둔다 : 뚝섬에 수세소(收稅所)를 설치하고 호조의 계사(計士) 2원을 파견하여 강물에 띄워 내려보낸 목재에 대한 세를 거두는 일을 관장하게 하였는데, 강물의 얼음이 풀린 후부터 입직하고 강물이 얼면 입직을 그만두었다.《萬機要覽 財用編4 戶曹各掌事例 附算學》

211 지방의……거둔다 : 세를 거두는 대상을 지방의 무녀로만 한정한 것은 도성에는 무녀가 거주할 수 없었기 때문이다. 1777년(정조1)에도 서울에 거주하는 무녀를 모두 강외(江外), 즉 한강 이남으로 내쫓고 무녀에게 세를 거두는 것을 폐지하였다가 1779년 다시 세를 거두기로 하였다.《대전통편》에는 "무녀에 대해 포를 거두는 것은 지금 폐지되었다."라고 되어 있으나, 이는 잘못된 내용이므로 바로잡으라는 정조의 지시가 반영되지 않은 결과이다.《續大典 刑典 禁制》《承政院日記 正祖 1年 9月 2日, 3年 1月 29日, 9年 6月 20日》《大典通編 戶典 雜稅》

212 샛수는……40자이며 :《속대전》에서는 대동목의 규례에 따라 5새, 35자를 기준으로 하였다.《續大典 戶典 雜稅》

213 유치하는……보인다 : 본서 〈호전 잡세〉 9항 참조.

1필을 거두는데, 돈으로 대신 납부하면 2냥 5전이다.[214] ❸ 양서는 관향(管餉)에 회록(會錄)한다.〈속〉

제6항 **장인(匠人)에게** ❶ 양남의 장인에게만 세가 있다. **세를 거둔다.**[215] ❷ 돈으로 대신 납부하면 2냥 3전이다. 작지가(作紙價)는 5푼이고, 나머지 역가(役價) 등은 무녀에게 거두는 세와 같다.〈보〉

제7항 **각사의 공천(公賤)**〈속〉 ❶ 즉 시노비(寺奴婢)로, 신공은 예전에는 사섬시에 속하였고, 지금은 호조에 속한다.[216] 내노비(內奴婢)의 신공은 내수사에 속한다.〈증〉〈보〉 **가운데 16세 이상, 60세 이하에게는 신공(身貢)을 거둔다.**[217]〈경〉 ❷ 노(奴)에게는 무명 1필을 거두는데, 관서의 명주와 은이 생산되는 읍에서는 명주와 은으로 대신 납부하며,〈속〉〈증〉〈보〉 -❶ 명주는 20자, 은은 1냥이다.〈보〉 - 비(婢)의 신공은 전부를 줄였다.[218] 그러나 작지가(作

214 함경도……5전이다 : 함경도 명천 이남, 즉 남관(南關)의 무녀에게는 베 1필을 거두었다. 이를 돈으로 대신 납부하면 3냥 5전이나, 1741년(영조17) 1필당 1냥을 줄여 2냥 5전을 거두는 것을 정식으로 삼았다.《萬機要覽 財用編2 巫稅》

215 장인(匠人)에게 세를 거둔다 :《육전조례》에서는 장인 1명당 1필을 세로 거두는데, 지목(地木)으로 받아들이고 돈으로 대신 납부하면 2냥 3전이라고 하였다.《六典條例 戶典 戶曹 雜稅》

216 신공은……속한다 : 사섬시가 관장하던 노비 신공이 1704년(숙종30) 호조로 이관되고 사섬시는 폐지되었다.《肅宗實錄 30年 8月 5日》

217 각사의……거둔다 :《경국대전》,《속대전》,《대전통편》의 〈호전 요부(徭賦)〉에 있다.

218 비(婢)의……줄였다 : 면포 1필을 내던 비의 신공은 1774년(영조50)

紙價)와 역가(役價)는 노와 비 모두 내는데, 1구(口)당 3전이고, 〈증〉〈보〉 -2 후전(後錢)이라 한다. 호조의 작지가와 역가가 각 6푼이며, 나머지는 사섬시로 보낸다.- 관북은 베 -3 후포(後布)라고 한다.- 12자, 영남은 무명 -4 후목(後木)이라 한다.- 6자 7치이다.-5 호조의 작지가가 1자 2치, 역가가 1자 4치이며, 나머지는 사섬시로 보낸다.- 3 신포로 거두는 무명은 40자이고, 베는 4새이다.〈보〉 4 북도 내노(內奴)의 신공은 좁쌀 1섬인데, 남관은 상납하고, 북관은 각각 해당 읍에 봉류(捧留)해서 비변사가 구관(句管)하여 진휼 재원으로 삼으며, 그 대신 경자년(1720, 숙종 46) 노비 신공의 수효에 따라 호조와 병조가 반씩 나누어 호조는 쌀로, 병조는 무명과 돈으로 매 계절의 첫 달인 1월, 4월, 7월, 10월에 내수사로 보낸다.〈속〉〈보〉 5 경기는 2월, 양호와 해서는 3월, 영남과 관동, 서북은 4월에 상납한다.〈보〉

제8항 **모든 상납하는 베와 무명의 양쪽 끝에는 인장과 읍 이름을 찍는다.** 1 납부하는 자의 성명도 표기한다. 2 무명 대신 돈으로 낼 때는 1필당 2냥이다.[219]〈속〉 3 차세폐목(次歲幣木)[220] 1필은

폐지되었다.《承政院日記 英祖 50年 3月 11日》《英祖實錄 50年 3月 13日》

219 모든……2냥이다 :《속대전》〈호전 요부(徭賦)〉에 있다.

220 차세폐목(次歲幣木) : 중국에 매년 바치는 세폐(歲幣)를 마련할 재원으로 삼기 위해 거둔 무명으로, 세폐차목(歲幣次木)이라고도 한다. 1697년(숙종23)의 세공 정식(歲貢定式) 이후 충청, 경상, 전라, 강원, 함경 5개 도에서 일률적으로 전결의 총수에 따라 통상적인 부세 외에 별도로 나누어 정해서 걷고 차세폐라는 이름을 붙였는데, 각 읍에서 곧바로 호조에 납부하게 하였다. 대동법을 시행한 후 차세폐도 대동미 12말 안에 포함되었고, 선혜청에서

대동목(大同木)으로 환산하면 2필이고, 베는 대동포(大同布)와 같다. 〈보〉 4 간사한 짓을 한 자는 장(贓)을 계산하는 율[221]에 준하여 논죄하되 얇은 포목을 낸 자는 등급을 감한다. 중국산 면사로 짠 것을 내면 수령을 농사와 길쌈을 권장하지 않은 죄로 감단(勘斷)한다.[222] [223] 5 각 읍에서 납부한 무명과 돈을 해당 관사 서리의 집에 받아 두면 해당 서리는 감수자도율(監守自盜律)[224]로 논한다.[225] 〈속〉 6 각 군문(軍門)과 각 아문의 신포는 모두 무명으로 거두거나 무명과 돈으로 절반씩 거두는데, 흉년

대동미를 가지고 수량을 맞추어 마련하여 호조로 실어 보냈다. 《承政院日記 英祖 8年 閏5月 29日》

221 장(贓)을 계산하는 율 : 《대명률》 〈형률 수장(受贓)〉 좌장치죄(坐贓致罪) 조의 율이다. "관리나 일반인이 일과 관련 없이 재물을 받으면 좌장(坐贓)으로 죄를 지은 것이다. 각 관련자로부터 받은 재물을 통틀어 계산하여 절반으로 과죄한다. 재물을 준 사람은 5등급을 줄인다. 받은 재물이 1관 이하이면 태 20이고 차차 증가하여 500관 이상이면 장 100 도 3년이다."

222 간사한……감단(勘斷)한다 : 《속대전》 〈호전 요부(徭賦)〉에 있다.

223 수령을……감단(勘斷)한다 : 중국산 솜이나 면사로 짠 무명을 내면 해당 읍 수령을 농사와 길쌈을 권장하지 않은 죄로 처벌하였는데, 해당하는 형률은 제서유위율(制書有違律)이고, 처벌은 장 100이었다. 《新補受教輯錄 戶典 收稅》

224 감수자도율(監守自盜律) : 《대명률》 〈형률 도적(盜賊)〉 감수자도창고전량(監守自盜倉庫錢糧) 조의 율이다. "감림(監臨)이나 주수(主守) 자신이 창고의 돈이나 식량이나 그 밖의 물건을 훔치면, 수범과 종범을 구분하지 않고 병장(併贓)으로 죄를 논한다.……1관 이하는 장 80, 1관을 넘어 2관 500문에 이르면 장 90, 5관이면 장 100, 7관 500문이면 장 60 도 1년, 10관이면 장 70 도 1년 반, 12관 500문이면 장 80 도 2년, 15관이면 장 90 도 2년 반, 17관 500문이면 장 100 도 3년, 20관이면 장 100 유 2000리, 22관 500문이면 장 100 유 2500리, 25관이면 장 100 유 3000, 40관이면 참형이다."

225 각 읍에서……논한다 : 《속대전》 〈형전 장도(贓盜)〉에 있다.

이 든 해에 임금에게 청하여 허락받지 않으면 모두 돈으로 거두어들이지 못한다. 무명의 품질과 샛수, 길이는 모두 정식(定式)을 준수하여야 하고, 서울과 지방의 관원이 정식을 무시하고 퇴짜를 놓으면 엄하게 감단(勘斷)한다.[226] 〈증〉 7 《경국대전》에는 양쪽 끝을 청색 실로 짜는 법이 있다.[227]

제 9 항 **상납하는 베와 무명은** 1 석자(席子)도 같다. **한 해가 지나 상납할 기한을 넘기면** 2 경기는 1월 5일, 호서, 관동, 해서는 1월 10일, 양남은 1월 15일, 서북은 1월 20일이다. **유치하는 것이 있다.** 3 1필이다. 4 3필 미만은 유치하는 것이 없고, 2년이 지나면 1필을 더 유치한다. 5 병조는 번포(番布)[228]의 납부 기한을 넘기면 – 1 당번(當番)이다. – 유치하는데, 나머지는 모두 상납하는 베와 무명의 경우와 같다. 〈보〉

226 각 군문(軍門)과……감단(勘斷)한다 : 《대전통편》 〈호전 요부(徭賦)〉에 있다.

227 경국대전에는……있다 : 《경국대전》 〈호전 요부(徭賦)〉에 있다. 전세, 대동 등 각종 명목으로 상납하는 베와 무명의 길이가 기준에 맞지 않아 퇴짜 놓는 일이 빈번해졌는데, 이를 바로잡기 위하여 1필마다 양쪽 끝을 청색 실로 짜서 구분하는 《경국대전》의 규정을 재확인하고 시행하도록 하였다. 《承政院日記 正祖 23年 5月 22日》

228 번포(番布) : 보인(保人)이 입번하는 군사의 비용으로 내는 포 또는 수군 등 각종 역의 번상(番上)을 면제받는 대신 내는 포를 말한다. 《孝宗實錄 3年 6月 29日》《顯宗改修實錄 2年 1月 5日》《萬機要覽 軍政編3 御營廳 軍摠》

제9조 **요역(徭役)** 복호(復戶) 항목을 붙임

제1항 **전지 8결당 1부(夫)를 차출하며, 요역을 부과하는 일수는 1년에 6일을 초과하지 못한다.** ❶ 거리가 멀어 6일 이상 소요되면 다음 해의 요역에서 초과한 날짜만큼 줄여 준다. 만약 1년에 2차례 요역을 부과할 경우에는 계품하여 허락을 받아야 행할 수 있다. ❷ 경성(京城) 주변 10리 안은 모두 경역(京役)을 부과한다.[229] 〈경〉

제2항 **도성 백성을 부역에 동원할 때에는 《방역사목(坊役事目)》을 기준으로 한다.** ❶ 갑자년(1744, 영조20)에 간행한 《방역사목》이다.[230] 〈속〉 ❷ 오부의 관원이 관할하는 각 방(坊)의 백성을 침탈하는 데 대한 처벌은 〈호전〉의 〈잡령(雜令)〉 조에 보인다.[231] 〈보〉

제3항 **산릉(山陵)과 조사(詔使) 외에는 절대로 요역을 거듭 부과하여 백성을 번거롭게 하지 못한다.** ❶ 칙사가 올 때, 강도(江都)는 홍제원참(洪濟院站)에서 설행하는 연회[232]의 부사(副使)를 접대

229 전지……부과한다 : 《경국대전》 〈호전 요부(徭賦)〉에 있다.

230 도성……방역사목이다 : 《속대전》 〈호전 요부(徭賦)〉에 있다.

231 오부의……보인다 : 본서 〈호전 잡령(雜令)〉 16항에 있다.

232 홍제원참(洪濟院站)에서 설행하는 연회 : 칙사가 서울로 들어오기 전 영의정과 도승지가 홍제원참에 나가 별도로 영접하고 위로하였으며, 돌아갈 때에 홍제원에서 유숙하면 또한 별도로 전별하고 위로하였다. 《通文館志 卷4 事大下 鴨綠江迎勅》《銀臺條例 禮攷 勅使》

하는 연상(宴床) 외에 다른 역은 모두 면제한다.[233] 〈속〉 ❷ 경기는 칙사 행차에 필요한 마부와 말을 민결(民結)에 번갈아 정하고 저치미(儲置米)로 값을 지급한다.[234]

제4항 한강 부근에 거주하는 백성을 모집하여 계(契)를 만들어 국역(國役)에 종사하게 한다.[235] 〈속〉〈보〉 ❶ 운석계(運石契)[236]와 모민계(募民契)가 내수사의 교초(郊草)[237]를 운반하는 일과 호조, 선혜청, 각 관사의 외창(外倉)에서 선박의 곡물을 내리거나 섬을 져서 창고에 들이는 등의 일을 담당한다.[238] 〈속〉 -❶ 곡물을 내리는 값으로 1000섬당 쌀 11섬 7말 5되를 지급한다. 〈보〉 - ❷ 교초를 선박으로 운송할 때에 만일 민간에서 거두어들이는 것이 있으면 장(杖) 100을 치고 정배(定配)한다. ❸ 강가 마을의 양반이

233 산릉(山陵)과……면제한다 : 《속대전》〈호전 요부(徭賦)〉에 있다.

234 경기는…지급한다 : 칙사 행차에 소요되는 마부와 말의 비용은 대동저치미(大同儲置米)로 지급하였다. 《續大典 戶典 徭賦》

235 한강……한다 : 《속대전》〈공전 잡령(雜令)〉에 있다.

236 운석계(運石契) : 운부계(運負契)라고도 한다. 국휼 때 각종 물품을 실어 나르고 호조에서 값을 받던 세마계(貰馬契)의 재정이 악화되어 감당할 수 없게 되자, 1744년(영조20) 한성부가 운부계와 세마계를 합하여 만들었다. 《承政院日記 英祖 33年 10月 20日》

237 교초(郊草) : 들에 자라는 풀로 마소의 먹이, 가가(假家)의 지붕, 군보(軍堡)나 외양간의 방한용 등으로 사용하였다. 《太宗實錄 7年 3月 29日》《光海君日記[中草本] 10年 10月 17日》

238 운석계(運石契)와……담당한다 : 《속대전》〈공전 잡령(雜令)〉에 있다. 《속대전》에는 내수사의 교초를 운반하는 일은 운석계가 단독으로 담당하고, 외창의 곡물을 선박에서 내리는 등의 일은 운석계와 모민계가 반씩 나누어 담당한다고 되어 있다.

존위(尊位)[239]라고 자칭하면서 종을 풀어 폐단을 일으키고 운석계와 모민계에 소속된 사람들이 선박에서 곡식을 내리거나 섬을 져서 창고에 들이지 못하도록 방해하여 계에 소속된 사람들이 관에 고발하면, 가장(家長)은 호강(豪强)한 품관(品官)을 처벌하는 율[240]로 논한다. 4 곡식 섬을 져서 창고에 들일 때 관계 없는 무뢰배가 아무 이유 없이 싸움을 일으켜 탈취하려고 획책하면 장 100을 치고 천사(遷徙)한다.[241] [242] 〈속〉 5 빙계(氷契)는 동빙고(東氷庫), 서빙고(西氷庫), 내빙고(內氷庫)[243]의 얼음을 공급한다. 동빙고와 서빙고에 대해서는 호조와 선혜청이

239 존위(尊位) : 각 동(洞)과 이(里)에 둔 직역의 하나이다. 1711년(숙종37) 양역(良役)을 변통하는 과정에서 상존위(上尊位)와 하존위(下尊位)를 1명씩 정하여 한정(閑丁)을 망보(望報)하는 일을 담당하게 하였다. 1738년(영조14)에는 지방의 이(里)에 존위를 두고, 해당 이(里)의 환자, 군포, 전세의 납부를 새로이 담당하도록 하였다. 또한 동(洞)이나 이(里)에서 일어나는 일을 상부에 보고하기도 하였다. 《肅宗實錄 37年 12月 26日》《各司謄錄 嘉林報草 英祖 14年 8月 4日》《英祖實錄 25年 2月 27日》

240 호강(豪强)한……율 : 호강한 품관이 향곡(鄕曲)에서 압력을 행사하며 백성을 침범하여 학대하면 장 100 유 3000리이다. 《續大典 刑典 禁制》

241 교초를……천사(遷徙)한다 : 《속대전》 〈공전 잡령(雜令)〉에 있다.

242 곡식……천사(遷徙)한다 : 천사는 《대명률》에 규정된 형벌로, 고향으로부터 1000리 밖으로 옮겨 살도록 하는 것인데, 《증보전록통고》에는 비리호송률(非理好訟律)을 시행하여 수교(受敎)대로 장 100 유 3000리에 처한다고 하였다. 《增補典錄通考 工典 雜令》

243 동빙고(東氷庫), 서빙고(西氷庫), 내빙고(內氷庫) : 동빙고는 두모포(豆毛浦)에 있었으며 1만 244정(丁)의 얼음을 저장하여 제향(祭享)에 공급하였다. 서빙고는 한강에 있었으며 13만 4974정을 저장하여 어주(御廚)와 백관에게 반사(頒賜)하는 데 공급하였다. 내빙고는 궐내에 있었으며 4만여 정을 저장하였으나, 1733년(영조9) 절반을 줄이고 1789년(정조13) 또 5000정을 줄였으며 양화진으로 옮겨 설치하였다. 《萬機要覽 財用編5 藏氷》

공물가(貢物價)를 〈속〉〈보〉 - ❷ 봉상시의 공물과 별무(別貿)는 해당되지 않는다. 〈보〉 - 지급할 때, 1섬당 쌀 5홉 8사 남짓을 덜어 내어 〈속〉〈보〉 - ❸ 무명일 경우에는 1필당 1치 4푼 남짓이다. ❹ 또 호조와 선혜청, 진휼청에서 쌀을 지급한다. 〈보〉 - 얼음을 사는 비용으로 삼아 방역(坊役)의 빙미(氷米)[244]를 줄인다. 내빙고에 대해서는 호조와 병조가 얼음을 운반하는 말을 세내는 돈을 한강 가에 거주하는 백성에게 주어 얼음을 납부하는 일을 담당하게 하고,[245] 또 얼음을 사적으로 매매하여 얼음 뜨는 비용의 재원으로 삼하도록 허락한다. 그러나 만약 조종하여 얼음값이 뛰어오르면 계임(契任)을 형장을 치고 정배한다. 〈속〉〈증〉〈보〉

제5항 신역(身役)이 가장 무거운 자[246]는 전세와 대동을 제외하고 잡다한 요역을 면제해 준다. ❶ 신역과 호역(戶役)을 면제해 준 자

244 방역(坊役)의 빙미(氷米) : 얼음을 떠서 빙고에 저장하는 일은 방민(坊民)이 부담하는 역으로, 역을 부담하는 대신 빙미를 거두었다. 그러나 방민의 역이 무겁다는 이유로 빙미는 거두는 경우보다 면제해 주는 경우가 더 많았기 때문에 1741년(영조17) 호조와 선혜청에서 얼음 뜨는 비용을 지급하도록 하고 방민이 지는 빙역(氷役)을 영구히 없앴다. 《承政院日記 英祖 17年 11月 29日》《度支志 卷2 外篇 氷政》

245 내빙고에……하고 : 내빙고에는 3만 6000여 장의 얼음을 저장하였는데, 도성 백성과 한강 가에 사는 백성이 계를 만들어 운반하고 납부하는 일을 담당하였다. 운반하는 비용은 1133냥인데 호조와 병조가 절반씩 지급하였으며, 얼음을 추가로 저장할 경우에도 마찬가지로 얼음값과 운반비를 호조와 병조가 절반씩 지급하였다. 《度支志 卷2 外篇 氷政 式例》

246 신역(身役)이……자 : 조졸(漕卒)과 사옹원 소속의 어부(漁夫), 궁가(宮家)의 시장(柴場) 내에 사는 백성 가운데 산지기로 지정된 20호이다. 《續大典 戶典 徭賦》

는 요역도 함께 면제해 준다.[247] 〈속〉

제6항 부역(賦役)을 균등하지 않게 부과한 담당 관원은 논죄한다. 〈율〉

〈보〉 ❶ 담당 관원이 세를 징수하거나 부역을 차정할 때, 부유한 자를 면제해 주고 가난한 자를 차정하면 피해를 입은 백성이 상급 관사에 고발하는 것을 허락한다. 해당 관원은 장(杖) 100이다. 상급 관사에서 고발을 수리하지 않으면 장 80이다. 재물을 받으면 왕법(枉法)으로 보아 무거운 쪽으로 논한다.[248] [249] ❷ 정부(丁夫)[250]나 잡장(雜匠)[251]을 공평하게 차출하여 보내지 않으면 1인에 태(笞) 20이고, 5인마다 1등급을 더하되 장 60에 그친다. 차출하여 보낸 정부나 잡장이 시간을 끌면서 역에 착수하지 않거나, 역에 종사할 날짜를 채웠는데도 해당 관사에서 돌려보내지 않으면, 1일에 태 10이고 3일마다 1등급을 더

247 신역(身役)이……준다 : 《속대전》 〈호전 요부(徭賦)〉에 있다.

248 부역(賦役)을 균등하지……논한다 : 《대명률》 〈호율 호역(戶役)〉 부역불균(賦役不均) 조에 있다.

249 재물을……논한다 : 상급 관사의 관원이 재물을 받고 고발을 제대로 처리하지 않으면 왕법장(枉法贓), 즉 이미 뇌물을 받았고 또 관리가 법을 집행해야 하는데 스스로 한쪽으로 치우치고 굽혀 남의 뜻을 따른 왕법(枉法)을 저지른 것으로 보아 무겁게 논죄하였다. 《大明律直解 名例律》

250 정부(丁夫) : 정(丁)과 전(田)을 계산하여 징발하는 인부를 일컫는데, 원래 정해진 각종 신역에 차정된 사람으로서 관에 나가 일에 종사하는 사람이 모두 해당한다. 《大明律直解 戶律 戶役》

251 잡장(雜匠) : 각종 장인(匠人)과 기예인이다. 관에서 공작(工作)을 맡으며 교대로 근무하는 장인이다. 《大明律直解 戶律 戶役》

하되 태 50에 그친다.[252] **3** 담당 관원이 사사로이 관할하는 백성을 부리거나, 공역(工役)을 감독하는 관원이 정부나 잡장을 100리 밖으로 보내 사사로이 부리거나 오랫동안 집에 데리고 있으면서 부리면, 1명에 태 40이고 5명마다 1등급을 더하되 장 80에 그친다. 길흉사가 있어서 잠시 데려다 부리는 것은 논하지 않는다.[253] 〈율〉

제 7 항 민호가 도망가서 역에 차정되는 것을 피하면 논죄한다.[254] 〈율〉

〈보〉 **1** 호강(豪强)한 백성이 아들, 손자, 아우, 조카로 하여금 관원[255]을 수행하게 하여 역에 차정되는 것을 은밀히 회피하게 하면 호강한 백성은 장(杖) 100이다. 아들 등을 받아들여 역에 차정되는 것을 은밀히 회피하게 한 관원도 같은 죄이다. 재물을 받으면 장(贓)을 계산하여 왕법(枉法)으로 보아 무거운 쪽으로 논죄한다. 관원을 수행한 사람은 충군(充軍)한다.[256] 민호가 인접한 읍으로 도망가서 역에 차정되는 것을 피하면 장

252 정부(丁夫)나 잡장(雜匠)을……그친다 : 《대명률》 〈호율 호역(戶役)〉 정부차견불평(丁夫差遣不平) 조에 있다.

253 담당……않는다 : 《대명률》 〈호율 호역(戶役)〉 사역부민부장(私役部民夫匠) 조에 있다.

254 민호가……논죄한다 : 《대명률》 〈호율 호역(戶役)〉 도피차역(逃避差役) 조에 있다. "민호가 인접한 지역의 주현(州縣)으로 도망가서 역의 차정을 피하면 장 100을 치고 원적으로 돌려보내어 본래의 역을 지게 한다."

255 관원 : 관할하는 관원 및 현임 관원뿐 아니라 세력이 있는 관원도 해당한다. 《大明律直解 戶律 戶役》

256 호강(豪强)한 백성이……충군(充軍)한다 : 《대명률》 〈호율 호역(戶役)〉 은폐차역(隱蔽差役) 조에 있다.

100이다. 이장(里長)과 제조관(提調官)이 고의로 묵인하거나 인접한 읍에 사는 사람이 숨겨 주면 같은 죄이다. 이장이 쫓아 보내지 않거나, 본래의 읍에서 돌아오지 않게 하거나, 도망간 읍에서 내주지 않으면 장 60이다.[257] 〈율〉

제8항 급복(給復)은 호조와 선혜청의 관문(關文)이 아니면 시행하지 않는다. 1 능(陵)의 수호군(守護軍), 옛 장릉(長陵)[258]의 산지기, 장녕전(長寧殿)의 수호군, 비전지기(碑殿直),[259] 대왕 사친(私親) 묘·세자 사친 묘·대원군 묘·창빈묘(昌嬪墓)·인빈묘(仁嬪墓)의 수직군(守直軍), 왕후 부모 묘·육상궁(毓祥宮) 부모 묘의 묘지기, 소령원 전감(昭寧園典監), 양녕대군(讓寧大君)·효령대군(孝寧大君)·평원대군(平原大君)·제안대군(齊安大君)·영창대군(永昌大君)·승평부원군(昇平府院君) 김류(金瑬) 묘의 묘지기, 명

257 민호가 인접한……60이다 : 《대명률》 〈호율 호역(戶役)〉 도피차역(逃避差役) 조에 있다. "이장이……60이다."라는 것은 "이장이 알고도 쫓아 보내지 않거나, 원래 관할하는 관사에서 공문을 보내어 돌아오지 않게 하거나, 공문을 보내어 돌아오게 했는데도 도망간 민호의 소재 관사에서 잡아 두고 내어 주지 않으면 각각 장 60이다."라고 한 것을 축약한 것이다.

258 옛 장릉(長陵) : 1731년(영조7) 파주 교하(交河)로 천봉(遷奉)하기 이전의 파주 치소(治所) 북쪽 20리에 있던 인조와 인열왕후(仁烈王后)의 옛 능을 말한다. 1635년(인조13) 인열왕후가 승하하자 능을 이곳에 자리 잡게 하고 장릉이라 하였으며, 인조의 능도 이곳으로 하고 그대로 장릉이라 하였다. 《仁祖實錄 13年 12月 17日, 27年 5月 8日》《英祖實錄 7年 8月 30日》

259 비전지기(碑殿直) : 비전(碑殿)은 전라도 운봉현(雲峰縣) 황산(荒山)에 태조가 왜구와 싸워 승전한 것을 기념하여 1577년(선조10) 세운 황산대첩비(荒山大捷碑)를 모신 전각을 말한다. 《宣祖實錄 30年 12月 16日》《承政院日記 英祖 8年 閏5月 17日》

나라 장수 이여매(李如梅)[260]의 봉사손에게 급복한다. **2** 고려에 대해 절의를 지킨 명신인 문충공(文忠公) 정몽주(鄭夢周)와 우정언(右正言) 이존오(李存吾), 국조(國朝)에 절의를 위해 원통하게 죽은 명현인 문정공(文正公) 조광조(趙光祖), 삼학사(三學士) 오달제(吳達濟)·윤집(尹集)·홍익한(洪翼漢), 증 참의 엄흥도(嚴興道) 같은 사람의 묘지기나 사우지기(祠宇直), 두드러진 청백리의 묘지기에 대해서는 임금의 뜻을 여쭈어 급복한다.[261] 〈속〉 **3** 내관(內官), 의녀(醫女), 어승마(御乘馬)의 견마부(牽馬夫), 무신년(1728, 영조4)에 출정한 군사, 진상선(進上船)의 사공과 격군(格軍), 조군(漕軍), 어부(漁夫), 진부(津夫), 수부(水夫), 역리(驛吏), 역졸(驛卒), 역일수(驛日守), 영리(營吏), 각 읍의 인리(人吏), 목자(牧子), 봉군(烽軍), 석자장(席子匠), 각 진(鎭)의 소모군(召募軍), 장원서의 과원지기(果園直), 군기시 시장(柴場)의 모민(募民), 압도(鴨島)[262] 벌지기(洑直), 내수사의 산지기, 갑사

260 이여매(李如梅) : ?~1612. 이성량(李成梁)의 아들이자 이여송(李如松)의 동생으로, 임진왜란 때 흠차 의주위진수참장(欽差義州衛鎭守參將)으로 마병 1000명을 이끌고 이여송을 따라 나왔다가 1593년(선조26) 10월에 돌아갔다. 정유재란 때 총병으로 다시 왔다. 《국역 고대일록 부록 인명록》

261 능(陵)의……급복한다 : 《속대전》 〈호전 요부(徭賦)〉에 있다.

262 압도(鴨島) : 고양군(高陽郡) 남쪽 15리 지점에 있는데, 둘레가 22리이다. 갈대가 생산되는 곳으로 선공감에서 해마다 베어 국용(國用)에 충당했다. 《新增東國輿地勝覽 卷11 京畿 高陽郡》

(甲士),[263] 창모민(倉募民),[264] 경포수(京砲手), 사천(私賤)인 어영군(御營軍),[265] 양서의 신공(身貢)을 바치는 내노(內奴), 궁인(弓人), 시인(矢人), 문화(文化)의 삼성사지기(三聖祠直),〈속〉〈보〉 –1 단군(檀君), 환웅(檀雄), 환인(桓仁)의 사우이다.〈보〉 – 남한산성의 장교(將校)와 군병 등에게 급복한다.〈증〉 4 이전의 급복이 비록 간혹 번다하고 공평하지 않지만, 영(令)을 내리기 이전에 있었던 일이므로 모두 예전대로 한다. 이후로는 계속 아뢰어 청하더라도 허락하지 말고, 급복하지 않을 수 없는 경우는 임금의 뜻을 여쭈어 재가를 받아 시행한다. 5 충신, 효자, 열녀에게 지급한 복호(復戶)는 당사자가 사망한 후에 처나 아들, 며느리가 있으면 그들이 죽을 때까지 그대로 지급하고, 후사가 없

263 갑사(甲士) : 1778년(정조2) 창설한 파문 갑사(把門甲士)를 말한다. 훈련도감의 별기대(別騎隊) 28인과 어영청의 기사(騎士) 12인이 대조회(大朝會) 때에 기구와 복장을 갖추고 계(棨)를 잡고서 정전의 정문을 지키도록 하였다.《承政院日記 正祖 2年 4月 12日》《萬機要覽 軍政編2 訓鍊都監 陪扈, 軍政編3 御營廳 陪扈》

264 창모민(倉募民) : 선혜청, 진휼청, 훈련도감 별대청(別隊廳), 총융청 잠두창(蠶頭倉) 등 각 아문의 한강 가에 있는 창고에 소속된 백성으로 모군(募軍)이라고도 하였다. 이들은 창고 부근에 살면서 창고의 역을 담당하는 대신 방역(坊役)을 면제받았다. 이들이 담당한 창고의 역은 좌경(坐更), 제설(除雪), 훼손된 담장의 수리 등이었는데, 방역에 비하여 매우 가벼웠기 때문에 정해진 수효 외의 모민에게는 방역을 지도록 하였다.《承政院日記 肅宗 1年 12月 21日, 10年 1月 12日》

265 사천(私賤)인 어영군(御營軍) : 어영청 군병 가운데 사천이 많았는데, 이들은 봉족(奉足)이 없으므로 직접 경작하는 토지 50부에 대한 전세 외에는 급복(給復)하였다.《承政院日記 仁祖 5年 1月 25日, 25年 4月 3日》

으면 3년으로 한정한다.[266] 〈속〉 ❻ 능 수호군에 대한 복호는 거주하는 읍에서 획급(劃給)한다.[267] 〈증〉 ❼ 《경국대전》에는 공무로 인하여 사망한 자는 3년 동안, 전사자는 5년 동안 복호하고, 2품 이상의 실직을 지내고 시골로 물러나 사는 70세 이상과 90세 이상의 대소(大小)의 백성[268]은 복호하며, 80세 이상 대소의 백성과 종친과 외척은 솔정과 전지의 다소를 살펴[269] 급복하도록 되어 있다.[270] 〈보〉

266 이전의……한정한다 : 《속대전》 〈호전 요부(徭賦)〉에 있다.

267 능 수호군에……획급(劃給)한다 : 《대전통편》 〈호전 요부(徭賦)〉에 있다.

268 대소(大小)의 백성 : 관원, 평민, 공천, 사천을 포괄하는 개념이다. 《經國大典 兵典 復戶》

269 80세……살펴 : 80세 이상은 솔정 10구 혹은 전지 10결 이하인 자가 해당되고, 종성(宗姓)은 십촌인 단문친, 외성(外姓)과 왕비의 동성(同姓)은 팔촌인 시마친 이상의 친족으로서 전지가 15결 이하인 자가 해당된다. 《經國大典 兵典 復戶》

270 경국대전에는……있다 : 《경국대전》 〈병전 복호(復戶)〉에 있다.

제10조 **창고(倉庫)** 지공(支供)

제 1 항 **매달 초에 호조 낭청이 감찰과 함께 전곡(錢穀)이 있는 각사의 창고를 살펴서 아뢴다.**

제 2 항 **군자감과** ❶ 예전에는 세 곳에 군자감이 있었는데, 경감(京監)과 분감(分監)은 지금은 폐지되어 강감(江監)만 남아 있다.[271] ⟨속⟩ **광흥창은 매년 번고(反庫)한다.** ⟨증⟩ ⟨보⟩ ❷ 남아 있는 것은 소진되어 가고 새로 받아들일 것은 도착하지 않았을 때 호조 낭청을 보내 번고한다. 만약 흠축이 있으면 해당 창고의 관원은 연변(沿邊)에 충군(充軍)하고, 하리(下吏)는 연해읍(沿海邑)에 종신토록 수군(水軍)으로 충정(充定)한다. ⟨증⟩

제 3 항 **여러 관사에서 잡물(雜物)을 출납할 때에는 해당 관원과 감찰이 창고를 봉한다.** ❶ 각각 해당 문서와 창고를 봉한 곳에 직함을 쓰고 서명(署名)과 착압(着押)[272]을 한다.[273] ⟨속⟩ ❷ 군자감

271 예전에는……있다 : 경감은 서부(西部) 여경방(餘慶坊)에 있던 군자감을 가리키며, 분감은 숭례문 안에, 강감은 용산강(龍山江) 북쪽에 있었다. 《新增東國輿地勝覽 卷2 京都下》

272 서명(署名)과 착압(着押) : 서명은 착명(着名), 화서(花署)라고도 하며, 본인의 이름 글자를 변형하여 만든 일종의 사인(sign)을 손으로 직접 쓰는 것이다. 착압은 수례(手例), 화압(花押)이라고도 하며, 일심(一心) 등의 글자를 변형하여 만든 사인을 손수 쓰거나 인장 등에 새겨서 찍는 것이다.

273 여러……한다 : 《속대전》 〈호전 지공(支供)〉에 있다.

판관 이하[274]가 창고 건물을 나누어 담당하는데, 1소장(所掌), 2소장, 3소장, 4소장이라 칭한다. 한 창고의 물품을 모두 사용한 후에 비로소 다른 창고를 연다. 쌀과 밀가루를 출납할 때에는 해당 관원과 서원(書員), 고지기의 이름을 기록하여 훗날 증거로 삼을 수 있게 한다. 3 군자감, 광흥창, 풍저창 등 각사의 쌀과 밀가루를 출납할 때에는 포도청 부장(捕盜廳部將)이 군사를 거느리고 가서 지킨다.〈속〉 4 봉하고 도장을 찍어 표기한 관물(官物)을 원래 봉인한 관청에 청하지 않고서 함부로 개봉하면 장(杖) 60이다.[275]〈율〉

제 4 항 대내(大內)에서 사용하는 물품은 자잘한 것을 제외하고는 승전(承傳)을 받들어 진배(進排)한다.[276]

제 5 항 관할하는 각사에 물품을 납부하라고 요구할 때에는 첩문(帖文)을 사용하는데, 관사의 인신을 찍고 서명(署名)과 착압(着押)을 한다. 1 어긴 자는 파직하고, 하인은 오훼제서율(誤毁制書律)[277]로 논한다. 2 승정원 서리, 사옹원 고정자(庫城上) 등이

274 군자감 판관 이하 : 군자감의 관직 중 정(正)을 제외한 판관, 주부, 직장, 봉사 4원을 가리킨다.《大典通編 吏典 京官職》

275 봉하고……60이다 :《대명률》〈호율 창고(倉庫)〉 수지전량급천개관봉(守支錢糧及擅開官封) 조에 있다.

276 대내(大內)에서……진배(進排)한다 :《속대전》〈호전 지공(支供)〉에 있다.

277 오훼제서율(誤毁制書律) : 제서(制書)를 착오로 훼손한 데 대한 율이다. 제서 등을 버리거나 훼손하면 참형이고, 착오로 훼손하면 각각 3등급을

각사에서 바치는 잡물을 받아들일 때, 인정가(人情價)로 받는 물품을 규정보다 지나치게 징수하여 폐단을 일으키면 장(贓)의 많고 적음을 논하지 않고 잔폐한 역(驛)에 도(徒) 3년으로 정배(定配)한다.

제6항 **군자감의 미곡을 내수사와 내의원에 진배(進排)할 때에는 절대 규정 이상 더 주지 못하게 한다.**[278] 〈속〉 ■1 내수사는 직접 와서 받아 간다.[279] 〈증〉

제7항 **여러 궁가(宮家)와 도감(都監)** 〈속〉 ■1 임시로 설치한 것이다. 〈보〉 **이하 및 액정서와 군문(軍門)에 미곡을 나누어 줄 때, 군자감 소속을 침책(侵責)하는 자는 입계하여 죄를 다스린다.**[280] 〈속〉

제8항 **매년 가을 초에 관찰사는 대읍(大邑), 중읍(中邑), 소읍(小邑)**[281] **하나씩을 추첨하여 환곡을 나누어 주고 창고에 남겨 둔 실제 수효를 적간하여 장계로 보고한다.** 〈증〉

줄이므로 장 90 도 2년 반이다. 《大明律 吏律 公式 棄毁制書印信》

278 관할하는……한다 : 《속대전》 〈호전 지공(支供)〉에 있다.

279 내수사는……간다 : 《대전통편》 〈호전 지공(支供)〉에 있다.

280 여러……다스린다 : 《속대전》 〈호전 지공(支供)〉에 있다.

281 대읍(大邑), 중읍(中邑), 소읍(小邑) : 《경국대전》의 관둔전(官屯田) 분급 규정을 토대로 《목민심서》에서는 부(府), 대도호부(大都護府), 목(牧)을 대읍으로, 도호부와 군(郡)을 중읍으로, 현(縣)을 소읍으로 보았다. 《반계수록》에서는 주와 부를 대읍으로, 군을 중읍으로, 현을 소읍으로 분류하였다. 《經國大典 戶典 諸田》《磻溪隨錄 卷15 職官之制上 外官職》《牧民心書 吏典六條 御衆》

제9항 **수령이 교체된 후 관찰사는 차사원을 정하여 신임 수령과 함께 번고(反庫)하게 하여 장계로 보고한다.** **1** 사실대로 번고하지 않은 관원은 도(徒) 3년으로 정배(定配)한다.

제10항 **맡아 지키는 곡물을 흠축낸** **1** 속칭 무면(無面)이라 한다. **자는 감수자도율(監守自盜律)[282]에 준하여 논죄한다.** **2** 흠축낸 수량이 쌀 70섬 이상이면 해당 관원은 삭직(削職)하고 영구히 서용하지 않으며, 고자(庫子)는 절도(絶島)의 종으로 삼으며, 해당 서리는 장(杖) 100 유(流) 3000리이다. 40섬 이상이면 해당 관원은 파직하고, 고자는 장 100 유 3000리이며, 해당 서리는 장 100 도(徒) 3년이다. 15섬 이상이면 해당 관원은 추고하고, 고자는 장 100 도 3년이며, 해당 서리는 장 100이다. 흠축낸 수량이 15섬이 되지 않으면, 해당 관원은 논하지 않고, 고자와 해당 서리는 각각 해당 관사에서 무겁게 죄를 다스리고 흠축낸 수량대로 받아들인다. 정배(定配) 이상의 죄는 사면령을 적용하지 않는다.〈속〉

282 감수자도율(監守自盜律) : 《대명률》 〈형률 도적(盜賊)〉 감수자도창고전량(監守自盜倉庫錢糧) 조의 율이다. "감림(監臨)이나 주수(主守) 자신이 창고의 돈이나 식량이나 그 밖의 물건을 훔치면, 수범과 종범을 구분하지 않고 병장(倂贓)으로 죄를 논한다.……1관 이하는 장 80, 1관을 넘어 2관 500문에 이르면 장 90, 5관이면 장 100, 7관 500문이면 장 60 도 1년, 10관이면 장 70 도 1년 반, 12관 500문이면 장 80 도 2년, 15관이면 장 90 도 2년 반, 17관 500문이면 장 100 도 3년, 20관이면 장 100 유 2000리, 22관 500문이면 장 100 유 2500리, 25관이면 장 100 유 3000, 40관이면 참형이다."

제11항 **관물(官物)을 전용하거나 속여서 숨기거나 트집을 잡거나 손실을 입히거나 도둑맞거나 빌리거나 빌려준 자는 경중에 따라 논죄한다.** 〈율〉 〈보〉 ❶ 관고(官庫)의 전곡을 서울과 지방 관원이 재량껏 처리한다는 명분으로 전용하거나 방납하면 나이출납률(那移出納律)[283]에 따라 논한다. 〈속〉 ❷ 각 아문의 전량(錢糧) 등의 물품을 전용하였다가 다시 관용(官用)에 채워 넣으면 감수자도율(監守自盜律)[284]에 준하여 논하되 장(杖) 100 유(流) 3000리에 그친다. 감합(勘合)[285]을 발급하지 않고 함부로 권첩(權帖)[286]을 내주거나 혹 감합은 발급하였으나 문안(文案)을 작성하지 않고 물품을 지급하거나, 창고에서 감합을 기다리지 않고 물품을 지급하거나 혹 감합을 받았으나 장부에 기록하지

283 나이출납률(那移出納律) : 《대명률》 〈호율 창고(倉庫)〉 나이출납(那移出納) 조의 율이다. "각 아문에서 전량(錢糧) 등의 물건을 수납하거나 지급할 때 이미 문안(文案)과 감합(勘合)이 구비되어 있는데, 만약 감림, 주수가 정식으로 수납하거나 지급하지 않고 다른 항목으로 전용해서 출납하여 관용에 충당하면, 모두 장(贓)을 계산해서 감수자도(監守自盜)에 준해 논한다. 죄는 장 100 유 3000리에 그치며, 자자(刺字)는 면해 준다."

284 감수자도율(監守自盜律) : 《대명률》 〈형률 도적(盜賊)〉 감수자도창고전량(監守自盜倉庫錢糧) 조의 율이다. 377쪽 주282 참조.

285 감합(勘合) : 관아에 보관하는 저부(底簿) 및 관리와 백성에게 발급해 주는 문안(文案) 양쪽에 수납하거나 지급하는 물품의 종류와 수량을 똑같이 기록하고, 붙여 놓은 저부 및 증표 양쪽의 자호(字號)와 일련번호 위에 인신(印信)을 찍었는데, 이 증표를 문안과 함께 발급하고 반인감합(半印勘合)이라 하였다. 나중에 증표인 반인감합을 저부에 맞춰 봄으로써 문안의 진위를 가릴 수 있었다.

286 권첩(權帖) : 임시로 발급한 도장이 찍히지 않은 지급 명령서이다. 《大明律直解 戶律 倉庫》

않고 물품을 지급하면 죄가 같다.[287][288] ❸ 관물을 본래의 물품으로 운송하지 않고 재물을 가지고 와서 사서 바치면 감수자도율로 논한다.[289] ❹ 창고에 거두어들인 전량이 부족한데도 담당 관리와 한통속이 되어 허위로 통관(通關)[290]을 내주면 허위로 통관을 내준 수량을 계산하여 감수자도율로 논한다. ❺ 위관(委官)[291]이 전량을 점검할 때 부족한데도 한통속이 되어 갖추어져 있다고 보고하면 죄가 같다. 재물을 받으면 왕법(枉法)으로 보아 무거운 쪽으로 논죄한다. 본래의 물품으로 거두어들이지 않고 재물로 환산하여 받고 허위로 주초(硃鈔)[292]를 내주면 감수자도율로 논한다. 납부하는 호(戶)가 실정을 알았으면 2등급을 줄이고 원래 준 장(贓)은 관에 들인다. 동료가 알면

287 각 아문의……같다 : 《대명률》〈호율 창고(倉庫)〉 나이출납(那移出納)조에 있다.

288 감합(勘合)을 발급하지……같다 : 물품을 지급할 때 문서 처리를 제대로 하지 않은 경우도 관물을 전용하거나 방납한 경우와 마찬가지로 장(贓)을 계산하여 나이출납률로 처리한다는 것이다.

289 관물을……논한다 : 《대명률》〈호율 창고(倉庫)〉 전해관물(轉解官物)조에 "관물을 운송할 때 본래 받은 물품을 운반하지 않고 멋대로 재화를 가지고 납부해야 할 곳에서 사들여 관에 납부하면 또한 장(贓)을 계산하여 감수자도(監守自盜)로 논한다."라고 한 것을 축약한 것이다.

290 통관(通關) : 납부해야 할 돈이나 곡식을 전부 납부했을 때 교부하는 문서이다. 《大明律直解 戶律 倉庫》

291 위관(委官) : 일정한 직무의 처리를 위하여 특별히 파견된 관원을 말한다.

292 주초(硃鈔) : 납부해야 할 돈이나 곡식 중 일부를 납부했을 때 임시로 발부하는 붉은색으로 표시한 조표(照票)를 말한다. 《大明律直解 戶律 倉庫》

서도 적발하지 않으면 범인과 같은 죄이다.[293] ❻ 세(稅)로 곡물을 징수할 때 말을 치거나 마질을 고봉으로 하여 규정보다 많이 받으면 장 60이다. 남은 곡물의 수를 장으로 계산하여 무거우면 좌장(坐贓)으로 논죄하되, 장 100에 그친다. 제조관(提調官)과 제조리(提調吏)가 알면서도 적발하지 않으면 같은 죄이다.[294] ❼ 응당 관에 들여야 할 물품을 숨기고 납부하지 않거나 거짓으로 손실을 입었다고 하면 흠축난 수량을 계산하여 절도(竊盜)에 준하여 논한다. 운송을 맡은 관리가 실정을 알았으면 같은 죄이다.[295] ❽ 응당 사람들에게 지급해 주어야 할 관물을 이미 창고에서 내왔는데도 아직 주지 않았거나, 마땅히 관용으로 바쳐야 하는 사물(私物)을 이미 관으로 보냈는데도 아직 창고에 들이지 않았거나, 재물을 지키고 관장하는 사람이 횡령하거나 빌리거나 빌려주면 감수자도율로 논한다.[296] ❾ 관

293 창고에……죄이다 : 《대명률》 〈호율 창고(倉庫)〉 허출통관주초(虛出通關硃鈔) 조에 있다.

294 세(稅)로……죄이다 : 《대명률》 〈호율 창고(倉庫)〉 다수세량곡면(多收稅糧斛面) 조에 있다.

295 응당……죄이다 : 《대명률》 〈호율 창고(倉庫)〉 은닉비용세량과물(隱匿費用稅糧課物) 조에 있다.

296 응당 사람들에게……논한다 : 《대명률》 〈호율 창고(倉庫)〉 수장재관재물(守掌在官財物) 조에 있다. "관물(官物)로서 사람들에게 지급해 주어야 할 것을 창고에서 내오고 아직 지급하지 않았거나, 사물(私物)로서 관용으로 바쳐야 할 것을 이미 발송하여 관에 있으나 아직 창고에 들이지 않았어도 만약 어떤 사람이 재물을 지키고 관장하기만 하면 관물이다. 횡령하거나 빌리거나 빌려주면 모두 장(贓)을 계산하여 감수자도(監守自盜)로 논한다."라고 한 것을 축약한 것이다.

물을 해당 관리가 트집을 잡아 지체시키고 즉시 받거나 지급하지 않으면 1일에 태(笞) 50이고, 3일마다 1등급을 더하되 장 60 도(徒) 1년에 그친다. 문을 지키는 사람이 트집을 잡으면 죄가 같다. 물건을 받으러 오거나 납부하러 온 사람이 도착한 선후가 있는데, 주관하는 관사의 관원이 차례대로 받거나 지급하지 않으면 태 40이다.[297] ⑩ 관물을 출납할 때, 오래된 물품을 내주어야 하는데 새 물품을 내주거나, 상등의 물품을 받아들여야 하는데 하등의 물품을 받아들이거나, 인부와 말 등을 쓰거나 물품을 사면서 즉시 값을 지급하지 않거나, 값을 지급하면서 더 주거나 적게 주면 모자라거나 남는 것을 계산하여 좌장(坐贓)으로 논한다. 감림(監臨)[298]하는 관리가 알고도 검거하지 않으면 같은 죄이다.[299] ⑪ 창고의 재물이나 쌓아 놓은 재물을 주수(主守)[300]가 법대로 보관하지 않거나 제때 햇볕과 바

297 관물을 해당……40이다 : 《대명률》 〈호율 창고(倉庫)〉 수지유난(收支留難) 조에 있다.

298 감림(監臨) : 《대명률》 〈명례율〉 칭감림주수(稱監臨主守) 조에서 감림에 대하여 "중앙과 지방의 여러 관사가 소속 관사를 총괄해서 관할하여 문서로 서로 관계를 맺는 것이다. 또한 비록 관할하는 백성이 아니더라도 만약 그들에 관한 어떤 일을 자기가 맡으면 곧 감림이 된다."라고 하였다.

299 관물을 출납할……죄이다 : 《대명률》 〈호율 창고(倉庫)〉 출납관물유위(出納官物有違) 조에 있다.

300 주수(主守) : 《대명률》 〈명례율〉 칭감림주수(稱監臨主守) 조에서 주수에 대하여 "문서를 담당하는 이전으로서 그 일을 전적으로 담당하는 자이다. 또한 창고, 옥수(獄囚), 잡물 따위를 지키거나 관장하는 관리, 고자(庫子), 두급(斗級), 찬전(攢典), 난두(攔頭), 금자(禁子) 등이 모두 주수가 된다."라고 하였다.

람을 쏘이지 않아 손괴되면 손괴된 물건의 값을 계산하여 좌장으로 논하고 균등하게 배상하여 관에 들이도록 한다.[301] 〈율〉 ⑫ 전곡이 있는 각사의 주직(晝直)과 야직(夜直)을 담당한 관원이 삼가지 않아 도둑을 맞으면 파직하되, 즉시 도둑을 잡으면 면죄한다. 도둑맞은 사실을 숨기고 고하지 않으면 파직한다.[302] 〈속〉 ⑬ 창고에서 사람이 나오는데도 지키는 사람이 수색하여 검사하지 않으면 태 20이다. 수색하여 검사하지 않아 도둑질한 물품이 창고 밖으로 나오는데도 알아차리지 못하면 도둑질한 죄에서 2등급을 감한다. 밤에 당직인 사람은 3등급을 감하고, 직숙하는 관원, 찬전(攢典),[303] 고자(庫子)는 5등급을 감하되, 모두 장 100에 그친다. 고의로 묵인해 주면 도둑과 같은 죄이고, 강도를 당하면 논하지 않는다.[304] ⑭ 감림이나 주수가 관의 전량 등의 물품을 빌려 쓰거나 혹 다른 사람에게 빌려주면 비록 문서가 있더라도 감수자도율로 논한다. 감림이나 주수가 아닌 사람이 빌려 쓰거나 빌려주면 일반인이 훔친 것[305]으

301 창고의……한다 : 《대명률》 〈호율 창고(倉庫)〉 손훼창고재물(損毁倉庫財物) 조에 있다.

302 전곡이……파직한다 : 《속대전》 〈형전 포도(捕盜)〉에 있다.

303 찬전(攢典) : 세무(稅務)를 맡은 창고의 아전으로, 장부를 작성하고 계산을 담당하였다. 《大明律直解 戶律 倉庫》

304 창고에서……않는다 : 《대명률》 〈호율 창고(倉庫)〉 창고불각피도(倉庫不覺被盜) 조에 있다.

305 일반인이 훔친 것 : 《대명률》 〈형률 도적(盜賊)〉 상인도창고전량(常人盜倉庫錢糧) 조에 "일반인이 창고의 돈이나 식량이나 그 밖의 물건을 훔치려다가 재물을 얻지 못하면 장 60이고 자자(刺字)는 면해 준다. 단 재물을 얻으면 수범과 종범을 구분하지 않고 병장(倂贓)으로 죄를 논한다."라고 하였다.

로 논한다. 자기의 물건을 가지고 관물과 바꾸면 죄가 같다.[306] ⑮ 창고와 무장(務場)의 관리, 찬전, 난두(攔頭),[307] 고자는 서로 단속하고 살펴야 한다. 만약 관의 전량을 훔쳐 쓰거나 빌리거나 빌려주어 이미 창고에서 빠져나간 사실을 알고도 숨기고 적발하지 않거나 고의로 묵인하면 범인과 같은 죄이다. 제대로 살피지 못하면 3등급을 감하되 장 100에 그친다. 만약 관리가 허위로 문안을 작성하여 허위로 통관을 발급하였는데도 고자, 난두가 실정을 알지 못하였으면 처벌하지 않는다.[308] 〈율〉 ⑯ 관서의 민고(民庫)에 손을 댄 수령은 공화천용률(公貨擅用律)로 논한다.[309] 〈보〉

제12항 서울과 지방의 전곡(錢穀)에 대한 회계 문서는 기한에 맞추

306 감림이나 주수가 관의……같다 : 《대명률》 〈호율 창고(倉庫)〉 사차전량(私借錢糧) 조와 〈형률 도적(盜賊)〉 상인도창고전량(常人盜倉庫錢糧) 조에 있다.

307 난두(攔頭) : 창고에서 출납하는 전량을 옮기는 역을 담당한 자이다. 《大明律例諺解》《律例對照定本明律國字解》

308 창고와……않는다 : 《대명률》 〈호율 창고(倉庫)〉 전량호상각찰(錢糧互相覺察) 조, 〈형률 도적(盜賊)〉 상인도창고전량(常人盜倉庫錢糧) 조에 있다.

309 관서의……논한다 : 평안도의 민고(民庫)는 해당 읍의 수령을 영송(迎送)할 때 인부와 쇄마(刷馬)에 드는 비용, 감영에 납부하는 각종 잡물 비용을 대기 위해 마련한 것이었다. 그런데 감영에서 지정한 항목 외에 읍에서 각종 비용을 여기에서 가져다 써서 비축이 줄어들자 추가로 더 거두는 일이 많았다. 이런 폐해가 보고되자 조정에서는 어사(御史)를 파견해 실상을 파악하게 하고 처벌 규정을 만들어 어사의 사목(事目)과 《전율통보》에 수록하게 하였다. 《承政院日記 正祖 9年 7月 5日, 11年 4月 19日》《正祖實錄 7年 10月 29日》

어 입계한다. ❶ 서울의 각 관사는 매 계절의 첫 달인 1월·4월·7월·10월의 15일, 지방은 매년 2월 그믐이 기한이다. ❷ 각사의 잡물(雜物)에 대한 회계 문서는 매달 말에 회계를 담당한 관원이 호조에 직접 올린다.[310] ⟨속⟩ ❸ 각사에서 받아들인 물종(物種)에 대한 치부(置簿)는 매 계절의 마지막 달인 3월·6월·9월·12월에 호조에 올리면 호조 낭청이 정해진 수량과 대조하여 말소하되, 받아들이지 않은 물종이 있으면 비율을 정하여 월봉(越俸)한다. 지급할 물종을 3개월이 지나도 회계 처리하지 않으면 시행하지 않는다. ⟨보⟩ ❹ 관서 각 읍의 칙고(勅庫)의 유재(遺在)에 대한 회계는 비변사에 보고한다. 사적으로 빌려주거나 규정 이상으로 분급하거나 전용하거나 번질(反作)하는 등의 일이 있으면, 수령, 감관, 색리는 〈대동사목(大同事目)〉의 규례에 따라 논죄한다.[311] ⟨속⟩ ❺ 1년 동안 받아들이고 지급하는 것과 각사의 공가(貢價)는 각 연도별로 수효를 비교하여 매년 이듬해 1월에 문서를 정리하여 입계한다. 선혜청도 같다.[312] ⟨증⟩ ❻ 병조와 군문의 회계에 대해서는 〈병전〉의 〈잡령(雜令)〉 조에 보인다.[313] ⟨보⟩

310 각사의……올린다 : 《속대전》 〈호전 회계(會計)〉에 있다.

311 관서……논죄한다 : 《속대전》 〈호전 회계(會計)〉에 있다.

312 1년……같다 : 《대전통편》 〈호전 회계(會計)〉에 있다.

313 병조와……보인다 : 《전율통보》 〈병전 잡령(雜令)〉에 "병조와 각 군문의 포백안(布帛案)은 매년 연초에 문서를 수정하여 계문한다."라고 하였다.

제11조 조적(糶糴)

제1항 여러 읍(邑)의 창고에 저장해 놓은 각종 곡물은[314] 〈속〉 **1** 군자곡(軍資穀)[315]은 호조에 회부(會付)하고, 상평청, 진휼청, 균역청의 곡물은 각각 해당 아문에 회부하며, 군향(軍餉), 군작미(軍作米),[316] 비황곡(備荒穀), 영진곡(營賑穀),[317] 사진곡(私賑穀),[318] 〈속〉〈보〉 –**1** 바로 읍진(邑賑)이다.– 전병선 저치미(戰兵船儲置米)[319]

314 여러……곡물은 : 이 이하는 소주 **22**를 제외하고는 모두 《속대전》과 《대전통편》의 〈호전 창고(倉庫)〉의 내용에 《전율통보》에서 일부 내용을 추가한 것이다.

315 군자곡(軍資穀) : 환곡의 모곡(耗穀) 가운데 10분의 9를 본읍(本邑)에 부속시킨 것을 군자곡이라 하였는데, 원회곡(元會穀), 창원곡(倉元穀), 호조곡(戶曹穀)이라고도 불렀다. 《萬機要覽 財用編3 糶糴 耗穀會錄》

316 군작미(軍作米) : 호조와 병조 및 각 아문에 납부해야 할 충청도, 전라도, 경상도의 베와 무명을 쌀로 바꾼 것이다. 흉년에 대비하여 마련하여 환곡으로 운용하였다. 본서 〈호전 비황(備荒)〉 1항 소주 **3** 참조. 1729년(영조 5) 병조, 금위영, 어영청의 군목(軍木) 2200동(同)과 평안도의 돈 10만 냥을 경기와 삼남에 분배하여 작미(作米)하도록 한 것이 최초의 사례이다. 《備邊司謄錄 英祖 5年 8月 7日》《承政院日記 英祖 5年 8月 8日》《經世遺表 卷12 地官修制倉廩之儲1 今之穀簿》

317 영진곡(營賑穀) : 진휼을 목적으로 감영에서 마련한 곡물이다. 도별로 설치한 시기가 다른데, 경상도는 1716년(숙종42)에, 황해도는 1729년(영조 5)에 설치하였고, 충청도는 1731년과 1732년에 진휼을 마치고 남은 곡식을 회록한 데서 시작되었다. 《承政院日記 英祖 41年 2月 23日》《牧民心書 卷12 賑荒六條 備資》《經世遺表 卷12 地官修制倉廩之儲一 今之穀簿》

318 사진곡(私賑穀) : 진휼을 위해 수령이 마련한 곡식으로, 사비곡(私備穀), 자비곡(自備穀)이라고도 한다. 《牧民心書 卷12 賑荒六條 備資》

319 전병선 저치미(戰兵船儲置米) : 임진왜란 이후 전선(戰船)과 병선(兵船)을 증설한 후 전병선 저치미를 설치하여 환곡으로 운용하였으며, 선박을 개

는 비변사가 주관한다.〈보〉 **2** 상평청 곡물과 진휼청 곡물은 장부를 합하여 하나로 만들고 '상진곡(常賑穀)'이라 이름하여 함께 마감한다.[320] 〈증〉 **조적하는** **3** 속칭 환자(還上)이다. **법을 정하여 봄에 백성에게 빌려주되 절반은 창고에 남겨 두며,** **4** 창고에 있는 수량 전부를 나누어 주면 무기한 정배(定配)하고, 창고에 남겨 둔 수량 가운데 절반을 나누어 주면 3년에 한하여 도배(徒配)하며, 그 외에 규정보다 많이 나누어 주면 섬 수를 논하지 말고 고신(告身)을 추탈한다.[321] 〈속〉 **5** 도신(道臣)이 규정 이상 더 나누어 주기를 장계로 청하면, 비율을 정하여 허락한다. 〈보〉 **6** 광주(廣州) 군향의 조적은 1만 섬으로 수효를 한정한다. **추수하고 나서 거두어들이는데 10분의 1을 모곡(耗穀)으로 거둔다.**[322] 〈속〉 **7** 대구(大邱)는 1섬당 군자곡의 모곡은 1말이고,

조하고 피새(皮䉶)를 바꾸는 비용으로 사용하였다. 선저치미(船儲置米)라고도 하였다. 환곡으로 운용할 때는 경상도는 절반을, 전라도는 100섬을 유고(留庫)하도록 하였다. 《전율통보》 〈병전 병선(兵船)〉 3항 참조. 《經世遺表 卷12 地官修制倉廩之儲1》

320 상평청 곡물과……마감한다 : 《대전통편》 〈호전 창고(倉庫)〉에 있다. 1770년(영조46) 비변사 당상 정홍순(鄭弘淳)이 청하기를 상평청과 진휼청의 곡물은 서로 통용하는데 장부는 분리되어 있어 불편하므로 각 읍에 있는 상평청과 진휼청의 곡물 장부를 하나로 합하고 상진곡(常賑穀)이라 이름하여 관리하고 단속하는 데 편리하게 하자고 하니 허락하였다. 《承政院日記 英祖 46年 9月 14日》《經世遺表 卷12 地官修制倉廩之儲1 今之穀簿》

321 창고에 있는……추탈한다 : 환곡의 가분(加分)으로 인한 폐단이 심각해지자 1737년(영조13) 이에 대한 처벌을 정하여 이듬해부터 적용하기로 하였고, 그대로 《속대전》에 수록되었다. 《承政院日記 英祖 13年 閏9月 15日》

322 10분의……거둔다 : 나누어 준 환곡의 10분의 1을 모곡으로 거두므로, 1섬 즉 15말의 10분의 1인 1말 5되가 모곡에 해당하는 수량이다.

상진곡의 모곡은 8되이다. 8 10월 11일에 창고를 열어 12월 그믐 안에 거두는 것을 마친다.〈보〉 9 군자곡의 모곡은 1섬당 1되 5홉을 호조에 회록(會錄)한다. 군자곡이 3000섬 이상인 읍은 또 상평청에 3되 5홉을 회록하고, 6000섬 이상인 읍은 6되를, 1만 섬 이상인 읍은 8되 5홉을 회록하고, 나머지는 본관(本官)에 준다. 양서는 전수를 관향곡(管餉穀)에 회록한다.〈속〉 10 상진곡의 모곡은 15분의 12를 회록하고, 나머지는 본관(本官)에 준다.[323] 관서는 모곡의 전부를 회록한다.〈속〉〈보〉 11 군향곡, 군작미, 영진곡, 사진곡, 균역청의 곡물은 모곡의 전부를 회록하는데, 군향곡은 간혹 수효를 줄여서 회록하는 곳도 있다.〈보〉 12 비황곡, 전병선 저치미, 제류미(除留米)[324]의 모곡은 전부를 회록한다.〈속〉〈보〉 **수령으로서 기준대로 거두지 않은 자,**〈속〉 13 거둔 수량이 도내에서 가장 적으면 의금부로 잡아다 신문하고, 두 번째로 적으면 추고한다. 군향도 같지만 두 번째로 적으면 파직하고, 세 번째로 적으면 추고한다.[325]〈속〉〈증〉〈보〉 14 변지의 수

323 상진곡의 모곡은 15분의……준다 : 상진곡 1섬의 모곡 1말 5되 가운데 15분의 12에 해당하는 10되 5홉을 회록하므로 본관에 주는 모곡은 15분의 3에 해당하는 4되 5홉이다.

324 제류미(除留米) : 진세와 대동 가운데 일정량을 덜어 내어 해당 읍에 남겨 두고 조선(漕船)의 잡비와 조선을 고칠 때의 비용으로 비축하며 그 나머지는 환곡으로 나누어 주어 모곡(耗穀)을 취하였는데, 이를 제류미라 하였다. 본서 〈호전 조전〉 8항 소소주 2 참조.

325 거둔……추고한다 : 환곡을 가장 적게 거둔 수령에 대한 처벌은 《속대전》에서는 영문(營門)에서 장을 치는 것이었는데, 《대전통편》에서 의금부로 잡아다 신문하는 것으로 바뀌었다. 환곡으로 운용하는 군향을 거두지 못한 수령에 대한 처벌은 《속대전》에서는 가장 적게 거둔 수령은 의금부로 잡아

령[326]이 가장 적게 거두면 장(杖)을 친다. ㊟증 15 환자(還上) 문서가 늦게 도착한 읍의 수령은 환자를 거둔 수량이 가장 적은 예에 따라 처리한다. ㊟속 16 강화, 남한산성, 북한산성의 군향은 납부하지 않으면 원지(遠地)에 정배하고, 기한 내에 모두 거두지 못하면 수신(守臣)은 파직하고, 경력(經歷)은 의금부로 잡아다 처리한다.[327] 군작미도 같다. ㊟속 ㊟보 17 구환(舊還)[328]은 매년 비변사가 원래 수효를 통틀어 계산하여 그해에 거둘 수량을 간략하게 줄여 정하여 공문을 보내 알리고, 기준대로 거두지 못한 수령은 논죄한다. ㊟증 **허록(虛錄)한 자, 번질(反作)한 자, 연조(年條)를 바꾸어 기록한 자는 무겁게 감죄(勘罪)한다.** 18 허록하거나 번질하면 도(徒) 3년으로 정배하고 5년 동안 금고(禁錮)한다. 금고형을 받은 자는 사면령이 내려도 용서하지 않는다. 10섬 이하는 논하지 않는다. 연조를 바꾸어 기록한 자도 같다. 허록하거나 번질하거나 연조를 바꾸어 기록한 것을 덮어 준 후임 수령 및 후임 수령과 함께 번고(反庫)한 문서를 마감한 겸관(兼官)은 도형으로 정배하고[329] 사면령을 적용하지

다 신문하고, 두 번째로 적게 거둔 수령은 장을 치는 것이었다.

326 변지의 수령 : 변경 지역 가운데 수령, 첨사, 방어사를 지내면 그 이력을 인정하여 특정한 자리로 옮겨 주는 혜택을 주는 곳을 변지라고 불렀다. 수령이 임명되는 변지에 대해서는 342쪽 주170 참조.

327 강화……처리한다 : 《속대전》 〈호전 창고(倉庫)〉에 있다.

328 구환(舊還) : 흉년이 들어 그다음 해 가을까지 환곡을 받아들이는 시기를 늦추어 주는 것을 정퇴(停退)라 하는데, 이렇게 정퇴해 준 지 만 2년이 지난 환곡을 구환이라 하였다. 《萬機要覽 財用編3 糶糴 停退》《六典條例 吏典 議政府 糶糴》

329 허록하거나……정배하고 : 수령이 교체된 후에 관찰사가 차사원을 정

않는다. ⑲ 명목을 허위로 만들어 국곡을 탕감해 주면, 수령은 장률(贓律)에 따라 처리하되 자수하면 죄를 면해 주고, 이미 체차되었으면 등급을 줄여 준다. 색리는 효시하고, 감관은 다른 도의 극변(極邊)에 정배한다.[330] ⑳ 감관과 색리가 농간을 부리고서 허록한 후 죄를 전임 수령에게 돌리면, 장(贓)을 계산하여 죄목을 정한다.[331] 〈속〉 ㉑ 군자감과 광흥창의 관원이 창고의 쌀을 원역(員役)에게 빌려주어서 환자(還上)의 잘못된 선례를 만들면 제서유위율(制書有違律)[332]로 다스린다. 〈증〉 ㉒ 《경국대전》에는 "군자창에 또 별창(別倉)을 설치하여 잡곡(雜穀)을 비축하여 백성에게 빌려주었다가 가을에 원래의 수대로 납부하게 한다."[333]라는 법과 "서울과 지방에 상평창을 설치하여 곡식이

하여 신임 수령과 함께 번고하여 계문하도록 하였는데, 사실대로 번고하지 않으면 신임 수령과 차사원 모두 도 3년으로 정배하였다. 《續大典 戶典 倉庫》

330 명목을……정배한다 : 1702년(숙종28) 내린 승전(承傳)이다. 명목을 허위로 만든다는 것은 굶주림이나 역병 등으로 환곡을 받은 사람이 사망하여 탕감해 주었다고 거짓으로 보고하고 그에 해당하는 수량을 착복하는 경우를 말한다. 이미 체차된 수령의 등급을 줄여 준다는 것은 죄가 사형에 해당되더라도 체차되었으면 사형을 감해 준다는 것이다. 《新補受教輯錄 戶典 還上》

331 감관과……정한다 : 《속대전》 〈호전 창고(倉庫)〉에 있다. 1710년(숙종36)의 승전(承傳)이다. 감관과 색리에게는 감수자도율(監守自盜律)을 적용하여 장(贓)이 1관(貫) 이하이면 장 80이고, 차례로 등급을 더하여 40관이면 참형에 처하였다. 본서 〈호전 잡령(雜令)〉 1항 소주 ❶에서 10냥이 1관이라 하였으므로, 40관은 400냥이다. 《新補受教輯錄 戶典 還上》

332 제서유위율(制書有違律) : 《대명률》 〈이율 공식(公式)〉 제서유위 조의 율이다. "제서를 받들어 시행할 때에 어기면 장 100이다." 제서는 황제의 명을 적은 조서(詔書)와 칙서(勅書) 등이다.

333 군자창에………한다 : 《경국대전》 〈호전 군자창(軍資倉)〉에 있다.

귀하면 시가보다 값을 더 쳐 주어 베를 사들이고, 곡식이 흔하면 시가보다 값을 낮추어 베를 판다."[334]라는 법이 있다.〈보〉

제2항 **재해를 당한 해에는 관찰사가 장계로 보고하여 다른 곡물로 대신 거두고, 풍년이 들기를 기다려 본색(本色)으로 바꾼다.** ❶ 쌀과 좁쌀은 서로 바꾸어 거두되 좁쌀 대신 쌀을 거둘 때는 모곡(耗穀)을 제한다.[335]〈속〉 ❷ 쌀 1섬 대신 팥[小豆]은 1섬 7말 5되, 황두(黃豆)는 2섬, 벼[正租]는 2섬 7말 5되, 조, 보리, 밀, 찰기장[黍]도 벼와 같고, 황조(荒租)[336]는 3섬 8말 5되 5홉, 메기장[稷], 수수[唐],〈속〉〈보〉 - ❶ 바로 찰수수[薥秫]이다.〈속〉 - 메밀, 귀리는 황조와 같다.〈보〉 ❸ 팥 1섬 대신 황두는 1섬 5말, 조와 벼는 1섬 10말이다. ❹ 황두 1섬 대신 팥은 11말 2되 5홉, 조와 벼는 1섬 3말 7되 5홉이다.〈속〉〈보〉 ❺ 벼 1섬 대신 황두는 12말이다. ❻ 녹두(菉豆)와 팥은 서로 바꾼다. ❼ 밀과 벼는 서로 바꾼다.〈속〉 ❽ 보리쌀, 찰기장쌀, 메기장쌀, 수수쌀, 메밀쌀, 귀리쌀은 좁쌀과 서로 바꾼다.〈속〉〈보〉 ❾ 상진곡을 다른 곡물로 환작(還作)하는 것은 도신(道臣)이 장계로 청하여야 비로소 허락한다. 함부로 다른 곡물로 환작하면 도신과 수령 모두 무겁게 감죄(勘罪)한다.

334 서울과……판다 : 《경국대전》〈호전 상평창(常平倉)〉에 있다.

335 재해를……제한다 : 《속대전》〈호전 창고(倉庫)〉에 있다.

336 황조(荒租) : 정조(正租)와 상대되는 개념의 거친 벼이다. 《송암집》에 따르면 황조 1섬에서 정조 몇 말을 얻을 뿐이고 잡다한 것이 많이 섞여 있어 파종하기에 적합하지 않다고 하였고, 《승정원일기》에 1섬을 방아 찧으면 1말이나 2말 정도의 쌀을 얻을 수 있었다는 기록이 보인다. 《松巖集 卷3 上鶴峯金先生》《承政院日記 英祖 43年 8月 29日》

제3항 결전(結錢)을 탕감해 줄 때에는 환곡의 모곡(耗穀)을 대신 줄여 준다.[337] 〈증〉

337 결전(結錢)을……준다 : 《대전통편》 〈호전 창고(倉庫)〉에 있다.

제12조 비황(備荒)

제1항 **각 읍(邑)은 진곡(賑穀)을 매년 힘이 닿는 대로 마련하여 비축한다.**〈속〉 ❶ 새로 비축한 수효를 매년 연말에 감영이 비변사에 보고한다. 팔도에서 가장 많이 비축한 수령은 승진하여 서용하고, 비축한 수효가 10섬이 되지 않으면 월봉(越俸) 3등에 처하고, 가장 적으면 월봉 5등에 처하고, 전혀 비축하지 않으면 월봉 7등에 처한다.〈속〉〈보〉 ❷ 진곡을 개인적으로 사용하거나 빌려 사용하면 수령은 공곡남용률(公穀濫用律)[338]에 따라 처리하고, 색리는 장(杖) 100을 치고 정배(定配)한다. 진곡을 비축한다는 명목으로 민간에 권분(勸分)하는 것은 엄히 금한다.〈속〉 ❸ 호조와 병조, 각 아문에 응당 납부해야 할 삼남의 베와 무명을 쌀로 바꾼 것을 군작미(軍作米)라 이름하고 규정대로 환곡으로 운용하여 흉년에 대비한다.〈증〉〈보〉 ❹ 《경국대전》에는 모든 읍(邑)에서 백성에게 해마다 흉년에 대비할 물자를 비축하게 하고, 모든 진(鎭)에서 당번(當番) 수군에게 소금을 굽고 해초를 채취하게 하며, 이를 관찰사에게 보고하도록 되어 있다.〈보〉

제2항 **여러 도(道)의 바닷가에 창고를 설치하고 곡식을 비축하여 이웃한 도에 흉년이 들면 곡식을 운송하여 구제한다.**〈속〉 ❶ 나리포창(羅里鋪倉)은 임피(臨陂)에 있는데 제주 3읍(濟州三邑)을 구

338 공곡남용률(公穀濫用律) : 공곡을 함부로 사용한 데 대해서는 감수자도율(監守自盜律)을 적용한다. 감수자도율에 대해서는 299쪽 주89 참조.

제한다. 포항창(浦項倉)은 연일(延日)에 있는데 강원도와 함경도를 구제한다. 교제창(交濟倉)은 덕원(德源), 고원(高原), 함흥(咸興) 3곳에 있는데 강원도와 경상도를 구제한다. 제민창(濟民倉)은 삼남 여러 읍에 있는데〈속〉〈증〉-❶ 호서는 비인(庇仁)에, 영남 우도는 사천(泗川)에 있고, 영남 좌도는 포항창의 곡물을 그대로 사용하며, 호남 우도는 나주(羅州)에, 호남 좌도는 순천(順天)에 있다.〈증〉〈보〉❷ 호남의 제민창은 지금은 폐지되었고, 다만 곡물을 각 해당 고을에 받아 유치한다.〈증〉- 삼남에 흉년이 들면 서로 구제한다.〈보〉❷ 교제창의 곡물은 교제창에 납부해야 하며, 본읍(本邑)에 유치하는 것을 허락하지 않는다. 임의로 유치한 수령은 군작미 사목(軍作米事目)의 율로 논한다.[339] ❸ 제민창은 창고에 유치하는 원곡(元穀)이 2만 섬인데, 모곡(耗穀)의 5분의 1을 창고와 담장 수리비로 창고를 관리하는 고을에 떼어 주는 조건으로 부근 읍에 환곡으로 나누어 준다.[340] 전용하거나 규정 이

339 임의로……논한다 : 1729년(영조5)의 작미 사목(作米事目)과 1734년의 작미 절목(作米節目)에서 규정을 어긴 데 대한 형률은 수령은 10년 금고하고, 감관과 색리는 엄히 형신(刑訊)하여 사변(徙邊)하는 것이라 하였다. 《備邊司謄錄 英祖 5年 8月 7日, 10年 10月 16日》

340 제민창은……준다 : 제민창의 곡물을 환곡으로 운용하는 규정으로 영남, 호서, 호남 제민창 절목(濟民倉節目)에 수록되어 있다. 제민창의 곡물은 3분의 2는 창고에 남겨 두고 3분의 1을 환곡으로 운용하되, 모곡은 5분의 1을 창고와 담장 등의 수리에 드는 비용으로 창고 관리를 맡은 고을에 떼어 주고, 창고를 관리하는 감관, 색리, 고자(庫子)의 삭료를 제외한 나머지 모곡은 환곡을 받은 고을에 회록(會錄)하여 흉년이 들어 곡물을 이전할 때의 선가(船價)와 사공과 격군(格軍)의 양식 비용 등을 회감(會減)해 주도록 하였다. 사천의 영남 제민창은 원곡 6만 섬 가운데 2만 섬을, 호서 제민창은 원곡 3만

상 분급하면 교제창의 규정[341]에 따라 처리한다.〈증〉

제3항 극심한 흉년이 들면 별도로 어사(御史)를 보내 진휼을 감독하게 한다.

제4항 한 도(道)에서 가장 진휼을 잘한 수령은 논상(論賞)한다.〈속〉 ❶ 한 도 전체에 진휼을 행한 경우가 아니면 가장 잘한 수령에게 가자(加資)하는 것을 허락하지 않는다.〈증〉 ❷ 개인이 진휼하여 많은 사람을 살렸으면 논상한다. 개인의 곡물을 내어 관의 진휼을 도운 자는 곡물의 다소에 따라 차등 있게 논상한다.〈속〉 ❸ 진곡(賑穀)을 자원하여 납부한 사람은 50섬 이상이면 이름을 기록하여 조정에 보고하고, 50섬 이하이면 본도(本道)에서 시상한다.〈증〉

제5항 진휼에 힘쓰지 않은 수령은 통훈대부 이하는 감사가 장계로 보고하면 의금부로 잡아다 신문하고, 통정대부 이상은 파직하며, 죄가 무거우면 차례로 죄를 더한다.[342]〈속〉〈증〉 ❶ 마땅히 기

섬 가운데 1만 섬을, 호남 제민창은 나주와 순천의 각 3만 섬 가운데 1만 섬을 환곡으로 운용하였다. 제민창의 환곡을 받는 읍은 각각의 절목에 규정되어 있다.《備邊司謄錄 英祖 39年 10月 18日, 40年 6月 16日·7月 11日》

341 교제창의 규정 : 본항 2항 소주 ❷ 참조.

342 진휼에……더한다 : 《속대전》〈예전 혜휼(惠恤)〉에 있다. 《전율통보》에서는 출전을 《속대전》과 《대전통편》으로 밝히고 있으나, 《속대전》에는 "수령이 진휼에 힘쓰지 않은 경우 통훈대부 이하는 관찰사가 장계로 보고하고 장을 치고, 통정대부 이상은 장계로 보고하여 파직한다."라고 되어 있고,

민(飢民)으로 뽑아야 하는데 누락시켰으면, 수령은 파직하고 감관과 색리는 형추(刑推)한다. 굶어 죽은 시신은 즉시 매장하도록 하고, 힘써 거행하지 않으면 똑같이 논죄한다.[343] 〈속〉 ❷ 수령이 진휼에 보탠다는 명목으로 민간에서 가혹하게 거두어들이거나 각리(榷利)하여 수효를 허위로 과장하면, 도신(道臣)이 조사하여 장계로 보고하고 보상불실률(報上不實律)[344]로 논한다.〈증〉

제6항 **서울은 오부(五部)에서 빈민을 뽑아 대호(大戶), 중호(中戶), 소호(小戶), 독호(獨戶)로 구분하여** ❶ 15구(口) 이상이 대호이고, 8구부터 14구까지가 중호이고, 3구부터 7구까지가 소호이고, 1구부터 2구까지가 독호이다. **진휼청에 보고하고 등급을 나누어 쌀을 발매한다.** ❷ 대호는 5말, 중호는 4말, 소호는 3말, 독호는 2말이다. 만약 쌀이 부족하면 좁쌀로 하되 수효를 정한다. 12월에 시작하여 보릿가을인 4월에 그치는데 매달 1차례 발매한다. ❸ 쌀 1섬의 값은 3냥이고, 좁쌀 1섬의 값은 2냥 7전이다. **극심한 흉년에는 도감의 당상과 낭청을 차출하고**[345] **진**

진휼에 힘쓰지 않은 동훈대부 이하의 수령을 의금부로 잡아다 신문한다는 등의 내용은 《대전통편》〈예전 혜휼(惠恤)〉에는 보이지 않는다.

343 마땅히……논죄한다 : 《속대전》〈예전 혜휼(惠恤)〉에 있다.

344 보상불실률(報上不實律) : 《대명률》〈형률 사위(詐僞)〉 대제상서사불이실(對制上書詐不以實) 조의 율이다. "대제(對制)나 주사(奏事), 상서(上書)를 할 때 속이고 사실대로 하지 않으면 장 100 도 3년이다." 대제는 임금 앞에서 직접 질문에 대답하는 것이다.

345 극심한……차출하고 : 1703년(숙종29) 감진 당상(監賑堂上)을 차출하

소(賑所)를 설치하여 나누어 진휼한다. 4 혹은 3곳 혹은 2곳으로 나누어 설치한다. – 1 만리창(萬里倉), 평창(平倉), 훈련원에 설치한다. – 5 죽을 쑬 쌀은 남자 성인, 남자 노인, 여자 성인, 여자 노인, 남녀 어린이로 차등을 두어 나누어 준다. 6 서울에 와서 머무는 시골 사람과 각처에서 온 떠돌아다니며 걸식하는 사람을 모두 진휼 대상으로 하고, 진휼이 끝나면 양식을 주어 본고장으로 돌려보낸다.〈보〉

기를 청한 이조 판서 김구(金構)의 상소를 받아들여 김진귀(金鎭龜)와 민진후(閔鎭厚)를 감진 당상으로 차하하였고, 1732년(영조8)과 1733년에도 감진 당상을 차출한 사례가 있다.《肅宗實錄 29年 4月 16日》《承政院日記 英祖 8年 9月 2日, 9年 1月 29日》

제13조 제전(諸田)

제 1 항 **각종 전지에는 세를** 1 전세(田稅)이다. **면제해 주는 것이 있고, 공물을** 2 대동(大同)이다. **면제해 주는 것이 있다.** 〈보〉 3 각 궁방전(宮房田)에는 원결(元結)을 정해 준 것이 있으니 바로 무토 면세전(無土免稅田)이고, 영구히 궁방(宮房)의 둔전으로 만든 것이 있으니 바로 유토 면세전(有土免稅田)이다. 무토 면세전과 유토 면세전은 전세와 공물을 모두 면제해 준다. 〈속〉〈보〉 4 각 영문(營門)과 각 아문의 전지는 공물만 면제해 준다. 〈증〉 –1 충훈부, 돈녕부, 훈련도감, 진휼청, 균역청, 사포서, 내수사의 전지는 전세와 공물을 모두 면제해 주는 것이 있다. 〈보〉 – 5 능전(陵田), 제전(祭田), 학전(學田), –2 성균관과 사학(四學)이다. – 관둔전(官屯田), 역전(驛田), 목전(牧田), 사전(寺田), 능군전(陵軍田), 원주전(院主田), 진부전(津夫田)은 전세와 공물을 모두 면제해 주고, 향교전(鄕校田), 서원전(書院田), 아록전(衙祿田), 공수전(公須田)은 전세만 면제해 준다. 경기는 향교전도 공물을 면제해 주고, 아록전과 공수전은 춘등(春等)의 공물을 면제해 준다. 〈속〉〈보〉 6 제향(祭享)과 공상(供上)을 담당하는 여러 관사의 채전(菜田)과 내의원·혜민서의 종약전(種藥田)은 전세와 공물을 모두 면제해 준다. 〈경〉〈보〉 7 급복(給復)한 전지는 공물만 면제해 준다. 〈속〉 8 전세를 면제해 준 전지는 삼수미(三手米)와 결전(結錢)을 모두 납부한다. 마위전(馬位田)은 삼수미를 면제해 주고, 공해(公廨)·향교·사찰의 터는 모두 결전을 면제해 준다. 〈증〉〈보〉 9 군병이 거주하는 공대(公垈)는 전세를 면제해 준다. 〈속〉 10 적몰(籍

沒)한 전답은 비록 다른 관사로 옮겨 소속되더라도 전세를 면제해 주지 않는다. ⓫ 각 영문과 각 아문의 둔전과 절수(折受)한 전지는 궁방의 사례에 따라 호조에 내리면 호조가 복계하여 임금의 뜻을 여쭈어 처리한다.〈증〉 ⓬ 각 아문의 면세전은 정해진 한도를 초과할 수 없으며, 충훈부도 이미 절수한 것 외에 제언을 쌓거나 매입하여 얻은 전지는 면세를 허락하지 않는다.〈속〉 ⓭ 각 궁방의 무토 면세전은 1결(結)당 쌀 23말을 초과하여 세를 거둘 수 없고, 돈으로 대신 납부하면 7냥 6전 7푼이다. 전세를 거두는 도장(導掌)을 혁파하고, 해당 읍이 호조로 납부하면 호조가 궁방에 내준다. 영구히 궁방의 둔전으로 삼은 곳은 1부(負)당 벼 2말을 거두는데 선가(船價)와 마가(馬價), 잡비(雜費)는 모두 그 안에서 낸다.〈속〉〈증〉 ⓮ 각 아문의 면세전은 1결당 쌀 23말을 각자 세로 거둔다.

제2항 **궁방전(宮房田)** ❶ 대왕의 사친궁(私親宮)은 500결(結)인데, 당저(當宁) 때에는 1000결이다. 세자의 사친궁은 300결인데, 세자일 때에는 800결이다. 명례궁(明禮宮), 어의궁(於義宮), 용동궁(龍洞宮), 수진궁(壽進宮) 4궁은 각각 1000결인데, 수진궁에는 전세를 면제하는 제위조(祭位條)가 있으며, 전결의 수는 제위조의 수에 따른다. 신궁(新宮)은-❶ 각 궁방의 주인이 살아 있을 때를 가리킨다.-〈속〉 후궁(後宮) 800결, 대군과 공주 850결, 왕자와 옹주 800결, 군주(郡主) 400결이고, 구궁(舊宮)은〈속〉〈증〉-❷ 제위조로, 4대에 한한다.〈속〉- 후궁 200결, 대군과 공주 250결, 왕자와 옹주 200결, 군주 100결이다.〈속〉〈증〉 ❷ 신궁과 구

궁을 막론하고 왕패(王牌)를 내려 특별히 사여한 경우는 정해진 수효에 포함하지 않는다. 3 구궁은 비록 정해진 수효대로 받아 내지 못하였더라도 추후에 주는 것은 허락하지 않는다. 4 면세전인 원결(元結)은 《속대전》을 반포하기 전에 절수(折受)한 것 이외에는 모든 절수를 일절 허락하지 않는다. 5 면세전인 원결은 사방의 표지를 분명하게 정하여 다른 전지가 섞여 들어가는 것을 엄히 금한다. 6 양서와 강화부는 절수를 허락하지 않는다.〈속〉 –3 관동도 같다.〈증〉 – 7 제언(堤堰)은 비록 내수사라도 절수하지 못한다. 선왕 때에 절수한 것은 이 규정에 구애되지 않는다.〈속〉 8 언답(堰畓)이나 관둔전(官屯田)을 궁방에 진고(陳告)한 자는 1차례 엄히 형추하고 절도(絶島)에 정배(定配)한다. 한통속이 되어 수본(手本)을 올린 중관(中官)은 장(杖)을 치고 정배한다.〈증〉 9 국방의 요지나 주인이 있는 민결(民結), 봉산금계(封山禁界) 등 절수해서는 안 되는 곳을 궁방의 차인(差人) 무리가 지적하여 고한 것만 믿고 뒤섞어 계하받으면 궁방의 차인과 함께 지적하여 고한 사람까지 모두 장 100 도(徒) 3년이다.〈속〉 10 궁방의 전토 때문에 봉산(封山)을 혁파해 달라고 청하면 시행하지 말고, 수창한 사람은 형추하고 정배한다.〈증〉 11 놀고먹는 무리가 절수해서는 안 되는 곳을 궁가(宮家)와 각 아문에 절수할 수 있다고 고하고, 이어 별장(別將)에 차임되어 계하받은 공사(公事)를 가지고 가서 여러 고을에서 식사 대접을 받으며 잔약한 백성을 조절(操切)하면 장 100 도 3년이다.〈속〉

제 3 항 늠전(廩田) 1 아록전(衙祿田)은 부(府), 대도호부, 목(牧), 도호

부가 각 50결(結)인데 판관(判官)이 있으면 40결을 더하고, 군(郡), 현(縣)이 각 40결이고, 가솔을 데리고 가지 않는 곳은 모두 반을 줄이며, 참(站)이 5결, 도(渡)가 8결이다. **2** 공수전(公須田)은 모두 각 15결인데, 연로(沿路)의 읍인 경우 대로(大路)는 10결을 더하고 중로(中路)는 5결을 더하며, 역(驛)인 경우 대로는 20결인데 해서는 25결을 더하고 양계는 10결을 더하며, 중로는 15결인데 양계는 7결을 더하며, 소로(小路)는 5결인데 양계는 3결을 더한다.〈경〉 **3** 능(陵), 원(園), 묘(墓)의 위전(位田)은 각 80결이다.〈증〉〈보〉 **4** 원주(院主)는 대로는 1결 35부(負), 중로는 90부, 소로는 45부이다. **5** 진부(津夫)는 대도(大渡)는 10결 50부, 중도(中渡)는 7결, 소도(小渡)는 3결 50부이다.〈경〉 **6** 역장(驛長)은 2결, 부역장(副驛長)은 1결 50부, 급주(急走)는 50부인데 긴요한 역로는 50부를 더한다. 대마(大馬)는 7결인데 긴요한 역로는 1결을 더하고, 중마(中馬)는 5결 50부, 소마(小馬)는 4결인데 긴요한 역로는 각각 50부를 더한다. 청파역(靑坡驛)과 노원역(蘆原驛)은 상등마(上等馬)와 중등마(中等馬)가 각 4결이고, 하등마(下等馬)는 각 2결이다.〈경〉〈속〉 **7** 수릉군(守陵軍)은 1명당 2결이다.〈경〉 **8** 목자(牧子)는 2결인데, 목장 안의 땅으로 떼어 준다. **9** 역위전(驛位田)이 복사(覆沙)나 천번(川反)으로 영구히 농사지어 먹지 못하게 되면, 폐사(廢寺)의 사전(寺田)이나 속공(屬公)된 전지로 채워 준다. **10** 역위전을 매매하거나 함부로 도지(賭地)를 매매한 경우는 판 자와 산 자 모두 장(杖) 100 도(徒) 3년이고, 전지는 도로 해당 역에 소속시킨다. 마위전(馬位田)을 함부로 점거하면 장 100 도 3년이다. 각 영(營)과 읍은 헐가에 역복(驛復)을 매매할 수 없다.[346] ⟨속⟩ **11** 역위전을 점유하여 장사 지내면 병조가 초기(草記)하여 논죄하고, 기한을 정하여 파서 옮기게 한다. ⟨보⟩ **12** 목자의 위전을 매매하면 마위전의 예에 따라 처리한다. 목장 안에 제언을 쌓아 함부로 목자전(牧子田)이라 칭하며 전세를 전혀 납부하지 않으면 장 100 도 3년이고, 해당 전지는 속공한다. ⟨속⟩

제 4 항 **관둔전**(官屯田) **1** 주진(主鎭)은 20결(結), 거진(巨鎭)은 10결, 제진(諸鎭)은 5결이다. 부(府)와 대도호부와 목(牧)은 각각 20결이고, 도호부와 군(郡)은 각각 16결이고, 현(縣)과 역(驛)은 각각 12결이다. ⟨경⟩ **2** 각 진(鎭)의 둔전을 규정된 수효대로 받지 못하면 관찰사가 진에서 뿔 나팔 소리가 들리는 곳에 있는 노는 전지로 채워 준다. ⟨속⟩ **3** 수령이 규정된 수효에 포함된 둔전을 사적으로 다른 사람에게 주거나 서로 바꾸면 논죄한다.

제 5 항 **제전**(祭田) **1** 숭의전(崇義殿)[347]은 12결(結)이다. ⟨경⟩

346 각 영(營)과……없다 : 역복(驛復)은 역졸에게 지급한 복호(復戶)이다. 감영이 역복을 매매한 것으로는 1719년(숙종45) 황해 감영의 사례가 있다. 이해 황해 감영은 각 고(庫)에서 백성에게 꾸어 준 빚을 받아 낼 수 없게 되자 원금의 10분의 1을 거두고 각 역의 복호를 사들여 생긴 이익으로 탕감해 준 10분의 9를 갚게 하였는데, 이것이 상채고(償債庫)이다. 역복을 매매하는 것은 역(驛)의 재정이 악화되는 주요 원인으로 지적되었으며, 이를 매매하는 과정에 따른 폐단도 있었기 때문에 상채고를 혁파하고 역복을 매매하지 못하도록 하였다.《承政院日記 英祖 2年 7月 2日》

347 숭의전(崇義殿) : 1392년(태조1) 경기 마전현(麻田縣)에 세워 고려의 태조, 혜종, 성종, 현종, 문종, 원종, 충렬왕, 공민왕을 제사하였다. 1425년(세

제6항 **학전**(學田) 1 성균관은 400결(結), 사학(四學)은 각각 10결, 주(州)와 부(府)의 향교는 각각 7결, 군(郡)과 현(縣)의 향교는 각각 5결, 사액 서원(賜額書院)은 3결이다. -1 사액을 받지 않았으면 지급하지 않는다.- 2 서원전(書院田)은 본(本) 서원에서 스스로 마련하며, 비록 3결이 차지 않더라도 민결(民結)로 채워 주지 못한다.〈속〉 3 서원이 위전(位田)을 청하여 본도(本道)에서 사사로이 주고받으면 무겁게 논죄한다.〈증〉 4 학전의 세곡을 출납할 때는 청대(請臺)를 하지 않고 성균관과 사학이 담당한다. 향교전의 세곡을 출납할 때에는 수령이 단속하여 살핀다.

제7항 **공신사패전**(功臣賜牌田) 1 1등 150결(結), 2등 80결, 3등 60결이다. 2 미처 받지 못한 구공신(舊功臣)의 사패전을 추후에 지급하는 것은 허락하지 않는다. 친공신(親功臣)이 살아 있을 때에는 구애되지 않는다.〈속〉 3 공신전은 전수받은 자손이 죄를 지어 응당 환수해야 할 경우에는 다른 자손에게 옮겨 지급한다. 사전(賜田)도 같다. 4 사패전 가운데 '대대로 전수한다'고 말하지 않은 것은 당사자가 사망한 후에 속공(屬公)한다. 노비도 같다.

제8항 **사전**(賜田)**은 봉사**(奉祀)**하는 대수**(代數)**가 다하면 속공**(屬公)

종7) 태조, 현종, 문종, 원종만 남겨 봄가을로 제사 지냈고, 1451년(문종1) 현종의 후손 왕순례(王循禮)를 숭의전 부사(崇義殿副使)로 삼아 제사를 받들게 하고, 마전을 군으로 승격하였다.《國朝寶鑑 卷8 文宗 1年》《新增東國輿地勝覽 卷13 京畿 麻田郡》

한다.〈경〉 **1** 공신의 전택(田宅)은 처음 공신이 된 자의 사당을 조천(祧遷)하지 않으므로 영구히 자손에게 전한다. 사전은 사여받은 사람과의 대수가 멀어져서 제사 지내지 않으면 속공한다. 그러나 이것은 전세(田稅)를 사여받은 경우를 가리켜 말하는 것이고, 전지를 사여받은 경우는 이 예에 해당되지 않는다.〈해〉 **2** 토호(土豪) 무리가 사여받은 전지를 함부로 점유하면 장(杖) 100 도(徒) 3년이다. 수령이 이를 금하지 못하면 원악향리(元惡鄕吏)를 금하지 못한 데 대한 율[348]에 따라 처리한다.〈속〉

제9항 **봉상시의 위전(位田)을 마음대로 매매하면 관직이 있는 자는 제서유위율(制書有違律)[349]로 처벌하고, 관직이 없는 자는 유배한다.**〈증〉 **1** 진상하는 청죽전(青竹田),[350] 관죽전(官竹田), 저전(楮田) 등 경차관과 도사가 더욱 유의하여 살피는 곳을 부지런히 보호하고 기르지 않은 감고(監考)는 형추한다.〈속〉

348 원악향리(元惡鄕吏)를……율 : 수령이 원악향리의 죄에 대해 알면서도 규탄하지 않으면 제서유위율(制書有違律)로 논한다. 해당하는 처벌은 장 100으로, 아래의 주349 참조. 《經國大典 刑典 元惡鄕吏》《典律通補 刑典 雜令》

349 제서유위율(制書有違律) : 《대명률》 〈이율 공식(公式)〉 제서유위 조의 율이다. "제서를 받들어 시행할 때에 어기면 장 100이다." 제서는 황제의 명을 적은 조서(詔書)와 칙서(勅書) 등이다.

350 진상하는 청죽전(青竹田) : 약재인 죽력(竹瀝)을 채취하기 위한 청죽을 길러 내의원에 진상하는 대밭이다. 경상도와 전라도에 있었으며 매달 일정량의 청죽을 봉진하였다. 《承政院日記 仁祖 10年 6月 10日, 英祖 3年 3月 9日》

제14조 **녹과(祿科)**

제 1 항 실직(實職)과 군함(軍銜)에게 1년에 4차례 지급하던 녹(祿)을

❶ 《경국대전》에서는 네 계절의 첫 달에 해당 계절의 녹을 지급한다고 하였다.[351] 〈보〉 **매달 산료(散料)를 지급하는 방식으로 바꾸어**〈속〉 ❷ 이조와 병조가 네 계절의 첫 달에 녹패(祿牌)를 지급하는데, 가운데 달이나 마지막 달에 관직을 받으면 받는 달에 녹패를 지급한다.〈경〉〈증〉 ❸ 봉조하(奉朝賀)는 치사(致仕)할 당시 실직이면 이조가, 군함이면 병조가 녹패를 지급한다.〈경〉〈보〉 **전달에 광흥창에서 날짜를 배정하여 지급한다.**〈속〉〈보〉 ❹ 서반의 행직 당상(行職堂上)[352]에 대해서는 병조가 직명과 성명을 갖추어 호조에 공문을 보내면 호조가 조흘(照訖)한 후 광흥창으로 넘긴다. ❺ 당상 이상은 25일에, 종5품 이상은 26일에, 종7품 이상은 27일에, 종8품 이상은 28일에, 종9품 이상은 29일에 지급한다.〈속〉 ❻ 녹과 제1과(科) 정1품 관원의 녹은 쌀 2섬 8말, 황두(黃豆) 1섬 5말이다. 제2과 종1품과 제3과 정2품 관원의 녹은 쌀 2섬 2말, 황두 1섬 5말이다. 제4과 종2품 관원의 녹은 쌀

351 경국대전에서는……하였다 : "각 과의 녹은 실직에 따라 네 계절의 첫 달에 지급한다."라고 하였는데, 녹봉을 18과로 나누어 1월, 4월, 7월, 10월에 중미(中米), 조미(糙米), 전미(田米), 황두(黃豆), 소맥(小麥), 주(紬), 정포(正布), 저화(楮貨)로 지급하였다.《經國大典 戶典 祿科》

352 서반의 행직 당상(行職堂上) : 당상관으로서 본래 품계보다 낮은 오위(五衛)의 군직(軍職)을 제수받은 사람을 가리킨다. 당상관의 수효는 많고 자리는 부족하자 이들에게 정3품 상호군부터 종9품 부사용까지의 군직을 주었다.《睿宗實錄 1年 10月 4日》《成宗實錄 8年 7月 17日》

1섬 11말, 황두 1섬 5말이다. 제5과 정3품 관원의 녹은 쌀 1섬 9말, 황두 1섬 5말이다. 제5과 당하 정3품과 제6과 종3품 관원의 녹은 쌀 1섬 5말, 황두 1섬 2말이다. 제7과 정4품과 종4품 관원의 녹은 쌀 1섬 2말, 황두 13말이다. 제8과 정5품과 종5품, 제9과 정6품과 종6품 관원의 녹은 쌀 1섬 1말, 황두 10말이다. 제10과 정7품과 종7품 관원의 녹은 쌀 13말, 황두 6말이다. 제11과 정8품과 종8품 관원의 녹은 쌀 12말, 황두 5말이다. 제12과 정9품과 제13과 종9품 관원의 녹은 쌀 10말, 황두 5말이다.[353] 〈경〉〈속〉 **7** 참외관(參外官)인 부장(部將)[354]은 8품의 녹을 받는다.〈속〉 **8** 봉조하는 정1품 실직을 지낸 경우 공신은 정3품의 녹을 받고 공신의 적장(嫡長)[355]과 일반인은 종4품의 녹을

353 녹과……5말이다 : 이를 정리하면 아래 표와 같다.

녹과(祿科)	품계	내역
제1과(科)	정1품	쌀 2섬 8말, 황두 1섬 5말
제2과	종1품	쌀 2섬 2말, 황두 1섬 5말
제3과	정2품	
제4과	종2품	쌀 1섬 11말, 황두 1섬 5말
제5과	정3품	쌀 1섬 9말, 황두 1섬 5말
제5과	당하 정3품	쌀 1섬 5말, 황두 1섬 2말
제6과	종3품	
제7과	정4품·종4품	쌀 1섬 2말, 황두 13말
제8과	정5품·종5품	쌀 1섬 1말, 황두 10말
제9과	정6품·종6품	
제10과	정7품·종7품	쌀 13말, 황두 6말
제11과	정8품·종8품	쌀 12말, 황두 5말
제12과	정9품	쌀 10말, 황두 5말
제13과	종9품	

354 참외관(參外官)인 부장(部將) : 부장의 정원은 25원인데, 이 가운데 참외관은 14원이다. 《萬機要覽 軍政篇1 五衛 衛將所》

355 공신의 적장(嫡長) : 공신을 계승하는 아들 또는 손자로, 적장자가 있을 경우에는 적장자를, 적장자가 없을 경우에는 적장손을 가리킨다. 《六典條例 吏典 忠勳府 承蔭》

받으며, 종1품 실직을 지낸 경우 공신은 종3품의 녹을 받고 공신의 적장은 종5품의 녹을 받고 일반인은 정7품을 녹을 받으며, 정2품의 실직을 지낸 경우 공신은 정4품의 녹을 받고 공신의 적장은 정6품의 녹을 받고 일반인은 종7품의 녹을 받으며, 종2품의 실직을 지낸 경우 공신은 종4품의 녹을 받고 공신의 적장은 종6품의 녹을 받고 일반인은 종8품의 녹을 받으며, 당상관 이상의 실직을 지낸 경우 공신은 정5품의 녹을 받고 공신의 적장은 정7품의 녹을 받고 일반인은 정9품의 녹을 받는다.[356] 〈경〉 **9** 공신의 적장은 정해진 인원수가 없으며 체아직을 받는다.[357] 〈경〉 〈속〉 **10** 대군, 공주, 왕자, 옹주는 동일하게 제1과의 녹을 받는데, 대군에게는 봄 3개월 동안 각각 쌀 1섬을 추가로 지급한다.〈속〉 **11** 공주와 옹주는 출합(出閤)하기 전에는 녹을 받고 출합한 후에는 부마에게만 녹을 지급하는데, 부마가 사망한 후에는 부마의 관직에 따라 녹을 지급한다.〈경〉 〈속〉 **12** 관찰사, 절도사, 도사, 평사, 양계의 우후, 수령, 첨사, 만호는〈경〉 -**1** 수령, 첨사, 만호는 22과(窠)에 돌아가며 부직한다.〈보〉- 모두 녹이 있는데, 가족을 데리고 간 관찰사와 절도사는 녹이 없다. 〈경〉 **13** 군직에 있다가 실직으로 옮겨 제수된 경우 미처 녹을

356 봉조하는……받는다 : 《경국대전》 〈이전 경관직(京官職)〉 봉조하 조에 있다.

357 공신의……받는다 : 《경국대전》과 《속대전》의 〈병전 번차도목(番次都目)〉에 같은 내용이 수록되어 있다. 다만 《경국대전》에는 장번(長番)이고 양도목(兩都目)인데 《속대전》에는 사도목(四都目)이며, 체아직의 품계와 인원수에 변화가 있다.

받지 못하였으면 군직 체아(軍職遞兒)에 붙인다. 14 의정이 향리에 있으면서 녹을 받지 않으면 지방관에게 월름(月廩)을 실어다 주도록 한다. 15 이전의 관직에서 미처 녹을 받지 못하였으면 비록 녹을 나누어 준 후에 다음 관직에 제수되더라도 해당 달의 녹을 받는다.⟨속⟩ 16 해유(解由)가 나오기 전이면 비록 해유에 구애되지 않도록 하였더라도 녹을 받지 못한다. 비록 특은(特恩)으로 녹을 주도록 하였더라도 다음 분기의 녹은 해유를 상고한 후에 비로소 지급한다.⟨경⟩⟨보⟩ 17 별군직(別軍職)이 파산(罷散)되면 산료(散料)에 붙이고 해유에 구애되지 않고 녹을 지급한다.[358]⟨증⟩ 18 규장각 초계 문신(抄啓文臣)은 비록 파직되더라도 녹을 지급한다.[359]⟨보⟩ 19 의금부의 추고를 받고 있으면 조율(照律)하기 전에는 녹을 받지 못한다.[360]⟨속⟩ 20 일이 있어 녹을 받지 못한 자는 해당 분기의 창고를 봉하기 전 100일의 기한 안이면⟨경⟩⟨속⟩-2 춘등(春等)은 1월 15일부터 4월 25일까지를 창고를 봉하는 100일의 기한으로 삼는다. 하등(夏等)과 추등(秋等), 동등(冬等)도 이러한 방식으로 한다.- 그 분기의 받지 못한 녹을 모두 추후에 지급한다. 21 출사(出仕)하기 전이면 녹봉

358 별군직(別軍職)이……지급한다 : 《대전통편》 〈병전 경관직(京官職)〉 별군직청(別軍職廳) 조, 《경국대전》 〈형전 원악향리(元惡鄕吏)〉, 《전율통보》 〈형전 잡령(雜令)〉에 있다.

359 규장각……지급한다 : 파직된 초계 문신이더라도 삭직(削職)이나 고신(告身)을 빼앗긴 것이 아니어서 강경과 제술에 응시할 수 있는 자는 군직에 붙여서 사진하게 하고, 녹을 지급하도록 하였다. 《承政院日記 正祖 5年 5月 1日》

360 의금부의……못한다 : 《속대전》 〈이전 녹패(祿牌)〉에 있다.

을 추후에 지급하지 못한다.〈속〉 22 사명(使命)을 받들고 나간 사람이 관직을 제수받으면 비록 공무를 행하지 않더라도 녹봉을 지급한다. 23 녹을 받기 전에 상을 당하거나 당사자가 사망한 경우에는 사일(仕日) 50일을 채웠고 체차되지 않았으면 녹봉을 지급한다.〈경〉 24 훈련원 주부의 직임을 띠고 있는 초관(哨官)은 이미 군문에서 받는 원래의 요미(料米)가 있으면 녹봉을 중첩하여 받지 못한다.[361] 〈증〉 25 군자감은 금려(禁旅), 위사(衛士), 액례[掖屬], 조례(皁隷), 공장(工匠)에게, 별영(別營)은 훈련도감의 장교(將校)와 군병에게, 사도시는 나인(內人)에게, 풍저창은 내관에게 요미를 지급한다.〈속〉〈보〉 26 요미는 모두 직접 받는다.〈속〉 27 월봉(越俸)과 녹봉의 감급(減給)은 아래 〈해유〉 조에 보인다.

제2항 흉년이 들면 쌀 대신 간혹 황두(黃豆)를 배(倍)로 지급한다.〈보〉

361 훈련원……못한다 : 훈련원 주부 18자리 가운데 3자리는 오군문의 초관(哨官)이 예겸하였는데, 이들이 원래 군문에서 받는 요(料)가 있으면 훈련원 주부에 해당하는 녹을 중첩하여 받지 못하도록 한 것이다.《大典通編 兵典 訓鍊院》

제15조 외관공급(外官供給)

제 1 항 **지방의 각 영(營), 진(鎭), 읍(邑)에 관수미(官需米)와 지공미(支供米)를 차등을 두어 떼어 준다.** **1** 관수미는, 삼남은 고을의 대소에 따라, 경기는 주(州), 부(府), 군(郡), 현(縣)으로 차등을 두어 지급한다. 사객(使客) 지공미는 대로(大路), 중로(中路), 소로(小路)[362]로 구분하여 떼어 주고, 경기의 벽로(僻路)는 저치미(儲置米)를 사용한다.〈속〉 **2** 부(府)는 노(奴) 3구(口), 비(婢) 5구, 대마(大馬)와 소마(小馬) 각 2필을 지급하고, 대도호부(大都護府) 이하는 노 2구, 비 4구, 대마와 소마 각 2필을 지급하고, 군 이하는 노 2구, 비 3구, 대마와 소마 각 1필을 지급한다. 가족을 데리고 가지 않은 진장(鎭將)은 당상이면 노 2구를, 나머지는 노 1구를 지급하며, 말은 모두 대마 2필, 소마 1필을 지급한다. 군관은 노 1구와 대마, 소마 각 1필을 지급하고, 수군(水軍) 장수와 군관은 말이 없다.〈경〉

362 대로(大路), 중로(中路), 소로(小路) : 《경국대전》에 따르면, 병조가 관할하는 노원역(蘆原驛)과 청파역(靑坡驛)을 제외하면 역(驛)은 모두 545곳으로, 대로, 중로, 소로로 구분하여 공수전(公須田)을 차등 지급하였다. 각 역의 대로, 중로, 소로의 구분은 《대전속록》에 처음 보인다. 대로는 12곳으로 한양에서 서북의 개성 산예역(狻猊驛), 동북의 영평 양문역(梁文驛), 남방의 용인 구흥역(駒興驛)까지의 범위에 설정되었고, 중로는 109곳으로 대로와 연결되어 경상도 상주, 전라도 전주, 평안도 의주, 함길도 온성 등으로 향하는 직로상의 역들이고, 나머지는 소로였다. 《大典續錄 兵典 驛路》《정요근, 高麗·朝鮮初의 驛路網과 驛制 硏究, 서울대학교 박사학위논문, 2008, 261~262쪽》

제2항 지방관이 사망하거나 상을 당하면 상수미(喪需米)를 차등을 두어 지급한다. ❶ 관찰사와 수령이 임소(任所)에서 친상(親喪)을 당하면 양남은 40섬, 호서는 30섬, 해서는 35섬을 지급하고, 당사자의 상에는 양남은 40섬, 호서와 해서는 35섬을 지급하며, 처상(妻喪)에는 모두 당사자의 상에 비하여 절반을 지급한다. 병사(兵使)의 상에는 양남은 35섬, 호서와 해서는 20섬을 지급한다. 수사(水使)의 상에는 양남은 30섬, 호서와 해서는 15섬을 지급한다. 영장의 상에는 양남은 30섬, 호서는 15섬을 지급한다. 모두 저치미(儲置米)에서 떼어 준다.

제3항 지방관을 영송(迎送)할 때 지급하는 쇄마(刷馬)는 도로의 거리를 계산하여 수효를 정한다. 〈속〉 ❶ 관서는 대도호부와 목(牧)이 10필, 도호부가 9필, 군(郡) 이하가 8필이다. 관북은 대읍(大邑)이 15필, 소읍(小邑)이 10필이다. 삼남과 관동, 해서는 주(州)와 부(府)가 20필, 군과 현(縣)이 15필이다. 영남의 대읍은 상도(上道)이면 3필, 중도(中道)이면 4필, 하도(下道)이면 6필을 더하고, 중읍(中邑)은 모두 4필을 더하며, 소읍은 모두 3필을 더하고, 잔읍(殘邑)은 모두 2필을 더하되, 5일 반 이하의 노정은 쇄마를 더하지 않는다. 호남은 상도이면 3필을 더하고, 중도이면 5필을 더하고, 하도이면 7필을 더한다. 가족을 데리고 가지 않는 읍은 각각 3필을 감하고, 동래(東萊)는 5필을 감한다. 경기는 부와 목이 17필이고, 도호부, 군, 현이 13필인데, 수원(水原)은 목과 같다.〈속〉〈보〉 ❷ 임기가 차서 체차되면 신관과 구관의 마부 및 쇄마의 비용은 저치미(儲置米)와 상정미(詳定米)로 회계

처리하는데-1 관서는 해당 읍에서 낸다.- **참(站)마다**-2 30리이다.- 기마(騎馬)는 1말 5되, 복마(卜馬)는 2말을 지급한다. 임기보다 먼저 체차되면 구관의 쇄마 비용은 본읍(本邑)에서 마련하거나 민결(民結)에서 내며, 신관의 쇄마 비용은 저치미로 회계 처리한다. 임기가 차서 체차되었는지 임기보다 먼저 체차되었는지를 막론하고 신관은 서울에 머무는 동안의 양식으로 1필당 5말을 더 지급한다.〈보〉 3 삼남 연해읍의 마부와 쇄마의 비용으로 지급하는 쌀은 균역청이 돈으로 바꾸어 지급한다.[363]〈증〉〈보〉 4 수령이 공무로 인하여 상경할 때는 양남은 7일 이하의 노정이면 5필, 10일 이하의 노정이면 6필을 지급하고, 호서와 관동은 4일 이하의 노정이면 3필, 5일 이상의 노정이면 4필을 지급한다. 5 공무로 왕래할 경우 도내이면 3필을 지급하는데, 호서는 1필을 줄이고, 경기는 기마 1필을 지급한다. 숙박해야 할 곳이면 복마 2필을, 1일 내에 왕래할 수 있는 곳은 복마 1필을 지급한다.〈속〉

363 삼남……지급한다 : 1767년(영조43) 지방에 돈이 부족한 문제와 균역청의 급대(給代)할 쌀이 부족한 문제를 함께 해결할 수 있는 방안으로 시행되었다. 경상도, 전라도, 충청도, 경기 연해읍의 인부 및 쇄마의 값을 돈으로 지급하고, 그에 해당하는 쌀은 비축하여 균역청의 급대 비용으로 쓰도록 하였다. 1777년(정조1) 경기 선혜청의 세입이 부족하여 균역청에 인부 및 쇄마의 값에 해당하는 쌀을 지급하지 못하면서 균역청의 손실이 커지자 경기는 원래대로 쌀로 지급하게 하였다.《承政院日記 英祖 43年 4月 10日, 正祖 1年 10月 4日》

제16조 **해유(解由)** 월등(越等) 항목을 붙임

제 1 항 지방관의 해유(解由)는 임소(任所)에 도착한 날부터 체임된 날까지 계산하되 공적, 사적 탈(頉)을 해유를 계산하는 날짜에서 빼는 것을 허락하지 않고 360일을 기한으로 한다. 〈속〉

❶ 360일의 기한을 채우지 않더라도 해유가 있는데, '문서로 인수인계한다'고만 일컫고 녹을 받거나 관직에 의망할 때 구애되지 않는다. 임기 내에 환자(還上)를 거두는 시기를 만나면 문서로 인수인계할 때에도 환자와 관련된 문서를 빙고(憑考)한다.[364] 〈속〉 〈보〉 ❷ 수령이 체임된 후 3개월 내에 색리가 서울로 올라와 해유 문서를 마감한다. 〈증〉 ❸ 서울과 지방의 관원은 모든 치부(置簿)를 대조하여 확인한 후에 해유를 발급한다.[365] 전임 관원 임기 내의 치부는 체납된 환자의 예대로 시행한다.[366] ❹ 지방관의 병조와 관련된 해유장(解由狀)은 모두 호조에 올리면 호조가 전적으로 관장하여 작성한 다음 지급한다. ❺ 문서로

364 임기……빙고(憑考)한다 : 재임 기간이 3개월 미만이면 문서 전장도 하지 않지만, 환자를 받아들이는 시기와 겹치면 환자 문서를 빙고한다.《度支志 卷12 會計司 解由部》

365 모든……발급한다 : 관할하던 물품이 해유의 대상이 되는데, 〈해유이관식(解由移關式)〉에 수록된 물품은 돈, 곡식, 소금, 철(鐵), 군기(軍器), 성자(城子), 선척(船隻), 서책, 책판(冊版), 안적(案籍), 문서, 인신(印信), 전세, 공물, 저전(楮田), 완전(莞田), 뽕나무, 옻나무, 과일나무, 공해(公廨), 공천(公賤), 축산, 관복(冠服) 등이다.《典律通補 別編 解由移關式》

366 전임……시행한다 : 전임 수령의 장부는 이전에 받지 못한 환자의 예에 따라 10등분하여 3분의 1에 대한 효주를 마친 후에 해유장을 내준다.《受教輯錄 戶典 解由》

인수인계하는 경우 외에는 전임 관원의 해유가 나오기 전에 후임 관원의 해유를 먼저 발급하는 것을 허락하지 않는다.〈속〉 **6** 해유가 나오기 전에는 녹을 받지 못하고 직임에 제수되지 못하는 것은 위의 〈녹과(祿科)〉 조와 〈이전〉의 〈경관격식(京官格式)〉 조에 보인다.[367] 〈보〉

제 2 항 서울의 아문에 납부해야 하는 쌀과 베를 수효대로 거두지 못했거나 군정(軍丁)을 액수대로 충정(充定)하지 못한 경우 거두지 못하거나 충정하지 못한 수효가 많으면 해유를 받는 데 구애되고 적으면 월록(越祿)이다. 〈속〉 **1** 전세와 대동은 거두지 못한 수효가 비록 1섬이라도 해유를 받는 데 구애된다. 전임 수령의 임기 동안 거두지 못한 것은 전세는 당년조(當年條)를 거두지 못한 예[368]를 따르고, 대동은 쌀은 20섬, 무명은 1동(同)을 거두지 못하였으면 월봉 1등이고 차례로 등급을 더하되 월봉 3등에 그친다.〈속〉〈증〉 **2** 전세와 대동을 실은 선박이 임기 내에 치패(致敗)되면 월봉 1등에 처한다. 선박이 치패된 곳의 지방관이 내야 할 증미(拯米)를 전혀 거두지 못하거나 원래 곡식의 주인인 고을의 지방관이 내야 할 미증미(未拯米)를 전혀 거두지 못하면 해유를 받는 데 구애된다. 열미(劣米)를 전혀 거

367 해유가 나오기 전에는……보인다 : 본서 〈호전 녹과(祿科)〉 1항 소주 **16** 및 〈이전 경관격식(京官格式)〉 76항 소주 **3** 참조.

368 당년조(當年條)를……예 : 임기 내에 거두지 못한 전세가 비록 1섬이라도 해유를 받는 데 구애된다는 《속대전》 〈호전 해유〉의 내용을 가리킨다.

두지 못하면 전임 수령의 임기 동안 거두지 못한 대동의 예[369]를 따른다. ⟨속⟩ – 1 고의로 치패시켰는지 여부가 결론이 나기 전에는 해유를 받는 데 구애되지 않는다. – 3 선박을 임대하여 운송하는 경우 서울에 도착한 후 뱃사람이 흠축낸 것에 대해서는 곡물의 주인인 관원은 해유를 받는 데 구애되지 않는다. ⟨보⟩ 4 정포가미(正布價米),[370] 차세폐목(次歲幣木),[371] 국휼(國恤) 때에 별지정(別卜定)한 해서의 생장(生獐)값을 거두지 못한 것은 대동을 거두지 못한 예[372]를 따른다. ⟨속⟩ 5 해서 칙수고(勅需庫)[373]

369 전임……예 : 전임 수령의 임기 동안 거두지 못한 대동은 쌀은 20섬이나 무명은 1동(同)을 거두지 못하였으면 월봉 1등이고 차례로 등급을 더하되 월봉 3등에 그친다는 본항 소주 1의 규정을 가리킨다.

370 정포가미(正布價米) : 전세로 내는 주(紬), 면포(綿布), 저포(苧布), 정포(正布)를 쌀이나 콩으로 바꾸어 선혜청으로 보내는데, 정포가미는 전세로 내는 정포를 쌀로 바꾸어 내는 것을 이른다. 충청도, 전라도, 경상도와 강원도에 있었다. 본서 〈호전 대동(大同)〉 1항 소주 4 참조. 《大典通編 戶典 徭賦》

371 차세폐목(次歲幣木) : 중국에 매년 바치는 세폐(歲幣)를 마련할 재원으로 삼기 위해 거둔 무명으로, 세폐차목(歲幣次木)이라고도 한다. 1697년(숙종23)의 세공 정식(歲貢定式) 이후 삼남, 강원, 함경 등 5개 도에서 일률적으로 전결의 총수에 따라 통상적인 부세 외에 별도로 나누어 정해서 걷고 차세폐라는 이름을 붙였는데, 각 읍에서 곧바로 호조에 납부하게 하였다. 대동법을 시행한 후 차세폐도 대동미 12말 안에 포함되었고, 선혜청에서 대동미를 가지고 수량을 맞추어 마련하여 호조로 실어 보냈다. 《承政院日記 英祖 8年 閏5月 29日》

372 대동을……예 : 임기 동안 거두지 못한 대동은 거두지 못한 수량이 1섬이라도 해유를 받는 데 구애되며, 전임 수령의 임기 동안 거두지 못한 대동은 쌀은 20섬, 무명은 1동(同)을 거두지 못하였으면 월봉 1등이고 차례로 등급을 더하되 월봉 3등에 그친다는 본항 소주 1을 가리킨다.

373 칙수고(勅需庫) : 황해도, 평안도의 감영과 각 고을, 개성부에 칙사의 접대 비용을 마련하기 위하여 별도로 설치한 창고로, 칙수고의 곡식은 환곡

의 쌀은 비록 환곡을 정봉(停捧)한 해라도 거두지 못한 것이 있으면 수효의 많고 적음을 막론하고 해유를 받는 데 구애된다. 〈증〉 **6** 왜관에 공급하는 쌀은 20섬, 무명은 1동을 미납하면 월봉 1등에 처하고 차례로 등급을 더한다. **7** 훈련도감의 포보(砲保)와 군향보(軍餉保)가 내는 쌀과 베, 송도(松都)의 군보(軍保)가 내는 쌀과 베, 금위영과 어영청의 보인(保人)이 내는 쌀, 장악원의 악공(樂工)과 악생(樂生)의 봉족(奉足)이 내는 베, 전설사의 제원(諸員)과 공조의 장인이 내는 가포(價布), 금위영과 어영청의 숙위 기사(宿衛騎士), 별파진(別破陣), 경표하군(京標下軍)의 보인이 내는 베, 조군(漕軍)이 내는 신포(身布)와 복미(復米), 금위영과 호련대(扈輦隊)의 보지기(褓直)[374]가 내는 가포는 매 10명당 1명에 대해 거두지 못하였거나 전임 수령의 임기 중 거두지 못한 것 가운데 매년 5분의 1을 거두지 못하였으면 해유를 받는 데 구애된다.〈속〉 **8** 양향청(糧餉廳)[375]의 둔곡(屯

으로 운용하였다. 황해도에는 1710년(숙종36) 상정법을 시행할 때 설치하였다.《度支志 卷10 大同 海西詳定》

374 보지기(褓直) : 배속된 인원의 식량, 그릇, 의복, 장막 등을 운반하는 일을 하는 사람으로 복마군(卜馬軍)의 일종이다.《承政院日記 肅宗 15年 10月 3日》

375 양향청(糧餉廳) : 1594년(선조27)에 설치하였다. 한광전(閑曠田)을 절수하여 둔전을 만들거나 적몰한 전답을 떼어 주고 세를 거두어 훈련도감의 군병의 복색, 기계 등의 조성 및 수선 비용, 각색 원역의 요포 비용으로 사용하도록 하였다. 1808년(순조8) 편찬된 《만기요람》에 따르면 각 도에 있는 둔토는 전답을 합하여 3481결 36부 6속이고, 거두는 둔세는 쌀 654섬 남짓, 콩 32섬 남짓, 목화(木花) 544근, 현목(玄木) 6동 16필 남짓, 전문(錢文) 1만 3928냥 남짓이다.《萬機要覽 財用編4 糧餉廳》

穀)은 군문의 예를 따른다.〈증〉 **9** 병조의 기병과 보병의 가포(價布)를 1동 이상 거두지 못하였거나 전임 수령의 임기 중 거두지 못한 것 가운데 매년 5분의 1을 거두지 못하면 해유를 받는 데 구애된다.〈속〉 **10** 경역(京驛)[376] 역졸의 보인이 내는 베, 내취(內吹)의 보인이 내는 베는 비록 1필이라도 거두지 못하면 해유를 받는 데 구애된다. **11** 남한산성(南漢山城)과 북한산성(北漢山城)의 의승 번전(義僧番錢)은 번상하기 한 해 전 10월에 납부하는데, 기한 내에 거두지 못하면 군보의 예를 따른다. **12** 경기 고을 능군(陵軍)의 보인이 내는 베는 2년이 지나도 수송하지 않으면 해유를 받는 데 구애된다.〈증〉 **13** 균역청의 결전(結錢)은 대동의 예를 따르고, 여결세(餘結稅)는 전세의 예를 따르고, 선무군관포(選武軍官布)는 훈련도감, 어영청, 금위영 삼국(三局)의 보인이 내는 베의 예를 따른다. 어세(漁稅), 염세(鹽稅), 선세(船稅)는 10분의 1을 거두지 못하거나 전임 관원의 임기 동안 거두지 못한 것 가운데 5분의 1을 거두지 못하였으면 해유를 받는 데 구애된다. 납부하는 기한은 모두 균역청의 납부 기한[377]을 따른다.〈증〉〈보〉-**2** 〈조전(漕轉)〉 조에 보인다.〈보〉- **14** 이조 유

376 경역(京驛) : 병조에서 직할하는 노원역(蘆原驛)과 청파역(靑坡驛)이다.《萬機要覽 財用編3 結錢 收納式》

377 균역청의 납부 기한 : 결전과 여결세는 충청도, 전라도, 황해도는 3월 내에, 경상도와 강원도는 4월 내에 상납한다. 경기는 결전은 2월, 여결세는 3월에 상납하며, 평안도는 여결세를 4월에 상납한다. 선무군관포는 10월 내에 상납한다. 어세, 염세, 선세는 춘등(春等)은 4월에서 6월 내에, 추등(秋等)은 10월에서 12월 내에 상납하는데, 경상도는 이듬해 3월 내에 한꺼번에 상납한다. 본서 〈호전 조전〉 10항 소주 **1** 참조.

리(留吏)의 신포(身布)는 10명 이상인 읍은 4필, 20명 이상인 읍은 6필을 거두지 못하였거나 전임 수령의 임기 동안 거두지 못한 것 가운데 매년 10분의 2를 거두지 못하였으면 해유를 받는 데 구애된다.〈속〉 **15** 호조에서 거두는 각 관사 노(奴)의 신공(身貢)은 비총(比摠)의 수를 정한 후에는 비록 1필을 거두지 못하였더라도 해유를 받는 데 구애된다.〈증〉 **16** 내수사, 수진궁(壽進宮), 명례궁(明禮宮), 용동궁(龍洞宮), 어의궁(於義宮), 상의원의 노의 신공과 상의원 제원의 가포는 3명 이상에 대해 거두지 못하면 해유를 받는 데 구애되고, 전임 수령의 임기 동안 거두지 못한 것 가운데 매년 4분의 1을 거두지 못하면 해유를 받는 데 구애된다. **17** 병조의 제색군(諸色軍)·수군(水軍), 훈련도감의 포보(砲保)·군향보(軍餉保), 금위영과 어영청의 송도 군보, 사복시의 제원(諸員), 사옹원의 제원과 사기장(沙器匠)의 보인, 군기시, 선공감, 조지서의 장인을 충정하지 못한 수효가 대읍은 8명, 중읍(中邑)은 6명, 소읍은 4명이면 해유를 받는 데 구애되고, 전임 수령의 임기 동안 충정하지 못한 수효는 대읍, 중읍, 소읍을 막론하고 5명 이상이면 해유를 받는 데 구애된다.〈속〉 **18** 조운 차사원(漕運差使員)이 – **3** 아산 현감(牙山縣監)이다. – 수량대로 납부하지 못하면 해유를 받는 데 구애된다.[378]

378 조운……구애된다 : 아산(牙山) 공진창(貢津倉)에는 아산, 청주(淸州), 천안(天安), 온양(溫陽), 목천(木川), 전의(全義), 연기(燕岐)의 7개 읍이 소속되어 있고, 이 외의 고을이 공진창의 남는 조선으로 세곡을 운반하는 경우도 있었다. 조선이 출발한 후에 조졸(漕卒)들의 농간으로 발생한 치패와 흠축을 해당 곡물을 낸 고을에 책임 지우는 것에 한계가 있고, 이를 방지하는 데 실

19 임피(臨陂) 나리포창(羅里舖倉)의 물종(物種)을 – **4** 제주 삼읍에서 1년을 기한으로 물종을 내보내면 나리포창이 구관(句管)하여 원래 정한 각 읍으로 나누어 보내어 각 읍에서 발매하는데, 90일을 기한으로 한다. – 기한 내에 절반을 내보내지 않으면 해유를 받는 데 구애되고, 3분의 1을 내보내지 않으면 월봉 2등, 5분의 1을 내보내지 않으면 월봉 1등이고, 전임 수령의 임기 동안 거두지 못한 것과 전혀 내보내지 않은 것은 해유를 받는 데 구애된다. 발매하는 기한 내에 물종을 판 값을 거두지 않으면 해당 수령은 순영이 장계로 보고하여 논죄하고, 해유를 받는 데 구애되며 월봉하는 것은 제주에서 물종을 내보내는 기한을 어긴 예를 따른다.〈증〉 **20** 호남의 전병선 저치미(戰兵船儲置米)는 환자의 예를 따른다.〈보〉 **21** 군작미(軍作米)는 서울에 납부하는 쌀과 베를 수효대로 거두지 못한 예대로 하되, 정봉(停捧)하는 해에는 환자의 예를 따른다. 전임 수령의 임기 동안 거두지 못한 것은 비록 정봉하는 해가 아니라도 같다.〈증〉〈보〉 **22** 광흥창과 군자감의 관원이 섬 수를 계산하여 인수인계한 후에 흠축이 있으면 해유를 받는 데 구애되고, 서원(書員)은 형추하고 정배(定配)한다.〈증〉 **23** 광주(廣州)의 전세와 대동 및 평안도 각 읍의 칙수고(勅需庫)의 받아들인 수량과 받아들이지 못한 수량은 각기 본도(本道)에서 해유장(解由狀)을 반첩(反貼)할 때 빙고

효가 없자 아산 현감을 영구히 차사원으로 정하여 조창에 관한 일을 전적으로 책임지게 하고 해유도 아산 현감에게 시행하였다.《承政院日記 英祖 37年 12月 10日, 39年 1月 4日》

(憑考)한다.〈속〉〈보〉 24 양계, 제주는 쇄환(刷還)하지 못한 인물이 1구(口)이면 월봉 2등, 2구이면 월봉 4등, 3구이면 월봉 6등이고, 4구이면 해유를 받는 데 구애된다. 함경남도의 수령이 함경북도의 인물을 쇄환하지 못한 경우도 같다.

제 3 항 환자(還上)를 받아들이지 못한 자는 수량을 나누어 월록(越祿)한다. 1 호조와〈속〉 – 1 호조의 회안(會案)에 들어 있는 모든 곡식이다.〈보〉 – 상평청의 환자는 10분의 1을 받아들이지 못하면 월봉 4등, 10분의 2를 받아들이지 못하면 월봉 5등, 10분의 3을 받아들이지 못하면 월봉 7등, 20분의 1을 받아들이지 못하면 월봉 2등, 30분의 1을 받아들이지 못하면 월봉 1등이다. 1000섬 이상을 받아들이지 못하면 분수(分數)로는 월봉 4등이나 5등에 해당되더라도 월봉 6등이다. 도임한 해 11월 30일 이내에 체임된 자는 논하지 않는다. 전임 수령의 임기 동안 거두지 못한 것은 10등분하여 매년 3분의 1을 받아들이는데, 비록 수량대로 받아들이지 못하였더라도 다른 해에 더 받아들이면 조정하여 받아들인 것으로 계산한다. 1년에 받아들여야 하는 3분의 1의 수량 가운데 3분의 1을 받아들이지 못하면 월봉 2등, 3분의 2를 받아들이지 못하면 월봉 3등이고, 전부를 받아들이지 못한 경우 60개월을 재임하였으면 월봉 4등, 40개월 이상 재임하였으면 월봉 3등, 14개월 이상을 재임하고 겨울을 두 번 났으면 월봉 2등, 13개월 이하를 재임하고 겨울을 한 번 났으면 월봉 1등인데 전혀 받아들이지 못한 경우가 아니면 논하지 않는다.〈속〉 2 장계로 보고하여 진휼을 시작한 읍은 1년에 각각

1등을 감한다.〈속〉〈보〉 ❸ 비황곡(備荒穀)은 원래의 환자의 예를 따른다.〈증〉 ❹ 강도(江都)의 이전미(移轉米)와 진휼청이 구관(句管)하는 곡물은 환자의 예를 따르는데, 총융청의 경기 이전미도 같다.〈속〉〈보〉

제4항 월록(越祿)은 7등을 넘을 수 없으며, 중첩하여 범한 자는 무거운 쪽으로 논한다.〈속〉 ❶ 등(等)은 달로 계산한다.〈보〉 ❷ 여러 관사를 합하여 계산하여 3개 조항을 중첩하여 범하면 1등을 더하고, 4개 조항을 중첩하여 범하면 또 1등을 더하되 8등을 넘지 못한다. ❸ 월등(越等)은 해유가 호조에 도착한 날부터 시작하여 계산하되, 부록(付祿)한 이후 창고를 봉하기 전에 도착하면 그달의 녹부터 계산하여 감한다. 상중이거나 전최에서 하(下)를 맞아 부직(付職)되지 못한 사람은 서용된 해의 서용된 달부터 시작하여 계산하고, 재임 중에 상을 당하면 2등을 감한다.〈속〉 ❹ 지방에서 계청하여 데리고 간 군관은 1등마다 삭포(朔布) 3필을 납부하면 월등을 말소하며, 경군문(京軍門)의 장관(將官)도 요(料)를 납부하면 월등을 말소한다.

제5항 해유 작지(作紙)는 관청마다 납부하는 것이 다르다. ❶ 재임 기간이 3개월 이상이면 병조에도 함께 납부한다. 부(府)[379]·목

379 부(府) : 지방관이 종2품의 부윤(府尹)인 광주(廣州), 의주(義州), 전주(全州), 평양(平壤), 함흥(咸興)과 지방관이 당하 정3품의 대도호부사(大都護府使)인 안동(安東), 창원(昌原), 강릉(江陵), 영변(寧邊), 영흥(永興)을 가리킨다. 《전율통보》 〈이전 외관직(外官職)〉 2항 참조.

(牧)·부(府)[380]는 16냥, 군·현은 11냥, 첨사·만호(萬戶)는 6냥, 찰방은 5냥이다. 이 외에 또 계사청(計士廳)[381]에 예급(例給)하는 것이 있다. 재임 기간이 3개월 이하이면 후전(後錢) 1냥만을 병조에 납부한다. 2 육진(六鎭), 삼수(三水), 갑산(甲山), 강변7읍(江邊七邑), 청천강 이북의 13개 읍, 제주 3읍(濟州三邑)은 해유 작지가 없다. 병조 작지는 육진, 삼수, 갑산, 제주 3읍에는 없고 후전만 있다.〈보〉

380 부(府) : 종3품의 도호부사(都護府使)가 지방관인 고을을 가리킨다. 《전율통보》〈이전 외관직(外官職)〉 3항 참조.

381 계사청(計士廳) : 계사의 정원은 60인이다. 종6품의 교수 1인이 계사청의 사무를 총찰하며, 종6품의 별제 2명과 종9품의 훈도 1명이 사무를 동참(同參)하여 조관(照管)한다. 호조의 각 속사(屬司) 및 선혜청, 병조, 균역청 등 전곡과 수세(收稅)를 관리하는 부서에 나누어 차임되었다. 해유 치부(解由置簿)를 담당하는 호조의 해유색(解由色)은 6명의 계사가 맡았다. 《萬機要覽 財用編4 戶曹各掌事例 員額, 附算學》

제17조 잡령(雜令)

제 1 항 국폐(國幣)로는 동전(銅錢)을 사용한다. ❶ 저화(楮貨)가 다시 상목(常木)이 되고, 상목이 다시 동전이 되었다. 동전에는 '상평통보(常平通寶)'라고 쓰고, 무게는 2돈 5푼이며〈속〉－❶ 지금은 1돈 2푼이다.〈보〉－ 100문(文)이 1냥(兩), 10냥이 1관(貫)이다. ❷ 은(銀)은 7성(成)이 정은(丁銀)이고, 10성이 천은(天銀)이다.[382] 정은 1냥을 돈으로 환산하면 2냥이다.〈속〉－❷ 지금은 시가를 따른다.〈보〉－ 은의 값을 높이거나 낮추면 관리는 논죄하고 백성은 장(杖) 100을 치고 정배(定配)한다. ❸ 신은(新銀)과 구은(舊銀)을 모두 통용한다.[383] [384]〈속〉

382 은(銀)은……천은(天銀)이다 : 성(成)은 은의 순도를 나타내는 말로, 품(品)이라고도 한다. 가장 낮은 품질의 은은 6성은으로 10분의 6이 은, 10분의 4가 납으로 이루어져 있다. 정은(丁銀)은 10분의 7이 은, 10분의 3이 납인 은으로, 왜은(倭銀)이 이에 해당한다. 10성은인 천은(天銀)은 납이 섞이지 않은 순은이다.《萬機要覽 財用編4 金銀銅鉛 銀》

383 국폐(國幣)로는……통용한다 : 동전인 상평통보를 국폐로 사용한 것은 1678년(숙종4)부터였고,《속대전》에서 법제화되었다.《전율통보》에서 새로 이 추가된 소소주 ❶과 소소주 ❷를 제외하고는 모두《속대전》〈호전 국폐(國幣)〉에 있다.《肅宗實錄 4年 1月 23日》

384 신은(新銀)과……통용한다 : 조선에서 유통된 은 대부분은 일본에서 들어온 것인데, 일본이 인삼 대금으로 조선에 지급하는 은이 처음에는 순은인 천은이다가 이후 8성은, 7성은으로 변하였다. 1699년(숙종25) 무렵에는 6성은도 들어왔는데, 이를 신은이라 하고 예전의 순도가 비교적 높은 은을 구은이라 하였다.《備邊司謄錄 肅宗 25年 4月 21日·5月 22日, 26年 5月 2日》《英祖實錄 7年 12月 12日》

제2항 **적전(籍田)은 부근에 거주하는 백성이 경작하고 수확하게 한다.**[385] **친경(親耕) 때에는 100무(畝)를 다 갈아 파종하고, 기장, 피, 벼, 수수를 수확하여 제향(祭享)의 자성(粢盛)으로 올린다.**[386] 〈경〉〈속〉 **1** 서적전(西籍田)[387]에서 수확한 것은 원래 정해진 제향에 올리고, 동적전(東籍田)[388]에서 수확한 것은 별도로 지내는 제향에 올린다.〈보〉 **2** 위전(位田) 16일 갈이를 경작하는 백성에게 임금이 친경한 8일 갈이의 전지를 함께 경작하게 하고, 전세와 결전(結錢)을 모두 감해 준다.[389] 〈증〉 **3** 친경 후에는 적전령(籍田令)[390]이 추수 때까지 살핀다.[391] 〈속〉

385 적전(籍田)은……한다 : 《경국대전》 〈호전 적전(籍田)〉에 있다.

386 친경(親耕)……올린다 : 《속대전》 〈호전 적전(籍田)〉에 있다.

387 서적전(西籍田) : 개성부(開城府) 동쪽 20리에 있다. 마을 이름은 '전농(典農)'이고, 관청 건물이 있는데 '형향각(馨香閣)'이며, 창고에는 제사에 쓰는 각종 곡식을 저장하였다. 본래 고려 때 전세를 받아 공신에게 주기 위해 마련한 교채공전(郊采公田)이었는데 비옥하다고 일컬어졌다. 조선에서 적전으로 삼고 본적(本籍) 노비에게 경작하게 하여 수확물을 종묘 이하의 1년 동안 원래 정해진 제향의 자성으로 올리고 종묘의 6곡(穀) 천신(薦新)에 바쳤다. 《增補文獻備考 卷62 禮考 諸壇 先農》

388 동적전(東籍田) : 동교(東郊) 10리에 있고, 마을 이름은 '전농(典農)'이다. 선농(先農)을 제사하고 친경(親耕)을 하는 곳이다. 관청 건물은 '비분각(苾芬閣)'이며, 창고를 두어 제사에 쓰는 각종 곡식을 저장하여 종묘 이하의 수시로 지내는 별제(別祭)의 자성으로 올리고 종묘의 6곡 천신에 바쳤다. 《增補文獻備考 卷62 禮考 諸壇 先農》

389 위전(位田)……준다 : 《대전통편》 〈호전 적전(籍田)〉에 있다.

390 적전령(籍田令) : 친경 때에 임시로 차출하는 직임으로, 봉상시 관원이 맡는다. 1767년(영조43) 2월에 거행한 친경에서는 봉상시 첨정이 맡았다. 《국역 친경·친잠의궤》

391 친경……살핀다 : 《속대전》 〈호전 적전(籍田)〉에 있다.

제3항 친경례(親耕禮)에 대해서 예조가 매년 연초에 임금의 뜻을 여쭌다. ❶ 구곡(九穀)[392]이 익은 후 관예(觀刈)에 친림할지 관원을 보내 수확하는 것을 감독하게 할지는 봉상시가 여쭌다. 봉상시에 제조가 없으면 예조가 여쭌다.[393] 〈증〉

제4항 친경(親耕) 때에는 예의사(禮儀使), ❶ 예조 판서인데, 판서가 일이 있으면 참판이 대행한다. **경적사(耕籍使),** ❷ 호조 판서인데, 판서가 일이 있으면 참판이 대행한다. **종경관(從耕官),** ❸ 재신(宰臣), 〈오례〉 –❶ 대신(大臣)이다. 〈보〉 – 종실, 이조 판서와 병조 판서인데 판서가 일이 있으면 참판이 대행하며, 양사(兩司) 장관(長官)인데 장관이 일이 있으면 차관이 대행한다.[394] 〈오례〉 〈속례〉 **여러 집사관(執事官)을 둔다.** ❹ 봉뇌사관(奉耒耜官)은 봉상시 정이고, 집우비관(執牛轡官)은 사복시 정이고, 적전령(籍田令), 독시관(督視官), 봉청상관(奉靑箱官)은 봉상시 관원이고, 봉분관(奉畚官), 봉삽관(奉鍤官) 각 3인은 봉상시와 성균관의 관원이다. 〈오례〉 〈보〉

제5항 잠실(蠶室)에서 실을 뽑는 사람은 하루에 각기 생고치 1말을 켠

392 구곡(九穀) : 친경전에 심은 곡식을 가리킨다. 벼[稻], 기장[粱], 찰기장[黍], 피[稷], 수수[唐黍], 팥[小豆], 콩[大豆], 보리[大麥], 밀[小麥]이다. 《萬機要覽 財用編3 耤田》

393 친경례(親耕禮)에……여쭌다 : 《대전통편》 〈예전 잡령(雜令)〉에 있다.

394 친경(親耕)……대행한다 : 《전율통보》에서 추가된 소주 ❶을 제외하고는 모두 《국조오례의(國朝五禮儀)》 권2 〈길례(吉禮) 향선농의(享先農儀)〉와 《국조속오례의(國朝續五禮儀)》 권1 〈길례 친경의(親耕儀)〉에 있다.

다. ❶ 9냥(兩)의 누에고치에서 1냥의 실이 나온다.[395] 〈속〉 ❷ 《경국대전》에는 "각 도(道)의 뽕나무 기르기에 적당한 곳에 도회잠실(都會蠶室)을 설치하고 장부를 만들어 호조와 본도(本道), 본읍(本邑)에 보관하게 하고, 누에를 쳐서 고치를 수확하여 상납한다. 관찰사는 관직이 있고 근면 성실한 자를 택하여 양잠관(養蠶官)으로 삼고 수령은 이를 살핀다."라고 하였다.[396] 〈보〉

제 6 항 **산업에 힘써 특별한 성과를 낸 자는** ❶ 농사와 양잠, 각종 나무 재배, 목축 따위이다. **세초(歲抄)할 때마다 호조에서 녹계(錄啓)하여 장려한다.**[397] 〈경〉

제 7 항 **소를 빌려주고 부족한 양식을 도와주며 진전(陳田)을 조사하고 경작을 권장하는 것은 한결같이 연초에 반포한 권농 윤음(勸農綸音)을 준수하여 행하며, 수령은 각별히 권장하고 살핀다.**[398] 〈증〉 ❶ 수령은 농사를 권장하여 제때 논밭을 갈고 김매게 하며, 또 부족한 것을 도와주고 농사철에는 역(役)에 차임하거나 징발하지 않는다. 관찰사는 수령이 농사를 제대로 권장하였는지 살펴 고과(考課)에 반영한다. ❷ 관둔전(官屯田)은 마을 백성에게 농사짓게 할 수 없다. ❸ 농사지을 사람이 병든 집의 전

395 잠실(蠶室)에서……나온다 : 《속대전》 〈호전 잠실(蠶室)〉에 있다.
396 경국대전에는………하였다 : 《경국대전》 〈호전 잠실(蠶室)〉에 있다.
397 산업에……장려한다 : 《경국대전》 〈호전 장권(獎勸)〉에 있다.
398 소를……살핀다 : 《대전통편》 〈호전 무농(務農)〉에 있다.

지는 친족과 이웃에게 농사짓게 하여 묵지 않도록 한다.[399] 〈경〉

제 8 항 **여러 도(道)의 농사 작황과 강우량은 도신(道臣)이 즉시 장계로 보고한다.**[400] 〈보〉 **1** 측우기를 서울과 지방에 설치하여 비가 오면 즉시 강우량을 장계로 보고한다. **2** 수표 단자(水標單子)는 예조가 작성하여 계문한다.[401] 〈증〉

제 9 항 **농사와 양잠을 권장하고 살피지 않은 자는 논죄한다.** 〈보〉 **1** 이장(里長)이 관할하는 지역 내의 전지를 이유 없이 황무지로 만들거나, 뽕나무나 삼을 심도록 해야 하는 땅인데 심지 않으면 10분을 비율로 하여 -**1** 민호는 5분을 비율로 한다.- 1분이면 태(笞) 20이고, 1분마다 1등급을 더하되 장(杖) 80에 그치고,

399 수령은 농사를……한다 : 《경국대전》 〈호전 무농(務農)〉에 있다.

400 여러……보고한다 : 농사 작황과 강수량은 매년 연분(年分)을 결정하는 중요한 자료로, 《전율통보》에는 "8월에 본조가 여러 도의 농형 장계(農形狀啓)를 살펴 비슷한 해의 비총(比摠)으로 계하받는다."라고 하였고, 《만기요람》에는 "호조가 각 도의 강수량과 작황에 관한 장계를 참고하여 상당하는 해와 비교하여 헤아려 비총을 정한다."라고 하였다. 《육전조례》와 《은대편고》에는 "농사 작황에 관한 장계와 강수량에 대한 장계는 하지부터 입추 전까지 올라오는 대로 조보에 낸다."라고 되어 있다. 본서 〈호전 연분(年分)〉 2항 **1** 참조. 《萬機要覽 財用編2 年分》《六典條例 吏典 承政院 總例》《銀臺便攷 通攷 狀啓》

401 측우기를……계문한다 : 《대전통편》 〈예전 잡령(雜令)〉에 있다. 수표(水標)는 한강과 청계천 2곳에 있었다. 청계천의 수표는 수표교 서측에 있었는데, 높이 10자였다. 《承政院日記 顯宗 9年 6月 8日》《萬機要覽 財用編5 濬川 水標石》

관원은 2등급을 줄인다.[402] 〈율〉

제10항 기자(箕子)의 정전(井田)[403] 구역을 침범하여 농사짓는 자는 제언의 범위 내에서 함부로 경작한 데 대한 율[404]로 논한다. 〈속〉

제11항 다른 사람의 전지나 가옥을 침범하거나 속여서 차지한 자는 논죄한다.[405] 〈율〉 〈보〉 **1** 다른 사람의 전지나 가옥을 몰래 팔거나 몰래 바꾸거나 자신의 것이라고 사칭하거나 돈은 지불하지 않고 서류만 작성하여 전매(典買)하거나 침범하여 차지한 것이 전지 1무(畝)나 〈율〉 –**1** 《경국대전》에는 14부(負)가 중국의 1무에 준한다고 하였다.[406] 〈보〉 – 가옥 1칸 이하이면 태(笞) 50이고, 전지 5무나 가옥 3칸마다 각각 1등급을 더하되 장(杖) 80 도(徒) 2년에 그친다. 관의 것이면 각각 2등급을 더한다. 얻은 이익은

402 이장(里長)이……줄인다 : 《대명률》 〈호율 전택(田宅)〉 황무전지(荒蕪田地) 조에 있다.

403 기자(箕子)의 정전(井田) : 조선 시대 평양 외성(外城)의 안쪽에 남아 있던 기자가 만들었다는 토지 구획의 형태를 말한다. 《新增東國輿地勝覽 卷51 平壤府》《久菴遺稿 上 箕田遺制說, 箕田圖》

404 제언의……율 : 제언의 범위 안에서 경작하던 경작을 중지하고 도로 묵히도록 하고, 함부로 경작한 자 및 감관과 색리는 장 100을 치고 정배하며, 수령은 제서유위율(制書違律律)로 논한다는 본서 〈호전 양전(量田)〉 6항 소주 **3**을 말한다.

405 다른……논죄한다 : 《대명률》 〈호율 전택(田宅)〉 도매전택(盜賣田宅) 조의 내용을 요약한 것이다.

406 경국대전에는……하였다 : 《경국대전》 〈호전 양전(量田)〉에 "각 등급의 전지 14부(負)는 각각 중국의 전지 1무(畝)에 준한다."라고 하였다.

관에 돌려주거나 주인에게 준다.[407] ❷ 다른 사람의 전지를 몰래 경작한 것이 1무 이하이면 태 30이고 5무마다 1등급을 더하되 장 80에 그친다. 황폐한 전지는 1등급을 줄인다. 강제로 경작하면 각각 1등급을 더하고, 관의 것이면 각각 2등급을 더한다. 경작하는 과정에서 생긴 이익은 관이나 주인에게 돌려준다.[408]

제12항 **관이나 민간의 산지, 호수, 갈대밭과 금·은·동·철의 야장**(冶場)**을 강제로 점거하면 장**(杖) **100 유**(流) **3000리이다.** ❶ 산지, 호수, 갈대밭 등의 산물과 야장 등에서 얻은 이익은 관에 돌려주거나 주인에게 준다.[409] 〈율〉

제13항 **궁가**(宮家)**가 전토를 사들일 때는 문서에 근거하여 사실을 조사하여 명백한 후에야 사고팔도록 허락한다.** ❶ 지레 먼저 계하받지 말며, 내수사에서 호조에 보고한 후 호조가 해당 도에 관문을 보내 내수사의 보고에 근거하여 조사한다. ❷ 소송 중인 노비나 전토를 궁가에 팔기를 자원하는 경우는 현재 점유하고 있는 자로 하여금 쟁변하게 하여 결론이 난 후에 사고파는 것

407 다른……준다 : 《대명률》 〈호율 전택(田宅)〉 도매전택(盜賣田宅) 조에 있다.

408 다른……돌려준다 : 《대명률》 〈호율 전택(田宅)〉 도경종관민전(盜耕種官民田) 조에 있다.

409 관이나……준다 : 《대명률》 〈호율 전택(田宅)〉 도매전택(盜賣田宅) 조에 있다.

을 허락한다.[410] 〈속〉 ❸ 조사하지 않은 전토나 노비를 지레 사들인 경우는 해당 궁방(宮房)의 소임(所任)과 내수사 관원을 엄하게 감처한다.[411] 〈증〉

제14항 **관리는 임지에서 전지나 가옥을 사들일 수 없다.** ❶ 어긴 경우 태(笞) 50이다. 전지나 가옥은 관에 들인다.[412] 〈율〉

제15항 **빈 집터나 채소밭을 막론하고 백성이 가옥을 짓는 것을 허락한다. 본래 주인이 막고 방해하면 제서유위율(制書有違律)[413]로 논한다.** ❶ 반호(班戶)가 이로 인하여 백성의 전지를 점유하려고 도모하며 뇌물을 요구하거나 임대료를 주지 않으면 다른 사람의 전지나 가옥을 침범하여 차지한 데 대한 율[414]로 논한다. 〈증〉 ❷ 《경국대전》에는 "서울의 가옥을 지을 땅은 한성부가 백성이 문서로 청하는 것을 받아들여 빈 땅으로 떼어 준다. 대군 30부(負)부터 서인 2부까지이고 – ❶ 가옥을 지을 땅을 측량할

410 궁가(宮家)가……허락한다 : 《속대전》 〈호전 매매한(賣買限)〉에 있다.

411 조사하지……감처한다 : 《대전통편》 〈호전 매매한(買賣限)〉에 있다.

412 관리는……들인다 : 《대명률》 〈호율 전택(田宅)〉 임소치매전택(任所置買田宅) 조에 있다.

413 제서유위율(制書有違律) : 《대명률》 〈이율 공식(公式)〉 제서유위 조의 율이다. "제서를 받들어 시행할 때에 어기면 장 100이다." 제서는 황제의 명을 적은 조서(詔書)와 칙서(勅書) 등이다.

414 다른……율 : 《대명률》 〈호율 전택〉 도매전택(盜賣田宅) 조에 "전지 1무(畝)나 가옥 1칸 이하이면 태 50이고, 전지 5무나 가옥 3칸마다 각각 1등급을 더하되 장 80 도 2년에 그친다."라고 하였다.

때는 3등척[415]을 사용한다.[416] – 가옥은 대군은 60칸, 왕자와 공주는 50칸, 옹주, 종친, 문무 2품 이상은 40칸, 3품 이하는 30칸, 서인은 10칸이며, 다듬은 돌과 화공(花栱), 초공(草栱)을 사용하지 못한다."[417]라는 법이 있다.〈보〉

제16항 **나라에서 쓸 물건 외에는 각사가 사적으로 물건을 사들이는 것은 모두 금지한다.** ❶ 물건을 사들인 관리와 평시서의 관원은 추고하고 파출한다.〈속〉 ❷ 각 전(廛)의 물건을 각 아문과 여러 궁가에서 외상으로 무역하면 계품하여 처리한다.〈보〉 ❸ 종신(宗臣)과 사부(士夫)가 외상으로 각 전인(廛人)을 침탈하면 평시서가 초기(草記)하여 과죄(科罪)한다. ❹ 각 아문과 군문, 궁방(宮房)이 평시서에 공문을 보내지 않고 전인을 붙잡아 가는 것은 엄히 금지한다.[418]〈증〉

제17항 **공물(貢物)이 있는 각사와 오부의 관원이 수가(隨駕)하거나 제관(祭官)으로 차출되었을 때, 공인(貢人)이나 오부의 방민(坊民)에게 마필이나 제구(諸具)를 내놓으라고 요구하면 제서유**

415 3등척 : 3등전을 측량하는 자로, 주척(周尺)으로 5자 7치 3리이다.《經國大典 戶典 量田》

416 서울의……사용한다 : 《경국대전》〈호전 급조가지(給造家地)〉의 내용인데, 왕자군부터 유음자손(有陰子孫)까지의 가옥의 면적에 대한 내용은 생략하였다.

417 가옥은……못한다 : 《경국대전》〈공전 잡령(雜令)〉에 있다.

418 종신(宗臣)과……금지한다 : 《대전통편》〈형전 잡령(雜令)〉에 있다.

위율(制書有違律)[419]로 논한다.[420] ⟨속⟩ ❶ 대고 감찰(臺庫監察)[421]의 공무를 위해 필요한 의막(依幕)과 잡물을 공인이 진배(進排)하는 규례를 혁파하고 진휼청과 호조가 지급한다.

제18항 **새로운 전(廛)이나 새로운 계(契)는 임금에게 청하여 윤허받지 않으면 개설을 허락하지 못한다.** ❶ 금령을 어기면 판서는 제서유위율(制書有違律)로 논한다. ❷ 비록 공인(貢人)이 억울하다고 하소연하더라도 임금에게 청하기 전에 공가(貢價)를 더 지급하는 것을 엄히 금지한다.⟨증⟩

제19항 **관청에 납부하는 곡식은 모두 스스로 평미레질하는 것을 허락한다.[422]** ⟨경⟩

제20항 **각사의 둔전에서 거둔 곡물이 취재(臭載)되면, 해당 고을 수령이 건져 내는 것을 직접 살피고 도신(道臣)이 엄히 조사하여 장계로 보고한다.** ❶ 모두 세곡(稅穀)이 취재되었을 때의 규정을 따르되 증미(拯米)는 해당 관사에서 편리한 쪽으로 처리하고, 백성에게 나누어 주어 개색(改色)하는 것은 허락하지 않는

419 제서유위율(制書有違律) : 429쪽 주413 참조.

420 공물(貢物)이……논한다 : 《속대전》 〈형전 잡령(雜令)〉에 있다.

421 대고 감찰(臺庫監察) : 전곡(錢穀)이나 공물(貢物)이 있는 각사에서 창고를 여닫을 때, 공물을 받아들일 때, 진배(進排)할 때 사헌부 감찰을 청하여 검사하고 살피게 하였는데, 이를 대고라고 불렀다.《承政院日記 肅宗 12年 4月 13日, 景宗 1年 閏6月 16日·3年 6月 13日》

422 관청에……허락한다 : 《경국대전》 〈호전 군자창(軍資倉)〉에 있다.

다. 군보미(軍保米)의 취재도 세곡이 취재되었을 때의 규정대로 처리한다.[423] 〈증〉

제21항 출생하고 사망한 인구(人口)의 수효와 법을 어기고 승려가 되었다가[424] 원적(原籍)으로 다시 돌아온 수효를 서울은 한성부가, 지방은 관찰사가 세초(歲抄)할 때마다 계문한다. 〈경〉

제22항 관유지나 사유지에서 땅을 파다가 매장된 물건을 얻으면 거두어 쓸 수 있게 해 준다. **1** 고기(古器), 종정(鍾鼎), 부인(符印) 등 범상치 않은 물건은 30일 안에 관에 보낸다. 어기면 장(杖) 80이고, 물건은 관에 들인다.[425]

제23항 관에 들일 가산(家産)을 몰수할 때, 사람을 감추고 속이면 정구(丁口)를 숨기거나 빠뜨린 것으로 논하고,[426] 전토를 감추고

423 각사의……처리한다 : 《대전통편》 〈호전 조전(漕轉)〉에 있다.

424 법을……되었다가 : 승려가 되기 위한 법은 도첩제(度牒制)를 가리킨다. 도첩제는 《경국대전》 〈예전 도승(度僧)〉에 규정되어 있는데, "승려가 된 자는 3개월 내에 선종(禪宗)이나 교종(敎宗)에 신고하면 불경 외우기를 시험하고, 예조에 보고하면 예조가 임금에게 보고하여 정전(丁錢)을 거두고 도첩을 발급한다."라고 하였다.

425 관유지나……들인다 : 《대명률》 〈호율 전채(錢債)〉 득유실물(得遺失物) 조에 있다.

426 정구(丁口)를……논하고 : 《대명률》 〈호율 호역(戶役)〉 탈루호구(脫漏戶口) 조에 있다. "자기 호의 성정(成丁) 인구를 숨기거나 누락하여 호적에 올리지 않거나, 나이를 더하거나 줄이고 거짓으로 노유(老幼)나 폐질(廢疾)로 만들어 역의 차정을 면하면 1구에서 3구까지 가장은 장 60이고, 3구마다

속이면 전량(田糧)을 속이거나 숨긴 것으로 논하고,[427] 재물, 가옥, 가축을 감추고 숨기면 좌장(坐贓)으로 논한다.[428] 죄는 장(杖) 100에 그친다. ■ 숨긴 인구와 재산은 관에 들인다.

제24항 **잃어버린 물건을 습득하면 5일 내에 관으로 보내야 한다. 관의 물건이면 관에 돌려주고, 개인의 물건이면 잃어버린 사람을 불러 확인하게 하여 절반은 습득한 사람에게 주고 절반은 잃어버린 사람에게 돌려준다.** ■ 30일 내에 확인하는 사람이 없으면 전부를 습득한 사람에게 준다. 기한이 지났는데도 관으로 보내지 않으면 관의 물건은 좌장(坐贓)으로 논하고, 개인의 물건은 2등급을 줄여 논하며 반은 관에 들이고 반은 주인에게 준다.[429]

1등급을 더하되 죄는 장 100에 그친다." 정구는 16세 이상의 남자인 정(丁)과 모든 여자와 16세 이하의 남자인 구(口)를 합한 것으로, 몰수 대상에 포함되는 모든 사람을 말한다.

427 전량(田糧)을……논하고 : 《대명률》 〈호율 전택(田宅)〉 기은전량(欺隱田糧) 조에 있다. "전량을 속이거나 숨겨 판적(版籍)에서 빠뜨리면 1무(畝)에서 5무까지는 태 40이고, 5무마다 1등급을 더하되 죄는 장 100에 그친다."

428 좌장(坐贓)으로 논한다 : 《대명률》 〈형률 수장(受贓)〉 좌상치죄(坐贓致罪) 조에 있다. "1관 이하이면 태 20, 1관에서 10관이면 태 30, 20관이면 태 40, 30관이면 태 50, 40관이면 장 60, 50관이면 장 70, 60관이면 장 80, 70관이면 장 90, 80관이면 장 100, 100관이면 장 60 도 1년, 200관이면 장 70 도 1년 반, 300관이면 장 80 도 2년, 400관이면 장 90 도 2년 반, 500관 이상이면 죄가 장 100 도 3년에 그친다."

429 잃어버린 물건을……준다 : 《대명률》 〈호율 전채(錢債)〉 득유실물(得遺失物) 조에 있다.

제25항 **여러 명색의 항인(行人)[430]이 물건값을 매길 때 높게 하거나 낮게 하면 더하거나 줄인 값을 계산하여 좌장(坐贓)으로 논한다.** 🅘 이익을 자기 것으로 삼으면 절도(竊盜)[431]에 준하여 논한다.[432]

제26항 **다른 사람이 매매하는 것을 보고 곁에서 싸니 비싸니 하며 물건값을 비교하여 현혹시켜 이익을 취하면 태(笞) 40이다.** 🅘 얻은 이익이나 물건은 장(贓)으로 계산하여 죄가 무거우면 절도(竊盜)에 준하여 논한다.[433] 〈율〉

430 여러 명색의 항인(行人) : 여러 가지 물화의 동업자 조합인 항(行)에 속한 중개인을 가리킨다. 또한 동일 업종의 상공업자 집단을 송나라 때에는 단항(團行), 명나라 때에는 포항(鋪行)이라 불렀으니 이러한 단항이나 포항의 사람도 항인이라 볼 수 있다. 《대명률직해》에서는 '시장 사람들'이라고 언해하였다. 《大明律直解 戶律 市廛 市司評物價》

431 절도(竊盜) : 《대명률》 〈형률 도적(盜賊)〉 절도(竊盜) 조에 있다. "1관 이하면 장 60, 1관을 넘어 10관에 이르면 장 70, 20관이면 장 80, 30관이면 장 90, 40관이면 장 100, 50관이면 장 60 도 1년, 60관이면 장 70 도 1년 반, 70관이면 장 80 도 2년, 80관이면 장 90 도 2년 반, 90관이면 장 100 도 3년, 100관이면 장 100 유 2000리, 110관이면 장 100 유 2500리, 120관이면 죄가 장 100 유 3000리에 그친다."

432 여러……논한다 : 《대명률》 〈호율 시전(市廛)〉 시사평물가(市司評物價) 조에 있다.

433 다른……논한다 : 《대명률》 〈호율 시전(市廛)〉 파지항시(把持行市) 조에 있다.

曲律通補

전율통보 부록

○**이전 경관직**京官職

품계 \ 관아명	정1품 아문					
	종친부宗親府	**의정부**議政府	**충훈부**忠勳府	**의빈부**儀賓府		**돈녕부**敦寧府
	대군大君					
	군君					
정1품	군君	영의정領議政 좌의정左議政 우의정右議政	군君 (부원군府院君 정1품 친공신, 왕비 부父)	위尉		영사領事
종1품	군君	좌찬성左贊成 우찬성右贊成	군君	위尉		판사判事
정2품	군君	좌참찬左參贊 우참찬右參贊	군君	위尉		지사知事
종2품	군君		군君	위尉		동지사同知事
정3품 당상	도정都正			부위 副尉	첨위 僉尉	도정都正
정3품 당하	정正					
종3품	부정副正					
정4품	수守 전첨典籤	사인舍人 2				
종4품	부수副守					
정5품	영令 전부典簿	검상檢詳				
종5품	부령副令		도사都事	도사都事		판관判官
정6품	감監					
종6품						주부主簿
정7품						
종7품						직장直長
정8품		사록司錄				
종8품						
정9품						
종9품						참봉參奉
기타	의원醫員	의원醫員 2	의원醫員			
잡직						

관아명 / 품계	정1품 아문				종1품 아문
	비변사備邊司	선혜청宣惠廳	제언사堤堰司	준천사濬川司	의금부義禁府
정1품	도제조都提調	도제조都提調 3	도제조都提調 3	도제조都提調 3	
종1품					판사判事 (겸직)
정2품					지사知事 (겸직)
종2품	제조提調 (정원 없음, 종2품 이상)	제조提調 3 (종2품 이상)	제조提調 2 (종2품 이상)	제조提調 6 (종2품 이상)	동지사同知事 (겸직)
정3품 당상	부제조副提調			도청都廳	
정3품 당하					
종3품					
정4품					
종4품					
정5품					
종5품					
정6품					
종6품	낭청郎廳 12 (문낭청文郎廳 4, 무낭청武郎廳 8)	낭청郎廳 5	낭청郎廳		도사都事 5 (참상)
정7품				낭청郎廳 3	
종7품					
정8품					
종8품					도사都事 5 (참하)
정9품					
종9품					
기타					
잡직					

관아명 / 품계		정2품 아문		종2품 아문
		육조六曹	한성부漢城府	규장각奎章閣
정1품				대제학大提學 (정1품~정2품, 겸직)
종1품				제학提學 2(종1품~종2품, 겸직)
정2품		판서判書 6	판윤判尹	
종2품		참판參判 6	좌윤左尹 우윤右尹	직제학直提學 2(종2품~정3품, 겸직)
정3품	당상	참의參議 6 참지參知 1(병조)		
	당하			직각直閣
종3품				
정4품				
종4품			서윤庶尹	
정5품		정랑正郎 (이조 2, 병조 4, 호·예·형·공조 3)		
종5품			판관判官	
정6품		좌랑佐郎 (정랑과 같은 수)		
종6품		주학교수籌學敎授 (호조) 별제別提 (호조) 율학교수律學敎授 1(형조) 겸교수兼敎授 1(형조) 별제別提 2(형조)	주부主簿 2	
정7품				대교待敎
종7품		주사籌士 (호조) 명률明律 (형조)		
정8품				
종8품		계사計士 (호조) 심률審律 (형조)		
정9품		주학훈도籌學訓導 (호조) 율학훈도律學訓導 (형조)		
종9품		회사會士 (호조) 검률檢律 (형조)		
기타		의원醫員 (예조)		
잡직				각감閣監 2(품계에 따라 군직 부여) 사권司卷 2(정5품) 검서관檢書官 4(정5품) 영첨領籤 2(정5품) 감서監書 6(정5품)

품계 \ 관아명	종2품 아문			
	외각外閣 교서관	사헌부司憲府	개성부開城府	강화부江華府
정1품				
종1품				
정2품				
종2품		대사헌大司憲	유수留守 2 (경기 관찰사 겸 1)	유수留守 2 (경기 관찰사 겸 1)
정3품 당상				
정3품 당하	판교判校			
종3품		집의執義		
정4품		장령掌令 2		
종4품			경력經歷	경력經歷
정5품		지평持平 2		
종5품	교리校理 겸교리兼校理			
정6품		감찰監察 13 (문관文官 3, 무관武官 5, 음관蔭官 5)		
종6품			교수敎授	
정7품	박사博士 2			
종7품				
정8품	저작著作 2			
종8품				
정9품	정자正字 2			
종9품	부정자副正字 2		분교관分敎官 검률檢律	분교관分敎官 검률檢律
기타				
잡직	사준司準 10(종8품) 사감司勘(종9품)			

품계 \ 관아명		정3품 아문				
		승정원承政院	사간원司諫院	경연經筵	홍문관弘文館	예문관藝文館
정1품				영사領事 3 (의정 겸)	영사領事 (영상 겸)	영사領事 (영상 겸)
종1품						
정2품				지사知事 3 (이하 겸직)	대제학大提學 (겸직)	대제학大提學 (겸직)
종2품				동지사同知事 3	제학提學 (겸직)	제학提學 (겸직)
정3품	당상	도승지都承旨 좌승지左承旨 우승지右承旨 좌부승지左副承旨 우부승지右副承旨 동부승지同副承旨	대사간大司諫	참찬관參贊官 7	부제학副提學	
	당하			시강관侍講官	직제학直提學	직제학直提學 (도승지 겸)
종3품			사간司諫		전한典翰	
정4품					응교應敎	응교應敎 (옥당 예겸)
종4품					부응교副應敎	
정5품			헌납獻納	시독관侍讀官	교리校理 2	
종5품					부교리副校理 2	
정6품			정언正言 2	검토관檢討官	수찬修撰 2	
종6품					부수찬副修撰 2	
정7품		주서注書 2(유고 시 가승지假承旨 차출) 사변가주서事變假注書		사경司經	박사博士	봉교奉敎 2
종7품						
정8품				설경說經	저작著作	대교待敎 2
종8품						
정9품				전경典經	정자正字 2	검열檢閱 4
종9품						
기타						
잡직						

품계 \ 관아명	정3품 아문			
	세자시강원世子侍講院	세손강서원世孫講書院	성균관成均館	상서원尙瑞院
정1품	사師 (영상 겸) 부傅 (좌상 또는 우상 겸)			
종1품	이사貳師 (찬성 겸)	사師 (겸직) 부傅 (겸직)		
정2품	좌빈객左賓客 (겸직) 우빈객右賓客 (겸직)		지사知事 (대제학 겸)	
종2품	좌부빈객左副賓客 (겸직) 우부빈객右副賓客 (겸직)		동지사同知事 2 (겸직)	
정3품 당상	찬선贊善 (종1품~정3품)	좌유선左諭善 우유선右諭善	대사성大司成 좨주祭酒 (정1품 ~정3품)	
정3품 당하	보덕輔德 겸보덕兼輔德			정正 (도승지 겸)
종3품			사성司成	
정4품	진선進善 필선弼善 겸필선兼弼善		사예司藝 2 사업司業	
종4품		좌익선左翊善 우익선右翊善		
정5품	문학文學 겸문학兼文學		직강直講 4	
종5품		좌권독左勸讀 우권독右勸讀		
정6품	사서司書 겸사서兼司書		전적典籍 13	
종6품		좌찬독左贊讀 우찬독右贊讀		
정7품	설서說書 겸설서兼說書 자의諮議		박사博士 3	
종7품				직장直長
정8품			학정學正 3	부직장副直長
종8품				
정9품			학록學錄 3	
종9품			학유學諭 3	
기타				
잡직				

관아명 품계	정3품 아문			
	춘추관春秋館	승문원承文院	통례원通禮院	봉상시奉常寺
정1품	영사領事(영상 겸) 감사監事 2(좌상 또는 우상 겸)	도제조都提調 3 (의정 겸)		도제조都提調
종1품				
정2품	지사知事 2(이하 겸직)	제조提調 (정원 없음)		제조提調
종2품	동지사同知事 2			
정3품 당상	수찬관修撰官	부제조副提調 (정원 없음)		
정3품 당하	편수관編修官	판교判校	좌통례左通禮 우통례右通禮	정正
종3품			상례相禮(세자 책봉 시) 익례翊禮(세손 책봉 시)	
정4품			봉례奉禮(대군 존재 시)	
종4품				첨정僉正
정5품	기주관記注官		찬의贊儀	
종5품				판관判官
정6품	기사관記事官	교검校檢		
종6품			인의引儀 6	주부主簿 2
정7품		박사博士 2		
종7품				직장直長 (승문원 참외 겸)
정8품		저작著作 2		
종8품				봉사奉事 (성균관 참외 겸)
정9품		정자正字 2		부봉사副奉事 (성균관 참외 겸)
종9품		부정자副正字 2	겸인의兼引儀 6 가인의假引儀 6	참봉參奉 (교서관 참외 겸)
기타		제술관製述官 2 이문학관吏文學官 3 사자관寫字官(실관 40)		
잡직				

<table>
<tr><th colspan="2" rowspan="2">관아명
품계</th><th colspan="5">정3품 아문</th></tr>
<tr><th>종부시宗簿寺</th><th>사옹원司饔院</th><th>내의원內醫院</th><th>상의원尙衣院</th><th>사복시司僕寺</th></tr>
<tr><td colspan="2">정1품</td><td>도제조都提調 2
(대군 또는 왕자)</td><td>도제조都提調</td><td>도제조都提調</td><td></td><td rowspan="4">제조提調 2
(시원임 의정 1)</td></tr>
<tr><td colspan="2">종1품</td><td rowspan="3">제조提調 2</td><td rowspan="3">제조提調 4</td><td rowspan="3">제조提調</td><td rowspan="3">제조提調 2</td></tr>
<tr><td colspan="2">정2품</td></tr>
<tr><td colspan="2">종2품</td></tr>
<tr><td rowspan="2">정3품</td><td>당상</td><td></td><td>부제조副提調 5
(1:승지 겸)</td><td>부제조副提調
(승지 겸)</td><td>부제조副提調
(승지 겸)</td><td></td></tr>
<tr><td>당하</td><td>정正</td><td>정正</td><td>정正</td><td>정正</td><td>정正</td></tr>
<tr><td colspan="2">종3품</td><td rowspan="6"></td><td>제거提擧
(정3품~종3품)</td><td rowspan="2"></td><td rowspan="2"></td><td rowspan="2"></td></tr>
<tr><td colspan="2">정4품</td><td>제검提檢
(정4품~종4품)</td></tr>
<tr><td colspan="2">종4품</td><td>첨정僉正</td><td>첨정僉正</td><td>첨정僉正</td><td>첨정僉正</td></tr>
<tr><td colspan="2">정5품</td><td rowspan="3"></td><td></td><td rowspan="3"></td><td></td></tr>
<tr><td colspan="2">종5품</td><td>판관判官</td><td>판관判官</td></tr>
<tr><td colspan="2">정6품</td><td></td><td></td></tr>
<tr><td colspan="2">종6품</td><td>주부主簿</td><td>주부主簿 2</td><td>주부主簿</td><td>주부主簿
별제別提</td><td>주부主簿 2</td></tr>
<tr><td colspan="2">정7품</td><td></td><td></td><td></td><td></td><td rowspan="7"></td></tr>
<tr><td colspan="2">종7품</td><td>직장直長</td><td>직장直長 2</td><td>직장直長</td><td>직장直長</td></tr>
<tr><td colspan="2">정8품</td><td rowspan="6"></td><td></td><td></td><td rowspan="6"></td></tr>
<tr><td colspan="2">종8품</td><td>봉사奉事 4</td><td>봉사奉事 2</td></tr>
<tr><td colspan="2">정9품</td><td rowspan="4"></td><td>부봉사副奉事 2</td></tr>
<tr><td colspan="2">종9품</td><td>참봉參奉</td></tr>
<tr><td colspan="2">기타</td><td rowspan="2"></td></tr>
<tr><td colspan="2">잡직</td><td>이마理馬 4
(정6·8·9품)
마의馬醫 3
(정7품)</td></tr>
</table>

품계 \ 관아명	정3품 아문				
	군기시軍器寺	내자시內資寺	내섬시內贍寺	사도시司䆃寺	예빈시禮賓寺
정1품	도제조都提調				
종1품					
정2품	제조提調 2	제조提調	제조提調	제조提調	제조提調 (호조의 판서나 참판)
종2품					
정3품 당상					
정3품 당하	정正				
종3품					
정4품					
종4품	첨정僉正 2			첨정僉正	
정5품					
종5품	판관判官 2				
정6품					
종6품	주부主簿 2	주부主簿	주부主簿	주부主簿	주부主簿
정7품					
종7품	직장直長	직장直長	직장直長	직장直長	직장直長
정8품					
종8품	봉사奉事	봉사奉事	봉사奉事		봉사奉事
정9품	부봉사副奉事				
종9품	참봉參奉				참봉參奉 2
기타					
잡직					

품계 \ 관아명	정3품 아문				
	군자감軍資監	**제용감**濟用監	**선공감**繕工監	**사재감**司宰監	**장악원**掌樂院
정1품	도제조都提調				
종1품					
정2품	제조提調 (호조 판서 겸)	제조提調	제조提調 2(호조 판서 겸 1)	제조提調	제조提調 2
종2품					
정3품 당상					
정3품 당하	정正				정正
종3품			부정副正		
정4품					
종4품				첨정僉正	첨정僉正
정5품					
종5품	판관判官	판관判官			
정6품					
종6품	주부主簿	주부主簿	주부主簿	주부主簿	주부主簿 2
정7품					
종7품	직장直長	직장直長		직장直長	
정8품					
종8품	봉사奉事	봉사奉事	봉사奉事 2	봉사奉事	
정9품		부봉사副奉事	부봉사副奉事		
종9품			감역관監役官 3 가감역관假監役官 3		
기타					
잡직					전악典樂 2(정6품) 부전악副典樂(종6품) 전율典律 2(정7품) 부전율副典律 2(종7품) 전음典音 2(정8품) 부전음副典音 4(종8품) 전성典聲 10(정9품) 부전성副典聲 23(종9품)

품계 \ 관아명	정3품 아문			정4품 아문	
	관상감觀象監	전의감典醫監	사역원司譯院	전설사典設司	광흥창廣興倉
정1품	영사領事 (영상 겸)		도제조都提調		
종1품					
정2품	제조提調 2	제조提調 2	제조提調 2	제조提調	
종2품					
정3품 당상					
정3품 당하	정正	정正	정正		
종3품	부정副正 (《속대전》에서 감함)				
정4품				수守 (《속대전》 에서 감함)	수守
종4품	첨정僉正	첨정僉正	첨정僉正		
정5품					
종5품	판관判官	판관判官	판관判官		
정6품					
종6품	주부主簿 교수敎授 2 겸교수兼敎授 3	주부主簿 의학교수醫學敎授	주부主簿 한학교수漢學敎授 4	별제別提 2	주부主簿
정7품					
종7품	직장直長 2	직장直長 2	직장直長		
정8품					
종8품	봉사奉事 2	봉사奉事	봉사奉事 2	별검別檢	봉사奉事
정9품	부봉사副奉事 훈도訓導 3	부봉사副奉事 2 의학훈도醫學訓導	부봉사副奉事 2 훈도訓導 10		부봉사副奉事
종9품	참봉參奉 2	참봉參奉 2	참봉參奉 2		
기타	금루관禁漏官 20		당상 역관堂上譯官 (정원 없음) 당하 역관堂下譯官 (한학 93, 청학 40, 몽학 20, 왜학 25)		
잡직					

관아명 / 품계	정5품 아문	종5품 아문		
	내수사內需司	종묘서宗廟署	사직서社稷署	경모궁景慕宮
정1품		도제조都提調	도제조都提調	도제조都提調
종1품				
정2품		제조提調	제조提調	제조提調
종2품				
정3품 당상				
정3품 당하				
종3품				
정4품				
종4품				
정5품	전수典需			
종5품	별좌別坐(정5품~종5품)	영令 2	영令 2	영令
정6품	별제別提(정6품~종6품)			
종6품	부전수副典需			
정7품				
종7품	전회典會	직장直長	직장直長	직장直長
정8품				
종8품	전곡典穀			봉사奉事
정9품		부봉사副奉事		
종9품	전화典貨 2			
기타	서제書題 10			
잡직				

품계 \ 관아명	종5품 아문				
	평시서平市署	오부五部	의영고義盈庫	장흥고長興庫	빙고氷庫
정1품					
종1품					
정2품	제조提調			제조提調	제조提調
종2품					
정3품 당상					
정3품 당하					
종3품					
정4품					
종4품					
정5품					
종5품	영令	영令 5			
정6품					
종6품	주부主簿		주부主簿	주부主簿	별제別提 2
정7품					
종7품	직장直長		직장直長	직장直長	
정8품					
종8품			봉사奉事	봉사奉事	별검別檢 2
정9품					
종9품		도사都事 5			
기타					
잡직					

관아명 / 품계	정6품 아문		종6품 아문			
	장원서掌苑署	사포서司圃署	양현고養賢庫	전생서典牲署	조지서造紙署	혜민서惠民署
정1품						
종1품						
정2품	제조提調	제조提調		제조提調	제조提調 2 (1: 총융사 겸)	제조提調 2
종2품						
정3품 당상						
정3품 당하						
종3품						
정4품						
종4품						
정5품						
종5품						
정6품						
종6품	별제別提 2	별제別提 2	주부主簿(성균관 전적 겸)	주부主簿	별제別提 2	주부主簿 의학교수醫學教授
정7품						
종7품		직장直長	직장直長(성균관 박사 겸)	직장直長		직장直長
정8품						
종8품	봉사奉事		봉사奉事(성균관 학정 겸)	봉사奉事		봉사奉事
정9품						의학훈도醫學訓導
종9품						참봉參奉 4
기타						
잡직						

관아명 / 품계	종6품 아문				
	도화서圖畵署	전옥서典獄署	활인서活人署	와서瓦署	사학四學
정1품					
종1품					
정2품	제조提調 (예조 판서 겸)		제조提調	제조提調	
종2품					
정3품 당상		부제조副提調 (형방 승지 겸)			
정3품 당하					
종3품					
정4품					
종4품					
정5품					
종5품					
정6품					
종6품		주부主簿	별제別提 2	별제別提 2	교수敎授 4 (시종신 겸)
정7품					
종7품					
정8품					
종8품					
정9품					훈도訓導 4
종9품		참봉參奉 2	참봉參奉 2		
기타	전자관篆字官 2				
잡직	선화善畵 (종6품) 선회善繪 (종7품) 화사畵史 (종8품) 회사繪史 2(종9품)				

품계 \ 관아명	기타				
	각 전各殿		각 능陵	각 원園	각 묘墓
	장생전長生殿	기타			
정1품	도제조都提調 (영의정 겸)				
종1품	제조提調 3 (호조·예조·공조 판서 겸)				
정2품					
종2품					
정3품 당상					
정3품 당하					
종3품					
정4품					
종4품					
정5품	낭청郎廳 3 (호조·예조·공조 낭청 겸)				
종5품		영令 3	영令		
정6품					
종6품		감監 2			
정7품					
종7품			직장直長		
정8품					
종8품		별검別檢	별검別檢 봉사奉事	별검別檢	
정9품					
종9품		참봉參奉	참봉參奉	참봉參奉 수봉관守奉官	
기타					수위관守衛官(적장 충의嫡長忠義)
잡직					

관아명 / 품계	기타		
	권설직權設職	내시부內侍府	액정서掖庭署
정1품	원자보양관元子輔養官 3(정1품~종2품, 겸직)		
종1품			
정2품	원자사부元子師傅(겸직)		
종2품	원손사부元孫師傅(겸직)	상선尙膳 2	
정3품 당상	원손보양관元孫輔養官 2(종2품~당상 정3품, 겸직)	상온尙醞	
정3품 당하		상다尙茶	
종3품		상약尙藥 2	
정4품		상전尙傳 2	
종4품		상책尙冊 3	
정5품		상호尙弧 4	
종5품		상탕尙帑 4	
정6품		상세尙洗 4	
종6품		상촉尙燭 4	
정7품		상훤尙烜 4	
종7품		상설尙設 6	
정8품		상제尙除 6	
종8품		상문尙門 5	
정9품		상경尙更 6	
종9품	대군사부大君師傅 왕자사부王子師傅 왕손교부王孫敎傅 동몽교관童蒙敎官 4	상원尙苑 5	
기타			
잡직			사알司謁(정6품) 사약司鑰 2(정6품) 부사약副司鑰 3(종6품) 사안司案 2(정7품) 부사안副司案 3(종7품)

엮은이

구윤명(具允明)

1711(숙종37)~1797(정조21). 조선 후기 문신으로 자는 사정(士貞)이고 호는 겸산(兼山)이며 본관은 능성(綾城)이다. 능천부원군(綾川府院君) 구인후(具仁垕)의 봉사손으로 습봉(襲封)하여 능은군(綾恩君)이 되었다. 1743년(영조19) 정시문과에 급제하고 관직이 판서에 이르렀다. 왕실의 훈척(勳戚)이면서 문재(文才)도 뛰어나 영조의 어제편차인(御製編次人)으로 선발되었다. 부친 구택규(具宅奎)에게서 물려받은 가학(家學)을 계승하여《증수무원록(增修無冤錄)》을 중수(重修)하고 언해(諺解)하였으며《전율통보(典律通補)》를 편찬하였다.

옮긴이

이강욱(李康旭)

성균관대학교 유학대학원에서 석사 학위를 받았다. 한국고전번역원 수석전문위원과 한국승정원일기연구소장을 역임하고 현재 (사)은대고전문헌연구소 사료번역 자문위원 및 은대학당 전임교수를 맡고 있다. 역서로는《은대조례》(한국고전번역원),《교점역해 정원고사》(공역, 서울대학교 출판문화원),《흠흠신서》(공역, 한국인문고전연구소) 등이 있다.

김옥경(金沃卿)

경기대학교 사학과를 졸업하고 동국대학교에서 역사교육학으로 석사 학위를 받았다. 민족문화추진회 국역연수원 상임연구부를 졸업하였다. 한국고전번역원에 재직 중이다.《일성록》,《승정원일기》,《조선왕조실록》 번역에 참여하였다.

소진희(蘇珍熙)

세종대학교 국어국문학과를 졸업하고 민족문화추진회 국역연수원 상임연구부를 졸업하였다. 한국고전번역원에 재직 중이다.《승정원일기》,《일기청등록》 번역에 참여하였다.

정영미(鄭永美)

동국대학교 사학과를 졸업하고 민족문화추진회 국연연수원 연수부를 졸업하였다. 한국고전번역원에 재직 중이다.《승정원일기》,《신역 정조실록》,《성호집》 번역에 참여하였다.

전율통보 이전 호전

구윤명 엮음 | **이강욱 김옥경 소진희 정영미** 옮김

2022년 12월 31일 초판 1쇄 발행

발행인 신승운 | **발행처** 한국고전번역원
등록 2008.3.12.제25100-2018-000049호
주소 (03310) 서울시 은평구 진관1로 85
전화 02-350-4800 | **팩스** 02-350-4994 | **홈페이지** www.itkc.or.kr

연구총괄 권헌준 | **연구기획** 김지민 | **자문** 정선용

책임편집 하현주 | **편집진행** 김지수
교정 이계숙 임유경 | **디자인** 은희주 | **제작** 조은지
인쇄 사단법인 에스디워크

값 30,000원
ISBN 978-89-284-0988-4 94360
978-89-284-0987-7 (세트)